本书为内江师范学院 2020 年校级重点项目"《〔道光〕内江县志要》整理"（2020ZD02）、一流学科建设项目"中国语言文学"、古籍整理研究所规划项目、首批领军人才建设项目的成果

〔道光〕

内江县志要

内江古文献丛刊·地方志辑　马振君　主编

〔清〕王　果　纂修
王　昕　点校

广陵书社

图书在版编目（ＣＩＰ）数据

〔道光〕内江县志要 / （清）王果纂修 ；王昕点校
. -- 扬州 : 广陵书社，2022.12
（内江古文献丛刊 / 马振君主编. 地方志辑）
ISBN 978-7-5554-1843-6

Ⅰ．①道… Ⅱ．①王… ②王… Ⅲ．①内江县－地方
志－清代 Ⅳ．①K297.14

中国版本图书馆CIP数据核字 (2021) 第268062号

ISBN 978-7-5554-1843-6

书　　名	〔道光〕内江县志要
著　　者	〔清〕王　果　纂修
	王　昕　点校
责任编辑	戴敏敏
出 版 人	曾学文
出版发行	广陵书社
	扬州市四望亭路2-4号　　邮编　225001
	(0514)85228081(总编办)　　85228088(发行部)
	http://www.yzglpub.com　　E-mail:yzglss@163.com
印　　刷	无锡市海得印务有限公司
装　　订	无锡市西新印务有限公司
开　　本	889毫米×1194毫米 1/32
印　　张	20
字　　数	500千字
版　　次	2022年12月第1版
印　　次	2022年12月第1次印刷
标准书号	ISBN 978-7-5554-1843-6
定　　价	128.00元

总序

　　内江为川南孔道，八方通衢，是四川省历史悠久、文化发达的地区之一。

　　内江古称汉安，这一名称可以追溯到东汉。唐李吉甫《元和郡县图志·内江县》载内江"本汉资中县地，后汉分置汉安县"，这是关于"汉安"建县的最早记载。古汉安较为富庶，晋常璩《华阳国志·汉安县》："郡东五百里。土地虽迫，山水特美好，宜蚕桑；有盐井、鱼池以百数，家家有焉，一郡丰沃。"隋时改汉安为内江，《旧唐书》卷四十一《剑南道·成都府·资州》载："内江，汉资中县地，后汉于中江水滨置汉安戍。其年，改为中江县。因其北江，乃云中。隋改为内江。汉安故城，今县治也。"隋唐以后，虽经多次省并分合，但内江之名未再改变。从建县至清末，内江主要隶属于资州。1949年后，一度设立内江专区、内江地区、内江地级市等，面积最大时辖七县一市；至2017年，内江市辖市中区、东兴区、隆昌市、资中县、威远县。

　　悠久的历史，如画的环境，富庶的经济，催生了灿烂的文化。大概从春秋时孔子学律于苌弘起，内江（资州）人就已经建立了强烈的文化自信，这种自信在两千多年间激励着无数的学子去追求"学而优则仕"的理想。特别是到了科举时代，这种文化自信更被充分地激发出来，创造出那些时代属于内江人的辉煌。清康熙时，成都府知府佟世雝在《内江县志序》中说："内江为蜀名区，人文之盛，天下共闻。予闻内江自唐范崇凯奏赋第一后，科甲蝉联，过于诸郡。及观《总志》，见明三百年内，宴琼林者近二百人，乡荐者五百。其六曹上卿，与台垣督抚之秩，济济中外，指不胜屈，可谓极盛矣。且吾属内自明迄我圣朝，入阁秉政者十余人，惟我井研胡公暨明介夫杨公、大洲赵公称为贤相，而内江大洲公节业尤著，若诸辈则大相径庭矣。"发达的科举教育，在培养出诸如范崇凯、赵奎、李充嗣、赵贞吉、骆成骧等佼佼者的同时，也为国家和地方输送了大批的官员和优秀的学者，他们在政治、学术文化等领域都取得了重要建树，他们与任职内江的外地官员、士人一起，奠定了内江厚实的文化底蕴。

文化发达，最重要的标志就是大量文献的创作与留存。经部如唐李鼎祚的《周易集解》，此书搜采子夏至蔡景君三十五家之说解汇纂而成，《四库全书总目》对此书给以高度评价："盖王学既盛，汉《易》遂亡，千百年后学者，得考见画卦之本旨者，惟赖此书之存耳。是真可宝之古笈也。"元代有黄泽的《易学滥觞》，也获得四库馆臣的赞赏："持论皆有根据。虽未能勒为全书，而发明古义，体例分明，已括全书之宗要。因其说而推演之，亦足为说《易》之圭臬矣。"史部如郭允蹈《蜀鉴》、罗珍《戡靖教匪述编》、刘景伯《蜀龟鉴》及二十多部地方志等，分别总括或分述了内江的人文历史与地理变迁。子部如何祥《识仁定性解注》、赵台鼎《脉望》等，在学术与医学等领域展示了内江先贤的智慧与才华。集部最夥，如赵贞吉《赵文肃公文集》、刘瑞《五清集》、刘景伯《枕经堂杂著》、骆成骧《清漪楼诗存》、廖光《蜀樵诗抄》等；还有大量的诗文散见于史书、类书、总集、别集等文献中，也有的通过一些石刻遗存和拓片保存下来。这些集部著作展现出了内江才子们的璀璨文华，其成就足与全国文士并驱争先。另外，内江的佛教也很发达，也有一些高僧的著作留存下来，如释通醉《昭觉丈雪醉禅师语录》《昭觉丈雪禅师青松集》《锦江禅灯》等。以上所列，仅为九牛一毛，但也足见内江文化之盛、著述之丰。

这些留传至今的古代文献，以不同的方式，从不同的角度，全面地反映着内江的历史与文化。这些文献，是后人认识内江、研究内江、建设内江的重要智库，是构建"文化内江"的有力支撑，是彰显地方特色的重要平台。然而，现实情况是，这些珍贵的文化遗产或躺在收藏机构的书柜中，或隐藏在乡里民间，并未得到应有的重视和有效的利用，甚至其中许多正面临着消亡的危险。所以，对这些宝贵财富进行及时而科学的调查和整理，已经成为燃眉之急。"内江古文献丛刊"项目就是在这一背景和考量下提出的。

"内江古文献丛刊"的内涵包括三个方面：一是"内江"，它首先是区域限定，即只包括现内江行政区划内的县市，即内江市、隆昌市、资中县、威远县；其次指内江人创作的文献，或名宦、寓贤等非内江人写内江的文献。二是"古"的时限，原则上收录 1911 年之前以文言语体创作的文献，也酌情收录 1911—1949 年之间创作的有重要史料价值、文学价值的文言语体文献。三是"丛刊"，即这是一套大型丛书。

我们将《内江古文献丛刊》规划为五辑：第一辑为"地方志辑"，收录包括州县志、乡土志等现存古代方志；第二辑为"地方史料"，采入有关历史地理、政治经济、文化教育、风俗民情等的相关史料；第三辑为"学术著作"，收录内江籍学者所创作的被传统目录学归入经部、子部的文献；第四辑为"艺文类纂"，包括历代内江人创作的诗文，或寓贤、名宦写内江的诗文作品；第五辑为"释道著述"，收录古代内江高僧、道士的有关著述。我们的整理方式是点校，并撰写学术性强的前言，编制人名、地名、书名等多种索引，以提高成果的学术性；采用简体横排精装，照顾普及的同时，也提高其收藏价值。

从 2016 年起，我们就开始了书目的搜集工作，已经精选、确定了上百种书目。已经搜集到的图书版本已近书目的一半，剩下的将按整理规划慢慢搜集。我们的做法是，先做文献资料最完备的"地方志辑"，随着工作进展，边做边拓展，边调整完善规划，陆续开展其他各辑的编纂工作。我们要坚持学术标准，决不急于求成，成熟一部推出一部，稳扎稳打，久久为功。

地方志辑序

"方志是一种记载某一地区历史、地理、社会风俗、物产资源、经济文化等方面的综合性著作。它属于广义的历史范畴,从清代开始,已经形成了一门独立的学问。"①正因为地方志内容的广泛性与综合性,称其为地方性百科全书也不为过。因此,研究一地之方方面面,不能忽略地方志,整理一地之古代文献,更要将其列入重点。我们把"地方志辑"作为《内江古文献丛刊》的第一辑,就是基于上面的认识。当然,我们整理地方志,也是响应国家和四川省的要求、内江市的需要。

2015年,国务院出台了全国地方志事业发展的第一个规划性文件——《全国地方志事业发展规划纲要(2015—2020年)》,其中明确要求:

> 深入开展旧志整理工作。编制全国旧志整理规划,编辑旧志联合目录。具备条件的地方应编辑出版历代方志集成,分类整理旧志资料。加强与国内外高等院校、科研院所、公共图书馆、档案馆等单位的交流与合作,开展旧志点校、提要、考录、辑佚等工作。

在这个规划纲要中,提出要深入开展旧志整理,明确了整理的方式,并且把高等院校也作为工作主体之一。因此,内江师范学院作为地方性高校,有责任和义务承担起内江旧志的整理研究工作,为

---

① 仓修良著:《方志学通论》(增订本),上海:华东师范大学出版社,2014年第2版,第6页。

全国旧志整理事业做出应有的贡献。

紧随国家规划发布之后的 2016 年，四川省人民政府办公厅下发《四川省地方志事业第十三个五年发展规划（2016—2020 年）》，明确提出未来五年四川省地方志工作的总体目标，要求"推动旧志整理出版工作……加快旧志数字化建设，2020 年建成四川省旧志目录、全文数据库"，"充分运用信息技术、古籍保护技术，加强对地方志文献的整理、抢救和保护"。这个规划目标是很宏伟的，因为四川省是旧方志存量大省，编目方面的成果已有四川省地方志编纂委员会编的《四川历代旧志提要》和林英主编的《四川地方志联合目录》两部书目版本著作，但全文数据库建设却是一项巨大工程，现在并未见相关宣传报道。我们认为，省方志办当然是整理研究方志的主要力量，但也需要高校等科研机构的积极参与，形成合力，才能更快地将这些巨量的方志数字化或点校出版。

2019 年 7 月 11 日，中共四川省委宣传部、四川省民族宗教事务委员会、四川省文化和旅游厅又联合下发了《关于印发〈四川省古籍文献保护研究利用工程实施方案〉的通知》，随同印发的《方案》"重点任务"项下第四点为"推动古籍文献整理出版"，其中就包括"统筹规划巴蜀基本古籍文献"等整理出版工作。

在国家及四川省的政策出台后，内江市也积极行动起来，将旧志整理提上了日程，如威远史志办、资中史志办都曾影印、点校出版过本县的重要方志，只是还未形成规模。

我们可以强烈感觉到，从国家到四川省，再到内江市，都迫切希望有更多的单位和研究人员参与到地方志的整理与研究中，这件事对我们内江师范学院而言既是挑战，也是重要机遇。我们从上到下都有必要摒弃过去认为研究地方文献不入流、档次不高，甚至说对个人评定职称等帮助甚小的种种短视看法，而应看到在这有利的大背景之下，作为内江市唯一一所本科院校，我们应该充分发挥自身的专业优势，抓住难得的机遇，组织专业人才队伍，承担起旧方志整理工作。并以此为基础，进一步拓展其他类型内江地方古文献的搜集、整理与研究，做出地方高校应有的贡献，从而更好地融入地方，为地方文化建设服务，实现校地双方的合作共赢，其意义非常深远。

内江旧志是我们认识内江市及各县政治、经济、历史、地理、物产、风俗、文化等的重要史料，也是我国地方志宝库中的重要组成部分，所以将之一一整理出来，是我们这些学者必须担负起来的历史使命。而且，作为最能反映内江地方历史文化的方志，无疑应当列入"巴蜀基本古籍文献"的范畴之内。因此，早些布局，率先规划，科学有序地对这些方志进行整理，届时就可以以丰富的前期工作成果跻身于四川省古籍整理、保护、利用的第一梯队，进而实现平台提升，培养更多更好的古籍整理人才，形成专业优势。

内江旧志留存至今的有二十六部，现列表如下：

内江现存古方志表

地区	序号	志　名	纂修者	版　本	是否整理
内江	1	〔康熙〕内江县志二卷	徐嘉霖修、何思华等纂	康熙二十五年刻本	是
	2	〔嘉庆〕内江县志五十四卷	顾文曜修、罗文黻纂	嘉庆间稿本	是
	3	〔道光〕内江县志要四卷	张元澧修、王果纂	道光十四年修、二十五年续修刻本	是
	4	〔咸丰〕内江县志十五卷首一卷	张揩修、刘一衡纂，许延祜续修、黄德仁续纂	咸丰八年续修刻本	是
	5	〔同治〕内江县志十五卷首一卷	张揩原本，张兆兰等纂修、黄觉续纂	同治十年刻本	是
	6	〔光绪〕内江县志十五卷首一卷	陆为荣修、熊玉华纂	光绪九年刻本	否
	7	〔光绪〕内江县志十六卷	彭泰士修，曾庆昌、朱襄虞等纂	光绪三十一年刻本	是

〔道光〕内江县志要

（续表）

地区	序号	志　名	纂修者	版　本	是否整理
内江	8	〔民国〕内江县志十二卷	彭泰士修，曾庆昌、朱襄虞等纂	民国十四年刻本	是
	9	〔民国〕内江县志八卷	易元明修、朱寿朋、伍应奎纂	民国三十四年石印本	是
资州	10	〔康熙〕资县总志八卷	朴怀德修、周壮雷纂	康熙二十五年刻本	是
	11	〔嘉庆〕资州直隶州志三十卷首四卷	刘炯修、张怀渭等纂	嘉庆二十年刻本	否
	12	〔同治〕资州直隶州志三十卷首四卷	刘炯原本，黄济增修、王宗泗增纂	嘉庆二十年刻、同治三年增刻本	否
	13	〔光绪〕资州直隶州志三十卷首四卷	刘炯原本，黄济增修、王宗泗增纂，罗廷权续修、何衮续纂	嘉庆二十年刻、同治三年增刻、光绪二年续增刻本	是
	14	〔民国〕资中县续修资州志十卷首一卷附民国实录一卷	吴鸿仁修、黄清亮纂	民国十八年铅印本	是
隆昌	15	〔康熙〕隆昌县志二卷	钱振龙纂修	康熙二十六年刻本	是
	16	〔乾隆〕隆昌县志十二卷	黄文理纂修	乾隆二十九年刻本	是
	17	〔乾隆〕隆昌县志二卷	朱云骏纂修	乾隆四十年刻本	是
	18	〔道光〕隆昌县志四十一卷首一卷	张聘三修、耿履端纂	道光三年刻本	是
	19	〔咸丰〕隆昌县志四十二卷首一卷	魏元燮、花映均修，耿光祜纂	同治元年刻本	否
	20	〔同治〕隆昌县志四十二卷首一卷	花映均原本，觉罗国欢续修、晏菜续纂	同治元年刻、十三年增刻本	是
	21	〔光绪〕隆昌县乡土志一卷	胡用霖修、曾昭潜纂	光绪三十二年抄本	是
	22	〔民国〕隆昌县采访表	佚名	民国抄本	是
	23	〔民国〕隆昌县志	佚名	民国稿本	是

（续表）

地区	序号	志　名	纂修者	版　本	是否整理
威远	24	〔乾隆〕威远县志八卷首一卷	李南晖修、张翼儒纂	乾隆四十年刻本	是
	25	〔嘉庆〕威远县志六卷	陈汝秋等纂修	嘉庆十八年刻本	是
	26	〔光绪〕威远县志三编四卷	吴曾辉修、吴容纂	光绪三年刻本	是

　　上表已将内江现存古方志囊括其中，我们在全面连续与去除重复两方面进行权衡之后，决定整理其中的二十二部。

　　每部方志整理工作分为三部分：前言撰写、旧志点校、附录编纂。

　　前言凸显研究性，主要内容包括作者考证、修志缘起、纂修体例、内容介绍、成就与不足等，力求对旧志做出较为科学全面的介绍与评价，不仅给一般读者以阅读指导，也为研究者提供一些启示。旧志点校部分即根据古籍整理的标准和规范，对旧志进行科学而严谨的整理，使之"眉清目秀"，可读性强。附录为"人名索引""地名索引""书名索引"，通过编制这三种索引，在提高学术价值的同时，更便利读者，同时也更合乎古籍整理的规范。

　　万事开头难，方志这种文献，其优点在包罗万象，而其难以整理也恰恰是因它的包罗万象。因此，我们一方面要吸收前辈同仁的方志整理经验，同时也要边做边总结，互相交流，集思广益，努力提高整理水平，为学界奉献出一批高质量的成果。

前言

内江,古称汉安,北周改中江,隋因避上讳,改为今名。内江历史悠久,南宋郭明道即曾感叹:"此县之建,盖千几百年矣!"其地理位置优越,景色秀丽,商贸繁荣,"内邑当成、重之冲,北通普梓,南走嘉戎,水陆辐辏,五方错处,故语州县之繁丛者,莫如内邑"。清代县令徐丰称赞道:"中川居全蜀之枢,山水人文,甲于他郡。"内江自古人才济济,"汉安胜地,自昔多才",如苌弘、范崇凯、赵贞吉、释丈雪等均是杰出人物。明人杨慎称:"独内江一邑,文风冠于一方。自洪武至今,进士将百人,举于乡者三倍焉。"

正因如此,历代对其山川、政事、人物、文艺记载不绝,县志代有增续。目前可见的有:清康熙二十五年(1686)徐嘉霖、何思华《内江县志》(以下简称"康熙《志》")二册,未分卷,"因是草创,记事尚简略"①;嘉庆间顾文曜、罗文黻《内江县志》(以下简称"嘉庆《志》")五十四卷,"约二十万字,唯门类分得太细"②;咸丰八年(1858)(以下简称"咸丰《志》")、同治十年(1871)、光绪九年(1883)《内江县志》十五卷首一卷,都是在嘉庆四年《志》基础上的续修本,分别由许延祜、黄德仁续修,张兆兰、黄觉续修和陆为薬、熊玉华续修,其中所收诗文辞赋占有较大比例;光绪三十一年(1905),彭泰士、曾庆昌、朱襄虞在光绪九年旧《志》基础上增修成《内江县志》十六卷,分八门六十一目;宣统三年(1911)易元

① 金恩辉、胡述兆、陈久仁等编:《中国地方志总目提要》,中国台北:汉美图书有限公司,1996年,第21—51页。
② 同上。

明、朱寿朋、伍应奎修《内江县志》八卷,有民国三十四年(1945)石印本,收入《中国地方志集成》中。

除以上 7 种外,尚有这部《内江县志要》(以下简称"《志要》")四卷,修纂于道光年间。与诸《志》之别,首先是它以"志要"命名,据纂辑者王果自述:"客有过盘峪之居者,异而问焉,曰:'志何为云"要"也?'余曰:'挈其纲而汰其靡,联以贯而俾无遗焉耳。'"其次,《志要》分土地、人民、政事、文献四门,其下再分三十四目,部分目下又列附目若干,较康熙《志》内容更详实,较嘉庆《志》的五十四目又简略了很多,对旧《志》做了较大的增删、考订,在体例、内容等方面都有不同于其他几部方志之处。下面从纂修者、纂修过程、纂修特点等角度略加考辨。

一、五次修志,初心不忘

《志要》纂辑者为王果,字希仲,一字退斋,晚号六泉,自称"盘峪山人",内江龙桥里人。咸丰《志》卷七《续增人文》有传,称道光二十六年(1846)卒,年八十二,则当生于乾隆三十年(1765),与《志要》道光甲午《序》称"时年七十"及道光甲辰续修《启》称"八十老拙"吻合。王果是乾隆甲寅(五十九年,1794)恩科举人,此后"流寓燕齐",嘉庆壬戌(七年,1802)成进士,嘉庆十七年(1812)任河南临漳县知县①,嘉庆二十三年(1818)知山东武定府,又署山东东昌府②。王果生而颖异,博涉经史百家,俶傥有大志,业师锦江书院院长姜松亭太史十器重他③。他为文操管立就,尤长于古体,风格"萧疏淡远";工书法,"亦苍劲古朴,冠绝等伦",道光十三年曾游叙永厅永宁县(今为泸州市叙永县),书红

①《〔光绪〕临漳县志》卷四《职官》:"王果,四川内江人,进士,十七年任,有传。"
②《〔光绪〕惠民县志》卷十八《人物志》:"嘉庆二十三年知武定府事……后守东昌。"
③ 按:姜松亭即姜锡嘏,字尔常,号松亭,乾隆二十五年进士,选庶吉士,补礼部主事,主持锦江书院十余年。

崖碑。①王果为人胸无城府,仰慕苏轼为人,建楼奉之,自署"东坡
弟子"。当时科第多出其门,学者称"六泉先生"。著有《临漳县
志》《管窥录》《春鸣集》《盘峪山房存稿》《课孙草》《王氏世谱》及
本书。②

　　王果是明都宪一言之后。王一言,字行之,成化十七年(1481)
进士,曾任都察院金都御史。曾祖父圭九公王恢,贡成均,乾隆庚
戌(1790)以孙涛任直隶新安知县,敕赠文林郎。祖、父皆以嗜学
敦行见称。祖父廷冠公王赐缨,一字崇繁,是圭九公第六子,人称
"王六翁"。好学,但屡试不捷,年五十八岁卒,以王果官山东武定
府守,赠朝议大夫。父亲清河公王泰,是廷冠公独子,字汝亨,太
学生,因家无次丁而辍学。但好读书,"子果就塾时,尚习专经,公
独购《五经》《左》《国》《周礼》以饷,果之强识,公贻谋也"。母亲
张氏,生兄妹数人③,王果为长子。王果次子王丹,副榜,选永宁训
导、岑溪知县,曾协助王果检校此书。

　　王果纂修《志要》,实际是有家庭原因的。据其自述:"《中川
志》明稿旧藏余家。"所谓"明稿"就是崇祯初年所修之《志》,而
此稿是由其"先伯祖"王赐履携至家中,传之子孙。修志对于王果
来说,可能是使命所在,但他也没想到的是,从嘉庆四年(1799)三
十五岁开始参与内江县志修纂,到道光二十五年(1845)完成《志
要》续修④,历经四十六年,其间五次参与修志,其用力之勤,责任

① 按:见于《〔光绪〕续修叙永永宁厅县合志》卷三十六、卷五十二。
② 按:咸丰《志》卷七《续增人文》和《〔民国〕内江县志》卷四《人物志》皆有
　《王果传》。
③ 按:据《志要·清河公传》载"子三人",又《列女》有"王氏,封知府王泰季
　女",则王果至少为兄弟姐妹六人。
④ 按:王果自撰的《续修内江县志要启》落款时间为"道光甲辰",即二十四年,
　但《志要》卷四下最后一篇《邑贤侯李东璧先生捐建太白楼志惠序》落款时间
　为"道光乙巳年孟冬",故将《志要》修成的时间下延至道光二十五年,时年
　王果八十一岁,翌年去世。

感之强，值得称道。

与作为千年古城的内江一样，《内江县志》也"源流远矣"，"宋以前必有记载之本"[①]。有明一代，"永乐中乃始创修志书，正统丁卯亦尝重修，其纂集之人姓氏莫考"[②]；弘治中，邑令陈铨、胡奎委副使吴玉续修；万历十一年，邑令史旌贤委布政高察续修，王果《志要·外纪》谓"明隆万以前，原序可考"，《志要》亦收录诸序。崇祯五年[③]，邑令雷应乾主持续修。雷氏号首山，湖广江陵人，崇祯戊辰（元年，1628）进士，翌年来任。当时"秉笔者有杨、马、高、萧四君"，清邑人杨栻《原志序》称："于古《志》所载，缺者补之，略者详之，繁者删之，简者润色之。"告竣时，雷氏于在事者各授其一。然而此《志》"裒辑未刊，旋遭板荡"，动乱中，"杨爱竹观察箧之而南"。杨爱竹即杨所修，字爱竹，天启丁卯（1627）举人，崇祯时官助教，世乱侨寓今南京，历按察使，称"杨观察"，"秉笔者杨"即是他。

后来，杨所修将此《志》交给大儿子杨栻，命他藏之，且训戒说："吾邑文献所系，汝其守之勿失。"杨栻字孟宣，顺治庚子（1660）举人，联捷进士，其弟杨桐、杨楠亦同时获隽乡科，人称"三杨"。初授推官，旋改补山西汾阳县知县。致仕后，寓金陵。闲暇时，杨栻"取邑《志》旧本，手加编绩"，欲使一代文献不泯，他也曾"欲付诸剞劂，以传不朽，奈有志而未逮"。康熙五十六年（1717）夏，邑人喻宏林（字西园）以己卯孝廉任六合（今属南京）知县。喻氏与杨栻第三子杨化光（字成万）先后受知于武强益侯刘

---

① 《〔民国〕内江县志》卷首《续修内江县志序》。

② 同上。

③ 按：《志要·内江邑志原跋》载："中川旧《志》家藏者八十余年矣，其书修自明崇祯辛未。"又，《志要·杨所修》："崇祯辛未，邑《志》之修厥力居多。"辛未是崇祯四年。但《志要》卷四上所收杨所修《崇祯壬申资圣山房纪事》诗曰："时与同人修志于此。"壬申即崇祯五年。又，雷应乾《原志序》谓："始于端月，竣于仲春。"可见在两个月间完成。应以雷氏序为准。

谦,遂熟络。喻宏林父亲喻治(字化一)闲谈中提及中川旧《志》一书,想要借观,并欲梓以行世。杨杙得知,非常高兴,于是命儿辈"抄授喻化一",喻西园"载归",但"欲刊未果"[①]。后来,西园宦卒,于是此《志》存于喻化一女婿王赐履处,王赐履字公望,就是王果的先伯祖。此《志》被分抄四部,各六卷,藏于家。"自时厥后,好古之士每借抄焉,然往往节录不全。"由杨而喻,由喻而王,这就是王果所谓"《中川志》明稿旧藏余家"的由来。

从崇祯《志》到王果初次参与县志修纂,中间经历 160 年的沉寂——"国朝定鼎历八十年而始复""沉埋高阁者又八十年"。实际,康熙二十五年(1686)有徐嘉霖委通判何思华、知县杨注等采《通志》诸书纂修本(即前文提到的康熙《志》),但"原《志》未出,掇辑二册"[②],由于没有见到崇祯本,此《志》"简略不足观"。乾隆二十二年(1757),长洲举人韩莱曾(字依庭)来任,在任九年,"询旧《志》,王文安澂乃于楼笥拣出",可见沉寂已久,"前邑侯韩、李诸公闻而取观,议纂未成"。

此后,直到嘉庆己未(四年,1799)始修内江《志》,当时主修者是王果的老师蒲村先生,从王果处借来崇祯《志》"抄本六卷,文献较详而备古遗今,兼多亥豕",于是"与刘、谈诸孝廉同心纂续焉",增备订正,为十六册,"《志》书乃得璧完"[③]。蒲村先生即时任内江知县的张揖,字大绅,号笏斋,宛平乙酉(乾隆三十年,1765)举人,乾隆五十九年(1794)来任,王果"膺乡荐,适出邑侯蒲村夫子门下。趋侍之余,因属以董修之役"。当时监修者为姜锡嘏、王者瑞(字凤仪,邑庚子举人),实际纂修者为刘一衡(字平甫,号环

---

① 咸丰《志》卷首《抄藏旧志姓氏》小字注。
② 按:《志要·中川志源流》作"康熙二十七年,原《志》未出,掇辑二册",但杨注《志跋》曰:"康熙二十五年,邑令徐嘉霖重修内《志》",故以二十五年为准。
③《〔民国〕内江县志》卷首《续修内江县志序》。

溪,乾隆丁酉科举人)、谈熊(字渭甫,乾隆丙午科举人)。王果为总理局务,时为甲寅科举人。这是他第一次参与修志。

嘉庆丁卯(十二年,1807),稽山徐公为令,因为王果"曾董校职",嘱其"逐门续增"。徐公名徐丰,字约之,号芭东,浙江会稽人,嘉庆十年来任。姜锡嘏又为监修;纂修者仍为王果,当时已成进士,候选知县;分纂有邑人易含章、刘一衡、谈熊、邹峄贤等。王果感叹:"盖十年之中,两从斯役矣。"嘉庆十四年,浙江海盐举人顾文曜来任知县后,与儒学教谕罗文黻编订县志①,即前文所称嘉庆《志》,其曰:"县志系嘉庆五年刊修,十二年续增,兹悉照刊本填入格式,不遗一字"②,"乃是应省府檄征邑乘而纂修之","再附以县衙档案,照省府颁发之体例编排抄录"③。因此,这只是王果等人所修县志的修订本,卷首既没有顾、罗的序言,也没有目录等内容。

道光六年(丙戌,1826)八月,桐城人张元澧(字雪蕉)任内江知县④。其县志序记载,次年夏五月,"前进士武定府太守王退斋先生谒余,谓邑《志》不修垂二十年,请因吾力成之"。自嘉庆十二年(1807)至道光七年(1827),整二十年。于是,张元澧推王果主持监修,委举人刘景叔、副贡王丹等续辑,六阅月稿成,付之刊刻。不过,王果说"实只字弗与也","僻在山居,未亲雠校"。因此这次所修之《志》"任意滥收","参错插增,殊乖整肃",不太令人满意,张元澧也促其"更辑"。这是王果第三次参与修志。

实际上,在嘉庆十二年修志前,王果就"窃仿古《志》,以土

---

① 按:顾文曜嘉庆十四年任内江知县,罗文黻十三年任内江儒学教谕,下任知县弓翊清二十一年到任,可知此《志》作于嘉庆十四年至二十一年间。又,嘉庆《志·户口志》有新增嘉庆十七年户口数。但无法确定具体修成时间。

② 嘉庆《志·凡例》。

③ 金恩辉、胡述兆、陈久仁等编:《中国地方志总目提要》,中国台北:汉美图书有限公司,1996年,第21—51页。

④ 按:清光绪二十六年刻本《〔光绪〕垫江县志》卷之六作"字雪樵"。

地、人民、政事、文献，辑《中川志要》一书"，但是尚未完成时，徐丰令他续修县《志》，他只得把纂《志要》的事暂且搁下。但是第二次修志后，他对当时的志体更加不满意，"居常脉脉，每念志体拘于常格，繁衍多而位置失宜。思参酌古《志》，以稍稍见异"。他认为一部好志的标准应是"不滥不遗"。于是，他效仿北宋史才张唐英的直朴，参酌明人康海的《武功县志》，"悉发群书，更加搜核"，分土地、人民、政事、文献四部，其目各以类从，于道光甲午（十四年，1834）三月纂成《志要》四卷。这是王果第四次修志。

《志要》续修完成于道光乙巳（二十五年，1845），当时王果虽已八十高龄，但因其"熟路驾轻"，所以仍让他"集思润色"。王果考虑到《志要》距上次修纂"已逾十稔，其土地、人民、政事、文献四纲内，所有祠祀修建、职官选举、恩庆仕宦、人文耆年、忠义节孝、艺文之类，厥目在在宜增"，于是值耄耋之年，第五次参与修志。

由此可见，在《内江县志》的修纂过程中，王果是鞠躬尽瘁的。不过，《志要》修成之后似乎并未获得以后修志者的重视，因为其后所修县志都是在嘉庆四年《志》的基础上增修而成，各《志》所收历代志序也不见《志要》序。这种受冷落的局面，直到光绪十三年（1887）三月才有所改变，时任知县南海罗度对《志要》"读而喜之"，称"为邦家之光，增江山之重，是则六泉辑《志》之初心"，因此加以补刻，这也是此《志》最晚的一个版本。

二、汰冗去繁，调整门目

志修得成功与否关键在于体例的优劣。王果正是因为看到前《志》拘于常格，不思变化，内容繁复冗杂，门目位置失宜，因此才以"志要"之名"挈其纲而汰其靡，联以贯而俾无遗"，事多于前而文简于古，时人评价《志要》"谨严有制"。为了更好地认识《志要》的体例，我们先将它与前后所修的嘉庆《志》、咸丰《志》的门目加

以比较,列表如下:

内江三志门目对照表

《志要》			嘉庆《志》			咸丰《志》		
门	目	附目	卷	目	附目	卷	目	附目
	分野1		卷一	星野1			天文图说1	
			卷二	图考2			地舆图说2	
	沿革2		卷三	建置沿革3			建置3	
	疆域3	形胜附	卷四	疆域4			疆域4	形胜附
			卷五	形势5				
	城池4		卷十	城池10			城池6	市镇、津梁附
	公署5		卷十四	公署14			公署7	
土地	山6	岩、洞、坡、台、石附	卷六	山川6		卷一	山川5	岩、洞、台、石、溪、井、泉、池、滩、坎、洲附
	川7	溪、井、池、滩、堰、坑、洲附						
	祠庙坛壝津梁铺递市镇寺观8		卷十七	祠庙17			祠庙8	祀典附
			卷十一	关隘11				
			卷十二	津梁12			城池6	市镇、津梁附
			卷二十三	铺递23				
			卷二十七	寺观27			寺观9	附载城市祠庙
	古迹9		卷四十五	故宫45			古迹10	
	坊表10		卷十三	古迹13	坊表附		坊表11	
	物产11		卷五十一	物产51			田赋14	物产附
人民上	职官12		卷三十四	职官34		卷二	职官16	
			卷二十四	土司24				
	宦迹13		卷三十七	政绩37			名宦17	

（续表）

《志要》			嘉庆《志》			咸丰《志》		
门	目	附目	卷	目	附目	卷	目	附目
人民上	选举 14		卷三十五	选举 35	武科、成均附	卷三	选举 19	
	成均 15					卷四	成均 20	应例附
	封赠 16	荫叙	卷三十六	封荫 36		卷五	封荫 22	荫叙附
	恩庆 17							
人民中	人物 18：唐、宋、元、明（分十一类）、国朝（分八类）		卷三十八	人物 38		卷六	人文 23：唐、宋、元、明	
						卷七	人文 23：明、国朝	
				忠义 38			忠义 24	
				孝友 38			孝友 25	
			卷四十	隐逸 40			隐逸 26	
							行谊 28	
人民下	耆寿 19		卷五十二	祥异 52	儒寿附	卷九	儒寿 30	寿妇
						卷十四	祥异 35	
	高义 20		卷三十八	高义 38		卷七	高义 27	
	列女 21		卷三十九	列女 39		卷八	列女 29	
	术艺 22		卷四十三	方技 43			方技 32	
	流寓 23		卷四十一	流寓 41		卷九	流寓 31	
	宦寓 24							
	仙释 25		卷四十二	仙释 42			仙释 33	
			卷四十四	古帝王 44				

〔道光〕内江县志要

（续表）

《志要》			嘉庆《志》			咸丰《志》		
门	目	附目	卷	目	附目	卷	目	附目
政事	户口26		卷七	户口7			户口13	
	田赋27	领支、杂税、水利、仓储、盐茶、徭役、蠲免、学校、兵防、驿递附	卷八	田赋8			田赋14	领支、杂税、水利、仓储、物产、盐茶、徭役、蠲政附
			卷九	水利9				
			卷十五	学校15			学校15	
			卷十九	兵防19			兵防18	驿递附
			卷二十	屯田20		卷二		
			卷二十一	边防21				
			卷二十二	驿传22				
			卷二十三	铺递23				
			卷二十五	武功25				
			卷二十六	屯练26				
			卷二十八	盐法28				
			卷二十九	茶法29				
			卷三十	钱法30				
			卷三十一	木政31				
			卷三十二	榷政32				
			卷三十三	蠲政33	蠲免附			
			卷四十七	僭窃47				
	祀典28		卷十六	祀典16		卷一	祠庙8	祀典附
			卷十七	祠庙17				
	风俗29		卷十八	风俗18		卷一	风俗12	
	丘墓30		卷四十六	陵墓46		卷五	宦达21	丘墓可考者并注名下

10

（续表）

《志要》			嘉庆《志》			咸丰《志》		
门	目	附目	卷	目	附目	卷	目	附目
	原序 31					卷首	原序跋	
						卷十	艺文 34	
文献上	艺文 32		卷四十八	艺文 48		卷十一	艺文 34	
						卷十二	艺文 34	
						卷十三	艺文 34	
						卷十四	艺文 34	
			卷四十九	典籍 49				
			卷五十	金石 50				
文献下	外纪 33		卷五十四	外纪 54		卷十五	外纪 36	
			卷五十三	杂识 53				
	附编 34							

* 说明：表以《志要》为主要参照，其余二《志》门目排列一般与之对应。其中嘉庆《志》部分类目在《志要》中无对应内容，故按内容相近原则归入相应门中。为反映原门目次序，特在各门目名右下以数字角标示。

    由表可见，只有《志要》有门有目，其余二《志》皆有目无门。针对前《志》的弊端，王果在第二次参与修志后就思改变：

    仰维常道，将张唐英之直朴，参酌康对山、王渼陂《武功》《朝义》两志[1]，而折衷于王卢氏《巴志》之体裁。悉发群

---

[1] 按："朝义"为"朝邑"之误，《朝邑县志》为明韩邦靖撰，而非王渼陂，正文有辨释。

书，更加搜核，以土地、人民、政事、文献分部，其目各以类从，如网有纲，如珠有贯。纲举目张，则无疏冗之虞；贯累珠联，于以瑕疵毕弃。

王果认为志无门，就如串珠没有绳子，只能是散落一盘。譬如嘉庆《志》，共分五十四卷，每志一卷，看似全面，实则繁冗，其中 11 卷（志）为有目无文，如《屯田志》曰："旧无屯田，无案可考。"兵防、土司、武功、屯练、钱法、故宫、典籍、金石、杂识皆如此。又如《茶法志》："一、茶，本县无种植者，民间食茶系邛州丹棱各处引商运售。"只这一行文字，殊乖整肃。即便有内容的，各卷（志）篇幅上也参差错落，差别较大，如 5 页以下的有 22 卷（志）之多（不包含有目无文的 11 卷），包括：星野、建置沿革、疆域、形势、户口、水利、城池、关隘、津梁、祀典、风俗、兵防、驿传、铺递、木政、榷政、蠲政、隐逸、方技、古帝王、僭窃、物产等。且杂陈错处的情况比较严重，如户口、田赋与兵防、屯田等应属同类，物产不应置于艺文、外纪之间，等等。

《志要》门目的分类，凝聚着王果多年的思考与心血，五次修志，精益求精，这当与他身为内江人有关。外籍官员修志，往往受上级之命，仓促上阵，急于求成，所以难以保证质量。而王果作为内江本地人，自然有着传续乡邦文献、载录乡贤事迹的使命感和责任感。他说"余自成童时，校阅遗编，怦怦心动，未尝不憾"，此后年岁增长，"静缅前贤，徒虚钟毓，每一抚阅，汗颜久之"。因此，罗度的"为邦家之光，增江山之重"可谓知音之言。

王果博涉书史，因此在修《志要》时参酌古《志》体例，远的有常璩《华阳国志》，近的是康海《武功县志》和韩邦靖《朝邑县志》。例如《志要》附编《龙桥王氏士女志》就是仿《华阳国志》末《江原常氏士女志》，以彰显祖先明德，有功于教化。而康、韩二《志》，历来褒贬不一。康《志》三卷，分七目：地理、建置、祠祀、田赋、官师、人物、选举，褒扬者认为"简而有体，质而弥文，辞直而事核","乡国之史,莫良于此";贬抑者如章学诚批评其不知史家法度、文章体裁。韩《志》分两卷,也是七目:总志、风俗、物产、田赋、名宦、人物、杂记,《四库提要》称:"盖他志多夸饰风土,而此志能提其要。故文省而事不漏也。"章学诚认为它不可以称为《志》,而是一篇无韵的《朝邑赋》。王果则极为推崇二《志》,且继承了康、韩"简而有体、能提其要"的思想,以门统目,更加科学合理。

孟子说:"诸侯之宝三:土地,人民,政事。"《志要》以土地、人民、政事、文献为四门,基本包含了一地的重要方面,王果认为:"庶几哉,以土地志土地,土地亘古亘今矣;以人民志人民,人民可鉴可传矣;以政事志政事,政事有因有革矣;以文献志文献,文献之近之远矣。志其志,其要立焉。"确立门后,目以类从,原本杂乱的内容有了条理。与嘉庆《志》相比,有目无文的部分全部删去;《祥异志》也删去,王果的理由是:"邑旧《志》有《灾祥》一册,今以天文五眚等异,国有司存;岁之丰荒,省郡备载,无庸赘及。"也就是说,这并非一邑之事,况且国家、省郡都有记载,没必要重复。而且《儒寿》与《祥异》并不相关,不宜附在后面,《志要》将它列入"人物"是恰当的。嘉庆《志》将《坊表》附在《古迹》后,《志要》则单列为一目,不过王果也认为:"前代坊表极一时之盛,由今视昔,亦古迹所存也。"补充说明了二者的关系。

此外,《志要》与前后《志》显著不同之处在"人物",其他《志》以朝代划分人物,《志要》除唐、宋、元以朝代统序外,对明人物细分为理学、经济、谏论、廉靖、方正、师儒、文学、政行、孝友、忠义、隐逸等十一类,将清人物分为忠义、宦迹、遗彦、儒林、师儒、文翰、质行、孝友等八类,这样突出了人物的特点,也反映出明清时期社会情况的不同:"按:明《志》人物分理学、经济各门,其时科名鼎盛,人材众多,故各就所长分曹列传。本朝承明季凋残之后,世族晨星,五方错集,经二百年而文物声华不逮前明十分一二,兹欲按门续列,势有不能。谨拟八门,以彰遗献。"另外还调整了个别人物所属的类别,如阴秉衡,"旧列《隐逸》,今特列入《师儒》",《志要》看重的是他建文翰楼,贮书千卷,手不停披,口不辍吟,以古道教授乡里,有功教化。

《志要》之后,咸丰《志》分十五卷首一卷,尽管没有分为四门,且在类目上有一些差别,但可以看出咸丰《志》对《志要》门目的继承,如疆域、山川、田赋的附目,以及没有收入不必要的类目。不过,《志要》在体例上也存在一些问题,如《山》《川》实则没有必要分开列;目录与正文不对应,如目录《铺塘》正文作《铺递》,《封荫》作《封赠》,目录无《物产》;目录《领支》到《丘墓》应该单列,不应以双行小字列在《田赋》之下;《原序》和《艺文》并未在正文标示而是写在了版心处;序、凡例、参修人员姓氏应和目录一样,标注为卷首,而不应为"卷之一",这样就与正文内容混杂在一起了。以上问题是纂修者没有细心察看到的。

三、秉笔直论,成一家言

王果多次参与修志,在修纂方面有自己的见解,他在道光十四年(1834)所作《志要序》中说:"窃惟志者史之余,不滥不遗,斯为传信。操笔者苟以文字媚人,则全书皆秽矣。"他认为志是对史的补充,志和史都应以"信"为宗旨,修志者当有是非的评价标准,以起到警示后人的作用。在《志要》中,王果不止一次对康海所修《武功县志》予以褒扬,如:

> 《武功志》,康对山海著也。海以廷试第一人官翰苑,才望清峻。因救李梦阳出狱,忌者污以阉党落职,天下惜之。其著《武功志》,口诛笔伐,凛若冰霜,扬善显忠,悉符典要。后之以邑人著邑《志》者,辄不敢效,非第无其胆,实亦无其笔也。因辑邑《志》,偶论及之。

可见,王果所肯定的是康海的胆识,敢于秉笔直论,这不是一般邑人著邑《志》能做到的。他在《职官》中还说道:"康对山之志武功也，显予贬摘；王卢氏之志巴县也，悉与汰裁……所谓不加褒贬，谁复知笔墨森严，略施劝惩，无还有心肝戒慎也。后之览是《志》者，将有谅于兹言。"因此对于署县事官吏中"任喜怒于一心，虐我士民，视同草芥"的，存姓削名，略注其故，"无使滥为民父母焉"。比如"吴□□，江南副贡。（康熙）四十八年任"，王果增"贪酷虐民"四字，查嘉庆《志》和咸丰《志》，吴氏名吴遵镇，二《志》均未载其劣迹。如无秉笔直书者，后人何以心生畏惧！在撰写《选举》时也是如此，《志要》谓："兹之《选举》，亦寻其例并去姓名，空圈下注其实迹，俾无滥科名焉。古语云：'士君子学古入官，公罪不可无，私罪不可有。'阅是《志》者尚其鉴诸。"如万历壬子科举人，嘉庆《志》和咸丰《志》均载徐士华、马士骏、郑延祚三人，《志要》则削去郑氏名字，注明"霍邱令。贪劣，见《明史·崔呈秀传》"。

贬恶之外，《志要》也学康海扬善显忠。在明代忠义人物部分，列"义民申荣、申华"。"忠义"是天地间亘古不朽之名，想要列入《忠义》并不容易，至于申荣、申华以乡民赴调选，属于"朝不列而禄不及"者。但王果认为，二人死于贼，死于兄，堪比卞壶，"是亦足以愧天下后世之食君禄而偷生者"，"忠义，亘古不死之名，不易得也，秉笔者乃欲掩之，而或滥假之，彼何心哉！"于是增加"义民"二字，以传不朽。类似之处还有很多，如《职官》部分在记载署县事人物后，不烦笔墨，又说："右署篆诸人，除张宗文诸公入《政绩》外，其潘邦和、蔡天藻、叶树东、曹坚，均能爱民束下，平易近情，士民至今犹怀乐只云。"

除这种增削外，《志要》的特色还在于将旧《志》每个小志前的"引"全部删去，而增加了"论"——在三十四目中有二十五处"论"——体现了纂修人的主体意识、是非评断和对内邑发展的思考，虽不及司马迁"究天人之际，通古今之变"，但也算是"成一家之言"，可使后世读者在览《志》的同时了解作者的纂修意图，获

取额外的信息。后人评价《志要》"采集记传,颇可观"①。具体说来,《志要》之"论"主要包含以下几方面内容:

一是用史料加以说明考证。如《分野》之论,用《河图括地象》、左思《蜀都赋》、杨炯《新都县先圣庙堂碑》、李白《蜀道难》等史料论证"入参一度"的正确性;《沿革》之论,采集《后汉书》《华阳国志》《晋书》《水经注》《元和志》等说明内江"汉安"之号。此外,还以"按"语的形式补充史料,如《古迹》"清溪废县"后补"《唐书》有清溪令郑晋客"等。有些地方,《志要》还比较诸《志》的异同,如《山》之论:"省《志》所载与邑之旧乘往往彼此混淆而莫辩。"

二是以见闻补充史料。如《山》之论以实地考察的方式,说明"查治西无此山,唯东北般若寺,一名'天池山',去城可三十里";《川》之论记载涪州刺史杨公"作笼堵培以固风水"事,感念他去职后仍不忘己邑;《坊表》之论记载贪吏吴遵镆偷窃坊料事,谓"此事世族老成犹有能道其详者";《物产》之论以见闻考证蹲鸱"即今之芋麦,俗名'包谷'者是也。蜀中南北诸山皆种之,其禾高耸如梁,蕤穗正出,子旁生,或二或三,形如鸥之蹲树。以此作解,庶名形逼肖";《列女》之论记载其年幼时从母亲张恭人处了解杨恕妻张氏事,但当时未询其详,嘉庆己未修志时"未及请载,私心郁郁",六十年后得其端委实迹,遂载入;《仙释》之论记载默野和尚之事,提醒"世之务名者"反求其本;等等。

三是说明去取缘由。如《疆域》之论:"郡邑列景志题,盖缘京师八景、西湖八景之派而滥觞也,强征诗歌以眩远迩,累牍连篇,牢不可破,而志体坏矣,古之称善志者不以是焉。兹十二景,荒凉殆半矣,缘系旧题,姑存其概。"言外之意,修《志》要符合实际。前文提到的《职官》和《选举》之论也是如此。

---

① 《〔民国〕内江县志》卷首《续修内江县志序》。

四是发表见解。如《师儒》之论："邑中五十年前司教者，课士只及专经，文仅时艺"，但是士饬廉隅，师严弟恪，而后"五经策士，涉猎较多，而先正遗风因之渐泯"，值得有心者去思考。又如《高义》之论："中川当成、重之冲，人情嗜利，有能独力成梁或裘成集腋，斯卓然异于众矣。"又如《仓储》之论："食为民天，取济临时，不如裕之平日。此社仓济谷，贤令尹所为留心也。然有治法无治人，其始未尝不善，渐则徒为吏胥奸豪干没地耳。"

当然，《志要》之论往往综合以上几个方面，既有史料，也有见闻，多有论述，这些内容使得县志不再是冷冰冰的材料，而是有了人情温度和可读性。《志要》的秉笔之论与王果本人的性情有关系，他"为政先肃纪纲，除粮莠"①，据《〔光绪〕惠民县志》卷十八载：王果"性少刚躁"，"知武定府事，明于察吏，严胥役之禁"，《〔光绪〕临漳县志》卷七亦载：王果"严而不苛"，"丰乐镇草桥屡被毁，密缉之，得火者投河中，乃绝"。可见，王果性刚毅，嫉恶如仇，明断是非，当年与他同科及第、后官位显赫的卓秉恬称赞他"书生才气英雄胆"②，这些都体现在《志要》的论说文字中。

从嘉庆十二年（1807）之前王果酝酿写《志要》算起，到道光十四年（1834）完成初修，这部县志经过了近三十年的撰写完善，王果"兢兢加辑，无索米之嫌，无投桃之报"，和当初邑人杨所修竭力保存崇祯《志》一样，都是为了不使家乡文献散落，不令人物湮没无闻。王果"辑《中川志要》一书，成一家言"，在体例、内容、思想等方面都有超越前后《志》的地方。只可惜后续修志者拘于常格，认为"志后立论，实皆萃涣之义"，"未整齐"③，仍仿《通

---

① 咸丰《志》卷七《续增人文·王果传》。
② 按：卓秉恬（1782—1855），字静远，号海帆，四川华阳人，王果同年进士，历官兵部尚书、户部尚书、吏部尚书、协办大学士、文渊阁大学士、武英殿大学士，赠太子太保，谥"文端"。
③ 咸丰《志》卷首《凡例》。

志》例，每志冠以小引，因此《志要》没有得到继承发展，甚至咸丰《志》所收历代序跋中也未见王果之序和启，这恐怕是他始料未及的。这也敦促我们当代研究者投入更多精力于方志整理中，让它们的价值得到世人的关注和认可。

　　此书能够顺利出版，在此要感谢广陵书社的老师们，特别是为此书编纂付出艰辛努力的戴敏敏编辑。谢谢！希望通过我们的共同努力，"内江古文献丛刊"能结出累累硕果，为地方发展服务。加油！

王　昕

于四川内江寓所

凡例

一、本次整理所据底本为道光二十五年续修、光绪十三年内江知县南海罗度补刻本《〔道光〕内江县志要》(简称"底本")。他校版本主要为尊经阁藏板《〔道光〕内江县志要》(简称"尊经阁本")和嘉庆间顾文曜修、罗文黻纂《〔嘉庆〕内江县志》稿本五十四卷(简称"嘉庆《志》"),咸丰八年许延祜修、黄德仁纂《〔咸丰〕内江县志》十五卷首一卷(简称"咸丰《志》"),另参校《〔嘉庆〕大清一统志》《〔雍正〕四川通志》《〔嘉庆〕四川通志》《〔道光〕重庆府志》《〔光绪〕资州直隶州志》《〔民国〕内江县志》等。所据校勘文献及版本,请参书末所附参考文献。

二、文字方面的校勘。凡底本讹误,有确凿证据者则改之,并出校记;不涉讹误,仅文字表述有出入者,一般列出他本异文以资参考;发现疑问,但又找不到文献证明时,则直陈问题以存疑。文字漫漶者,首据相关文献补足;无文献可据,则依残存笔画和上下文文例或语境补之;如无法识别,则以缺文符号"□"代之。

三、史实方面的校勘。记载确有误者,不改原文,仅于校记中引据文献证明其误。另,为方便读者理解,本次整理对一些人物和时间进行了注释。

四、书中涉及避讳之处,如"弘治"作"宏治""洪治","玄"作"元"等,径改不出校记。

五、校记采用脚注形式。

六、为使行文层次清晰,本次整理做了统一规划:除目录中标出姓名的人物外,其他涉及人物、地理、事物的条目的词头和注释列为一段,注释文字采用宋体小字;原序和艺文部分,先标篇目,再列朝代和作者;按语和论说文字是本书的特点,为使这部分文字清晰醒目,采用仿宋字体。

七、本次整理对原《志》中标目不统一的地方适当加以调整,如《人民部》中明人物的十一个分类,有的有"明"字,有的没有,为整齐美观,统一都加"明"字;再如《文献部上》原脱"原序""艺文"等目,《文献部下》"附编"前"内江县志要"五字实则冗余,故对不合理处加以增删。

八、文中图表的处理。古籍当中有些内容转化为现代排版体式时,很难做到眉目清晰,如卷之二上《封赠》,本书将其编制为图表,则可实现清晰与美观的效果。

九、为使读者更加了解纂辑者王果,本文增补了三篇王果所作的传、记以及六条与王果有关的文献记载,以"附录"为目,附于书后。

十、为便于检索资料,编制"人名索引""地名索引""书名索引",附于书后。

目录

内江县志要卷首^①

内江县志要序

道光甲午季春，六泉子辑《中川志要》成。客有过盘峪之居者^②，异而问焉，曰："志何为云'要'也？"余曰："挈其纲而汰其靡，联以贯而俾无遗焉耳。"客曰："厥旨允矣，其详可得闻欤？"

余曰："兹《志》源流远矣。明崇祯初，裒辑未刊，旋遭板荡，杨爱竹观察箧之而南。国朝定鼎，历八十年而始复，中间由杨而喻，由喻而王，沉埋高阁者又八十年，始有嘉庆己未之修。时主修者为余师蒲村先生，因得与刘、谈诸孝廉同心纂续焉。越丁卯^③，稽山徐公来令，以余曾董校职，又属续增。盖十年之中，两从斯役矣。

"居常脉脉，每念志体拘于常格，繁衍多而位置失宜，思参酌古志，以稍稍见异。浮宦奔驰，因以未遂。今明府君雪蕉先生来莅，以时逾廿载，爰命续修。僻在山居，未亲雠校，先生序偎推余主盟，实只字弗与也。续编参错插增，殊乖整肃，先生病之，每公见，必以为言，且促余更辑。适邑中有重建学宫之役，领局诸子亦即以志役属余，此邑《志》之修所以三经余手也。

---

① 内江县志要卷首：此七字为整理者所加。按，底本除目录在版心标"卷之首"外，序、启、续修凡例、续增姓氏均在版心标"卷之一"，未与正文区分，与方志标目通例不合，层次混乱，故本次整理将正文"分野"前内容统一作为卷首。另，尊经阁本仅有王果序和目录，无启、罗度序、续修凡例、续增姓氏等。

② 按：尊经阁本有藏书印"华西大学旧藏"阴文方印，将"盘峪之居"及下"汰其靡联""闻欤余曰"十二字覆盖。

③ 丁卯：指嘉庆十二年。

"窃惟志者,史之余,不滥不遗,斯为传信,操笔者苟以文字媚人,则全书皆秽矣。余于此《志》兢兢加辑,无索米之嫌,无投桃之报。仰维常道,将张唐英之直朴,参酌康对山、王渼陂《武功》《朝义》两志[①],而折衷于王卢氏《巴志》之体裁[②]。悉发群书,更加搜核,以土地、人民、政事、文献分部,其目各以类从,如网有纲,如珠有贯。纲举目张,则无疏冗之虞;贯累珠联,于以瑕疵毕弃。庶几哉,以土地志土地,土地亘古亘今矣;以人民志人民,人民可鉴可传矣;以政事志政事,政事有因有革矣;以文献志文献,文献之近之远矣。志其志,其要立焉,于我固两无所与哉,庸以副明府君之清属、诸同人之赞襄,差有当乎?"

客唯唯,雍容而辞退。

盘峪山人王果六泉甫序,时年七十。

续修内江县志要启

《中川志》明稿旧藏余家。乾隆己未[③],余师张蒲村先生主修,命余同刘、谈诸孝廉纂校成部。嗣稽山徐侯莅任,亦属余逐门增续。继张雪蕉先生来莅,亦属余再续。独断者因余乡居,任意滥收,余只字未经而浮言胥动矣。

壬辰、癸巳间[④],营建圣庙,余捐资三百金,同人以续刊杂芜,

---

① 按:康对山指康海,号对山,有《武功县志》;王渼陂指王九思,号渼陂,有《鄠县志》,均为明代文学家。而"朝义"当为"朝邑"之误,《朝邑县志》为明韩邦靖撰,邦靖字汝庆,号五泉,朝邑人。自明以来,关中舆记惟康海《武功县志》和韩邦靖《朝邑县志》最为有名。故"王渼陂"当误。

② 王卢氏:指王尔鉴,河南卢氏人,雍正八年进士,曾官山东济宁州知州,后降补为巴县知县,公务之余,手不释卷,于乾隆二十五年修成《巴县志》十七卷。

③ 乾隆己未:依前序,当为"嘉庆己未"。

④ 壬辰、癸巳:指道光十二、十三年。

属余就捐另梓。余乃仿关中康、王《志》,则与同人加慎续修,事多于前,文简于昔,名曰《内江志要》。合邑绅耆分文未假,《序》所谓"无索米之嫌,无投桃之报"是也。惜余资短缩,印刷未多,弗能普给。昨年,小孙赴都,携有数部,呈送同年卓协知暨龚、李两尚书[①],皆谓为"谨严有制",则我中川之文物声名,庶可流传不朽矣。自时厥后,华明府权任邑事[②],开通南门壅蔽,邑中仕宦渐昌。

今毛府君福临[③],力除稂莠,增修书院,培建灵祠,转歉为丰,人和物阜,我中川之云蒸霞蔚,不尤可指顾期欤!惟《志要》之修已逾十稔,其土地、人民、政事、文献四纲内,所有祠祀修建、职官选举、恩庆仕宦、人文耆年、忠义节孝、艺文之类,厥目在宜增。月前邀集公所,商及费资,佥云:"世家耆彦与夫孝子慈孙,能知大义者皆可,不劳传募,集腋成裘。"仍属余熟路驾轻,集思润色。值二百年之景运,成数千载之遗文。

其某某主续,某某同修,某某提调,某某增采,某某分校,某某捐镌,某某督梓,役成可一一列名卷首。此启。

道光甲辰夏五,八十老拙王果六泉氏谨启。

光绪十三年知县罗度序[④]

其间不无□□□处又□□□至□□□已或失之于激切,□

---

① 按:卓协知指卓秉恬,四川华阳人,历官兵部尚书、户部尚书、吏部尚书、协办大学士、文渊阁大学士、武英殿大学士,卒赠太子太保,谥"文端"。龚尚书指龚守正,浙江仁和人,段玉裁女婿,龚自珍叔父,官至礼部尚书,谥"文恭"。李尚书指李宗昉,江苏山阳人,官至礼部尚书。三人均为王果进士同年。

② 华明府:指华日来,云南举人,道光十六年任。

③ 毛府君:指毛俊章,沔县举人,道光二十三年任。

④ 光绪十三年知县罗度序:此十字为整理者所加。底本此序原在《内江县志要序》前,由于缺文过多,且光绪十三年仅是重刻道光本,故此次整理按作序时间置后,谨此说明。

□□□□□□偅矣。光绪中，予来□邑符，搜览图籍□有以是书
□□□，予读而毑□□□□行以□□□惜其□□□□□□□□□□
□□刻□□□□□□□□□□□□缘□□□□愿□□□□□□
志也，仪先辈之流风，束脩砥砺，珪璋特达，继轨前修，蒸蒸日上。
为邦家之光，增江山之重，是则六泉辑《志》之初心，抑亦官斯土
者之所为厚望也夫。

光绪十三年丁亥三月，知县事南海罗度。

续修志要凡例

一、此次增采,俱由同人举勘开送,节寿、孝友,黄乐山职之。

一、节孝已奉题旌者,只注苦节若干年;未经题报者,各系小传。因已旌,由学县至部科,具有档册可凭,未报者不可没其略也。其寿母贤媛,亦间采登,用符古制。

一、古人立传,必待身后,惟耆寿、恩锡、义捐之类不拘此例。

一、此次续增,其板页按某部目,各留余地,以便续登。

续增志要姓氏

同修

黄德仁。乐山。岁贡生。花萼书院山长。

潘毓琛。宝田。庚申孝廉。贵州都戎。

刘景伯。石溪。壬午举人。即选教谕。

谢廷猷。仲晖。乙酉举人。庆符教谕。

提调

谢廷卿。黻堂。廪膳生。

李友杜。浣云。太学生。

邓毓华。峨村。庠增生。

采访

王丹。云阿。辛巳副元。候选知县。

王柬。藕塘。廪膳生。

黄梦龄。秋潭。庠生。

周桓。尚如。癸酉拔贡。候选教谕。

张德元。厚庵。解元。

分校

邱苓。怀西。

王绍恬。静帆。

王绍拔。确斋。

王惕之。补斋。

刘鹗。孚五。

朱楠。森圃。

宋云。龙山。

王亮之。

　俱肄业生。

捐梓兼采访

沈永盛。例贡生。

罗奭。海澜。例贡生。

罗俊。辅臣。同知职。

江元冠。从九。

李文兰。芝邻。太学生。

潘元臣。丙卿。庠生。

陈书一。竹坡。岁贡。

张新铭。西亭。庠生。

张怀珠。觉庐。

缮印局绅

黄荣启。太学生。

王长茂。从九。

苏光化。太学生。

向太平。庠生。

内江县志要目录

内江县志要土地部卷之一

分野^①

原《志》：井鬼分野，入参一度，在鹑首之次。^②

论曰：按，《河图括地象》："岷山之地，上为井络，^③帝以会昌，神以建福。"左思《蜀都赋》亦曰："岷山之精，上为井络。"邑为井星之分定矣。古《志》云"星应舆鬼"^④，盖就毗南列郡言之。且井宿三十三度，鬼宿四度，其分之广狭固不侔也。参辰在北，唐杨炯《新都县先圣庙堂碑》云："出江干之万里，入参星之七度。"李白《蜀道难》亦曰"扪参历井"。古人推步精确无移，入参一度，由来允矣。^⑤

沿革^⑥

邑在上世属梁州之域^⑦，周武王合梁于雍，于职方为雍地。在

---

① 按：嘉庆《志》对应内容为卷一《星野志》，咸丰《志》为卷一《天文图说》。
② 按：据嘉庆《志》、咸丰《志》，此句出自旧《志》"星野志序"。
③ 岷山之地上为井络：尊经阁本作"岷山之下为井络"。
④ 按："星应舆鬼"出自《华阳国志·蜀志》，故此"古《志》"指《华阳国志》。
⑤ 嘉庆《志》、咸丰《志》无此段文字。
⑥ 按：嘉庆《志》对应内容为卷三《建置沿革志》和卷五十四《外纪》，咸丰《志》为卷一《建置》和卷十五《外纪》。
⑦ 邑在上世属梁州之域：嘉庆《志》、咸丰《志》作"内江上世无考，神禹治水，画野分州，在唐虞夏商俱属梁州之域，天文井鬼，分参一度"。

秦为蜀地。在汉为益州地，先合资中，后分置汉安，俱隶犍为郡。后汉昭烈分犍为，立江阳郡，以汉安隶焉。宋、齐、梁、陈因之。后周改汉安为中江，隶资阳郡。隋文帝因父名"忠"，览图见江水自三堆环绕至黄市，邑治当其中，遂改"中江"为"内江"，仍隶资阳郡。唐咸通中改隶资中，徙盘石，六年移州来治，七年还治盘石。五代王建仍治内江县，孟知祥复徙盘石。宋初因之。乾德中，并唐置清溪县入内江，别号"安夷军"，又号"中川"。元因之，为内江县。至正癸卯，伪夏窃据，明洪武四年平之，改资州为资县，俱属成都府。国朝因之。雍正五年，升资县为直隶资州，以内江属焉，隶川南永宁道。

论曰：内江古号"汉安"，据范蔚宗《后汉书》隶犍为郡。晋常璩《华阳国志》隶江阳郡，常载："江阳，本犍为枝江都尉。建安十八年，汉安大姓程徵、石谦白州牧刘璋，求立郡。璋听之，以都尉广汉成存为太守，属县四，汉安改隶焉。土地虽迫，山水特美好①，有盐井、鱼池以百数，家家有焉，一郡丰沃。四姓：程、石、姚、郭；八族：张、季、李、赵辈也。"分置江阳郡，《晋书》作蜀汉时事，与常小异耳②。惟《志》载"县在郡东五百里"，未详。古江阳，今泸州也，邑在其西北③，无五百里。《志》又载："江阳先有王延世，著勋河平，后有董钧，为汉定礼。"二人实产资中，已见《后贤传》《序志》④。参考地势，邑为古汉安无疑，其所注"东五百里"，或仍蒙旧隶犍为误耳⑤。今江安县亦号古汉安，其地在江阳西，去郡甚迩，与

---

① 嘉庆《志》、咸丰《志》"好"后有"宜蚕桑"三字。

② 嘉庆《志》、咸丰《志》无"与常小异耳"五字。

③ 邑在其西北：嘉庆《志》、咸丰《志》作"邑不在其东"。

④ 后贤传序志：按，王延世、董钧二人属"资中"，均见于《华阳国志》卷十《先贤士女》之"犍为士女"，及卷十二《序志》，而卷十一为《后贤志》，故文中"后贤"当作"先贤"。

⑤ 或仍蒙旧隶犍为误耳：嘉庆《志》、咸丰《志》作"或仍据旧隶犍为。《志》之抑古今，疆域、道里不同，故差异也"。

资中远不相接。以《汉书》隶犍为诸邑互考之[1]，则常《志》所称"土地虽迫，山水美好"，为"一郡丰沃"者，的为内江。[2]《水经注》："牛鞞水径汉安。"《元和志》："内江即后汉汉安县。"诸志悉合。

疆域_{附形胜}[3]

中川地势络绎袤延，厥形若斧，江流其中，曲折潆洄，如往而复。东与荣昌接壤，西与资、威毗疆，迤南界富顺、隆昌，北抵安岳。东西二百一十里，南北百二十里。[4]县治濒江，山环水复。

正东曰中江里，曰龙桥里。其山曰高峰、晒峨，曰四面、鼎山，曰石笋、石鼓。其水曰清流、白沙，曰石圈、龙桥。其市集曰东兴、郭家、永兴。

再东曰白沙里，曰石子里。其山曰铧影、诸古。其水曰清流、白沙、长溪。其市集曰观音、平滩，曰石子镇。唐清溪故治也。

东北曰千秋里，曰大通里。其山曰白鹤山、白云山、莲山。其水曰清流、苏溪。其市集曰白鹤、杨家。

正南曰椑木里，曰葛仙里。其山曰葛仙、元觉，曰金紫、金笼。其水曰中江、逆流、龙潭。其市集曰椑木镇。有官渡，古通津也。

正北曰观音里，曰高梁里。其山曰般若，曰将军，曰土主、牛心。其水曰小清流。其市集曰田家、高梁、便民、新店。

---

① 考：嘉庆《志》、咸丰《志》作"审"。
② 则常志所称土地虽迫山水美好为一郡丰沃者的为内江：嘉庆《志》、咸丰《志》作"则常《志》所称'土地虽迫，山水美好'者决为内江"。二《志》无《水经注》至段末文字。另，二《志》此段文字见于《外纪》。
③ 按：嘉庆《志》对应内容为卷四《疆域志》和卷五《形势志》，咸丰《志》为卷一《疆域附形胜》。
④ 东西二百一十里南北百二十里：嘉庆《志》、咸丰《志》作"东西距一百五里，南北距一百三十里"。

西北曰跳墩里，曰梧桐里。其山曰西林、乐稳，曰蓬瀛、华萼。其水曰中江、亭溪、小龙溪。其市集曰贾家、双河、来凤。此河外十二里也。

正西曰安仁里，曰安良里，曰安贤里，西南曰安乐里。其山曰天马、三堆，曰大阜、虎邱、曰欧山、书台。其水曰中江，曰玉带、漆园，曰桂溪、大溪。其市集曰茂市、凌家、张家、史家、龚家。濒江圣水寺，邑巨刹也。此河西四里也，里广狭不一，计河西四里当河外六里之赋焉。

论曰：观山川之顺逆，形势生焉。中川河西之山，发脉龙泉，由资、咸东下而北拱；河东之山，发脉鹿头关，由普、资南盘而西折。其清流河外之山，由安岳、荣、隆再盘而逆卷。故中江之水，历简、资而来，经流三堆山下，西流而东至县，后东折而南至椑木镇，南折而西至黄市，与三堆上游相距廿里。一水周遭环抱九十余里，[①] 而江外之大小清流，亦无不由东而南，由南而西。骎骎北拱者，缘东北之山大势回环，故水亦盘纡往复如罗纹也。形家云：江外第一重水口，高峰镇之；第二重水口，小葛山镇之；第三重水口，大葛山镇之。兼成、重相距，邑适中程，东走普、昌，西通犍、叙，水陆辐辏，物产丰饶。古《志》云："虽非都会，美矣江城。"有自来矣。

旧《志》：山势峥嵘，起伏棋布，四围江流，环抱一邑，实百里之形胜也。"山行依旧合，水去复还来。"郭璞记。"青山横北郭，白水绕东城。"李白[②]。"江山之秀非他邑比。"绍兴李记。"佳气西来，洪流东折。虽非都会，美矣江城。"《总志》记[③]。"襟带泸合，控引巴渝。

---

① "历简资"至"环抱九十余里"：嘉庆《志》、咸丰《志》载于《山川志·中江考》，其他文字则不同。

② 李白：嘉庆《志》、咸丰《志》作"李白记"。

③ 按：《〔雍正〕四川通志》卷三下《形势》有相同记载。

寰宇之内,名山大川,莫如西蜀;蜀景之美,瑰伟特绝[①],莫如内江。"提学康振记。"东有石笋为地轴,西则三堆为天阙[②]。骖云天马控其南[③],挹雪玉屏拱其北。"前《志》记[④]。

中川旧有八景。明宣德间,李给事蕃增为十景。崇祯初,邑令雷应乾增以化龙、石笋,共为十二景:曰醮坛晓月,曰龙洞朝云,曰华萼春晖,曰书楼昼锦,曰雁塔秋香,曰桂湖澄碧,曰葛仙胜迹,曰圣水灵湫,[⑤]曰三堆耸秀,曰东林晚眺,曰龙山挹翠,曰石笋参云。前人颇多题咏。既以胜地不常有[⑥],空存其名,殊无异致者。嘉庆初,续修邑《志》,以江外西林高刹凌空,松篁蓊蔚,远胜东林,[⑦]旧《志》不列景中,酌改"东林晚眺"为"二林晚眺",以配三堆云。右形胜。

论曰:郡邑列景志题,盖缘京师八景、西湖八景之派而滥觞也,强征诗歌以眩远迩,累牍连篇,牢不可破,而志体坏矣,古之称善志者不以是焉。兹十二景,荒凉殆半矣,缘系旧题,姑存其概。[⑧]

---

① 特绝:嘉庆《志》、咸丰《志》作"绝特"。

② 按:诸本皆作"天阙",但下文《山》中"三堆山""石笋山"条中作"天关",且"天关"与"地轴"相对,应作"天关"。

③ 控:嘉庆《志》、咸丰《志》作"峙"。

④ 前志记:嘉庆《志》、咸丰《志》作"集旧《志》"。

⑤ 曰葛仙胜迹曰圣水灵湫:嘉庆《志》、咸丰《志》作"曰圣水灵湫,曰葛仙胜迹"。

⑥ 既以胜地不常有:嘉庆《志》、咸丰《志》无"既"字。

⑦ 嘉庆初续修邑志以江外西林高刹凌空松篁蓊蔚远胜东林:嘉庆《志》、咸丰《志》作"姑并列其名,惟今江外西林,高刹凌空,远胜东林"。

⑧ 嘉庆《志》、咸丰《志》无此段文字。

城池^①

考明初县治在醮坛山北二里许，疑即今桐子坝。洪武中移建于此。^②原系土城，周围颇隘，岁久圮塌，夷为民居。成化五年^③，邑令谢熙奉文修砌，移徙民廛，按地形高卑筑土城，外砌以石，高一丈七尺，厚一丈五尺，围九里三分，垛口三千七百二十一。为门者四，上覆以屋，^④曰朝东，曰镇西，曰向南，曰拱北。为附门四，曰观澜，曰通川，曰景阳，曰临清。东北临江，南倚山，西以通川溪为壕。城成，祭酒周洪谟有记。寻有倾覆者，县令王舆重砌之^⑤。正德丙子，县令薛祖学题"镇西"为"锦水长澜"、"向南"为"巴山远翠"。隆庆戊辰，县令沈伯龙增旧城几尺，邑人刘养直为之记。万历五年，陈谏省令甲于浸圮处分段补葺^⑥，勒匠名于石，以考其成。崇祯末，献贼蹂蜀^⑦，城圮。

国朝顺治十七年，知县习全史重修，外环以壕。乾隆三十五年，奉文勘估，动项修理，知县许椿详请捐修，筑砌西南北一带，建西门楼一座，因进剿金川住工^⑧。乾隆五十二年，署县洪成龙奉文续修。洪去，知县柴蓁接修，以藏役，亦未竟工，中间复浸塌^⑨。嘉

---

① 按：嘉庆《志》对应内容为卷十《城池志》，咸丰《志》为卷一《城池附市镇津梁》。
② 考明初县治在醮坛山北二里许洪武中移建于此：嘉庆《志》、咸丰《志》此二十字载于《公署志》。
③ 成化五年：嘉庆《志》、咸丰《志》作"明成化五年十月"。
④ 为门者四上覆以屋：嘉庆《志》、咸丰《志》作"上覆以屋，为门者四"。
⑤ 重砌之：嘉庆《志》、咸丰《志》作"重补砌之"。
⑥ 令甲：嘉庆《志》、咸丰《志》作"令里甲"。
⑦ 献贼：嘉庆《志》、咸丰《志》作"献逆"。按，指张献忠。
⑧ 进剿金川：嘉庆《志》、咸丰《志》作"进剿两金川"。
⑨ 复浸塌：嘉庆《志》、咸丰《志》作"复多浸塌"。

庆二年，知县湛梦蛟约士民添砌垛口，以铁叶裹城门。三年[①]，知县宛平张揩修整西门戍楼[②]，建南门楼、小东门楼，以旧制卑[③]，复伐石增数尺。门八，正东曰翠屏，正南曰乐贤，正西曰玉带，正北曰华萼，余四门附焉。[④]

城中谯楼一座。明洪武初筑台卷洞，上构重楼。天顺六年，邮寇劫毁。成化间，知县王舆重修。万历中灾，知县周廷侍重建。崇祯甲戌，知县朱国寿续修。甲申之乱，楼圮。国朝康熙五十年，知县吴重建[⑤]，楼三级，高数寻，为邑胜概。嗣有嫌其陵署者，改从卑隘。嘉庆十五年，知县顾文曜复其旧，有顾《记》镌立楼阴云。[⑥]

公署[⑦]

旧县署有正厅、川堂、后厅、退思厅，佐署有管粮厅、捕盗厅，典史衙外有访治轩、旌善亭[⑧]、丰盈仓，儒学署附学宫左。察院行台在东，布政分司在西，按察司、川西道在南。安仁驿，自城南五里移入，黄市井盐课司、椑木镇巡检司寻奉裁，阴阳、医学俱治前。僧会圣水寺，道会玉虚观。明末，各署所俱圮。国朝康熙初，知县习全史重修公舍[⑨]，次第举矣。县署面谯楼，外门二，圣谕坊一，大堂悬御书"清慎勤"匾额。内堂三，右有西书房数栋，左为厨舍。

---

① 三年：嘉庆《志》、咸丰《志》作"三年冬"。
② 戍：底本、尊经阁本原讹作"戌"，据嘉庆《志》、咸丰《志》改。
③ 卑：嘉庆《志》、咸丰《志》作"略卑"。
④ 嘉庆《志》、咸丰《志》"附焉"后有"制较小，厥工将以次告成矣"等十一字。
⑤ 知县吴：嘉庆《志》、咸丰《志》作"知县吴遵锳"。
⑥ 嘉庆《志》无"嗣有"至段末文字。嗣有：咸丰《志》作"或有"，且附顾《记》于后。
⑦ 按：嘉庆《志》对应内容为卷十四《公署志》，咸丰《志》为卷一《公署》。
⑧ 嘉庆《志》、咸丰《志》"旌善亭"后有"申明亭"。
⑨ 重修公舍：嘉庆《志》、咸丰《志》作"重修县署各公舍"。

外九房，外右狱室，左安仁驿，^①驿后常监仓数十号。后左望江楼，乾隆末，知县卢洪科建^②。嘉庆十年，邑令徐丰以其年久欹隘，培砌堂基，重葺焉。^③

儒学署。一在治南文英街口，原众绅所置文昌祠。乾隆中，正学权寓于此，继移神像城外书院，遂定为学署^④。一寓东街奎星楼，县令韩莱曾题为学署。正学署，原姜毓奇、廖起凤三十余人捐置^⑤。

督捕厅。在县署右。

城守分驻汛厅。治南大街。

大公馆。康熙五年，知县习全史建于治南文英街，吴逆之乱毁。乾隆二十八年，知县韩莱曾建于南门内^⑥，生员张尔锡捐地，堂轩亭舍颇为宏敞，外题"汉安书院"。后另建书院，专以此处为行台。

书院。旧在奎星楼下，乾隆二十八年，知县韩莱曾建于南门内。四十一年，知县王超更建于学宫之左^⑦，以前院专作行台。其制上为讲堂，祀文昌像；中为明伦堂；前为过厅，左右学舍共十八。道光十一年，就改建学宫之便，众议以前院局制卑隘，木料朽弱，请于知县事张府君^⑧，全局修理。上为讲堂，祀文昌、苍颉像，前有厅，外有门，东西学舍共二十。讲堂后有退斋，前左有厨舍三楹，皆缭以砖垣，铺以石片。堂斋四壁悉用板装，漆垩坚牢，视前规模远胜矣。^⑨

---

① 外右狱室左安仁驿：嘉庆《志》、咸丰《志》作"外左狱室，右安仁驿"。
② 乾隆末知县卢洪科建：嘉庆《志》、咸丰《志》作"邑令卢洪科建"，无"乾隆末"三字。
③ 嘉庆《志》、咸丰《志》无"嘉庆十年"至段末文字。
④ 嘉庆《志》、咸丰《志》无"遂定为学署"五字。
⑤ 原：嘉庆《志》、咸丰《志》作"系"。
⑥ 知县：嘉庆《志》、咸丰《志》作"县令"。
⑦ 更：嘉庆《志》、咸丰《志》作"另"。
⑧ 张府君：指张元澧，道光六年任。
⑨ 嘉庆《志》、咸丰《志》无"道光十一年"至段末文字。

养济院。在西街学湾。①

迎喜亭。在学湾东岳庙前。②

山 岩、洞、坡、台、石附 ③

特秀

三堆山。治西二十五里。三峰插汉，有赵大洲《文曲峰》题碣并墓、高司徒书屋遗址，形家指为邑之天关④。

葛仙山。治南二十里。濒江耸翠，远迩具瞻。相传葛仙翁修炼于此。以下游富境有大葛仙山，故称"小葛"。⑤

蓬瀛山。治北三十里。危峰峭壁，四面斗绝，一径萦纡。上有天池，昔奴瀛氏修道于此。有飞仙石，奇秀。明进士冉哲读书山下，有蓬瀛书屋，土人营以为寨。

般若山。治东北三十里。山势如莲。上有般若寺，大小天池莹澈，四时不涸。四围危崖斗峻，土人营以为固，与蓬瀛山翠蔼掩映。寺前有岩，赵大洲尝静处。⑥

翠屏山。治北五里。一名"乐稳"。状若玉屏，为邑治之后乐，盖山之特者。⑦

---

① 嘉庆《志》、咸丰《志》"养济院"条作"西关外学塝。嘉庆十一年，邑令徐丰重治，加建门厅三间，悬'哀此茕独'匾于门"。

② 嘉庆《志》、咸丰《志》在"迎喜亭"条后还有文字，《志要》俱删。

③ 按：嘉庆《志》对应内容为卷六《山川志》，咸丰《志》为卷一《山川附岩洞台石溪井泉池滩坎洲》，均为《中江考》前面的部分。

④ 嘉庆《志》、咸丰《志》无"形家指为邑之天关"八字。

⑤ 嘉庆《志》、咸丰《志》"葛仙山"条作"治南三十里。葛仙翁修炼处"。

⑥ 嘉庆《志》、咸丰《志》"般若山"条作"治东二十里。势如长城，上有般若寺"。

⑦ 嘉庆《志》、咸丰《志》此条作"玉屏山"，且无"为邑治之后乐，盖山之特者"等十一字。

四面山。治东五十里。状若伏釜，四面崛起，顶有天凹。李康和梧山书屋去此不远，集云"路过三溪水，门迎四面山"是也。俗呼"团山"。

华尊山。治北十五里。唐状元范崇凯奏《华尊楼赋》，为天下第一，故以名，有崇凯墓。宋赵文定公葬华尊何都山之阳，去此不远。

铧影山。治东六十里。高耸盘延，林刹翁蔚，为远迩诸山脉络之宗。有明赵大洲读书台。俗呼"华山"。①

将军山。治北八十里。形势耸异，望若漫天。唐初将军薛万彻讨獠驻师于此。上有奉天寺。

牛心山。治北八十里。状如牛心，孤峰峭立，上有古柏，缥缈云端。

土主山。治北，与牛心山相对。俗呼"苦竹山"。宋丞相赵文定公、明大学士文肃公所钟秀也，故《谱》曰："世居土主山下，有赵氏祖墓。"②

元觉山。治东南三十里。四面峭壁，俯压众山，望之如城。层峦耸秀，上有天池、古刹，一径斜通焉。③

诸古山。治东百里，石子镇上。旧名"古字山"。丽岫参云，寒山石径。上有诸古寺，天池四时不竭。山侧有钓鱼台，为清溪胜迹。名僧丈雪披剃于此。山崖有宋黄光禄诸题名。④

大皂山。治西，茂市镇西。四面峭壁，上潴灵池，常清不涸。又名"大佛山"。有林刹。

回龙山。治东三十里，古小镇坪也。俗名"长坝山"。襟带大小清流，势若盘龙，环眺百里。上出赭土，粹者若丹砂。明萧氏一门科甲，错居山阿。其

---

① 嘉庆《志》、咸丰《志》"铧影山"条作"治西二十九里。二泉更流迭止，盈缩与晦明相应。岩列(刻)《三焦进士旧谱》，太史赵大洲有诗"。另，二《志》"东华山"条作"治东六十里。高耸，有林刹，俗呼'华山'"。

② 嘉庆《志》、咸丰《志》"土主山"条无"俗呼"至段末文字。

③ 嘉庆《志》、咸丰《志》"元觉山"条作"治东南。峭壁如城，危峰孤耸，上有元觉寺"。

④ 嘉庆《志》、咸丰《志》"诸古山"条作"治东九十里。高峻有池，建诸古寺"。

麓有明王氏两都宪墓。①

高峰山。治东南十五里。峭壁临江，孤峰挺秀，有丹华洞。近嘉庆中，建塔其上。②

三元山。治南十里，三元井上。江水萦纡，往复如束。兹山势据其要，危峰耸翠。嘉庆中，寻古迹建塔。③

天马山。城南。状如天马行空，邑之来龙。

论曰：《禹贡》分州，厥山先莫。诗歌崧岳，生甫及申。知境内之山，以巍然特出者为尤异也。兹十八山，或为远迩所具瞻，或为名流之思赏。刘禹锡云："山不在高，有仙则名。"矧其高乎！近时袁子才枚云："山到成名毕竟高。"故首列之，毋使侪于培塿也④。《通志》载："铧影山在县西二十九里，二泉更迭流止，盈缩与晦朔相应。岩刻《三焦进士谱》，赵大洲有诗。"⑤查治西无此山，唯东北般若寺，一名"天池山"，去城可三十里。山有灵池，二泉瀑滴。余寻其岩，有赵大洲坐静题迹。又治东六十里，峰峦峻拔，俗名"铧山"，亦有大洲书台等迹。山下有焦氏七进士墓，俗呼"焦赘嘴"。二山皆邑境名峙，乃省《志》仅举其一而载之治西，旧《志》因之。岂治东六十里之山旧名铧山，而距城三十里之般若山实古之铧影耶？不可考矣，为分著以告来者。⑥

---

① 嘉庆《志》、咸丰《志》此条作"长坝山"，且作"治东二十里。势如蟠龙，环眺数百里，上有回龙寺"。

② 嘉庆《志》、咸丰《志》"高峰山"条作"治南二十里。孤峰突起，为邑治水口。砥柱上有会真、丹华二洞，赵太史诸人诗"。

③ 嘉庆《志》、咸丰《志》"三元山"条作"治南三元井上。明邑人于此建塔，镇水口，光离位。今圮"。

④ 培塿：按，又作"部娄"或"培嵝"，取小土丘之意。

⑤ 按：《〔嘉庆〕四川通志》卷二十作："铧影山在县西二十九里，有二泉更流迭止，与晦朔相为盈缩。"

⑥ 嘉庆《志》、咸丰《志》无此段文字。

余山

西林山。治北,对江。丛林拔秀,有西林寺。明参政刘翾碑题"百丈名山"。

金紫山。治南,椑木镇下十里。孤峰秀锐。①

石笋山。治东南七十里。下圆上锐,形家以三堆为邑之天关,石笋为地轴。明范文光镌"石笋参云"四字。②

醮坛山。治西,临江③。明尚书黄福有诗。

降福山。治东,隔江。下有龙岩。一名"挂榜"。

化龙山。治西一里。有清风龛、长生观、冷然洞。一名"翔龙山"。④

梧桐山。治东六十里,与四面山隔溪。以梧桐得名,即李康和梧山也。⑤

真武山。与梧山同支派。形如真武踏龟。⑥

狮子山。形如蹲狮。一带连冈叠嶂,遥望如城。⑦

鼎山。与狮山同脉。石顶圆隽,高可二里。左右两耳,俗呼"耳朵山"。今更名"鼎山"。

三台山。治东。自玉屏逶迤至龙谷冲,秀叠三台。⑧

太平山。治东二里。

金笼山。治南椑木镇。形势巍峨,中有空洞,朝阳辉映,恍若金笼。

书台山。治西六十里。山形端丽。宋儒濯庚、濯赓读书处。⑨

斗鸡山。治南江滨。两山相峙如斗鸡。

---

① 嘉庆《志》、咸丰《志》"金紫山"条作"东南四十里。尖峰入云"。

② 嘉庆《志》、咸丰《志》"石笋山"条作"治东五十里。屹石三株,下圆上锐,形家以三堆为天阙,谓此为地轴,列邑景"。

③ 治西临江:嘉庆《志》、咸丰《志》作"治西。列邑景"。

④ 嘉庆《志》、咸丰《志》"化龙山"条作"治西里许。有朱真人遗迹。旧有观曰凌风,曰长生,有冷然、长乐洞,列邑景"。又,二《志》"翔龙山"条作"治西玉带溪上。横绕学宫,下瞰泮池,形势欲飞"。

⑤ 嘉庆《志》、咸丰《志》"梧桐山"条作"治东四十里。以梧桐得名"。

⑥ 嘉庆《志》、咸丰《志》"真武山"条俱载山在"治东"。

⑦ 嘉庆《志》、咸丰《志》"狮子山"条作"治东。形如伏狮,故名"。

⑧ 嘉庆《志》、咸丰《志》"秀叠三台"后有"有大卿刘望之墓"等七字。

⑨ 嘉庆《志》、咸丰《志》"书台山"条无"六十里山形端丽"等七字。

石城山。治西南五十里。俗呼"印石山"。形四面如城。

虎邱山。治西。有石刻。

欧山。去虎邱不远。一山孤秀。①

石窦山。治西四十里。顶有巨石圆秀,下二小石乘之,为诸山之望。

丛林山。治西十里。岩镌"状元宰相里"字。

插剑山。治西华岩滩上②。有石剑插山麓。

石马山。治东三十里,清流溪上。昂如天马。

华盖山。治东南,来宝井上。顶有巨石,望如华盖。俗呼"大石鼓"。明范文光称"石鼓山房"即此,下有故宅址。③

献天山。治东四十里,二仙滩上。圆秀高耸,群峰拱揖,形家呼"献天金星"。

韩山。治东五十里。

赛峨山。治东十五里。

箭山。一名"尖山"。与大阜山相近。④

张官山。治西,五里堆相毗。以明张氏阀阅名。⑤

馥棠山。治西四十里。明何宫保读书处。有馥棠寺,一名"何家寺"。

高崇山。治南,白沙溪上。巍然远眺。

九龙冈。治东十里。群龙骧首,九岭分驰。明马忠愍一门阀阅于此。⑥

马山。治东五十里。韩山脉络,形酷似马。

论曰:太行一山也,而分布之异名者,无虑千百。吾梁州之域,岷江以右曰岷,左曰幡,其统同无算矣。《禹贡》:"蔡、蒙旅平。"蒙山的在雅州名山境,而蔡山讫无指。据疏家,乃以严道周公山当

---

① 嘉庆《志》、咸丰《志》"欧山"条作"治西五十里"。
② 华岩滩:嘉庆《志》、咸丰《志》作"花园滩"。
③ 嘉庆《志》、咸丰《志》"华盖山"条作"治东南。岭有巨石,望如华盖,故名。俗呼'大石母'"。
④ 嘉庆《志》、咸丰《志》此条作"尖山",且作"治西三十里。一名'箭山'"。
⑤ 嘉庆《志》、咸丰《志》"张官山"条作"治西十五里"。
⑥ 嘉庆《志》、咸丰《志》此条作"九龙山",且作"治东。逶延九岭"。

之。《禹贡锥指》则直以为即峨眉山，证辩详确，识者多允之。中川百里耳，虽无大麓崇冈，十里五里而挺秀争妍，形家所谓"一成再成"者，瞩目皆是也。唯古今异名，雅俗殊号，省《志》所载与邑之旧乘往往彼此混淆而莫辩者，此亦如《通志》载简州有分栋山，为东道之冲衢，而又记龙泉山于后，远迩仅知有龙泉，而不知分栋之为何山。邑下游富境之大葛山，名麓也，《通志》载入荣昌之东百五十里，迄两邑亦分载之，而实迹皆遗此物。此志也，兹之志山也，于此殊致意焉。[1]

应龙岩。降福山下[2]。

相机岩。应龙岩旁。宋赵右丞相孙相机募修路处，有记。

灵芝岩。般若山岩。盘结如灵芝，左右二泉飞瀑。赵文肃有诗。

华岩。治西，华尊山支麓。舟樯上下，仰观如画。今为土人凿损，识者惜之。[3]

东瓜岩。治东北十五里，高桥东岸。明季土人毛文败献贼于此。

圣水岩。治西，圣水寺后。泉自石龙口流出汇池，旱祷有验。

魁岩。河东，凤阿山下。刘望之刻大"魁"字于岩上。

惠民岩。治南，罗九子山下。昔赈饥于此，大参汪藻题石三字。

琉璃岩。治东。有洞，宽平可容数十人。距琉璃寺颇远，钟声相应。

观音岩。治西十里。

红岩。治东十五里。

应家岩。东五十里。

罗家岩。治北十里。

冷然洞。长乐洞。俱详化龙山。

龙王洞。治北五里。内有端平四年碑刻，云"旱祷屡验"[4]。

---

① 嘉庆《志》、咸丰《志》无此段文字。
② 山：底本、尊经阁本原讹作"上"，据嘉庆《志》、咸丰《志》改。
③ 嘉庆《志》、咸丰《志》"华岩"条作"治西，沱江之上。舟樯上下，仰观如画"。
④ 验：嘉庆《志》、咸丰《志》作"应"。

〔道光〕内江县志要

玄溪洞。治西,石溪之阳。有双洞,溪水绕出洞前。邓石阳有《种桃洞口》诗。

丹华洞。治南,高峰山侧。有真人像,石床丹灶存焉。赵文肃有诗。

宝光洞。治南,银杏铺后。白云道人所辟。进士阎执中题云:"云塞玉溪口,金波光明久。"

会真洞。治南高峰山。内有大士罗汉像,深邃,抚掌,蝉鸣。唐进士阎氏所劈。

观音洞。治东五十里观音场。上有空洞,建观音阁。[①]

东坡洞。治南,东坡庵下。有明进士张应登题刻。

鹭澜洞。治北西林寺。上游直对大洲,有刘承烈诗刻。

龙洞。治东三十里,一缌滩南岸。深邃莫测,旱祷处。

圣水洞。圣水寺后。有数洞,丹灶存。

万里坡。治南,三元井下。宋刘达之有记。[②]

凌云台。详化龙山。

飞仙台。在蓬瀛山顶。

钓鱼台。治东,诸古寺前。山岭石屹立,上广丈余,俯临清流溪上。

凤凰台。治西,大鱼堑岸。方平如砥,曾有凤集。

斗鸡台。在斗鸡山岭。

印石。治南,三元山下。屹立江滨,方整如印,镌印石字。

笏石。城东江上。端锐如笏,经急湍不泐,浴夏涨不污,盖石之秀者,镌字。

金龟石。治河东,金像寺侧。

金银石。治西南,水心坝江滨。形如金锭。

合掌石。治北,蓬瀛山下。状如合掌。赵文肃有赋。

大鼓石。治东南。形如鼓。俗呼"大母石"。

---

① 嘉庆《志》、咸丰《志》无"观音洞"条。
② 嘉庆《志》、咸丰《志》无"万里坡"条。

24

老鹰石。治西,圣水上游。屹立江滨,如鹰侧视。

香炉石。水心坝山顶。

盘陀石。诸古寺左。

浮印石。高峰寺江滨。如印浮水。[①]

大小洲牛皮滩。及各沙洲,俱关合邑风水。

论曰:岩、洞、坡、台、石,皆山也,而山不足以尽其奇也,分而注之,则五者之奇著,而山亦于以永著矣。若夫非山非原,而以坪著,则古之所谓坂也,如白沙河口之青冈坪、铧影山下之黄连坪,亦远迩共识者欤。[②]

川 溪、井、池、滩、堰、坑、洲附 [③]

中江,通、省《志》一名"资江",自资州流入县界,下游入富顺界。旧《志》载:"杨太史慎云:蜀三江,外水岷江,即重庆上叙州、嘉定是也;内水涪江,即重庆上合州、遂宁、潼、绵是也;中水沱江,自泸州上富顺、内江、资、简、金堂、汉州是也。沈约《宋书》亦以资江为中水、涪江为内水。"[④] 向来蜀江之辩无如此明晰者。又,中江出入邑境,上下亦参差不一,上游左岸蒙溪口入,右岸银山镇界牌入,下游左岸甘家渡出,右岸月亮岩出。

清流溪。治东。唐之清溪。广化寺明弘治中碑云,即白沙溪。俗呼"大

---

① 嘉庆《志》、咸丰《志》无"浮印石"及下"大小洲牛皮滩"二条。

② 嘉庆《志》、咸丰《志》无此段文字。

③ 按:嘉庆《志》对应内容为卷六《山川志》、咸丰《志》为卷一《山川附岩洞台石溪井泉池滩坎洲》,均为《中江考》后面的部分。

④ "杨太史慎云"至"涪江为内水":嘉庆《志》、咸丰《志》载于《山川志·中江考》中。

清流河"。源出安岳,绕荣昌界,经钓鱼台、一缌滩,下合中江,舟楫通普昌界。①

白沙溪。治东。流入清流河,因以名里。

石圈溪。治东。源出梧桐、土主诸山,至高峰寺,入江洞。石有圈,故名。《通志》名"高桥河"②,俗呼"小清流河"。

桂溪。治西。周旋百余里,冠盖之盛,此溪居多。

大溪河。治西南。与桂溪合委。③

玉带溪。由城南而西,环抱学宫,形如玉带,与大江合。宋丞相赵雄故里。

亭溪。治西。源出资中,经牛黄观音山,至佛窟入江。吴刚靖号"亭溪愚叟",即此。

漆园溪。治西。源自硫磺川,经三峰,至寿溪桥折入大江,历八十一湾。司徒高公韶别号"渔溪八十一湾居士",即此。

小龙溪。治西。周流潆纡。初有小蛇与僧同修寺中,一日入溪,居数载后,因旱,里人取水,龙涌水而去,石裂洞穿,故号"小龙"焉。

凤凰溪。治东,江外。出降福山应龙岩,入大江。

石溪。治西。夹岸多石,东下出玄溪双洞,至碧峰桥入江。

逆水溪。此水盘折逆流,出椑木镇入江。

观音溪。治东。与清流河合。

龙桥河。治东。出荣昌界,绕四面山,经龙桥入清流河。④

义方井。治西三十余步,十字街心。泉脉通江,甘洌异常,利遍十家。

义泉井。治东南一里。泉甘水洁,利济颇多。

玉虚井。治南,城中。羽士姜道微所穿⑤,在玉虚观。

中央井。治西北。旧传张三丰居,甘洌异常。

半坡井。西南,玉带溪坡上。

---

① 嘉庆《志》、咸丰《志》"清流溪"条作"治东北。经绕金笼、钓鱼台,出一缌滩,下合中江,舟楫通荣昌界"。

② 按:此《通志》即《〔嘉庆〕四川通志》。

③ 嘉庆《志》、咸丰《志》"大溪河"条作"治西南。经威远、资州至富顺"。

④ 嘉庆《志》、咸丰《志》无"龙桥河"条。

⑤ 姜:底本、尊经阁本原讹作"委",据嘉庆《志》、咸丰《志》改。

漆园井。治西,三堆山下。旧有漆园,故名。

三元井。治南五里。旧出盐卤。今仍[①]。

黄市井。治西二十五里。旧多井,有盐课司。今现存二眼,余见税课。

连滩井。治西。今坍。

王家井。钱家井。东乡。今坍。

双溪井。屋角井。东乡。今坍。

独石井。孟家井。顺江井。石坝井。俱东乡。煮盐。

一线泉。治南。山麓有泉,微如线。邓山有诗。

放生池。中江上,自圣水下沿银杏江边。旧有石刻"放生池"三字,宋校尉周仲亭立。

星月池。学宫前。形如半月,旁有一井,似星随月。

天池。般若山中。深清不竭。

野鸭池。治东。平阔潴,多集野鸭。

白鹭滩。学宫后。

观音滩。东林寺前。清流河亦有此名。

晒金滩。东坡庵下。

白马滩。接资州界。

太平滩。三堆山下。

望柱滩。以赵状元望柱,故名。

华岩滩。华蕚山下。

西林滩。西林寺下。

三元滩。三元桥下。

柳滩。高寺下。

椑木滩。在镇前。

捷鸠滩。周六十里,捷处相距仅二里。

斗鸡滩。因山得名。

---

① 今仍:嘉庆《志》、咸丰《志》作"今废"。

乌木滩。黄市井前。

重富滩。接富顺界。

观音滩。^①二仙滩。相传明初有二女仙比修跳墩于此。一缌滩。俱在清流河。

各里官堰。明《志·水利》载：各里官堰，邑十六里，堰多寡不一，共一百五十七。并在尔时已多荒圮，经鼎革，悉入民田，报业矣，不具载。^②

大坑。小坑。清流河内。^③

陡坑^④。高桥河下。

大洲。治西北城麓。大江环其外，玉带溪绕其内。赵文肃号以此。

小洲。治北城外。二水夹流，形如浮圭，亦名"圭洲"。

清流洲。在清流溪、一缌滩下。大、小三洲，经急涨不溃。

水心洲。水心坝江中，金银石下。^⑤

论曰：明《志·中川考》末有"近水绕城脚，形家忌之"云云^⑥。嘉庆中，邑人以江水冲刷学湾一带，溃及大洲，连建三堤以护之，迄今洲势壅固，绿苇丛生，较胜从前矣。惟大洲接连小洲之处，脊形单弱，江水分注，直射东关。今涪州刺史杨公上年权邑事，屡言此处宜作笼堵培以固风水，及其任绵竹也，犹数以为言，冀有倡役。其人刺史循良也，去后且不忘吾邑，谨志之以俟来者。^⑦

---

① 按：前文有一"观音滩"。
② 嘉庆《志》、咸丰《志》无"各里官堰"条。
③ 大坑小坑：嘉庆《志》、咸丰《志》作"大坎。小坎"。
④ 陡坑：嘉庆《志》、咸丰《志》作"陡坎"。
⑤ 嘉庆《志》、咸丰《志》"水心洲"条后有"大洲堤"条。
⑥ 绕：嘉庆《志》、咸丰《志》作"扫"。
⑦ 嘉庆《志》、咸丰《志》无"嘉庆中"至段末文字。

祠庙、坛壝、津梁、铺递、市镇、寺观①

圣庙。在西关外。详载《学校》《祀典》。②

关帝庙。南门外。详载《祀典》。③

文昌庙。治西街。详《祀典》。④

城隍庙。治南街。

万寿亭。南门内。

奎星阁。治东街。

龙神庙⑤。西关外。

火神庙。治南文英街。

仓神庙⑥。仓号内。

川主庙。东南隅。

土主庙。治东街。

马王庙。县署东。

萧曹庙。署东。⑦

吕祖庙。治西山。⑧

---

① 按：嘉庆《志》对应内容为卷十七《祠庙志》、卷十二《津梁志》、卷二十三《铺递志》、卷十一《关隘志》、卷二十七《寺观志》，咸丰《志》为卷一《城池附市镇津梁》《祠庙祀典附》《寺观》，无《铺递》。

② 圣庙：嘉庆《志》作"文庙"。另，嘉庆《志》、咸丰《志》无"详载《学校》《祀典》"六字。

③ 南门外：嘉庆《志》作"在南关外"。另，嘉庆《志》、咸丰《志》无"详载《祀典》"四字。

④ 文昌庙：嘉庆《志》作"文昌祠"。另，嘉庆《志》、咸丰《志》无"详《祀典》"三字。

⑤ 龙神庙：嘉庆《志》作"龙神祠"。

⑥ 仓神庙：嘉庆《志》、咸丰《志》作"仓神祠"。

⑦ 嘉庆《志》无"萧曹庙"条。

⑧ 嘉庆《志》、咸丰《志》无"吕祖庙"条。

社稷坛。县西门外。

先农坛。南门外。

风云雷雨山川坛[1]。南门外。

厉坛。西门外。

东关渡。明初有浮桥，后以风涛叵测，知县张泳造小舟四十艘，往来犹病。义士黄玉捐资造舟为梁，民称便焉。中间甲胥浸渔，利济几废。崇祯初，邑令雷应乾捐俸修补，因时造卸，稍复其初。国朝士民捐设普济渡船，刘宪义添捐大小济舟数艘。

椑木渡。官渡红船一艘，士民济渡四艘。

西林渡。史家渡。华崖渡。黄市渡。白马渡。甘家渡。龙门渡。高寺渡。罗坝渡。三元渡。俱在中江，各有义舟。

白莎渡。

一缌渡。[2]

玉带桥。城西。旧名"通川桥"。明邑令周廷侍题"金虹""玉带"二坊。

寿溪桥。治西。明嘉靖中尚书甘为霖题，今重修。

太平桥。治西。旧名"余子墨桥"，重建更今名。

碧峰桥。史家街之西。

太平桥。治南。

三元桥。治西。万历时修，何台有记。

金紫桥。治南长堰铺上。

平滩桥。治东平滩场。

观音桥。治东观音场。

高桥。治东。

石圈桥。治东。有石圈古迹。

田家桥。治东田家场。

---

[1] 风云雷雨山川坛：嘉庆《志》作"云雨风雷山川坛"。

[2] 嘉庆《志》"一缌渡"和"玉带桥"之间还有"二仙渡、广化渡"，咸丰《志》有"二仙渡""广化渡""东关渡"。

来宝桥。治东。

宁安桥。治北。

喜雨桥。治南。明邑令陈侯造，落成而雨，故名。

永济桥。治北。

天生桥。治西。

广济桥。治南。俗呼"老楠桥"。[①]

龙桥。治东。明名臣余才墓在桥前。[②]

印星桥。治南。有石如印。

云昙桥。治南，寺前。

萧家桥。治东二十里。

清云桥。治东凤凰溪。

踏水桥。治西。参军何台重建。

吴家桥。官坟桥[③]。俱清流河。

继美桥。治东。

张滩桥。治西南。

徐家桥。治南。

椑木桥。镇左右共三座。

清溪桥。清流河上游。

宁济桥。治东白沙溪下流。今圮。

龙水桥。治东。明永乐中，邑令欧冕重建。

费翁桥。上元桥。俱治东。

接銮桥。治东。

---

① 嘉庆《志》、咸丰《志》"广济桥"条后有"溥济桥"，且作"治东广化寺前。今圮"。

② 嘉庆《志》、咸丰《志》"龙桥"条后有"仙女桥"，且作"治东。今名二仙滩桥，圮"。

③ 嘉庆《志》、咸丰《志》无"官坟桥"条。

庆余桥。一缌滩。承仙桥。俱荣昌罗运礼建,见《高义》。[①]

见龙桥。治东广化寺前。伐石见龙,故名。邑令顾文曜有序。[②]

四美桥。即碧峰桥。朱文彬等四人重建,见《高义》。

古高桥。邑人郭永富、傅登捷等捐募重建,县令弓翙清题曰"古高桥",有序。[③]

石溪铺。西四十里。

史家铺。西三十里。

三堆铺。西二十里。

丛林铺。

底塘[④]。

乐贤铺。南十五里。

椑木铺。南三十里。

长堰铺。南四十里。

石梯铺。南五十里。

市镇。城内街市旧名备载,四乡场镇,旧《志》共三十五所,近多有名无市,只载现设者。

城内街市:

正南街。

正西街。

正东街。旧名"土主街"。

正北街。

河街。县后。

---

① 嘉庆《志》、咸丰《志》"承仙桥"条作"清流河二仙滩,与上庆余桥,俱荣昌昌元里善士罗运礼独力捐建,约费三千余缗,远迩便之"。

② 嘉庆《志》、咸丰《志》无"见龙桥"条。

③ 嘉庆《志》无"古高桥"条,有"高桥。治东"一条。咸丰《志》有二"高桥"条,一条与嘉庆《志》同,一条作"旧《志》:卑小。道光四年,邑人郭永富、傅登捷等捐募重建,县令弓翙清题曰'古高桥',有序"。

④ 底塘:嘉庆《志》作"城底塘"。

水井街。治西。

桂湖街。

文英街。

小南街。

华头街。治东。

高家巷。

马家巷。治西。

周家巷。治西。

文明街。

城外街市：

南关正街。

陈家小街。南关外。

蔡家街。小南门外。

梁家巷。东关外。

东关正街。

西关正街。

升秀街。

迎恩楼街。

吴家山街。

旧县脑街。

文兴街。

上东街。

下东街。今名"东兴街"。

东兴场。治东，江外。

桿木场。南三十里。

茂市镇。名白马庙，西南三十里。

田家场。东三十里。

郭家场。即一緫滩，东南三十里。

史家街。西三十里。

张家场。西五十里。

凌家场。西南六十里。

龙门镇。南六十里。

杨家场。东一百里[①]。

高梁镇。东北八十里[②]。

新店场。东北六十里。

永兴场。东六十里。

便民场。北三十里。

双河场。北六十里。

白鹤场[③]。东八十里。

来凤场。西北五十里。

龚家场。西三十里。

观音场。东五十里。

平滩场。东八十里。

石子镇。东九十里[④]。

贾家场。北七十里。

圣水寺。治西十里。宋咸淳时建，明万历间重修，名题咏甚多。兵燹后，康熙间，僧可拙增修。殿庑丛林，为中川第一，其景分见各志。

般若寺。治北二十余里。宋建，万历间重修，国朝丈雪修葺，祝天锡有诗。[⑤]

东林寺。东关外。绍兴十一年建。傍崖结楼，即石镌像。高阁临江渚，俯秋水之清涟；绀殿列峰峦，望晴云之缥缈。消蝉鸣于六月，听渔唱于三更。至

---

① 东一百里：嘉庆《志》、咸丰《志》作"东九十里"。
② 东北八十里：嘉庆《志》、咸丰《志》作"东八十里"。
③ 白鹤场：嘉庆《志》、咸丰《志》作"百合场"。
④ 东九十里：嘉庆《志》、咸丰《志》作"东八十里"。
⑤ 丈雪修葺祝天锡有诗：嘉庆《志》、咸丰《志》作"僧机全、光远又复修葺，地具八景，邑人祝天锡有诗"。

明万历中，运使王三锡、同知梁弘化先后叠为修葺。今人阛阓，无复逸景①。

西林寺。治北二里许。宋咸淳五年建。明嘉靖间，参政刘翾约乡宦八十余人增修，历四十年。上下两寺金碧辉煌，万松郁郁。俯瞰江流，多水云逸趣。日光初出，影浴金波。明季毁。国朝僧习明、三谦先后重建。嘉庆三年，僧慈耀复为整理。

隆教寺。治南桦木镇上。唐建。明宣德间，雷州守喻彦义为僧圆秀重修。叠阁丛林，山云水月，足资游眺。经楼有铜钟古佛，僧惺月修护焉。

馥棠寺。治西四十里。明建。兵燹后，僧然确、方祁补修。乾隆间，僧觉昶、觉性庄严栋宇，钩心斗角，林树翳日撑云，胜概难穷。因明侍郎何起鸣录大乘七部，又名"何家寺"。

复觉寺。与馥棠相连。祇树郁勃，鹫岭嵯峨。下有龙居通海藏，资人玩赏。乾隆间，僧界相重修。

华寿寺。治东龙桥里。一名"冷家寺"。明启、祯时建，有遗存，铁釜可容水数斛。②

葛仙寺。治南三十里。宋建。孤峰峭立，俯瞰江流。相传葛仙翁炼丹于此，遗迹尚存。明副使周世科有诗，侍御龚懋贤有坊，镌"大儒小隐，佛国仙家"字③。康熙初，僧参禅重建，见有金桂二株，大如车盖，秋月香飘数里。

云昙寺。治西黄市井。明建。大学士赵贞吉有诗。国朝僧续芳补修。

云峰寺。治西安贤里。一名"玉皇观"。明万历间建。④

白云寺。治东北大通里。楼台山古刹。⑤

---

① 今人阛阓无复逸景：嘉庆《志》、咸丰《志》无此句。
② 嘉庆《志》、咸丰《志》"数斛"后还有清"僧心明、秀月先后增修，林木阴翳，足供游览。山后建乡塾一所，历年延师训乡弟子，释崇儒术，时僧所罕觏者"。另，二《志》"华寿寺"条后有"田家寺"和"碧云寺"二条。
③ 字：底本、尊经阁本原讹作"序"，据嘉庆《志》、咸丰《志》改。另，二《志》在"葛仙寺"条后有"陈家寺"和"蓝家寺"二条。
④ 嘉庆《志》、咸丰《志》"万历间建"后还有清"僧法枝重修，乾隆五十年，僧果明复为补葺。翠柏苍松，遥望蓊蔚，俨若雷音"。
⑤ 嘉庆《志》、咸丰《志》"古刹"后还有"乾隆五十一年，僧慧明补修"。

〔道光〕内江县志要

太平寺。治东二十里。明弘治十六年建。隆、万间，有都宪余之祯、尚书马鸣銮诸人题迹。①

蓬瀛山寺。治北三十里。一山耸翠，遥望烟雾迷离，如浮罗蓬岛。明侍读周洪谟有记。②

华萼寺。治西北十里。唐状元范崇凯读书处。③

三堆寺。治西二十五里。势踞崇峦。明侍郎高公韶读书处，名人题咏甚多。④

诸古寺。治东百里。唐建，宋元因之，明靖、历间增修。山高数里，上有天池，隆冬不涸，下有钓鱼台、盘陀石，赵文肃镌题，高僧丈雪披剃于此。⑤

龙兴寺。治东四十里。山势如船。明万历中建，有状元朱之蕃、郎中周嘉宾题刻。⑥

城山寺。治东石子镇。明建，大学士赵贞吉有碑。⑦

西胜庵。治南。一名"潘家寺"。明万历癸酉，邑绅吴应叩、潘齐政偕僧续慧、心晓先后修补，有侍讲陈盟疏碑。⑧

---

① 嘉庆《志》、咸丰《志》"题迹"后还有清"僧恒释重建。瞿县胜境，石坊将圮，僧惺学更新之。其地茂林修竹，溪水蜿蜒，有太平、福星、永寿、天朝四桥，境甚幽雅"。

② 嘉庆《志》、咸丰《志》"有记"后还有清"僧玄光重修，梵宇辉煌"。

③ 嘉庆《志》、咸丰《志》"读书处"后还有"详十二景中，李临安有诗，载《艺文》"。

④ 嘉庆《志》、咸丰《志》"甚多"后还有"乾隆中，僧如一修治。林木岿然，有山门傍斗之胜"。

⑤ 山高数里：嘉庆《志》作"高山数里"。另，嘉庆《志》、咸丰《志》"披剃于此"后还有"现机凡修葺，名人题咏甚多。石径穿云，游士有出尘之想"。

⑥ 嘉庆《志》、咸丰《志》"题刻"后还有清"僧寂智、隐山先后增修。巨树参云，为一方胜概"。

⑦ 嘉庆《志》、咸丰《志》"有碑"后还有"皇清僧雪莲重修"，咸丰《志》作"宋建"及"国朝僧雪莲重修下厅"。

⑧ 嘉庆《志》、咸丰《志》"碑"后还有"康熙中僧吉珍，乾隆间僧正元、法宽先后重修"。另，二《志》"西胜庵"条后有"雷鸣寺"条。

凤兴寺。治东五十里。万历中建,知府黄似华有碑。①

凤天寺。治北十五里。明景泰间,僧明行建。国朝乾隆初,僧三谦增修。嘉庆元年,僧大慧重修。②

清凉寺。治东六十里。明建。邑令沈伯龙题云:"萧寺清凉,鹦鹉门中含舍利。丛林阗寂,凤凰山畔悟弥陀。"足概其幽雅。③

华山寺。治东六十里。宋庆历时建,元明迭有修葺。赵贞吉题有会仙阁、著书台、龙宫、鹭岭诸景。④

大安寺。治东大通里。明万历间建。学士高文孙题有"山高水长"四大字于石岩,笔法遒劲。⑤

海棠寺。治西三十里。明嘉靖时建。天启甲子年,邑民萧顺之施产一分,有九皋鹤鸣来舞山前,号"四翔山房"。⑥

大兴寺。治东五十里。一名"淡家寺"。溪桥巨堰⑦,翠木幽篁,踞一方之胜。

梅家寺。治西南。旧名"紫芝寺"。明万历中,制府梅友松建,观察梅琼宇题。⑧

---

① 嘉庆《志》、咸丰《志》"有碑"后还有清"僧如仁、慈明相继增修。林刹清幽,堪玩"。
② 嘉庆《志》、咸丰《志》"凤天寺"条作"治东百里,名高峰山。悬岩列翠,环眺无垠。皇清(国初)僧云庵创建,其徒非相、了现先后增修"。另,二《志》"凤天寺"条后有"佛顶寺"条。
③ 沈伯龙:诸本皆作"沈白龙",但据后文《职官》,当以"沈伯龙"为是,据改。嘉庆《志》、咸丰《志》"幽雅"后还有清"历有补葺,乾隆五十年间,僧如意、明照增修"。另,二《志》"清凉寺"条后有"贾家寺"条。
④ 嘉庆《志》、咸丰《志》"诸景"后还有"兵燹毁圮,康熙六十一年重建,乾隆五十年间僧会道理增修"。
⑤ 嘉庆《志》、咸丰《志》"笔法遒劲"后还有"乾隆中僧维真补修"。
⑥ 嘉庆《志》、咸丰《志》"海棠寺"条后有"凤凰寺"条。
⑦ 嘉庆《志》、咸丰《志》"溪桥巨堰"前有"明僧果海募建,皇清(国朝)僧大道重修"等字。
⑧ 宇:底本、尊经阁本原讹作"字",据嘉庆《志》、咸丰《志》改。另,二《志》"观察梅琼宇题"后还有"康熙丁亥,僧明悟重建,乾隆时僧修性增修,庙貌焕然一新"。

报恩寺。治东北六十里。元建。明宣德年，高僧广善增修。赵贞吉筑青莲台，建藏经阁。①

双龙寺。治东九十里。明建。乾隆八年，僧普钲重修②。侧有古黄连树一株，大合数围，高数丈，里人传为唐宋间植。

柏子山寺。治东九十里。形如狮。明万历中，张应登题石，见僧自清修葺。③

高峰寺。治南十五里。濒江一峰，峭若天台。上有洞，内镌唐十二进士名，下有印浮水面。石前人题咏甚多。龚懋贤书"山高水长"四字，极遒劲。新建三元塔于此。④

回龙寺。治东三十里。明有刹址。康熙初，里绅王祚洪捐地建殿，邻人相续补葺焉。⑤

慈云寺。回龙寺同山。明萧三达无嗣，舍宅建刹，有同知萧菖碑。⑥

普渡寺。治东七十里。明建，原名"姜家寺"。康熙己卯，邑令张大经更今名，僧金慧、昙芳先后补修。少阴环抱，翠竹芳塍，游人题曰"翠云山"。⑦

---

① 嘉庆《志》、咸丰《志》"藏经阁"后还有"甲申后毁。康熙间重建，乾隆四十年僧云映增修"。另，二《志》"报恩寺"条后有"新寺""水口寺""张家寺""石观音寺""龙洞观"等条。

② 嘉庆《志》、咸丰《志》"僧普钲重修"后有"六十年僧万德增修"。

③ 嘉庆《志》、咸丰《志》"柏子山寺"条后有"熊家寺""天台寺""三圣寺""蒋赵寺"等条。

④ 高峰寺：嘉庆《志》、咸丰《志》作"高寺"，且嘉庆《志》"石前人题咏甚多"后作"寺不知建于何时，乾隆中僧清鐩补修"，而咸丰《志》"极遒劲"后作"里人误划去，邑岁贡锺廷辅补题，识者惜之。新建三元塔于此"。另，二《志》"高峰寺"条后有"骑龙庵"条。

⑤ 嘉庆《志》、咸丰《志》"回龙寺"条后有"罗家庙""三星庙""三溪寺""永兴庙"等条。

⑥ 嘉庆《志》、咸丰《志》"萧菖碑"后还有"兵燹后（尽）毁。康熙中，里人重建，见僧净悟增葺"。

⑦ 嘉庆《志》"普渡寺"条后有"蟠龙寺""云峰寺""梁家庵"等条，咸丰《志》则为"蟠龙寺""冷家寺""梁家庵"。

资圣寺。城西二里。宋建，明万历末增修。刹宇极盛，前有虎溪桥。①

牛皇寺。治东四十五里。明天顺初，僧明定建。②

大佛寺。治北五十里，近来风场。明建。群山叠翠，林木荫翳，行人憩息，有出尘之想焉。③

流岩寺。治东龙桥里狮子山。明万历古刹。④

广化寺。治东四十里五宝山。明建，有弘治中碑。⑤

鸦雀寺。治东八十里栖凤山。⑥

茅蓬寺。治西五十里。明建，国朝迭有修补。乾隆中，僧宗元增修。珠宫绀殿，林竹翁然。

元觉寺⑦。治东南三十里许。危崖峭壁，俯瞰群峰。

东坡庵。治南梓木镇下。宋建。明万历中，邑人张应登、马鸣銮、王三锡题有"东坡书馆"四字。左金紫，右银斗，危岩峭壁，俯看江流。康熙中，里人重修。⑧

---

① 嘉庆《志》、咸丰《志》"资圣寺"条后有"清龙观""雷家庵""二仙庙""铁山寺""罗黄寺""双龙寺"等条。

② 嘉庆《志》"牛皇寺"条作"治东四十五里。明建，天顺，僧明定增修"。另，嘉庆《志》、咸丰《志》"牛皇寺"条后有"净土寺""东山寺""晒经寺"等条。

③ 嘉庆《志》、咸丰《志》"出尘之想焉"后有"僧心月增修"。另，二《志》"大佛寺"条后有"佛窟寺""奇龙寺"二条。

④ 嘉庆《志》、咸丰《志》"古刹"后还有"康熙间，僧明轮建修。乾隆三十九年，僧应山重修。庄严法苑，焕然一新，游人眺玩，胜概难穷"。

⑤ 嘉庆《志》、咸丰《志》"广化寺"条作"治东四十里五宝山。明建。乾隆四十二年，僧晓扬补修。绀殿珠宫，灿然夺目"（按：二《志》原讹作"燿然"）。另，二《志》"广化寺"条后有"青云寺""玉皇观""杨家寺"等条。

⑥ 嘉庆《志》、咸丰《志》"鸦雀寺"条后有"两教寺""华藏寺""大虚庵""五皇殿寺""三清观""贞武宫""正觉寺"等条。

⑦ 元觉寺：嘉庆《志》、咸丰《志》作"元觉山寺"。

⑧ 嘉庆《志》"东坡庵"条后有"清宁宫""周家寺""道林寺"等条，咸丰《志》则为"清宁宫""永兴寺""周家寺""高峰寺""道林寺""凤兴寺"等条。

大阜寺。治西南。明通政使郑璧重修。^①

朝阳寺。治西四十里。明建。里宦谭姓捐铸铜佛数尊，赵大洲、杨丽岩题咏甚多。^②

天元寺。治东七十里。明建，国朝迭有修补^③。殿宇辉煌，林木蓊蔚。

观音阁寺。治东五十里，观音场上。石洞幽林，傍岩结刹。蝉鸣六月，水漾三秋，商甲修治焉。^④

水月庵。治西长风镇。原系喻、张众姓学社。

观音阁。治城南隅。^⑤

各省会馆。惠民、武圣、禹王、天后、南华、帝主、万寿等宫，城镇均有。^⑥

论曰：寺观者，缁黄之所萃处也，邑中梵刹，大小二百有奇，缁流守焉。前《志》云："佛宇仙坛，实则村户输科也；念珠披尘，实同编氓隶役也。有能持守清规，岁时修葺，山林泉壑，荫翳清幽，俾古迹留题，因之不泯。"^⑦ 是亦观风者之所乐止，而乡人祈赛借以永休也。讵曰空门无补郅治哉？为采其稍著者志于编。

---

① 嘉庆《志》"大阜寺"条后有"永福寺""广福寺""邹家寺""兴福寺"等条，无下"朝阳寺"条；咸丰《志》则为"永福寺""朝阳寺""邹家寺""兴福寺""广福寺"等条。

② 咸丰《志》"题咏甚多"后还有"国朝僧乐章重修"。按，杨丽岩，诸本原作"杨丽崖"，但后文《人物·杨继朝传》作"父丽岩"，且杨慎有《长乐山下杨丽岩楼》诗，故当以"丽岩"为是。

③ 嘉庆《志》、咸丰《志》"国朝迭有修补"后还有"现僧定松重修"。

④ 嘉庆《志》"观音阁寺"条后有"高碛寺""小龙寺""田家寺"等条，咸丰《志》则为"高碛寺""观音寺""小龙寺""田家寺""白云寺"等条。

⑤ 嘉庆《志》、咸丰《志》无"观音阁"条，且二《志》后均有"附载城市祠庙"一节。

⑥ 嘉庆《志》、咸丰《志》无"各省会馆"条。

⑦ "前《志》云"至"因之不泯"：嘉庆《志》、咸丰《志》载于《寺观志》小序，作"佛刹仙坛，不下百数十，而实同村户输科也；念珠披尘，亦千数百人，而实则编氓隶役也。其能守护名山，俾殿阁辉煌，林木阴翳，雅足以壮名区而资眺咏，则入庙思敬古人神道设教之意，或可借寓于兹"。二《志》无其他文字。

古迹①

内江旧县。县西二里。汉曰汉安，周改中江，隋更今名。

清溪废县。县北八十里。汉资中地。隋大业十二年分置牛鞞县。唐属资州，天宝元年改清溪。《元和志》："县西南至州一百三十里。"宋乾德五年废，入内江。其境有石刻"清溪故治"及"幽岩"字，俗呼"清古岩"。按：《唐书》有清溪令郑晋客。②

凌云阁。学宫内。知县吴山建。

汉永建五年汉安修栈道记。在石崖上。字已磨灭。③

化龙山宝器。化龙岩崩裂，得古镜二、宝剑一、印篆一，刻石云："有宋之始，化龙为记。日月相均，永远不坠。"朱真人记也。有凌风台，长乐、冷然诸洞。凭虚御空，清江白石，邑令沈文室评为胜概第一。

宝光洞记。银杏铺宝光洞中石刻云："云塞浴溪口，金色光明久。"白云真人记，阎执中习刻④。

华嵝山江岩石刻。唐状元范崇凯题"汇澜有斐"四字。

书楼。宋赵雄读书处，后拜相归，里人以昼锦荣之。元末兵毁，石柱犹存。明万历末，邑令史旌贤重修。嗣为玉虚观，今为惠民宫，后建楼，以复其制。⑤

雁塔。学宫前。宋令李正炎立，镌科名。永乐中，县令湛礼续纪之。塔址有菊，数本盛开，则邑士必多捷。列景者题为"雁塔秋香"。

桂湖。县治后街西北。波光澄澈，宋黄思庄大书"桂湖"于岸侧，明大学士赵大洲讲学于此。

圣水岩。圣水寺后。一泉吐出，前潴为池，与中江消息，旱祷辄应。明

---

① 按：嘉庆《志》对应内容为卷十三《古迹志》，咸丰《志》为卷一《古迹》。
② 嘉庆《志》、咸丰《志》无"按：《唐书》有清溪令郑晋客"等十字。
③ 嘉庆《志》、咸丰《志》此条后有"汉太尉公墓中画像碑"条。
④ 习：嘉庆《志》、咸丰《志》作"书"。
⑤ 嘉庆《志》、咸丰《志》无"嗣为"至段末文字。

〔道光〕内江县志要

嘉靖十四年,巡抚通州李钦题"圣水灵湫"四字,笔势遒劲,余题刻甚多。

葛仙古迹。葛玄字孝先[①],从左慈受仙经吐纳之术,曾修炼于此,如呼钱出井,嗽饭成蜂,皆异术也。有古迹存[②]。

文曲峰。即三堆山。插汉参云,朝烟暮霭。高太和、赵大洲先后栖止于此,巡抚曾确庵题碑尚存。

石笋。治东六十里。有石拔出如笋者,五锐插云表,号曰"文笔"。明梁弘化有诗,见《艺文》。

韩杨会。治南三十里挂榜山。宋时里人杨植、韩缜相与讲论经史于此。植,政和进士,历御史中丞,荐缜为潼川教授,里人指其会所为"韩杨会",有碑记。

赵公祠。治西三堆山下。敕建,祀大学士赵文肃。今圮。

李公祠。南关外。敕建,祀李尚书康和。今圮。

何公祠。南关外。敕建,祀何大司空应岐。今圮。

东坡洞。治东三十里江上。洞内镌宋进士,苏轼创。明进士张应登居外,镌"东坡书馆"。

张仙祠。治北江上。明张三丰炼丹处,遗址尚存。

状元宰相里。镌字丛林山石岩[③]。

三元塔故址。在三元井山。明建,遗址尚存。

帝锡玄宫。敕葬马鸣銮,知县建碑表道。

宋卫国公神道碑。治西。明初存,后圮。明代阁部台省以下神墓道碑碣甚多,不及载。

万古雄峰。题三堆寺石。

山高水长。明高学士题大安寺石壁上,笔甚遒劲。东南高峰寺石上亦镌此四大字。

---

① 玄:诸本皆作"洪",据文意改。按,葛洪字稚川,自号抱朴子,为葛玄之侄孙。以左慈为师者是葛玄。
② 古迹:嘉庆《志》、咸丰《志》作"石迹"。
③ 岩:嘉庆《志》、咸丰《志》作"崖"。另,嘉庆《志》"状元宰相里"和下"三元塔故址"二条在"题名石刻"条后。

42

江心遗剑。相传化龙山下朱真人遗剑江中，波清尚见其影。赵大洲诗：
"剑隐几时潭尚静，丹留何处鹤重还。"

万里坡刻石。去治南三元山不远。有宋孝廉刘达之记。

文献名邦。四字各径数尺，镌圣水崖旁，有赵景柱、高镛诸人名。

题名石刻。诸古寺碑载：山崖旧有石刻，进士及第黄震成，进士龙一元、
黄秉仁，系元至正丙申年镌。

又，邑西祥云寺。江中有二石，形如龟鳖，鳖上龟下，有峰足状，识者
谓境中风水关焉。[①]

栈道古碑记。见升庵《艺文志》，诗见后辩。

内江石鱼。《王渔洋集》：国初，冀应熊镌岩刻字，群鱼戏浪，须臾水涸，
鱼化为石。详《外纪》。

灵湫亭。在圣水崖。明初建，久圮。嘉庆七年，方丈僧密宗万容重修。
雅趣宜人，名士、诗人辄低徊留之。[②]

芙蓉亭。治东，隔江十里。赵文肃公致相，集诸儒讲习处。陈文宪公、
曾中丞皆于此请谒焉。今圮。

花台。治南。明何宪副绍克公建亭台花卉，一时称盛。今建宫保祠。

圣水旧迹。寺建自唐咸通中，宋为兴慈禅院。明嘉靖中，司徒高三峰公
韶撰碑云："圣水藏经楼，即宋兴慈院故址，后岩有宋蔡逸题刻[③]。楼之西千手观
音阁为水观禅师所建。嗣又建寺于经楼之东，有灵泉潆池焉，时称西寺为古寺，
东寺为大寺云。弘治戊午，三峰从父自岳州判任归，与弟公夏辈读书经楼中。
古寺长老碧潭者，年六十矣，不荤不饮，不出寺门。每日午夜分，必遣徒送茶碗、
果蔬劳三峰昆季，四阅月以为常，不爽不厌。时同肄业廿人，三峰意其皆雨，暇
往古寺谢之。碧潭曰：'闻子勤苦殊众，故相劳耳。勉之。'三峰即以是年乡荐，
嗣过访，仍勉语如初。后乙丑登甲科，累官至少司徒，常感其意焉。续载于此，

---

① 嘉庆《志》、咸丰《志》无"邑西祥云寺"及下"栈道古碑记""内江石鱼"等
　条。
② 嘉庆《志》、咸丰《志》"留之"后有"不能去"三字。
③ 岩：嘉庆《志》、咸丰《志》作"崖"。

以征寺之源流,并著碧潭之能守静知人也。"嘉庆十二年,寺方丈密宗万容摹洗三峰旧碑,将重刊之,邑人王果校补其磨缺,以彰古迹云。按原《序》,东寺系碧潭之徒南募司徒重建。①

　　三元塔旧迹。明末邑令雷首山议建,有址。嘉庆中,邑人重建,与高峰塔并峙。②

坊表③

　　仰之弥高坊。学宫前。

　　甲科异数坊。学宫右。

　　公补具瞻坊。学宫左。

　　状元宰相坊。邑令周廷侍为唐范崇凯、宋赵逵、赵雄、明赵贞吉立。

　　名相大儒坊。大学士赵贞吉。

　　井络元精坊。尚书师保坊。俱李充嗣。

　　学士坊。天池少宰坊。天官少宰坊。尚书掌翰林院张潮前后建。

　　世德名臣壮猷元老坊。尚书马鸣銮。

　　大宗伯、大廷尉坊。尚书刘瑞、大理寺卿刘望之叔侄、父子。

　　坤维正气坊。名臣少卿余才。

　　宫保尚书坊。阴武卿。

---

① 嘉庆《志》、咸丰《志》无"按原《序》,东寺系碧潭之徒南募司徒重建"等十六字。

② 嘉庆《志》无"三元塔旧迹"条,咸丰《志》有"三元塔"条,作"有二。一建于治南十五里高寺山。嘉庆九年,阆县粮户,按册捐修,举人苏鸣鹤董其事。凡八层高,十丈有奇。塔身皆本山白石,极坚而细腻。一建于治南十里,前明故址,三元井山。二十年,绅士罗良存、邹彦藻、陈贤望、刘忠元等复呈请,邑令顾文曜捐廉倡首,粮户乐助,悉遵故址重修。凡十层高,十八丈八尺,邑令弓翊清、邑宦艾荣松有序,见《艺文》"。

③ 按:嘉庆《志》对应内容为卷十三《古迹志》所附坊表,咸丰《志》为卷一《坊表》。

少司徒、重荣第坊。侍郎高公韶父子。

京堂济美坊。都御史总督萧翀、御史萧世延、少卿萧如松一家建^①。

科甲传芳、循良晋秩坊。副使阴子淑、都运使阴镕一家。^②

尚书省亲、天恩世锡坊。尚书何起鸣。

三世中丞坊。阴武卿前任三代。

中国司马、文武为宪坊。侍郎总督梅友松。

总督三边、三命宠褒坊。都御史邓林乔。

三世司马中丞坊。梅友松三代。

三世侍郎、四藩督抚坊。尚书何起鸣三代。

豸绣荣封、金台侍御坊。马呈图父子。

礼垣都谏、奕世承恩坊。给事中何祥父子。

己卯经元、蜀邦良弼坊。长史游淄。

大中丞坊。高公韶。

谏垣坊。少卿郑裕前任。

世膺宠诰坊。布政张尧臣三代。

纳言、太卿坊。侍郎刘养直前任府尹。

天恩世锡坊。巡抚喻大为。

绣衣御史坊。参政喻时前任。

绣衣剌史坊。马溥然、马逢伯。

科第传芳坊。马鲁卿一家。

世承天宠、世登科第坊。参政张叔安一门。

内台司直、外台秉宪坊。参政张季思。

父子进士、御史中丞。王一言父子。

百岁大夫坊。同知赵占。

三朝晋锡、百岁上卿坊。父子兄弟进士坊。刘望之父子。

---

① 建:嘉庆《志》作"建立"。

② 科甲传芳循良晋秩坊:嘉庆《志》此条在"尚书省亲、天恩世锡坊"后。

筹边借箸坊。赵贞吉。

立相代言、忠诚辅赞坊。赵贞吉。

九列清卿、奕世承恩坊。郑裕。

内翰荣封坊。封编修赵勋。

荣膺金紫、科第世传坊。陈力、陈纪一家。

粉署荣封、父子进士坊。布政高世彦父子。

衣冠济美、科甲联芳坊。俱高公韶一家。

方岳地官坊。参政李文安。

联第翰林、父子御史坊。太常卿李应魁前任。

内翰坊。尚书刘瑞任检讨。

丙戌七进士坊。吴玉等。

戊辰六进士坊。罗良祯等。

辛丑五进士坊。刘珏等。

丙辰四进士坊。张伟等。

辛未四进士坊。张潮等。

九列清卿坊。赠侍郎郑璧。

两登秋荐坊。员外郎李临安、文安。

循良卓异、纶命重光坊。都御史余之祯前任府尹。

壬戌进士坊。邓翰、郑裕。

解元进士、双步云衢坊。阴武卿、徐应元、吴应叩。

天垣司谏、父子承恩坊。张应登父子。

父子进士坊。副使周瑶、周世科。

父子进士坊。给事萧文缦、布政萧俨①。

科第世美坊。赵俊、兑、升、占、从先一门。

提学绣衣坊。御史间东。

兄弟同登、父子承恩坊。龚文魁,子:懋赏、懋贤。

---

① 给事:嘉庆《志》作"给事中"。

金榜题名坊。巡抚喻大为。

世承天宠、世登科第坊。张彦璧、张文华一家[1]。

谏议坊。给事中。

十二解魁坊。解元王秉彝等。

丁未进士坊。李充嗣等三人。

起部名臣坊。侍郎张学周。

金榜绣衣坊。赵俊。

二进士坊。高公甲、马炳然。

进士坊。余瑷。

鲲跃天池坊。赵从先。

师相佳城、黄阁清风坊。赵贞吉。

世受天恩坊。刘望之父子。

世德凝禧、端醇廉洁坊。父子台省、名臣诒穀坊。张文华父子。

积庆疏荣、敦伦植善坊。司马里坊。勋伴分陕忠殚筹边坊。
俱梅友松。

凌虹映玉师表羽仪坊。杨守勤。

九列清卿、科甲传芳。郑璧。

持简名卿坊。余才。[2]

世卿济美、忠厚传家坊。郑璧。

三代贞操两间正气坊[3]。旌表张恺妻陈氏、张德妻黄氏、张楠妻喻氏。

孝德维风、守贞贻庆坊。马泰阶妻萧氏。

乾坤正气坊。萧腾妾陈氏、萧露妾李氏。

贞节坊。总督马炳然妻吴氏。

贞节坊。萧世隆妻黄氏。

---

[1] 家：嘉庆《志》作"门"。

[2] 嘉庆《志》"持简名卿坊"及下"世卿济美、忠厚传家坊"条俱在下文"联璧腾芳坊"条后。

[3] 代：嘉庆《志》、咸丰《志》作"氏"。

澄清坊。文明坊。迎恩坊。_{知县陈铨立。}

登瀛坊。_{吴贤。}

登第坊。_{阴秉纲。}

登科坊。_{袁敬。}

青云坊。_{余敏。}

凌云坊。_{王棋。}

梯云坊。_{汤铭。}

鹗荐坊。_{江漪。}

折桂坊。_{黄永中。}

擢桂坊。_{周郁。}

宾兴坊。_{冉郁。}

贤能坊。_{张钦。}

蓬瀛坊。_{姚致中。}

世美坊。_{给事中李蕃。}

联璧腾芳坊。_{阴秉纲。}

奕世登荣坊。_{李蕃、李临安等。}

世美坊。_{吴濂。}

世科坊。_{吴浩等。}

颉魁坊。_{刘志熙。}

储英坊。_{李志纲。}

擢英坊。_{尤瓒。}

金榜题名坊。_{冷向春。}

奕世腾芳坊。_{萧俨等。}

进士坊。_{萧俨。}

桂林坊。_{洪文奎。}

冲霄坊。_{郭宏。}

桥梓联芳坊。_{阴秉钧等。}

经元坊。_{门相。}

文英坊。王守约。

名登天榜坊。尤瓒。

云汉天章坊。朱世洪。

金虹坊。玉带坊。通川桥上,知县周廷侍建。

乡闾荐秀坊。邓九容。

高厚悠久。鹿鸣勤慎。政是以和。风崇渤海。俱邑令前后题。

两间正气坊。苏纯碬妻阴氏。

孝膺宠诰坊。徐孟震。

懿范可风、操凛冰霜。尤之纲妻陈氏。

慕义维风坊。刘辅炎妻韩氏。

余乡里第墓尚多,未备载。

论曰:前代坊表极一时之盛[1],由今视昔,亦古迹所存也[2]。按,明《志》小引云[3]:"建坊本表厥宅里之典,今士子登科第者,例锡之金名坊值,遗意犹存也。顾国初,树两楔于门,以悬匾耳,非如中古[4],易以巨木。今改为巨石,参云蔽日,金碧辉映已也。又一命之士,皆得为之,不以烦民,非必津要清华,递相报酬,投牒祈请已也。今之坊,非数十百金不能为,非华阶要秩不能得,非役夫千百不能办,而一切私费不与焉。当途下县曰:'彼地贤达也,用彼地之民,官为给值,我何与焉!'有司奉行者曰:'当途之优礼贤达也,用其民也,我何与焉!'得之者曰:'上司授之,有司行之,我何与焉!'嗟嗟三无我,而民始告病矣。无已,宁优之值,令自建,不领于有司,不役于闾里,则庶乎其可哉?"据所云然,是尔时乡望适为乡里病耳!然建于前而留于后,亦足见芳躅之犹存,未始非

---

① 时:底本缺,据尊经阁本补。

② 存:底本不清,据尊经阁本补。

③ 明志:嘉庆《志》、咸丰《志》作"旧《志》"。

④ 中:底本不清,据尊经阁本补。

观型之一助也^①。幼时闻诸父辈，邑明中叶大老，其坊植率用香楠。康熙末年，南省吴遵铣令县，贪鄙无厌，垂涎坊料，假修葺学官为名，谓木坊朽落，恐碍行人，尽为拆毁。只建学前"仰之弥高"一坊，余柱枋悉载而南，并锯末，皆装去。此事世族老成犹有能道其详者，并志于此。^②

物产^③

　　谷类。稻、黍、麦、稷、粱、蔹、胡麻、黄豆、胡豆、豌豆、绿豆、芋麦、饭豆、黑豆。^④

　　货类。细绢、葛布、麻布、苎麻、棉布、麸金、棉花、盐蜜、蔗糖。^⑤

　　木类。松柏、槐柳、椿桂、桐楠、荆栗、桑构、苦练、白蜡、桤木。^⑥

　　竹类。斑竹、刺竹、紫竹、筋竹、水竹、慈竹、凤尾竹、苦竹。

　　药类。菖蒲、香附、荆芥、紫苏、木通、山药、扁豆、牛膝、蝉蜕、半夏、当归、白芨、茴香、栀子、葛根、薄荷、南星、藿香、枸杞、五倍、茯苓、木瓜、地黄、史君子、何首乌、莺粟壳、麦门冬、地骨皮、益母草、龙胆草、白芷。^⑦

　　花类。海棠、木犀、棠棣、蔷薇、木槿、月季、扁竹、芙蓉、萱草、玉簪、金丝、山茶、金银、菊葵、牡丹、兰蕙。^⑧

　　果类。核桃、石榴、枇杷、荸荠、葡萄、桃梅、李杏、栗枣、枳柑、橘柿、菱

---

① 助：底本缺，据尊经阁本补。
② 嘉庆《志》、咸丰《志》无"据所云然"至段末文字。
③ 按：嘉庆《志》对应内容为卷五十一《物产志》，咸丰《志》为卷二《田赋》所附物产。
④ 蔹：嘉庆《志》作"莜"。另，嘉庆《志》、咸丰《志》无"饭豆、黑豆"。
⑤ 细绢、棉布、棉花：嘉庆《志》、咸丰《志》分别作"绸绢""绵布""绵花"。
⑥ 荆栗：底本、尊经阁本、咸丰《志》原作"荆栗"，此属木类，当以"栗"为是，据嘉庆《志》改。
⑦ 菖蒲：嘉庆《志》作"蒲黄"。
⑧ 蔷薇：嘉庆《志》作"墙薇"，咸丰《志》作"墙微"。

藕、橙丁、白果、樱桃。[①]

蔬类。王瓜、冬瓜、丝瓜、南瓜、苦瓜、豇豆、菜瓜、西瓜、姜芥、匏葱、葫芦、萝卜、莴苣、白菜、羊茄、蒜韭、菠菜、芹苋、竹笋、薯芋。[②]

其余竹木花卉,凡外土移种,亦多能植。

鸟类。鹊、燕、鸠、雁、鹳、鹧、莺、雀、鸦、雉、鹰、画眉、鹌鹑、鹡鸰、鹭鸶。

兽类。兔、獭、狐、麂、獐、狸。[③]

介鳞。鲤、鲫、鲭、鲢、鳝、蟹、虾、鳖、龟、穿山甲。

论曰:中川当蜀省东西之交,南北接壤,江流萦带,地气中和,故庶物咸生。惟境内无崇冈巨麓,不产石炭耳。沿江左右,自西徂东,尤以艺蔗为务,平日聚夫力作,家辄数十百人,长啄巨锹,几于刊山湮谷。[④]入冬辘轳煎煮,昼夜轮更,其壅资工值十倍平农,[⑤]因作为冰霜,通鬻远迩,利常倍称,咸甘心焉。[⑥]而地脉山灵,或于以剥削矣,古云"食旨薪劳",其谓是与?[⑦]再番薯一种,近时山农赖以给食。《群芳谱》云:"此种原出海外,彼国靳不以予,华船窃其藤为蓬索,始入中土。畦土为塍,艺之收其卵,老幼食之,最良。"又,按史载:"岷山之下产蹲鸱,凶年不病。"注云:"土芋,似谓野生,相沿不辩久矣。"愚意以为即今之芋麦,俗名"包谷"者是也。蜀中南北诸山皆种之,其禾高耸如梁,蔗穗正出,子旁生,或二或三,形如鸱之蹲树,以此作解,庶名形逼肖。[⑧]今陕豫各省亦间艺之[⑨],名曰"芋黍"。前代注释家率非蜀人,[⑩]即升庵诸公以蜀人辩

---

① 枳柑:嘉庆《志》、咸丰《志》作"栗柑"。

② 匏葱、韭、芋:底本漫漶不清,据尊经阁本补。

③ 嘉庆《志》、咸丰《志》无"狸"。

④ 长啄巨锹几于刊山湮谷:底本缺,据尊经阁本补。

⑤ 更其壅资工值十倍:底本缺,据尊经阁本补。

⑥ 常倍称咸甘心:底本缺,据尊经阁本补。

⑦ 劳其谓是:底本缺,据尊经阁本补。

⑧ 树以此作解庶名:底本缺,据尊经阁本补。

⑨ 各:底本缺,据尊经阁本补。

⑩ 芋黍前代注释家率非:底本缺,据尊经阁本补。

蜀物①，亦未之及。窃附臆说于此，②以俟后之博物者③。今邛雅一带亦有一种，形如小卵，名曰羊芋，可煮食，然不如包谷之多，似仍非古所谓"蹲鸱"也。④

续增

　　龙王庙。西关外醮坛山麓。仍明栋宇，卑狭倾斜，虽历年培修，亦只因陋就简。道光二十三年，毛府君莅任谒视，恻心倡捐分募，并毗左东岳庙一律鼎新。增置廊宇，庄严丹垩，宏敞肃穆。工成，甘霖叠沛，四野丰登，歌明德焉。有碑记。⑤

　　景坡楼。龙桥里二仙滩上。原任武定守王果心仪苏东坡，屡形梦寐，因山缭垣，跨以洞门，上建楼阁。阁奉关圣，左右配以晋周孝侯、宋岳忠武王。楼奉东坡先生，左右配以宋赵栖云、赵文定、元黄楚望、明杨升庵、赵大洲、清姜松亭诸公。廊宇回抱⑥，有清风、明月、袖海等亭，轩窗四敞，环望无垠。⑦

　　青云桥。郭家场清流河庆余桥圮，荣、隆要道艰涉，里人于上游里许募建青云桥，行旅便焉。⑧

　　清官亭。东关河堤上。

　　乐只亭。南关三元山下。⑨

---

① 升：底本缺，据尊经阁本补。
② 亦未之及窃附臆说：底本缺，据尊经阁本补。
③ 以俟：底本缺，据尊经阁本补。
④ 雅一带亦有一种形如小卵名曰、芋可煮食然不如包谷之多似仍：底本缺，据尊经阁本补。
⑤ 咸丰《志》"龙王庙"条载于卷一《寺观》续增，嘉庆《志》无。
⑥ 回：底本不清，据尊经阁本补。
⑦ 咸丰《志》"景坡楼"及下"清官亭""乐只亭"等条载于卷一《古迹》"三元塔"条后，嘉庆《志》无。
⑧ 嘉庆《志》、咸丰《志》无"青云桥"条。
⑨ 咸丰《志》"三元山下"后有"此二亭皆颂毛府君建"九字。

保我黎民坊。西关外亭坊，皆颂毛府君。建年来，匪贼猖狂，远迩被害。贤侯莅任，清严捕缉，邑境平安，建以志惠焉。详载碑记。[①]

坊内外各四大字，曰"保我黎民"，曰"绥予士女"。其柱联曰："民怀有仁，犹子之恋亲也，犹农之望岁也；德威惟畏，无以我公归兮，无使我心悲兮。"又一联："以民之心为己心，民之父母；视国事如家事，国有循良。"[②]

---

① 咸丰《志》"保我黎民坊"条载于卷一《坊表》续修，无"亭坊"二字；嘉庆《志》无此条。
② 尊经阁本无"联曰"至段末文字。嘉庆《志》、咸丰《志》俱无整段文字。

内江县志要人民部卷之二上

职官①

邑在前明，县尹以下有县丞一员，未久奉裁。管粮主簿一员，捕盗主簿一员，安仁驿驿丞一员。外有椑木镇巡检一员②，黄市井盐课司一员，二缺后裁。国朝并裁二主簿。今计职官如左：知县一员，教谕一员，训导一员，典史一员，分驻城守把总一员。③

知县

唐

韦维。字文纪。由进士任。擢武功。

黄舒艺。唐末任邑令，见《黄泽传》。④

宋

邓棐。绍兴初任。入《名宦》。

董昌龄。绍兴十六年任。⑤

冉虚中。乾道中任。入《名宦》。

仲大年。淳熙改元。入《名宦》。

---

① 按：嘉庆《志》对应内容为卷三十四《职官志》，咸丰《志》为卷二《职官》。

② 按：尊经阁本有藏书印"华西大学旧藏"阴文方印，将"外有椑木"及"二缺后裁"之"裁"五字覆盖。

③ 嘉庆《志》无此段文字。

④ 嘉庆《志》从宋代开始，无"韦维""黄舒艺"二条；咸丰《志》无"黄舒艺"条。

⑤ 嘉庆《志》、咸丰《志》"绍兴十六年任"后还有"据《通志》古迹类增入"八字。

李正炎。嘉定中任。入《名宦》。

明

谭彦福。澧州人。洪武初任。

周伯亮。

齐伯梁。

傅元亨。入《名宦》。

马宏。

易忠。

欧冕。平乐人。由监生。

王道隆。狄道人。由监生。

王容。同州人。监生。

吴山。麻城人。入《名宦》。

罗凤。宣德间任。兴国州人。监生。

罗冕。吉水人。由荐举。

谢熙。临海人。由荐举。修城垣。

王舆。巢县人。由举人。入《名宦》。

卓宝。慈利人。监生。

刘秉。慈利人。举人。

湛礼。入《名宦》。

徐寄。入《名宦》。

张泳。入《名宦》。

杨仲伦。入《名宦》。

陈经。入《名宦》。

陈铨。入《名宦》。

曾瑀。由进士。弘治庚辰年任。

刘廷策。入《名宦》。

胡奎。入《名宦》。

宋道。入《名宦》。

屈�。蒲城进士。

薛祖学。渭南人。由进士。正德十一年任。

潘棠。入《名宦》。

贺爵。武昌人。嘉靖初年任。

李允简。入《名宦》。

李和芳。入《名宦》。

马廷锡。贵州举人。

胡川楫。入《名宦》。

王用康。入《名宦》。

李佩。入《名宦》。

陈云柱。蒲田人。进士。

廖际可。直隶人。进士。

张应登。入《名宦》。

沈伯龙。入《名宦》。

王同道。入《名宦》。

陈谏。入《名宦》。

史旌贤。入《名宦》。

侯康。云南永昌卫人。进士。

李用中。入《名宦》。

沈正隆。沔阳人。万历中任。入《名宦》。

杨应登。入《名宦》。

胡承诏。入《名宦》。

张时。万历辛亥年任。

刘绍魁。广东仁化人。万历四十二年任。

何起蛟。贵州黎平籍,浙江仁和人。万历末年任[①]。

---

① 万历末年任:嘉庆《志》、咸丰《志》作"万历四十二年任"。

倪家泰。南直隶上海人。天启元年任。

雷应乾。湖广江陵人。进士。入《名宦》。

卢雍。正德二十年任。查增。

署县事

郭名。入《名宦》。

李端。入《名宦》。

刘逊。入《名宦》。

任璜。临潼人。成都府推官。入《名宦》。

钦徽。通判。

易胜私。知事。

苏奈。

石雷。举人。

宋守约。府推官。

束载。入《名宦》。

谢谘。

崔翰。云南人。

王敬宾。举人。汉州州判。

王梦说。吉水人。顺庆府通判。

袁邦彦。云南人。成都府判。

段文魁。云南人。马湖府推官。

王良用。吉水人。顺庆府推官。

师道元。韩城人。保宁府通判。

彭师古。湖广人。华阳教谕。

樊绍祖。湖广人。本府通判。

陈应凤。入《名宦》。

杜邦栋。龙安推官。翼城人。

曹学书。布政司检校。广西人。

李可芳。简州知州。贵州人。

颜如圭。资县知县。巴陵人。

瞿汝琏。资县知县。襄城人。署未两月，有治声。

张炳象。成都县学教谕。临安人。

周廷侍。新繁知县。金坛人。

方洛。布政司副理。固始人。

吴时懋。入《名宦》。

章维宁。涿州人。按察司检校。

马德。号本玄①，乾州人。有生祠。

朱国寿。大兴进士。②

韩叔玙。陕西澄成人。资县知县。

李曰辅。江西南昌人。本府推官。

许学宗。福建晋江人。按察司知事③。

沈懋光。吴县人。龙安府推官。

缪沅。钱塘进士。④

萧献瑞。湖广五开卫人。资县知县。

国朝

习全史。陕西进士。顺治十八年任。入《政绩》⑤。

韩文焜。正蓝旗荫生。康熙九年任。

钱交叟。湖广岁贡。康熙十年任。

钱裕国。直隶举人。康熙十九年任。

---

① 本玄：底本、尊经阁本原作"本元"，据后文《宦迹》中马德"号本玄"而改。

② 嘉庆《志》、咸丰《志》"朱国寿"及下"缪沅"二条俱载于下文"国朝典史"后，且作"国朝职官自县尹下俱无题名记，卷册亦历久不可尽稽，今即《总志》房册碑匾可据者列于右"，又"二令由康熙初《志》查补"。另，二《志》"朱国寿"条作"大兴进士。崇祯中任。入《名宦》"。

③ 察：嘉庆《志》作"府"。

④ 缪：嘉庆《志》、咸丰《志》作"澪"，且作"钱塘进士。崇祯初任。入《名宦》"。

⑤ 入政绩：嘉庆《志》、咸丰《志》作"入《名宦》"。按，下文"张大经"至"李恩书"条同，不出校。

徐嘉霖。直隶监生。康熙二十三年。入《名宦》。

张大经。奉天监生。康熙三十年任。入《政绩》。

刘士琨。山西岁贡。康熙四十一年任。

吴□□。江南副贡。四十八年任。贪酷虐民。[①]

王琛。江南监生。康熙五十九年任。

宋祐。江南举人。雍正九年任。入《政绩》。

马湘。嘉兴副榜。乾隆元年任。

周然。顺天进士。乾隆三年任。入《政绩》。

赵珺。汉军镶白旗监生。乾隆十五年任。

韩莱曾。长洲举人。乾隆二十二年。入《政绩》。

吴栋。江阴举人。乾隆二十九年任。

林俊。大兴举人。乾隆三十一年任。入《政绩》。

许椿。嘉善举人。乾隆三十四年任。入《政绩》。

饶况。湖口举人。乾隆三十七年任。

王超。云南昆明举人。乾隆四十年任。入《政绩》[②]。

唐仕谨。江南人。乾隆四十四年任。

任琦。大兴监生。乾隆四十二年任。

李恩书。宁夏监生。乾隆四十六年任。入《政绩》。

柴蓁。贵阳举人。乾隆五十三年任。

卢洪科。江西南康举人。乾隆五十六年任。

张揞。宛平举人。乾隆五十九年任。

徐丰。浙江会稽监生。嘉庆十年任。[③]

---

① 吴□□：嘉庆《志》、咸丰《志》作"吴遵锁"，且无"贪酷虐民"四字。按，《志要》因其劣迹，刻意删除吴氏名字，"四十八年"即康熙四十八年。另，江南：嘉庆《志》作"江西"。

② 入：底本、尊经阁本原脱，据文例补。

③ 嘉庆《志》"徐丰"条在《续载职官》中，作"字约之，号苣东，浙江会稽监生。由绥定经历，以军功，嘉庆十年升任邑事"；咸丰《志》在《补续任署知县》中有此条，记载与《志要》略同。

顾文曜。浙江海盐举人。嘉庆十四年任。[①]

弓翊清。河南郑州进士。嘉庆二十一年任。

张元澧。安徽桐城监生。道光六年任。

署县事

按：署，古所谓权也，铨补新旧之间。及本任奉调他往，则有署例，必以资正任，奉命而来署，亦由大府咨奏至也。久暂无常，向《志》得以附录。若代理代办，由正任权时，因故请代，更不计资，非有异迹不著，此郡邑志通例也。顷阅资内职官题名，每以代理等名一体参列，殊非郑重名器之道，兹悉与裁正。至丞尉、学博，向不录署，续《志》亦破格刊入，并裁以归画一焉。[②]

倪中书。桐城副贡。教习。雍正六年署。

刘伟表。襄城廪生。举孝廉方正。雍正六年。

初元方。山东进士。

田世佀。交城举人。乾隆三十二年[③]。

孙矿。试用州判。乾隆元年署。[④]

曾曰瑞。江西监生。乾隆十四年。

张凤翥。上虞进士。乾隆十四年[⑤]。

王承羲。番禺拔贡。乾隆廿一年。侵冒伏典。[⑥]

陆鸿绣。青蒲举人。乾隆三十二年。

---

① 嘉庆《志》在《职官志》末新增中有"顾文曜"两条，一条作"浙江海盐县人。举人。嘉庆十四年任，十五年六月调闰差"，另一条作"嘉庆十五年九月回任"；咸丰《志》在《补续任署知县》中有此条，记载与《志要》略同。另，咸丰《志》有下文"弓翊清""张元澧"二条，嘉庆《志》无。

② 嘉庆《志》、咸丰《志》无此段文字。

③ 三十二年：嘉庆《志》、咸丰《志》作"三十一年"。

④ 嘉庆《志》无"孙矿"条，咸丰《志》在《补续任署知县》中有此条。

⑤ 十四年：嘉庆《志》、咸丰《志》作"二十四年署"。

⑥ 羲：嘉庆《志》、咸丰《志》作"爔"，且无"侵冒伏典"四字。按，侵冒指非法占有公物或他人之物。"侵冒伏典"当指后文《外纪》中王承羲"调粮台，以侵帑冒丁问决"一事。

孙豫。上虞供事。乾隆三十二年。

周助澜。仁和举人。乾隆三十三年。

李荐高。①

衷以薰②。江西进士。乾隆三十八年。

原敬德。榆次举人。乾隆三十八年。

吴希灏。临榆举人。乾隆四十一年。

袁文焕。江西人③。

张宗文。山西举人。乾隆四十四年。入《政绩》④。

魏之琳。江夏优贡。乾隆四十五年。

潘邦和。仁和附监⑤。乾隆四十八年。

洪成龙。江西监生。乾隆五十二年。

丁映奎。开泰进士。乾隆五十二年。入《政绩》。⑥

唐映墀。兰溪举人⑦。乾隆五十五年。

王廷瑞。汉军举人。乾隆五十八年。

范源沛。浙江拔贡。乾隆五十九年。

庄承簪。江南人。

湛梦蛟。广东增城人。嘉庆二年。

杨如桂。甘肃举人⑧。嘉庆三年。

许源。湘潭举人。嘉庆四年。入《政绩》⑨。

---

① 嘉庆《志》无"李荐高"条，咸丰《志》在《补续任署知县》中有此条。

② 薰：嘉庆《志》、咸丰《志》作"勋"。

③ 嘉庆《志》、咸丰《志》无"江西人"三字。

④ 入政绩：嘉庆《志》、咸丰《志》作"入《名宦》"。

⑤ 仁和：嘉庆《志》、咸丰《志》作"浙江仁和"。

⑥ 开泰：嘉庆《志》、咸丰《志》作"贵州开泰"。入政绩：二《志》作"入《名宦》"。

⑦ 兰溪：嘉庆《志》、咸丰《志》作"浙江兰溪"。

⑧ 甘肃：嘉庆《志》、咸丰《志》作"甘肃秦州"。

⑨ 入政绩：咸丰《志》作"入《名宦》"，嘉庆《志》无此三字。

德勋。镶红旗官学生[①]。嘉庆五年。

沈远标。桐柏举人。嘉庆六年。

张轩。建德附贡。嘉庆七年。[②]

董增持。赣榆举人。嘉庆九年。入《政绩》。[③]

翟璟。泾县举人。嘉庆十三年。

黎宪。东莞举人。嘉庆十四年。

潘相。桐城副榜。嘉庆十五年。

蔡天藻。宁朔拔贡。嘉庆二十年。[④]

叶树东。钱塘举人。嘉庆二十四年。

宋廷桢。花县进士。道光二年署。贪虐任性[⑤]。

杨上容。宁远进士。道光四年。入《政绩》[⑥]。

周树棠。长沙进士。道光五年。

曹坚。新建监生。道光十年。[⑦]

右署篆诸人，除张宗文诸公入《政绩》外，其潘邦和、蔡天藻、叶树东、曹坚，均能爱民束下，平易近情，士民至今犹怀乐只云。[⑧]

论曰：《大学》有云：“民之所好，好之；民之所恶，恶之，此谓民之父母。”夫小民犹赤子也，好饱暖而不能饱暖，恶饥寒而不免饥寒，势必赖于父母。民之仰牧令亦犹是也，田畴学校，盗贼强

---

① 镶红旗官学生：嘉庆《志》作“蒲州人，以知州”，咸丰《志》作“蒲州镇红旗官学生”。

② 嘉庆《志》“张轩”条作“安徽建德附监生。嘉庆七年，以候补通判署邑事”，咸丰《志》作“安徽建德附贡。嘉庆七年署”。

③ 增：底本、尊经阁本原作“曾”，据后文《宦迹》及嘉庆《志》、咸丰《志》改。另，赣榆：嘉庆《志》作“江苏海州”；入政绩：咸丰《志》作“入《名宦》”。

④ 嘉庆《志》无“蔡天藻”至“曹坚”等条，咸丰《志》在《补续任署知县》中有此六条。

⑤ 咸丰《志》无“贪虐任性”四字。

⑥ 入政绩：咸丰《志》作“入《名宦》”。

⑦ 咸丰《志》“曹坚”条作“江西新建县人。道光八年署”。

⑧ 嘉庆《志》、咸丰《志》无此段文字。

豪,不有君子,其何能毅! 前《志》云:"贤人君子,筮仕中川,父老子弟,望之如慈父母矣。其能重士恤民,兴利除害,不愧古循良者,备祀诸名宦,复纪其治迹于编,以报厥德。而《志》勿喧其他,岁月云遥,政行莫考,又或长才屈于短日,或骥足不屑百里,亦仅列名《职官》。"① 兹之纂要,犹前《志》也,唯薰莸异臭,德怨攸分。其有饕餮穷奇,绾符内水,恃君门之万里,任喜怒于一心,虐我士民,视同草芥,子实生我,不谓胶我以生也。如斯人者,彼其祖父未必愿有此子孙,即其子孙亦未必敢阿此祖父,自绝结怨,贻秽杀青。康对山之志武功也,显予贬摘;王卢氏之志巴县也,悉与汰裁。兹就其甚者,存姓削名,略注其故,无使滥为民父母焉。所谓不加褒贬,谁复知笔墨森严,略施劝惩,无还有心肝戒慎也。后之览是《志》者,将有谅于刍言。

丞薄

宋

陈咸。有传。

李宪熙。有传。

蔡逸。有传。②

明

石仲辉。蒲圻人。

张叔度。

---

① "前《志》云"至"列名《职官》":见于嘉庆《志》卷三十七《政绩志》小引和咸丰《志》卷二《名宦》小引,二《志》作"贤人君子,筮仕中川,父老子弟,望之如慈父母矣。凡能重士恤民,兴利除害,不愧古循良者,备祀诸名宦,用报厥德,复纪其治迹于乘,以昭久远。故自唐宋迄今,称遗爱者若而人焉。其他日月云遥,政行莫考,又或长才屈于短日(按:日:咸丰《志》作'用'),骥足不屑百里,亦仅列名《职官》,以征信于邑人士焉"。二《志》无其他文字。

② 嘉庆《志》、咸丰《志》"蔡逸"条后另起行有"县丞"二字。

李琏。云南人。①

门克义。泾阳人。②

华约。③

吴彦洪。江西人。

谭志高。湖广人。

潘奎。京山人。

邢俊。汤阴人。

宋溥。陕西人。

宋宏。陕西人。

张俊。洛阳人。

刘洪。石首人。

郑恪。陕西人。

苏铉。平江人。

李兴。湘潭人。

高厚。延长人。

吕达。陕西人。

方以祥。程番府人。

米世荣。

郭廷甫。

戚任。

屈俨。

张世翀。

高拱宸。

苏忞。

戚廷诏。

---

① 嘉庆《志》、咸丰《志》"云南人"后有"缺后裁"三字。
② 嘉庆《志》无"门克义"条。
③ 嘉庆《志》、咸丰《志》"华约"条前有"主簿"二字。

胡鼎。

陈萃善。溧阳人。

陶守度。南城人。

孙越。京山人。

易万言。湖广人。

翁绍恩。福建人。

王瑞甫。湖州人。

翟思道。浙江人。

董簧卿。山东人。

朱家玉。金华人。

张学礼。浙江人。

杨正芳。浙江人。

张耀。山西人。

侯士杰。山东人。

董楚城。山东人。

余永迪。

胡良贵。

学长

宋

郭明道。有传。

教谕训导①

明

张惠。有传。

黄达。江西人。

---

① 教谕训导：嘉庆《志》、咸丰《志》作"教谕"。

章昱。_{湖广人。}

本道立。_{广西人。}①

范恭。_{湖广人。}

王铉。_{石首人。}

廖日监。_{培州人。}②

陈福。_{华容人。}

萧翰。_{安福人。}

刘显。_{有传。}

欧澄。_{有传。}

徐川。_{太和人。}

白璧。_{有传。}

刘昱。

蒋贵。_{交趾人。}

赵翰。

胡科。_{普定人。}

张源。

叶璁。

陈进修。_{富顺人。}

杨绍轲。

张迪。_{岁贡。}

胡万方。_{咸宁人。}

萧录。_{有传。}

赵宇。_{宣尉司人。}

叶蓁。_{岁贡。}

呙文美。_{公安人。}

————————————

① 嘉庆《志》、咸丰《志》"本道立"条作"木道立。广西贵县人"。按,《〔光绪〕
资州直隶州志》卷十一亦作"木道立"。

② 嘉庆《志》、咸丰《志》"廖日监"条作"吉水人,本县籍"。

倪金。永昌人。

赵淳。陕西人。

杜克仁。云南人。

严思恭。云南人。

陈三省。富顺人。

花向春。南充人。

李梦阳。富顺人。

邱复恒。永定人。

卢应铨。大昌人。

杨维栋。富顺人。

李梁。垫江人。

李友葵。富顺人。

曾遇。富顺人。

俞登庸。合淝人。

罗世彦。巴县人。

洪阙。长沙人。

胡世彦。荣县人。

刘远猷。巴县人。

马元翰。钱塘人。

姚思孝。遂宁人。

以上教谕。[①]

胡文海。湖广人。[②]

阴谦。邑明经。[③]

毛羽。湖广人。

---

① 嘉庆《志》、咸丰《志》无"以上教谕"四字，且二《志》"姚思孝"条后接国朝"童登第"至"左鉴"条。

② 嘉庆《志》、咸丰《志》"胡文海"条前有"训导"二字。

③ 嘉庆《志》、咸丰《志》"邑明经"后有"荐授"二字。

宋粹。江西人。

朱铭。湖广人。

严砺。陕西人。

赵浚。陕西人。

薛济。蕲水人。

张彝。华亭人。

沈镛。宝鸡人。

潘洪。太和人。

陈宁。太和人。

毛伦。桃源人。

周昇。长沙人。

双缙。监利人。

张恩。凤翔人。

李绶。贵州人。

曾宽。顺德人。

李春。嘉渔人。

窦尚宾。

朱苪。

郑坤。

姚震。

赵宏。辰州人。

刘武。

许资。

陆汉。楚雄人。

赵钦。

王尚忠。

高云鹗。临安人。

李宗皋。曲靖人。

孟夏。崇信人。

吴训。

陈大本。湖广人。

迟孟贤。赤水卫人。

丁仪。赤水卫人。

赵文举。崇信。有传。

锺贤。

郭曰珍。沔县人。

王道通。贵州人。

杨时雍。陕西人。

赵坤。南充人。

傅成人。洪雅人。

张志夔。新化人。

李继恩。犍为人。

张文会。会川人。

罗家印。嘉定人。

刘廷麒。乐至人。

任缵。盐亭人。

郑廷儒。南川人。

王廷符。邛州人。

宋子恭。营经人。

严三畏。西充人。

曾士洪。巴县人。

李树声。大足人。

田得雨。芦山人。

母年。纳溪人。

龚承高。定远人。

梁遇。高县人。

卢瀛皋。隆昌人。

王宸极。涪州人。

刘养醇。洪雅人。

牟大可。广安州人。

李罗英。承天人。

石之鼎。南昌人。

张钦。

以上训导。^①

国朝^②

童登第。

杨芳春。江油举人。

张晌。富顺恩贡。

王寅佐。华阳副贡。

陈宝鼎。汉州拔贡。^③

徐宗杰。

陈其玉。营山拔贡。

范光天。开县拔贡。

唐有训。岳池拔贡。

朱胜敬。永宁举人。

李继白。成都恩贡。

傅谨身。成都拔贡。

左鉴。新都副贡。

---

① 嘉庆《志》、咸丰《志》无"以上训导"四字。

② 国朝：底本、尊经阁本原作"国朝教谕训导"，因前文"明"前有"教谕训导"四字，故删去。

③ 嘉庆《志》"陈宝鼎"条作"汉州人。拔贡。乾隆三十九年署"。

冯理。汉州副贡。[①]

罗文黻。乐山副贡。[②]

罗家修。巫山副贡。[③]

李懋寅。犍为举人。

曾怀玉。灌县拔贡。

周生文。

姜开。资县岁贡。

杜震生。嘉定岁贡。

郎与立。酆都岁贡。

王玠。

刘灿。

陈宾筵。綦江岁贡。

陈正。苍溪岁贡。

易缵濂。[④]

晏思聪。

范文祚。定远岁贡。

鲜学旦。营山岁贡。

陈济。金堂岁贡。

吴懋敬。荣县岁贡[⑤]。

田鸿翔。富顺岁贡。

---

① 嘉庆《志》"冯理"条在《续载职官》中,作"汉州副贡。嘉庆十年任";咸丰《志》在《教谕》补中有此条,作"汉州副榜"。

② 嘉庆《志》"罗文黻"条在《职官志》末新增中,作"乐山县人。副榜。嘉庆十二年任"。

③ 嘉庆《志》无"罗家修"及下"李懋寅""曾怀玉"等条,咸丰《志》在《教谕》补中有此三条。

④ 嘉庆《志》、咸丰《志》"易缵濂"条在下"郎汝瑛"条后,且作"乾隆甲午任,升学正"。

⑤ 荣县:嘉庆《志》作"营县"。

郎汝瑛。南溪举人。

卫嘉猷。剑州优贡。[①]

许汝成。乐山举人。[②]

杨蔚起。渠县举人。

典史

明

王崇。江西人。

瞿荣。湖广人。

叶文胜。江西人。

谷太。福建人。[③]

王得。陕西人。

晋英。陕西人。

王怡常。江西人。

王镛。直隶人。

雷声。蓝山人。

简阆。陕西人。

欧阳玑。湖广人。

周瓒。湖广人。

张宽。湖广人。

朱瑞。陕西人。

王祺[④]。扬州人。

---

① 嘉庆《志》"卫嘉猷"条作"剑州人。优贡。嘉庆十二年任"。

② 嘉庆《志》无"许汝成"及下"杨蔚起"条,咸丰《志》在《训导》补中有此二条。

③ 嘉庆《志》无"谷太"条。

④ 祺:嘉庆《志》、咸丰《志》作"骐"。按,《〔光绪〕资州直隶州志》卷十一亦作"王骐"。

张志礼。湖广人。

沈宗哲。汉阳人。

曹仁。

雷浩。

臧琥。

朱奎。

徐文礼。

惠仓。

庞臣。

邹驸。

黎孔怀。

王轲。

杨澜。云南人。

赵云鹏。浪穹人。

周凤。

杨大材。

谈廷弼。

孟春。

张希伯。黄冈人。①

管可成。湖广人。

杨应凤。山阳人。

郭大成。桂阳州人。

陈文炜。蒲田人。

杨东华。有传。

陈世燧。浙江人。

龙廷凤。巴陵人。

---

① 嘉庆《志》、咸丰《志》"黄冈人"后有"以能升"三字。

李由行。六安人。

吴一澄。歙县。有传。

唐继尧。湖广人。

吴有德。福建人。

王祖宪。福建人。

商承武。浙江人。

国朝

戴世勋。大兴吏员。

王槶通。浙江供事。

杨瑾。天津吏员。

陆焜。吴县人。

沈昭诚。秀水人。

李廷实。江西人。

吴孝本。吴县人。

周楷年。汉军。

薛濂。通州附监。[①]

徐锦。大兴人，署。[②]

吴凤。南陵附贡。[③]

潘赞梧。广东人。[④]

陈普。青阳人。[⑤]

黄堃。大兴人。[⑥]

巢鸣皋。甘肃人。

---

① 嘉庆《志》"薛濂"条作"直隶通州人。附监生。嘉庆五年署"。

② 嘉庆《志》"徐锦"条作"顺天府大兴县人。监生。嘉庆十三年署"。

③ 嘉庆《志》"吴凤"条作"安徽南陵县人。附贡生。嘉庆十五年署"。

④ 嘉庆《志》"潘赞梧"条作"广东监生。嘉庆九年任"。

⑤ 嘉庆《志》"陈普"条作"安徽青阳县人。议叙。嘉庆十六年任"。

⑥ 嘉庆《志》无"黄堃"及下"巢鸣皋"条，咸丰《志》在《典史》补中有此二条。

按：县尹实授者，《通志》递载，学、尉向无题名，远者多佚。暂署不胜枚及，今录可据如左。①

驻防②

查驻防，经制把总，前《志》不载，今就续《志》所录近年姓氏志于编。③

张元勋。成都县人。④

郑启贵。成都人。⑤

马登榜。松潘人。⑥

罗茂林。双流人。⑦

瞿金鳌。郫县人。⑧

周林。成都人。⑨

臧青云。崇庆州人。⑩

王相明。成都人。⑪

刘文志。双流人。⑫

周廷辅。

丁朝新。

游洪瑞。

刘珍连。雷波人。

---

① 嘉庆《志》无此段文字。
② 驻防：嘉庆《志》作"把总"，咸丰《志》作"经制把总"。
③ 嘉庆《志》无此段文字。
④ 嘉庆《志》"张元勋"条作"成都县人。行伍，乾隆□十"，文字有脱漏。
⑤ 嘉庆《志》"郑启贵"条作"成都县人。行伍，乾隆五十四年任"。
⑥ 嘉庆《志》"马登榜"条作"松潘厅人。行伍，乾隆五十七年任"。
⑦ 嘉庆《志》"罗茂林"条作"成都县人。行伍，乾隆六十年署"。
⑧ 嘉庆《志》"瞿金鳌"条作"郫县人。行伍，嘉庆八年任"。
⑨ 嘉庆《志》"周林"条作"成都县人。行伍，嘉庆九年任"。
⑩ 嘉庆《志》"臧青云"条作"崇庆州人。行伍，嘉庆十四年署"。
⑪ 嘉庆《志》"王相明"条作"成都县人。行伍，嘉庆十六年任"。
⑫ 嘉庆《志》无"刘文志"至"陈玉春"等条；咸丰《志》有此八条，且"刘绍基"条后有"戴应魁"条。

〔道光〕内江县志要

刘绍基。成都人。

干廷戈。成都人。

陈玉春。成都人。

续增职官

此次正、署递载，以便披览，仍注明履历。

张元澧。本任由署太和厅回县，旋遵例赴都。

白□□。承德人。道光十四年署。^①

华日来。云南举人。道光十六年署。入《宦迹》。

陈其铭。广东举人。道光十七年署。有能声。

吴□□^②。乌程人。道光十七年任。

吴辉。江西举人。道光二十年，由井研代理。入《宦迹》。

德克谨。旗生。道光二十一年，由青神来署。

施景修。福建举人。道光二十二年任。

毛俊章。沔县举人。道光二十三年署。士民感戴，现为建坊，并修乐只、清官两亭以颂。

学汛
载原集。^③

典史
沈翔。绍兴监生。^④

---

① 按：据卷四《外纪》及咸丰《志》，此条当为白友穆，《志要》因其劣迹，刻意删去其名。另，咸丰《志》在《补续任署知县》中有"白友穆"至"毛俊章"等八条，嘉庆《志》无。
② 吴□□：底本、尊经阁本原缺，咸丰《志》作"吴勤邦"。按，据后文《续增宦迹·吴辉》中"一反乌程虐政"可知，《志要》刻意删去其名。
③ 按：此处疑有脱文。学汛：疑为"儒学汛防"的简称。
④ 咸丰《志》在《典史》补中有"沈翔"条，作"浙江人"。

宦迹①

唐

韦维。字文纪。由进士授武功主簿。徙本县令，教民耕桑，刻有颂德碑。迁户部郎中。

宋

邓棐。绍兴初任。首修庠序，次讲兵农，利兴弊革，上下悦之。

冉虚中。乾道间任。莅政来，仿先任李公景善政，次第举行，邑民兼诵之。

仲大年。淳熙间任邑令。自谓："政教之施如五谷然，种之必生，食之必饱。若专用刑罚，非善政也。"故治尚宽平，民受其惠。

李正炎。嘉定时令。竖雁塔以列科第，循阡陌以课农桑，其他善政多类此。

郭明道。任学长事。不畏权势，教民首重农桑。有《留靴记》。

陈咸。进士。淳熙间以御史调县尉。发奸均徭，出粟赈旱，修学政，积兵储，以遏金寇之攻。召为少卿。谥"勤节"。

李宪熺。与邑令李正炎同时，任县主簿，协心致治，民并德之。

蔡逸。任邑尉。捐俸以助寒生，均赋以苏民困。

明

傅元亨。江西清江县人。由监生，洪武中任邑令。性古朴，当邑草昧，开创居多。历任七年，卒于官，远不能归，葬于邑南门内。子侨守墓，后治商邛雅，不返。遗祠屋三间，尽为榛莽。嘉靖间，士民白于侍御冯，为立石葺守之。

湛礼。浙江钱塘人。永乐初举进士，令内江。性廉介，政宽平。任满，命左右视装，惟服饰一二。擢大理评事，升韶州知府。蜀人比之赵清献云。见通、

① 按：嘉庆《志》对应内容为卷三十七《政绩志》，咸丰《志》为卷二《名宦》。

省《志》。

徐寄①。江西玉山人。貌奇而邃于学，政事练达，刑罚适中，有古循吏风。刻县箴，载《艺文》。

张泳。山西稷山人。子惠困穷，芟锄强暴，修学校，作浮梁，均徭赋，士民永思之。

杨仲伦。云南太和人。成化进士。持身勤慎，莅政简明。旋以忧去，民未终蒙其惠。

陈经。湖广临武人。由进士任。以文学饰吏事，以信义结民心，修桥梁，宽抚字。课最，入为御史，寻升金事。

陈铨。湖广永州卫人。由进士任。值岁饥，验口给粟，平价粜粮，捐俸易米给粥，全活甚多。又廉知，邑盗与安岳诸寇啸聚，移文邻邑，各擒渠魁。且选富民，召行童，输银以给婚丧之未举者，一邑始安。后征为御史，升本省副史。

刘廷策。江西安福人。由进士任内邑。纪法严明，老吏寒心，巨室敛手，诘顽禁奸，修废举坠。升南京吏部主事。

胡奎。直隶太和卫籍，湖广武陵举人。政崇三事，守畏四知。莅任三年，爱民如一日。

潘棠。湖广辰州人。由进士，以给谏迁县令②。学醇履洁，才敏识练，尝赋诗云："濂溪窗外无穷意，散作中川处处红。"其旷达如此。擢云南金事。

李允简。广西融县举人。嘉靖年间任。廉勤律己，节爱惠人，正学校，劝农桑，平徭赋，清狱讼③。岁旱诚祷，大雨随至，民以青天呼之。升思州知府，会征诸苗，委纪功督饷④。适诸苗入城掠劫，允简正色骂詈。偶坠岩死⑤，诏赠副使。荫一子，祠祀之。

李和芳。湖广公安人。由进士，嘉靖己亥任。性清介，取与不苟，诚心爱

① 徐寄：嘉庆《志》、咸丰《志》作"徐寄江"，前文《知县》中作"徐寄"，当以《志要》为准。
② 迁：嘉庆《志》作"选"。
③ 狱讼：嘉庆《志》作"讼狱"。
④ 委纪功督饷：嘉庆《志》脱"饷"字。
⑤ 偶：底本、尊经阁本原讹作"隅"，据嘉庆《志》、咸丰《志》改。

民，簿书讼牒，亲自裁决。当途署其考曰："守身如女，爱国如家。"父老竞诵之。

胡川楫。歙县人。由进士，嘉靖壬寅任。博学娴文，诗亦豪宕。省刑薄敛，簿书期会，毫无废事。处缙绅学校，翕然各得。历任郎中。

王用康。山东汶上人。由进士，嘉靖辛亥任。性行温良，仪度魁伟，外谦恭而朗鉴，不尚钩棘，节省镇静，与民相安。后拜御史，升通议。

李佩。汉中南郑人。由进士莅任。止携二苍头来署视事，粝蔬自计①，一丝一粒不取于市。后丁内艰，徒步长安，行李萧然。起补户部主事。

张应登。陕西咸阳人。由进士。初谒选，已抱沉疴，到任犹力勤视事。冲襟雅度，约己裕民，禁敲朴，去烦苛。不忧己疾不治，惟虑民瘼未瘳。合邑祀祷，愿永厥寿。竟莅邑六十日而卒，父老遮哭，曰："天何夺民，司命如此！"

沈伯龙。嘉兴人。由进士莅任。量足有容，才能济事，征输供亿，视旧加省，修城垣，建黉舍，百废俱兴。后征入礼垣，以蹇谔著。

王同道。楚黄冈人。进士，由御史左迁。善诇伺以得物情，击断无讳，调停里甲，训迪人才，酝藉风流。诗文咸有逸气。升南京户部主事。

陈谏。陕西华阴人。由进士。厚重亮直，小心谦畏，外若长者，中实朗鉴，老吏不敢欺也。礼贤勤民，众寡大小皆无敢慢。升户部主事。

史旌贤。云南人。由进士任。敏练端严，遇士大夫有礼，而明察不遗巨细。表章胜迹，兴起人文，士民思之，建祠以祀。

李用中。陕西朝邑人。由进士任。性鲠直，尚廉介，平输纳，能折狱，赎锾勿问也。岁饥，发仓劝贷，全活甚众。性至孝，凡母有所遗，必焚香向西拜而后食。居官清谨，皆母之教也。仕淮徐大参，卒于家，俸不足以营葬，邑人闻而哀思之。

杨应登。云南阿迷人。由进士任。性和易，御士民有恺悌风。征播之役，运饷独先。岁饥，捐俸赈恤，全活甚众。邑南椑木镇苦渡，捐俸置桥，仍市田亩以备修缉②。时有伪冒都司，驰传各邑，诈取库金，多中其奸者，至邑盘诘，立擒，当路异之。擢主事，历升广西按察司副使。

---

① 计：嘉庆《志》作"甘"。
② 缉：嘉庆《志》作"葺"。

胡承诏。字君麻,湖广景陵人。以甲辰会魁,初知夹江。因治最,调繁内江。性刚严,不畏强御,不喜趋承。岁旱,步祷毕,霖雨大注。会课诸生,自批阅,面讲受,其教者皆次第发科。与士大夫往来如礼即法,不曲贷。在任三年如一日,公正平大,邑人神明戴之。详见生祠《碑记》。

郭方。楚荆门州人。由岁贡任资阳令。内江偶缺县正,时大造孔亟,方承委审办。令出风行,条分缕析,不越月报竣,与民秋毫无染,司府嘉劳之。

李端。枣阳人。由进士任御史,谪经历。弘治三年,委署县事。标持廉白,政体疏通。将报代储以事,勾摄者互相蔽匿,端廉得其奸,剖决殆尽。寻升知富顺县,移守太仓。

刘逊。江西安福人。由进士为御史。以忤中贵,调澧州,再谪都事。弘治中,委署邑事。案无留牍,狱鲜系囚。半岁,得代去,百姓攀留泣下。升顺庆府同知。

任璜。陕西临潼县人。由进士任本府推官。丙午,署邑事。会饥,道殣相望,璜发粟平籴,扶伤掩骼,诘盗除奸,人民更生。政简刑清,征礼科给事中。

束载。贵州人。本府通判,署县事。才思疏通,操守清谨,事无巨细,剸裁悉当,士民戴之。

陈应凤。贵州人。顺庆府通判,署县。恬静精明,遇事迎刃,清约自奉,应接以礼,担当政事,屹立如山,士民爱戴。代去时,扳辕遮道。有《脱靴记》。

沈正隆。沔阳人。万历二十二年任。风格磊落,政令严明,堂下事立判成案,老吏畏之。升御史。[1]

雷应乾。湖广江陵人。崇祯二年任。剔除俗弊,纂修邑乘,中川文献赖以不陨,邑荐绅至今日祝之[2]。此传考增。

朱国寿。大兴人。由进士,崇祯中任。建谯楼,培县治风水,丙子乡科隽十一人,一时称文盛公[3]。

缪沆。字湘芷,[4]浙江钱塘人。由进士,崇祯中任。廿龄筮仕,才名振一

---

① 嘉庆《志》、咸丰《志》"沈正隆"至"马德"条在补载名宦中。

② 日:嘉庆《志》作"尸"。

③ 公:嘉庆《志》、咸丰《志》作"云"。

④ 缪:嘉庆《志》、咸丰《志》作"滲"。芷:嘉庆《志》作"沚"。

时，廉静严明，豪滑敛慑。庚辰冬，流贼奔泸，过邑郑子坝塘马，隔江窥城，守御甚备，[①]且发守城蔺兵，截至东瓜岩，杀渠首曹四，贼不敢近。督师杨大加奖异，秩满，行取工垣。

吴山。麻城人。文章典雅，政尚宽和。

谢熙。临海人[②]。由荐举，创修城垣。

李兴。湘潭人。任主簿。廉以律己，恕以待人，卒于官，士民哀之。

瞿汝琏。襄城人。资县令。署邑事未两月，有治声。

吴时懋。吉安人。由乌蒙府判署篆。有才有守，未久去，人常思之。

马德。号本玄，乾州人。署邑多惠政，见生祠《记》。

张惠。安陆人。由举人任学教谕。讲学以授诸生，捐俸以修祭器，见御史张叔安《记》。

刘显。云南杨林所人。介节有量，大振学规，士有古苏湖风。

白璧。江西进贤人。任教谕。勤讲课，慎祀典，教人一遵文公家礼。历任八年，擢马湖府教授。

欧澄。湖广永兴县人。任训导，复升本学教谕。严于考课讲学，时一榜登甲第者七人，作成之功居多，人比之如胡安定、许白云焉。

赵文举。陕西崇信人。任教谕。古貌古心，常却赀，赈寒微。历任七年，循循雅饬，无一妄语。去之日，缙绅郊送，车马蔽江浒焉。

花向春。南充人。质朴端重，学问宏博，每接谈如探渊海，盖由为任少海同志友也。任六载，却赀仪，乞休归祖，饯于途者络绎不绝，追思者以为有古君子之风。

李梁。垫江人。浑朴端方，年四十始荐贤书，矢志春官，不少辍举子业。常结交孝廉为社会，以是人益务于学。且性淡素，不屑屑于束修，人益重之。随

---

① 按:《〔光绪〕资州直隶州志》卷十二"缪沅"条亦有相似记载，但无"塘马"二字；《〔民国〕内江县志》卷二载:"崇祯十三年庚辰，流贼张献忠奔泸州，过内江郑子坝，隔江窥城，县令缪沅防御甚谨。"也无"塘马"二字，且知庚辰为崇祯十三年，流贼为张献忠。

② 临海:底本、尊经阁本原作"海临"，但前文《知县》所载及后文涉谢熙处均作"临海"，据之改。

转滕县尹,卒于官。

　　杨东华。云南人。万历中为县尉。刚正不阿,廉洁自苦。每事视正堂,出入以为启闭,绝不私准一辞,人有嘲之者,曰:"吾尽吾心而已,品格岂足论哉!"去后,民常思之。邑宦游滇者,闻其子食庠饩,叹为善报云。

　　陈进修。富顺人。忠厚明达^①,优于文学。

　　赵绅。南充人。雅好诗文,矜恤寒士,曾却节馈。^②

　　胡万方。咸宁人。有造士功。

　　杜克仁。云南人。简饬有体。

　　罗嘉印。嘉定人。苦学清修,任未久,卒。^③

　　任缵。盐亭人。真诚恺悌,子登科。

　　李树声。大足人。持己范士^④,多得大体。

　　母年。纳溪人。温文平易,士敬而悦之。

　　俱明学博。^⑤

　　论曰:先辈治《谱》云:"承平之世,田畴农自知耕,诗书士自知读,司牧者只须时使薄敛课试,公明足已。民所亟亟赖于上者,盗贼争讼,胥役奸豪之害。倘能严于缉捕,勤于讯判,俾讼师衙蠹屏迹敛手,斯卓然称民父母矣。"惟民情易见,遭际殊途。历观史鉴,或上许循良,而间阎疾首蹙额,誉言日至,齐王所以受左右之蒙;或下奉神明,而朝廷刮垢索瘢,抚字心劳,阳城所以书下考也。士君子读圣贤书,为天下吏,亦在自尽此心而已。《志》载自唐韦维以讫明末诸君子,仁心德政,辉映后先。一线残编,流延于吴江万里,抄遗展转,经百数十余年,而姓氏治行始以叠著,毋亦仁声善教,入人之深,故载

---

① 忠厚明达:嘉庆《志》"达"字前衍"德"字。

② 赵绅:按,前文《教谕训导》中有"赵坤",亦为南充人,疑为一人。

③ 罗嘉印:按,前文《教谕训导》中有"罗家印",亦为嘉定人,当为一人。

④ 持己范士:嘉庆《志》脱"士"字。

⑤ 俱明学博:嘉庆《志》、咸丰《志》作"以上八人俱明学博"。按,"八人"指"陈进修"至"母年"八人,二《志》此八人俱在补载名宦中。

笔有灵,鬼神呵护也。后之君子,其皆棠阴共舍、附骥而彰者与![1]

国朝

习全史。陕西同官进士。顺治十八年任邑令。时久乱初宁,极力抚绥,招复流亡,重修文庙、城楼及各祠庙。历任七年,士民乐业。以丁艰去,邑人拥泣焉。《一统志》列《名宦》。[2]

徐嘉霖。直隶监生。康熙二十三年任邑令。时重遭吴逆之乱,诸建置俱废,嘉霖勤于政治,礼士爱民,重修学宫,纂邑乘[3]。七年去任,士民思之。

宋祐。安徽无为州举人。雍正九年任。性廉洁,爱民重士,政简刑清。后升汉阳府知府,至今父老犹追思不置[4]。

张大经。奉天监生。康熙三十年任。时内邑地广民稀,差徭颇重,大经亲省农桑,就问老成,悉民疾苦,至今士民称遗爱焉。

周然。字莲舫,顺天进士。学问渊博,气度端严,在任十二年,政简刑清,百废具举,乡里帖然。尤好培植人才,政暇多作诗文以课士,其时所器重者如姜松亭、刘东崖、王阜山,咸以文学显焉。

韩莱曾。字依庭,江南长洲举人。殿元菼之孙[5]。性温和重士,立月课以教诸生,讯问民事如与家人言,尝谓人曰:"凡人临事不可轻怒,怒则血气用事,不复能以义理折衷。"在任九年,修书院,建社仓,案无留牍,邑中称善治焉。以绩迁水利同知,去之日,士民泣送。后升顺庆府知府。

林俊。号西崖,直隶大兴举人。乾隆三十一年补邑令。实心教养,平易近人,如衡平鉴空,士民各遂其隐。调成都尹,遮道送之,遗教谆谆。嗣历升府

---

[1] 嘉庆《志》、咸丰《志》无此段文字。

[2] 嘉庆《志》、咸丰《志》无"邑令"二字,"城楼"后有"谯楼"二字,"士民乐业"后有"报绩上考"四字,无"《一统志》列《名宦》"等字。按,《一统志》指《〔嘉庆〕大清一统志》。

[3] 嘉庆《志》、咸丰《志》"纂邑乘"前有"集诸凤学"四字。

[4] 至今父老犹追思不置:嘉庆《志》作"至今七十余载,父老犹追思不置",咸丰《志》无此句。

[5] 菼:嘉庆《志》作"炎"。

道，旌舆过境，必霁颜询邑父老，咸额庆焉。后升臬藩，遇巨案，多所全活，合省蒙庇。致政归，蜀人常思之。①

许椿。浙江举人。乾隆壬辰任。廉介自矢，政尚宽仁。时大兵进剿金酋，椿奉委粮务，木果木之役与难焉。事闻，荫一子，如其官。现祀慰忠祠。

王超。云南昆明举人。乾隆四十年任。值大兵剿金川，军书旁午，民困差徭，超抚以仁慈，不事追呼。暇常与士论文，娓娓不倦，改旧书院为行台，更建于学宫侧，邑人至今蒙其泽焉。

衷以薰。字雅堂，南昌人。乾隆丁丑进士，四十年署县事。政暇辄谈经艺，县试翌日，即揭覆取童首刘一衡②，旋隽乡试，邑中艾春岩、王六泉先后经其奖励。历升云南知府。归籍成都，寿跻百龄，重赴鹿鸣、琼林宴，膺御赐匾额，士林荣之。③

张宗文。山西举人。乾隆己亥由邻水令署邑事。清廉有望，时值岁荒，加意赈济。折狱如神，莅任甫三月，积案一空。政暇课诸士，亲为指画，士民咸爱戴之。升顺庆知府，卒后题入平定州《乡贤》。④

李恩书。甘肃人。由监生，乾隆辛丑任。勤折狱，严诘盗，乡里有安堵之风。屡集邑中绅耆议修邑《志》并三元塔，以培风化，因岁旱不果，至今士民思之。⑤

丁映奎。贵州进士。乾隆戊申署。邑事清勤，接士有礼，爱民以德，捐膏火，课书院诸生，去后尝思焉。⑥

---

① 后升臬藩遇巨案多所全活合省蒙庇致政归蜀人常思之：嘉庆《志》、咸丰《志》作"至今膺纶眷，升四川布政使司"。

② 刘一衡：底本、尊经阁本原作"刘一珩"，据后文多处记载及《〔嘉庆〕四川通志》《〔光绪〕资州直隶州志》《〔光绪〕叙州府志》等改。

③ 嘉庆《志》、咸丰《志》无"衷以薰"条。

④ 嘉庆《志》、咸丰《志》无"升顺庆知府，卒后题入平定州《乡贤》"等字。

⑤ 屡集邑中绅耆议修邑志并三元塔以培风化：嘉庆《志》作"屡集邑中绅耆议重修三元塔以培风水"。思之：嘉庆《志》作"惜之"。咸丰《志》"李恩书"条作"甘肃人。乾隆辛丑任。勤折狱，严诘盗，屡集绅耆议重修三元塔以培风水，因岁旱不果"。

⑥ 课书院诸生：咸丰《志》作"课汉安书院诸生"，且无"去后尝思焉"五字。

卢洪科。江西举人。乾隆辛亥任。安详有度，接士以礼，听讼以情，民受和平之福。历三年，忧去。子元伟，庚戌进士，由部曹外任巡道。①

张揩。字大绅，宛平举人。乾隆甲寅任。慈祥廉慎，纂修邑《志》，文献用彰。时值川东北贼氛告警，增修城垣，谕制火器，为豫防之策，民怀其泽焉。②

许源。湘潭举人。嘉庆四年署邑。断狱明敏，案牍不留。次年春，贼匪冉添元偷渡嘉陵，焚扰逼近，邑境火光相望，民人奔逃塞路。侯持以静镇，抚恤巡察，卒以敉宁。又详定编户，纳粮规额，公私便之。后补荣县令。③

董增持④。海州举人。嘉庆九年署。勤于听讼，治盗必严，民用安堵。

顾文曜。海盐举人。嘉庆十四年任。学博品方，断狱明决，尤留心治贼，每有缉送到县，无案者不即加刑，谕以限日觅保，届期无保，始行械讯，故治贼严，而民无冤抑。在任六年，诸废毕举，捐置学田，存资以贷节孝之举，善政难于枚数。寻告归，士民赴省道请留，多泣下焉。⑤

蔡天藻。宁朔拔贡。嘉庆乙亥署。俭以养廉，明于折狱，丙子科捐俸，

---

① 嘉庆《志》、咸丰《志》无"卢洪科"条。

② 嘉庆《志》、咸丰《志》"张揩"条作"字大绅，顺天宛平举人。乾隆五十九年任。慈祥廉慎，纂修邑《志》，文献用彰。时当川东北贼氛告警，加修城垣，谕制火器，民永怀之"。

③ 冉添元：按，当作"冉天元"，清代四川白莲教首领之一。嘉庆《志》、咸丰《志》"许源"条作"湖南湘潭举人。嘉庆四年冬署邑事。断狱明决，案牍不留。次年春，贼匪冉天元等逼近邑郊，火光相望，民人逃窜，塞路盈衢。侯抚恤巡察，卒以敉宁。又详定编户，纳粮规额，弊窦不留，公私便之。今以荣县令膺卓荐焉"。

④ 增：嘉庆《志》作"曾"。

⑤ 咸丰《志》"顾文曜"条作"浙江海盐举人。嘉庆十四年任。学博而行方，爱人而重士，断狱明决，绝少株连，奸民觊法者严治不少贷，豪右敛慑，盗贼窜伏。邑中文昌庙、万寿亭、纯阳观、火神庙、大洲堤、三元塔、谯楼诸大役皆次第捐廉倡建，民悉乐输。尝劝举节孝，贫者分俸助之，以故通省举报为内邑最多。善奖掖后进，邑人士以文章请业者，延揽不倦。然性廉介，人不敢干以私。侯无子继室，孺人密嘱姻戚买妾归，侯认为义女，赠奁遣嫁。莅任七年，惟庚午科调帘，一赴省，大宪咸知侯贤，将调繁题升，侯竟决意告降，改教谕归，士民攀辕卧辙，多泣下者。道光三年春，绅耆禀请署令宋廷桢，申详咨部，入名宦祠，宋以六月卸事，遂中止"。嘉庆《志》无"顾文曜"至"杨上容"等五条。

行宾兴礼,泽洽士民。^①

　　弓翙清。号菱溪,郑州进士。嘉庆丙子任。秉心醇厚,局量宽和,在任十年,初终一辙。每与诸生谈经艺,则如师生,公廷听讼,训迪若家人父子,故闻其教者如坐春风,不克讼者深自悔责。承海盐严治之后,莅以和平,人方之"包严欧宽"云。卓异调成都,升眉州知州。^②

　　叶树东。钱塘举人。嘉庆己卯署。公明廉慎,值勘验辄轻骑往返,动不扰民,公余常步至书院,进诸生教之。^③

　　杨上容。宁远进士。道光四年署。勤听讼,严缉捕,筹设城乡义学二十余处,以课贫蒙。公余往往轻舆巡察乡市,有赴诉者,就地讯之。廛无待讼,胥不敢奸,一时有"明镜"之称。补绵竹令,升涪州。^④

　　初元方。莱阳进士。乾隆初任。^⑤

　　潘邦和。仁和附监。乾隆中署。^⑥

　　沈远标。桐柏举人。嘉庆六年署。^⑦

　　徐丰。会稽监生。嘉庆中任。^⑧

────────────

① 嘉庆乙亥:咸丰《志》作"嘉庆二十年"。
② 咸丰《志》"弓翙清"条作"河南郑州进士。嘉庆二十一年任。性存仁厚,政尚宽平,莅任垂十年,始终未尝有所操切。尤爱士,公余进诸生,讲论终日,言笑蔼如,亲炙其教者,如坐春风。寻以卓异调成都县,今擢眉州刺史"。按,"海盐"指顾文曜。
③ 嘉庆己卯:咸丰《志》作"嘉庆二十四年"。
④ 咸丰《志》"杨上容"条作"湖南宁远进士。道光四年署。狱折片言,案无留牍,倡设城市义馆二十余处,蒙养有功"。
⑤ 嘉庆《志》"初元方"条作"山东莱阳进士。乾隆初任。洁己爱民,刚正不阿,四境恬谧,民情永怀。子彭龄昆季接武魏科,现登显仕,望若寰宇,人以为公清德之报",咸丰《志》无"子彭龄"及以后文字,其他与嘉庆《志》同。
⑥ 嘉庆《志》、咸丰《志》无"潘邦和"条。
⑦ 嘉庆《志》、咸丰《志》"沈远标"条作"河南桐柏举人。嘉庆五年署邑事。接士有礼,决狱以情,邑人感之"。
⑧ 嘉庆《志》无"徐丰"条,咸丰《志》作"浙江会稽监生。以军功授绥定府经历,旋升知县,嘉庆十年任。精明有才干,人不敢欺。是岁秋收歉,捐俸为倡,劝邑殷实粮户输米至千石。十一年春,赈济孤贫,每日男妇不下万人,凡两月余,全活甚众。尤体恤寒士,时资助膏火。十二年续修县《志》。后卓异升安徽安陆州刺史"。

周树棠。长沙进士。道光初署。①

曹坚。新建监生。道光十年署。②

初尹，迄今远矣，前《志》称其"刚正不阿，洁己爱民"，父老之传闻允也。潘尹，浙垣名宿，雅好斯文，进邑生童，月加考校，优蒙士类，有足嘉者。沈尹，权事弗久，续《志》谓其"接士有礼，决狱以情"，彬彬乎仪型可想。徐尹，随宦蜀中，人情素悉，以投效叙补来莅，乃能留心邑乘，延访酌增，庶几识其大哉。周尹，春和简默，气度浑沦，载其清净，民以宁一。曹尹，翩翩贵介，折节好文，不刚不柔，允恺弟之。良乎，诸君子！远近异时，虽无奇能卓迹，骎骎前贤，要其遗徽有不没者，故括其梗概，以俟后之君子。右评《志》前六人。

以上县令。

易缵濂。乾隆二十五年，由九姓司岁贡，任邑训导。品学兼优，实心爱士。后升学正。③

陈其玉。营山人。由拔贡，乾隆己亥任邑教谕。性温和有度，课士以大义，言不及利。有塾师因束修怒其徒，质于署，其玉婉谕之曰："徒不受教，弃之足矣。如以利言，则非吾辈所宜也。"士闻而德之。

陈济。新都人。解元于鉴子。乾隆五十四年，由岁贡任邑训导。性宽平实，一介不苟，日以课艺自娱。时值制钱改铸，有一生甫入庠，持千钱为贽，济语之曰："此钱得来不易，尔寒士，何堪负累也。"却不受。

郎汝瑛。南溪举人。嘉庆三年任邑司训。赋性忠厚，人不忍欺，制艺擅长，从游甚众。十一年卒于任，其子扶柩回籍，邑中执绋者数百人。④

---

① 嘉庆《志》无"周树棠"条，咸丰《志》作"湖南长沙进士。道光五年署。外宽内和，推诚爱物，人以为有黄霸、元德秀风"。
② 嘉庆《志》、咸丰《志》无"曹坚"条。
③ 嘉庆《志》"易缵濂"条作"乾隆中任。实心爱士，品学羽仪。升学正。此名新增"。
④ 南溪举人嘉庆三年任邑司训：咸丰《志》作"南溪人，由举人大挑二等。嘉庆三年借补邑训导"；嘉庆《志》无"郎汝瑛"条。

以上学博。

陆锟。吴县监生。乾隆中任县尉。善笔札,晓吏案,在任前后二十年,与邑孝廉王海恬、广文邓荫堂、谢炯堂诸人文墨友善。中间调办金川军务,耻夤缘,故未叙升。凡事守职分,识大体,以老辞致,仍住内城,寿八十余卒。[①]

徐锦。大兴监生。嘉庆中,由涪州巡检署邑尉。锦本儒士,在获犹坪署,每治筵,召生童会课至邑,交必文人,不谈公事。有县发案件,秉公迅理,不受属托,邑民争赴诉焉。尔雅风流,盖少府中之矫矫者。

陈普。青阳人。以供事选邑尉。为人忠厚小心,俭约守职。大吏知其贤,调升古蔺巡司,又委署华阳贰尹,寻回蔺卒。其子著业永宁。

以上县尉。

郑启贵。成都人。乾隆庚戌署汛事。强干正直,能治贼匪。东关失火,启贵先兵一跃,高刹救灭。后调军营,擢都司,阵亡,膺荫恤焉。

罗茂林。双流人。嘉庆初任。时东北邪匪滋扰,茂林巡查乡镇,点练团勇,不辞劳瘁。庚申之警,尤不避烽火,四出堵防,邑境获宁,允有力焉。

臧青云。崇庆州人。由稿粮任邑汛。为人温雅,遇事敢为,屡拿巨匪,邑人感之。

干廷戈。成都人。道光九年任。精明强干,闻有匪贼,星夜擒拿,民为送匾。志德居常,温文尔雅,不似武人,著绩未可量也。

以上汛防。

续增宦迹

华日来。字东瀛,云南昆明举人。道光十六年署邑事。平易近人,勤于治理,善医药,谙堪舆,士民欣欣相得。初,南关武庙旧系通衢,嘉庆末,主造者

---

① 嘉庆《志》无"陆锟"至"干廷戈"条,咸丰《志》在《宦迹》续增中有此七条。另,前文国朝《典史》有"陆焜",亦为吴县人,疑为一人。

任意改作，高塘连属，横塞南门，仕宦科名顿辍，城内亦雷火叠灾。公亟去之，并疏通道下函洞，邑由是渐盛。又以考棚附万寿亭，诸多乖舛，亟谋另建，以瓜代不及，去后犹以为憾。①

吴辉。字柳溪，江西宜黄举人。道光二十年，由井研奉委代理。去盍爱民，一反乌程虐政②，勘验下乡，肩舆减从，不扰一人，民匾颂曰"若时雨降"。

选举③

进士

按：进士，唐以前无考，阅数《志》，唯范金卿昆弟隽开元中。旧《志》据高峰寺古碑载："唐进士十余人，时阎氏一门最盛。"其原注云："名具高峰寺石洞碑中，世系行迹远不得考，姑存姓氏于篇。"今按所录碑名有阎埴④、阎岛、阎伯晋、阎昼、阎中孚、阎中美、阎子炎、阎懿文、阎南翼、阎穆中、阎允中、阎荣中，伯晋下有李寅、侄柳僧，懿文下有弟仲震、侄李护，南翼下有偕民、南禺兄弟，又清信女赵氏淑璋、男阎兴祖等字，序次多不雅驯，亦未必尽系进士。再考旧《志·丘墓》，内县南石家沟有阎执中、阎元正等十二进士墓，其地亦与高峰寺相近，时代名次未可强定，备载之以俟考。再《丘墓志》华山寺下有宋焦氏七进士墓，《选举》本宋雁塔，并不一见，亦姑存之。又续考治东诸古寺，明廪庠王佐撰碑云："是山旧名古字山，有元至正丙申崖刻进士及第黄震成、进士龙一

---

① 嘉庆《志》无"华日来"及下"吴辉"二条，咸丰《志》在《续增宦迹》中有此二条。

② 乌程：按，代指前任吴勤邦。咸丰《志》无"一反乌程虐政"六字。

③ 按：嘉庆《志》对应内容为卷三十五《选举志》，咸丰《志》为卷三《选举》。

④ 埴：嘉庆《志》、咸丰《志》作"填"。

元、黄秉仁,科甲年代未载。"又有《宋御史黄伯琏墓志》,补入《宦达》。①

唐

开元四年②

范崇凯。状元。有传。

范元凯。十一名。

宋

元丰五年壬戌

何如石。宋雁塔名始此,道光壬辰改刻,始加唐二范于前。③

崇宁五年丙戌

郭信老。

大观元年丁亥_{上舍释褐}。

何懿。《通志》作"悫"。

政和二年壬辰

杨植。御史中丞。

黄允中。

何如霆。

唐之问。以行举。

五年乙未

张亶行。

八年戊戌

濯行。

王宠光。

宣和六年甲辰

何惹。

何慈。

王迪。

建炎二年戊申

黄彭祖。

绍兴二年壬子

张康臣。

张敦仁。

五年乙卯

毕豫。

王执中。

陈尧年。

郭郊。

陈柏年。

袁炎。

十五年甲子

王麟。

陈熙年。

何师中。

黄邦直。

二十五年庚午

赵逵。字收九。状元。由盘石籍。有传。

二十七年丁丑

勾龙亶。由昌州籍。

三十年庚辰

郭酆。

隆兴元年癸未

赵雄。省试第一。历右承相。有传。

乾道五年己丑

勾龙京。

濯庚。

淳熙二年乙未

何辉。

濯赓。类省亚魁。历侍郎。

五年戊戌

支元龙。

八年辛丑

张辉。

十一年甲辰

王天麟。

十四年丁未

王释。

冯三槐。

绍熙元年庚戌

何蕃。

四年癸丑

王用中。

庆元二年丙辰

王震成。

黄舜仁。

王太乙。

五年己未

杨辨。

嘉泰二年壬戌

何应龙。汇省第一名。借昌州贯。

何璎。

开禧元年乙丑

郑伏乙。

嘉定四年辛未

张萃之。

七年甲戌

王震举。

嘉熙二年戊戌

张申之。

王震荣。

濯能。

赵丙。

宝祐元年癸丑

何得贤。

黄播。黄揆。黄拂。上三人，旧《志》无，据《黄泽传》附入。

明

建文庚辰科①

萧文绶。榜姓熊。历给事中。有传。

正统壬戌科

萧俨。历布政使。有传。

景泰辛未科

尤瓒。字贵之。历刑部主事。

甲戌科

冉哲。字尚彝。户部给事中、应天府丞。

李志纲。字振纪。监察御史，升云南佥事。

天顺元年丁丑科

———

① 建文庚辰科：嘉庆《志》作"洪武庚辰科"。

门相。字良弼。历刑部郎中。

王秉彝。字世之。历兵科给事中、两淮运判。

庚辰科

李临安。字①。历员外郎。

甲申科

邓山。历参政。有传。

刘时敩。历佥事。有传。

马诚。字纯夫。翰林检讨，升崇府长史。

成化丙戌科

吴玉。历副使。有传。

马纶。字大伦。知县。

余金。历副使。有传。

刘寅。字叔亮。陕西副使。

马自然。历参政。有传。

张介。历知府。有传。

马琴。字廷宣。宁波知府。

己丑科

姜天锡。字佑之，石子里人，宁川卫籍。官行人。

壬辰科

阴子淑。历副使。有传。

揭魁。知县。有传。

乙未科

张玉林。历知州。有传。

戊戌科

汪藻。历参政。有传。

邹贤。字世用。历御史。

---

① 按："字"后文字诸本皆缺。

明经。字致用。知县。

辛丑科

刘珏。历知府。有传。

萧翀。历都御史、总督。有传。

马炳然。历都御史、总督。有传。

王一言。历都御史、巡抚。有传。

李文安。字邦甫。广西参政。

丁未科

李充嗣。历宫保、尚书。有传。

周楫。字济之。知府。

张拱。历郎中。有传。

弘治癸丑科

赵俊。字克用。御史,升知府。

丙辰科

张伟。两淮运使。有传。

平世用。字德元。历御史。

喻时。字子乾。御史,任松江府,转浙江参政。

刘瑞。历礼部尚书。有传。

己未科

马溥然。历御史。有传。

高公甲。字时庸。

壬戌科

郑裕。历鸿胪卿。有传。

邓翰。历同知。有传。

乙丑科

张叔安。历知府。有传。

高公韶。历户部侍郎。有传。

正德戊辰科

尧弼。字汝贤。知县。

王廷祖。字述之。监察御史。

辛未科

张潮。历礼部尚书。有传。

晏珠。历主事。有传。

刘士元。字伯儒,由彭县籍。历官副都御史。

余瑷。字德夫。知县。

甲戌科

冷向春。历郎中。有传。

余才。太常卿。有传。

陈力。历兵备道。有传。

庚辰科

洪万立。字道充。府同知。

赵兑。字丽卿。浙江参政。

嘉靖丙戌科

刘望之。历大理正卿。有传。

己丑科

杨名。探花。有传。

李全。历参议。有传。

壬辰科

高世彦。历布政。有传。

乙未科

赵贞吉。历少保、大学士。有传。

杨祜。历参议。有传。

王之臣。历参议。有传。

戊戌科

李槃。字新甫，由澧州籍[1]。任临江知府。

刘养直。历侍郎。有传。

萧世延。历御史。有传。

辛丑科

周瑶。字鸣佩。云南副使。

甲辰科

间东。都御史[2]。有传。

高镛。历御史。有传。

癸丑科

张求可。历知府。有传。

丙辰科

阴武卿。历宫保、兵部尚书。有传。

己未科

何起鸣。历尚书。有传。[3]

壬戌科

刘翾。历参议[4]。有传。

乙丑科

梅友松。历侍郎、总督。有传。

邓林乔。历都御史、三边总督。有传。

王三锡。字用怀。明初邑令谭彦福后，官运使。

隆庆戊辰科

罗良祯。历参议。有传。

刘翾。历员外。有传。

余之祯。历都御史、巡抚。有传。

---

① 澧：嘉庆《志》、咸丰《志》作"礼"。
② 都御史：嘉庆《志》、咸丰《志》作"知县，升御史"。
③ 嘉庆《志》、咸丰《志》"何起鸣"条作"历宫保、工部尚书。有传"。
④ 参议：嘉庆《志》、咸丰《志》作"参政"。

龚懋贤。历御史。有传。

周世科。历佥事。有传。

姚宗尧。知县。有传。

辛未科

马鲁卿。历佥事。有传。

张季节。历副使。①

万历甲戌科

马鸣銮。历总督、尚书。有传。

高梅。字汝调。历主事。

张问达。历郎中。有传。

丁丑科

郑璧。历通政使，赠侍郎。有传。

张尧臣。历布政使。有传。

陈袇。历参政。有传。

庚辰科

张季思。历参政。有传。

癸未科

张应登。历副使。有传。

张文华。历佥事。有传。

周嘉宾。历员外郎。有传。

丙戌科

邓应祈。历主事。有传。

己丑科

萧九成。字来武。巩昌知府。

黄似华。榜姓祝②。云南按察。

---

① 嘉庆《志》、咸丰《志》"历副使"后有"《通志》无"三字。
② 嘉庆《志》、咸丰《志》"榜姓祝"后有"字邻初"三字。

乙未科

喻绳祖。评事。有传。

戊戌科

刘思忠。官助教。以文雅称。

万世英。①

辛丑科

门逵。历参政。有传。

吴袭。官主事，分校京闱。

甲辰科

李应魁。历太常卿。有传。

庚戌科

周士昌。历布政使。有传。

癸丑科

刘体仁。历知府。有传。

丙辰科

徐吉。字子静。官御史。

己未科

张学周。历侍郎。有传。

胡允恭。由贵州籍。武昌推官。

洪如钟。由贵州籍。历湖广巡抚。

天启乙丑科

陈文耀。字奎瞻。户部主事。

崇祯戊辰科

喻大为。历巡抚。有传。

余骈。字非羽。攸县令，晋吏部主事。

辛未科

---

① 嘉庆《志》无"万世英"条。

张拱机。字琼玉。第七人。蒲田令。

刘希伯。字怀泗。历御史。

王范。历巡按。有传。

甲戌科

陈黄裳。历知州。有传。

丁丑科

吴允谦。历观察。有传。

刘景绰。字练溪。山阳令[①]。

国朝

顺治戊戌科

黄开运。历郎中。有传。

辛丑科

杨栻。推官,改知县。有传。

康熙甲辰科

吴嵩。字中山。卢溪知县。

乾隆庚辰科

姜锡嘏。庶吉士。礼部主事。有传。[②]

嘉庆壬戌科

王果。历知府,议叙道。[③]

乙丑科

易含章。溧阳知县。[④]

道光癸未科

---

① 山:底本、尊经阁本原讹作"出",据嘉庆《志》、咸丰《志》改。
② 嘉庆《志》、咸丰《志》"姜锡嘏"条作"字尔常。庶吉士。授礼部主事"。
③ 嘉庆《志》、咸丰《志》"王果"条只存名,无小字注。
④ 嘉庆《志》、咸丰《志》"易含章"条作"辛酉中礼部式。江苏知县"。

李春暄。阳山知县。[1]

乙未科

王恂。分发安徽知县。

戊戌科

李挺芳。文水知县。[2]

辛丑科

谢廷荣。芷江知县。[3]

举人

按：旧《志》小序云：邑士登进士第者，隋唐以前碑刻断烂，漫不可考。宋时雁塔所镌，自何如石以下五十五人，可谓盛矣。其由乡举者不能多载，故略而不书。及考《万里坡记》，偶得二人，遂冠于首。余可例见，今并录之以传信云。

宋

庆元乙卯科

费行父。

戊午科

刘达之。

明

洪武庚午科

刘添祥。字麟瑞。云南楚雄府教授。

萧文绶。榜姓熊，见甲科。

丙子科

---

[1] 咸丰《志》"李春暄"条只存名，无小字注。嘉庆《志》无"李春暄"至"谢廷荣"等四条。
[2] 咸丰《志》"文水知县"后有"候补府"三字。
[3] 咸丰《志》"芷江知县"后有"候补州"三字。

吴浩。教授。有传。

陈庆。字伯善。沔县教谕。

李观。字季宾。山东单县教谕。

陈信。字以宝。湖广巴东令。

杨仕通。字本达。云南鹤庆府推官。

己卯科

陈贯。字一之。第二人。武功教谕。

门泰。字鲁瞻。由知县升按察司佥事。

黄谦。字受益。沛县典史。

永乐乙酉科

吴鹏。字仲举。湘潭教谕。

彭天胜。

吴忠。字本实。交趾南登县丞。《通志》作"陈忠"。

戊子科

陈皋。字鹤鸣。甘肃卫经历。

江漪。字文澜。

汤铭。字克敬。

辛卯科

戴昇。字彦升。云南建川州学正。

王祺。字履祥。

范宽。字裕夫。湖广黄陂县教谕。

甲午科

阴秉纲。字振纪。黄州府同知。

周郁。字文盛。

吴贤。字先觉。未仕,寿八十九。

袁敬。字克恭。

丁酉科

廖日监。字寅畏,吉水人。由本县籍,任本学教谕。

余敏。字有功。

庚子科

李蕃。历给事中。有传。

周鼎。字宗器。

胡清。字士廉。蓝田教谕。

杨徽。字慎典。

癸卯科

黄永中。字执之。南城副指挥[①]。

冉郁。字尚文。

宣德丙午科

张钦。第二人。沅防教谕。

己酉科

雷景和。字本中。

阴秉坚。字尚和。

乙卯科

姚致中。字用和。文县训导。

正统戊午科

萧俨。见甲科。

辛酉科

吴濂。字清夫。云南禄劝知州。寿八十九。

甲子科

冉哲。见甲科。

李志纲。见甲科。

刘志熙。字敬止。宣都训导,升澧州王府教授[②]。

尤瓒。见甲科。

---

① 南城副指挥:嘉庆《志》、咸丰《志》作"南城兵马副指挥"。
② 澧:嘉庆《志》、咸丰《志》作"礼"。

丁卯科

郭宏。字振远。任知县。

洪文璧。字景辰。枝江县训导。

景泰庚午科

王秉彝。解元,见甲科。[①]

门相。第三人,见甲科。

王守约。教谕。有传。

朱世洪。字光大。义乌教谕。

张彦璧。陕西凉王府教授。

癸酉科

洪文奎。字景星。岳州府训导。寿九十四。

胡永秀。字世茂。陕西韩府纪善。

张彦理。

吴玉。见甲科。

余金。见甲科。

冉崇儒。字宗鲁。云南提举。

周相。字良佐。

马纶。见甲科。

丙子科

张玉林。第三人,见甲科。

田登。通判。有传。

李临安。见甲科。

余玉。历知府。有传。

阴子奇。字士美。

天顺已卯科

---

① 解元见甲科:底本、尊经阁本原作"见甲科,解元",据嘉庆《元》、咸丰《志》改,使之与前后文统一。

刘时敦。第二人,见甲科。

阴子淑。见甲科。

张介。见甲科。

马诚。见甲科。

马自然。见甲科。

壬午科

鲁厚。字宽夫。路南州知州。

叶崇礼。字尚本。

邓山。见甲科。

李相。遇火灾,赐进士。有传。

陈儒。字宗道。新城知县。

成化乙酉科

汪藻。解元,见甲科。

陈萧韶。第三人①。金县知县。

门贵。字良贵。

马琴。见甲科。

李实。字孟诚。

姜天锡。见甲科。

戊子科

胡钦。字敬之②。宁远知县。

徐行。字进之。完县知县。

高齐南。通判。有传。

谢崇德。字象贤。中应天试。石阡府知府。

邹贤。见甲科。

张作韶。主簿,大使。

---

① 嘉庆《志》、咸丰《志》"第三人"前有"字惟和"三字。
② 嘉庆《志》、咸丰《志》"字敬之"后有"第三人"三字。

张作襄。历知府。有传。

辛卯科

洪文翼。字景章。郧西教谕。

洪平。全州守。有传。

揭魁。见甲科。

王洁。见甲科。

周南。

甲午科

李文安。见甲科。

解哲。字迪知。蒲圻知县。

张拱。见甲科。

刘博。字守约。平利教谕。

熊健。字致远。监利知县。

丁酉科

刘珏。见甲科。

明经。见甲科。

萧翀。见甲科。

庚子科

王一言。见甲科。

马炳然。见甲科。

王才。

周楫。见甲科。

癸卯科

李充嗣。见甲科。

喻敬。

朱藻。

丙午科

赵文杰。知县。有传。

李嗣充。

刘瑞。见甲科。

邓翰。见甲科。

己酉科[①]

赵俊。见甲科。

平世用。有传[②]。

张伟。见甲科。

弘治乙卯科

喻时。见甲科。

马溥然。见甲科。

田齐。字可仁。山东巨野知县。

田玠。有传。

吴安岳。字惟镇。石泉令。

邓九容。保康令。有传。

戊午科

徐金翰。字廷佐。

吴伯钧。通判。有传。

郑裕。见甲科。

高公甲。见甲科。

高公韶。见甲科。

辛酉科

张叔安。见甲科。

晏珠。见甲科。

王廷祖。见甲科。

鲁瑁。字彦诚。临洮府同知。

---

① 底本、尊经阁本"己酉科"后原有"有传"二字,嘉庆《志》、咸丰《志》俱无,疑衍,今删。

② 嘉庆《志》、咸丰《志》无"有传"二字。

余瑷。见甲科。

甲子科

尧弼。见甲科。

章懋。字勉之。

陈言谏。字直夫。历知府。

何仕。同知。有传。

李干。由彭县籍。

何问。字裕之。由府学，知县。

张厚。字惟载。由府学。

正德丁卯科

冷向春。见甲科。

余猷。字良谟。恩县知县。

余载仕。字行义。府同知。

刘时。字尚中。杨州府通判。

龚祚。字允锡。由府学。

赵宾。字兴之。由府学。

张才。字德元。由府学，庆阳府教授。

余载。

赵兑。见甲科。

庚午科

张潮。见甲科。

余才。见甲科。

田定。寺丞。有传[①]。

刘东。有传。

癸酉科

高公夏。枝江令。有传。

---

① 有：底本、尊经阁本原缺，据嘉庆《志》、咸丰《志》补。

阴汝登。字民献。历御史、知府。

王裕。字德容。知县。

张叔宣。字相卿。历长史。

陈力。见甲科。

孙衡。

丙子科

喻𬀩。字子惠。

朱锦。字孔扬。

刘望之。见甲科。

刘万祐。字天锡。户部员外郎。

张淑。字宗陶。贵州参议。

杨华。字朴卿。通判。

蔡暄。

己卯科

游淄。蜀府长史。有传。

张孝。字惟忠。府同知。

高公武。宣城令。有传。

洪万立。见甲科。

阴汝佐。

嘉靖壬午科

赵昇。字晋卿。①

王之臣。第二人,见甲科。

李宜嗣。字士行。

冉寅东。

张淑宗。字会卿。大理评事。

---

① 按:据前文《坊表》有"科第世美坊。赵俊、兑、升、占、从先一门",此"赵昇"
前有成化己酉科"赵俊"、正德丁卯科"赵兑",后有嘉靖戊子科"赵占"、万
历癸酉科"赵从先",疑此"赵昇"即前文所载之"升"。

乙酉科

李槃。《通志》作"罄"。由澧州籍。见甲科。

高钺。字威甫。

张士俨。历同知。有传。

赵敕。

程章。字达夫。知县。

梅辅世。

章宣。字德夫。通判。

戊子科

杨名。由遂宁籍。解元,见甲科。

赵贞吉。第四人,见甲科。

马升阶。武陵令。有传。

李夔。字舜臣。

李全。见甲科。

赵占。历同知。有传。

刘养仕。历知府。有传。

田泓。字惟源。监利令。

胡乔。字世臣。第三人。

辛卯科

向宗哲。吕伦如。王雄。上三人,《通志》查载。

高世彦。第二人,见甲科。

吴世坚。字真卿。知县。

赵蒙吉。国子博士。有传。

程靖。字幼章。通判。

陈策。字世勋。

张士让。字敬光。有传。

刘养直。见甲科。

闾东。见甲科。

门缙。字里甫。知县。

吴琅。字伯珠。知县。

甲午科

杨祜[①]。见甲科。

萧世延。见甲科。

杨一瑞。莒州牧。有传。

高镛。见甲科。

锺楚。字秀夫。知县,有惠政。

何祥。历郎中。有传。

卢贤。字国实。由资县籍,知县。

丁酉科

萧世会。《通志》作"曾"。字可宗。

阴惟肖。员外郎。有传。

周鼎。字铭功。易州牧。

罗学礼。有传。

龚文魁。赠御史。有传。

张求可。见甲科。

周孔徒。字孟淑。宛平知县。

夏寅。由云南籍,通判。

庚子科

胡愈。字履谦。知县。

马进阶。同知。有传。

刘三正。金事。有传。

杨早。

周瑶。见甲科。

马应辰。

---

① 祜:嘉庆《志》作"祐"。

丙午科

高世儒。字仲醇。居官有声。

赵颐吉。字正甫。唐县令。

己酉科

萧世登。字进可。平凉知县。

壬子科

高察。见甲科。

杨祯。推官。有传。

乙卯科

阴武卿。解元,见甲科。

吴应叩。字子忠。历同知。

徐应元。字子真。知县。

戊午科

马彦卿。第五人。知府。有传。

刘翻。第二人,见甲科。

马逢伯。字应卿。知州。

罗良祯。见甲科。

余宗传。副使。有传。

何起鸣。见甲科。

辛酉科

刘翻。见甲科。

姚宗尧。见甲科。

邓林材。推官。有传。

马呈图。御史。有传。

梅友松。见甲科。

高梅。见甲科。

甲子科

马鲁卿。第二人,见甲科。

萧莳。知府。有传。

王三锡。见甲科。

周世科。见甲科。

邓林乔。见甲科。

隆庆丁卯科

龚懋贤。第五人,见甲科。

龚懋赏。字敬用①。

余之祯。见甲科。

吴能进。字仲礼。九江同知。

陈纪。主事。有传。

戴邦直。更名"舜治"。

马鸣銮。见甲科。

庚午科

徐履端。字子敬。第五人。

萧菖。字子寿。巩昌同知。

刘承祖。字惟甫。宾州同知。

张季思。见甲科。

赵台柱。知州。有传。

陈裪。见甲科。

吴启蒙。字圣初。德安府训导。

陈汝霖。字仁夫。知县。

万历癸酉科

尤可动。字诚卿。第三人。

杨继寿。字汝静。

张文华。见甲科。

赵从先。有传。

---

① 用:嘉庆《志》、咸丰《志》作"甫"。

张思明。字惟得。知县。

杨世传。知府。有传。

张问达。见甲科。

蒋如兰。历知府。有传。

何师圣。字复圣。知县^①。

刘元芝。字瑞卿。巩昌府通判。

萧如松。大理寺丞。有传。

丙子科

李士洪。字子毅。多子,能文。

周嘉宾。见甲科。

何廷表。字公甫。九江府通判。

张尧臣。见甲科。

郑璧。见甲科。

己卯科

杨继朝。兰州守。有传。

刘应台。州判。有传。

冷节坚。州牧。有传。

吴褒。字显甫。

王应期。历同知。有传。

陈绪。

壬午科

锺应麟。同知。有传。

邓应祈。第三人,见甲科。

范文彦。知县。有传。

张应奎。见甲科。

乙酉科

① 知县:嘉庆《志》、咸丰《志》作"陕西知县"。

114

张应台。知县。有传。

吴袭。见甲科。

张世庆。州牧。有传。

余士麟。知府。有传。

喻绳祖。见甲科。

徐凤翔。字乘鹭。无为州牧。[①]

黄似华。榜姓祝，见甲科。

吴用中。字惟虞。

刘清芳。

戊午科

萧九成。见甲科。

马鸣毂。解元。历同知。有传。

晏鹿鸣。字应宾。州牧[②]。

傅琦。字景韩。南漳令。

辛卯科

郭之宾。知县。有传。

熊梦祥[③]。泾州牧。

费元昌。庆阳州同。

周之岐。字子忠。平凉同知。

王曰都。字君美。平江令。

甲午科

龚焞。

刘思忠。见甲科。

---

① 徐：底本、尊经阁本原作"余"，据卷二《人物·徐凤翔》、嘉庆《志》、咸丰《志》而改。无为州：底本、尊经阁本原脱"无"字，作"为州"，据二《志》补。

② 州牧：嘉庆《志》、咸丰《志》作"石屏州牧"。

③ 梦：嘉庆《志》、咸丰《志》作"应"。按，《〔嘉庆〕四川通志》二者均有，《〔光绪〕资州直隶州志》卷十三作"熊应祥，内江人。辛卯科。历泾州牧"。

门逵。见甲科。

周士昌。见甲科。

丁酉科

刘承荫。字懋初。

梁弘化。历同知。有传。[①]

萧芳芥。平阳令。

王恝。

庚子科

陈应龙[②]。安定令。

何京。历副使。有传。

周良弼。广济令。

癸卯科

张炯。

李应魁。见甲科。

游伯容。

丙午科

张凤韶。

王有翼。历知府。有传。

萧藻。无锡县教谕。

己酉科

李华国。

张芝。后名"亮"。历巡抚。有传。

刘体仁。见甲科。

徐吉。

---

① 弘:诸本原皆作"洪",但前文《寺观》《古迹》有"梁弘化",亦为"同知",当为同一人,应以"弘"为是,据之改。

② 应:底本、尊经阁本原作"懋",嘉庆《志》、咸丰《志》俱作"应",且《〔嘉庆〕四川通志》卷百二十七作"陈应龙,内江人。安定知县",据之改。

壬子科

徐士华。

马士骐。有传。

□□□^①。霍邱令。贪劣，见《明史·崔呈秀传》。

乙卯科

张学周。见甲科。

游上国。

吴士仁。

张于廉。知县。有传。

戊午科

罗经。澧泉令。

陈文耀。见甲科。

萧如尹。澧泉令。

喻大为。见甲科。

郭景。

王范。见甲科。

天启辛酉科

喻大壮。第二人。历甘肃兵备道，升巡抚。

喻志祥。

刘希伯。第四人，见甲科。

范文光。历巡抚^②。有传。

门造。

甲子科

刘思宾。

萧象成。字惟和。嘉兴府通判。

---

① □□□：据嘉庆《志》、咸丰《志》，当为"郑延祚"，因其"贪劣"，《志要》有意删去姓名。二《志》只有"郑延祚"姓名，无小字注。
② 巡抚：嘉庆《志》、咸丰《志》作"部郎"。

张拱机。见甲科。

程日升。

萧希何。

杨树第。历户部员外郎。

胡允敬。由贵州籍。

丁卯科

马士珍。

杨所修。历按察使。有传。

张鼎。

余辬。见甲科。

高应虚。

崇祯庚午科

刘见聘。

张问德。

癸酉科

陈黄裳。见甲科。

张于鼎。知县。

刘用怿。

丙子科

吴允谦。见甲科。

刘景绰。见甲科。

范为宪。繁昌令①。

吉人杰。

阴佑宗。历金事。有传。

张于衡。历观察。有传。

周攀第。

---

① 嘉庆《志》、咸丰《志》无"繁昌令"三字。

张养性。

英士洪。

己卯科

张学易。

陈策。

壬午科

吴奎耀。

论曰：兹《志》参酌康、王《志》例，前于《职官》，其贪酷不类者，存姓削名，俾不得滥为民父母矣。兹之《选举》，亦寻其例，并去姓名，空圈下注其实迹，俾无滥科名焉。古语云："士君子学古入官，公罪不可无，私罪不可有。"阅是《志》者尚其鉴诸。[①]

国朝

顺治辛卯科

周臣。

吴允震。

王于蕃。担四。范子。松江府推官。[②]

甲午科

冷景嵋。

周瑾。

丁酉科

黄开运。见甲科。

吴嵩。见甲科。

王于宣。三水令。范子[③]。

庚子科

---

① 嘉庆《志》、咸丰《志》无此段文字。

② 嘉庆《志》、咸丰《志》"王于蕃"条作"担四。苏州府推官"。

③ 嘉庆《志》、咸丰《志》无"范子"二字。

杨注。树第子①。成县令。

杨栻。所修子。见甲科。②

杨桐。所修子。由华阳籍，礼县令。

康熙癸卯科

杨楠。所修子。广东陵水知县。

壬子科

王侻。于蕃子。第三人。字磊人。泸溪知县。③

范锺。鄱阳知县。

丁卯科

阴纪世。束鹿知县。

己卯科

何显祖。第五人。江西知县。

祝天锡。

喻宏林。六合令。有传④。

壬午科

杨化贞。桐子。⑤

杨化元。桐子。历郎中。有传。

黄瑛。开运子⑥。淄川知县。

戊子科

杨化光。栻子。江南知县。⑦

甲午科

门逎路。山西万泉令。

---

① 嘉庆《志》、咸丰《志》无"树第子"三字。
② 嘉庆《志》、咸丰《志》"杨栻"及下"杨桐""杨楠"条均无"所修子"三字。
③ 嘉庆《志》、咸丰《志》"王侻"条作"第四人。字磊人。泸溪知县"。
④ 嘉庆《志》、咸丰《志》无"有传"二字。
⑤ 嘉庆《志》、咸丰《志》"杨化贞"及下"杨化元"条均无"桐子"二字。
⑥ 嘉庆《志》、咸丰《志》无"开运子"三字。
⑦ 嘉庆《志》、咸丰《志》"杨化光"条作"第六人。江南知县"。

吴芳龄。嵩子①。知州。

丁酉科

潘文湘。知县。

庚子科

黄再宪。第三人。

雍正癸卯恩科

门迺正。陕西安定令。

岳顺。

甲辰补行癸卯科

喻宏猷。沂州府同知。

己酉科

罗万有。

乾隆丙辰恩科

喻炘。宏林子②。

戊午科

杨悫。化亨子③。明通。绵州学正。

甲子科

杨憙。化光子。由江南常州籍。

壬申恩科

邹国珩。云南知县。

丙子科

谈中经。夔府教授,升待诏。

己卯科

姜锡嘏。见甲科。

庚辰恩科

---

① 嘉庆《志》、咸丰《志》无"嵩子"二字。
② 嘉庆《志》、咸丰《志》无"宏林子"三字。
③ 嘉庆《志》、咸丰《志》无"化亨子"三字。

王涛。直隶新安令。

辛卯科

张龙元。彭山教谕。

刘汉健。山西盐大使。

甲午科

刘德勋。保宁教授。①

丁酉科

袁训。第二人。重庆训导②。

柳廷书。

刘一衡。眉州学正。③

己亥恩科

艾荣松。奉贤知县。④

魏凌霈。涪州学正。

庚子科

邓荣举。南川教谕。

王者瑞。赐内阁中书。

苏鸣鹤。楚雄知县。⑤

丙午科

谈熊。中经子。罗江训导。⑥

---

① 嘉庆《志》"刘德勋"条作"任双流县教谕",咸丰《志》作"任双流县教谕,蓬州学正"。

② 嘉庆《志》无"重庆训导"四字。

③ 嘉庆《志》"刘一衡"条只存姓名,咸丰《志》作"任隆昌县训导,选甘肃长乐县知县,改眉州学正"。

④ 嘉庆《志》"艾荣松"条作"现任江苏砀山县知县",咸丰《志》作"历任江苏砀山、奉贤县知县"。

⑤ 嘉庆《志》"苏鸣鹤"条只存姓名,咸丰《志》作"任高县训导,云南楚雄县知县,改崇庆州学正"。

⑥ 嘉庆《志》"谈熊"条只存姓名,咸丰《志》作"任罗江县训导"。

苏鸣冈。馆陶知县。①

戊申科

高廷瑞。江油教谕。

己酉恩科

喻洪墀。中江教谕。②

恩赐一名

王体亨。会试,复赐翰林院检讨。

壬子科

李开馨。巫山教谕。

甲寅恩科

王果。见甲科。

乙卯科恩赐一名

锺丕谟。会试,复赐翰林院检讨。

嘉庆戊午科

门仪。

恩赐一名

谢锦。

庚申恩科

阴雨昕。光泽知县。③

易含章。见甲科。

辛酉科

赵桂林。温江教谕。

邹峄贤。邻水教谕。

---

① 嘉庆《志》"苏鸣冈"条作"现任教谕",咸丰《志》作"任江安县教谕,山东馆陶县知县"。
② 嘉庆《志》"喻洪墀"条只存姓名。
③ 嘉庆《志》"阴雨昕"及下"赵桂林""邹峄贤""余玮""赵琼林"等条只存姓名。

甲子科

余玮。屏山训导。

戊辰恩科

赵琼林。盐源教谕。

刘守向。由什仿籍。

喻体学。

恩赐一名

周鸿才。辛未会试,赏国子监学正。

庚午科

潘毓珧。

癸酉科

刘玉蟾。更名"稚"。[①]

丙子科

黄中和。[②]

戊寅恩科

李天五。更名"春暄"。见甲科。

陈儒灿。

刘昆阳。更名"聿修"。

恩赐一名

门朱。

道光辛巳恩科

潘名臣。

壬午科

刘景伯。

刘景叔。

---

① 嘉庆《志》无"刘玉蟾"至"喻锦云"等条。
② 咸丰《志》"黄中和"至"喻锦云"条在《武举》之后。

乙酉科

谢廷猷。

戊子科

王恂。顺天榜。[1]

高敏良。[2]

熊世璁。[3]

辛卯恩科

张鹄。

熊飞。

壬辰科

晏思恺。顺天榜。任教习，安徽知县。

甲午科

邓显亮。广西知县。[4]

谢廷荣。顺天榜，见甲科。

乙未科

朱棣。取应资州。更名"镛"。

丁酉科

李挺芳。见甲科。

侯肇周。

己亥科

张云衢。

张鉴。[5]

庚子科

---

① 咸丰《志》"顺天榜"后有"见甲科"三字。

② 咸丰《志》"高敏良"条作"巴县教谕"。

③ 咸丰《志》"熊世璁"条作"岳池教谕"。

④ 咸丰《志》此条作"邓树荣，原名显亮。广西知县"。

⑤ 咸丰《志》"张鉴"条作"安徽知县"。

吴联云。

癸卯科

刘懋勋。

甲辰科

张德元。解元。

黄觉。

戴轮。①

喻锦云。副榜。

嗣后副榜即附本科刊列，以免星零。

明武举②

武科旧无雁塔题名记，铨用亦多不可考。

余时。嘉靖辛卯科。

萧世选。甲午科。

余伯岳。隆庆丁卯科。

何勋。万历丙子科。

何拱。己卯科。

何远鸣。戊子科。

何凤翥。丙午科。

国朝武进士③

戴广。乾隆己未。台壖副府。④

张越。乾隆壬辰科。由侍卫，任湖南副将⑤。

---

① 按：底本、尊经阁本"戴轮"后有一人被涂剔。
② 按：底本、尊经阁本"明武举"前有"选举"二字，今删。
③ 嘉庆《志》"国朝武进士"在"明武举"前。
④ 嘉庆《志》、咸丰《志》"戴广"条作"乾隆己未科。任福建台壖副将"。
⑤ 副将：嘉庆《志》、咸丰《志》作"总府"。

潘有源。道光壬午。御前侍卫。①

国朝武举②

晏朝。康熙补辛酉科。

戴广。中武甲。

马伟。乾隆科。

邓家琥。任云南千总。

黄锺奇。漕运千总。

张容。解元。

李容。

张越。中武甲。

魏元音。辛卯科。

邹晴川。丙午科。入《忠义》③。

陈大勋。壬子科。

陈宗韶。甲寅科。

李万年。嘉庆戊午。

凌庆云。戊午科。

尤孔盖。雍正,由富顺籍。

余中鍪。由营丁,中乾隆丙子武举。任真定游击。④

潘毓琮⑤。嘉庆庚申。贵州都司。

李国印。嘉庆甲子。

闻得胜。戊辰恩科。

---

① 嘉庆《志》无"潘有源"条,咸丰《志》作"道光壬午恩科。点御前侍卫"。

② 国朝武举:底本、尊经阁本原无"国朝"二字,为使行文整齐,故添加此二字。

③ 嘉庆《志》、咸丰《志》无"入《忠义》"三字。

④ 嘉庆《志》、咸丰《志》"余中鍪"条作"由营丁,乾隆庚辰武举。任直隶都司,升真定游击"。

⑤ 琮:嘉庆《志》、咸丰《志》作"璪"。按,《〔嘉庆〕四川通志》卷百三十九作"潘毓琮,内江人。贵州都司"。另,《集韵》:"琮,美玉。或作璪。"

魏廷凤。戊辰。广西都司。

江汇川。庚午科。

梅应魁。庚午科。

余肇秦。戊寅恩科。[1]

潘有源。道光辛巳恩科。

陈国安。戊子科。

傅东山。壬辰科。

余联魁。壬辰科。

成均[2]

明

阴应广。洪武中,举明经。汉州训导。

阴谦。洪武中,举明经。本县训导。

王谷才。洪武中,举明经。武陵训导。

李蔚。字惟密。正统中,举贤良。授知县。

马陶然。成化中,以明经升长史。

　以上俱荐举。

陈文。字大同。上高知县。

黄祯。御史。

潘显。字通征。任主事。

江必先。御史。

吴俨。有传。

------

① 嘉庆《志》无"余肇秦"至"余联魁"等五条。

② 按:嘉庆《志》对应内容为卷三十五《选举志》,"成均"下小字注"应例者附入";咸丰《志》为卷四《成均附应例》。

周文郁。行人。

周良。吏目。

姚仕谦。字益甫。宛平令。

　　上俱洪武年间应贡。

安贤。字朝重。荆州推官，以监生巡按浙江。

周岐。字凤鸣。应山令。

马复。字孟阳。怀远令。祀名宦。

田琳。字国器。安州同知。

喻彦义。字克正[①]。员外，升知府。

余士谦。字益之。通海令。

刘用。字邦选。光禄寺署丞。

高友恭。字子钦。任县令，赠侍郎。

　　上俱永乐年间应贡。

刘思道。松阳令。有传。

邓志贤。字朝俊。祁县令。

田玉。有传。

潘世学。字文渊。瑞安县主簿。

　　上俱宣德年间应贡。

余祯。字邦基。莒州牧。

卢高。字惟岳[②]。长洲县丞。

李铎。字大振。石门令。

张彪。字奇士。

陈睿。字明哲。

封伟。

阴俨。字望之。旌德令。

---

① 正：底本、尊经阁本原作"止"，嘉庆《志》、咸丰《志》皆作"正"，《〔民国〕内江县志》卷之二亦作"正"，据之改。
② 惟岳：嘉庆《志》、咸丰《志》作"维岳"。

锺灵。字毓秀。经历。

上俱正统年间应贡。

袁宏。字容之。泰和令。

周南。字正伦。府照磨。

吴仲赏。字大经。

周浩。字尚义。

潘克明。字峻德。徐州训导。

昌旻。字天锡。

陈纲。字振之。

乐瑀。字宗瑶。长芦运使。

上俱景泰年间应贡。

李庆。字吉甫。训导。

余夔。字舜臣。师州牧。

黄世英。字国章。经历。

梅鼎。字廷用。

赵钦。字敬夫。衢州府学训导。

张自守。字存心。常宁令。

上俱天顺年间应贡。

杜正初。训导。

易永恒。字用常。

揭魁。见甲科。

陈正。字端甫。怀庆府经历。

李齐安。字邦宁。教谕。

萧翚。字廷瑞。涿州同知。

邹永胜。字世修。经历。

吴绪。字廷瑞。沔县令。

吴缓。字廷璋。训导。

王守伦。字攸叙。训导。

邓九经。字振常。经历。

胡哲。字明作。训导。

阴自省。字修己。训导。

韩相。字廷弼。教谕。

陈尚廉。字彦清。大同经历。

吴亮简。字文光。主簿。

余应蕃。字英实。吏目。

杨贵安。字尊泰。蜀府教授。

　　上俱成化年间应贡。

刘浚。字顺之。云梦令。

王济学。字文达。训导。

张稽古。字希尧。训导。

杨秀林。字士荣。

郭安。字居仁。夏县令。

王彦。字朝用。训导。

甘纯。字惟一。华阴训导。

赵达。字九逵。应天府训导，封御史。

王淳化。字士荣。

张杰。字邦彦。西昌训导。

萧成[①]。字廷用。训导。

易巩。字邦固。易州训导。

田瑞。字国珍。训导。

吴逊。字廷让。宿迁训导。

刘赞。字赞元。训导，有儒行。

易资。字成之。

张璞。

---

① 成：嘉庆《志》、咸丰《志》作“臣”。

黄甲。字大用。

李元嗣。楚雄府教授。

李兆嗣。字占熊。南州学正。

陈璟。字德用。训导。

李宗嗣。字士重。府教授。

卜警。训导。

龚宗。字宗光。训导。

赵仁。字克复。训导。

周东。字宗鲁。府教授。

赵价。字克明。训导。①

徐文宿。吏目。

    上俱弘治年间应贡。

徐寅。渭光县训导。

高举。字汝贤。教授，以孙察赠布政。

陈德新。字文应。训导。

朱宾。字敬之。教谕。

游宦。字以道。训导。

罗洪济。字汝舟。都司知事②。

罗宗绍。字希哲。教谕。

郑世臣。字汝勋。蜀府纪善。

喻柯。字子渐。蜀府奉祀。

    上俱正德年间应贡。

李华。有传。

周书。字以忠。

曾瑞。字质夫。教授。

---

① 嘉庆《志》、咸丰《志》"赵价"条在"徐文宿"条及"上俱弘治年间应贡"后。
② 知事：嘉庆《志》、咸丰《志》作"断事"。按，《〔光绪〕资州直隶州志》卷十四亦作"断事"。

邓重。字宗望。

徐宗尧。襄阳府通判。

潘广章。

王三畏。融县令。

高魁。教授。

朱惟蕃。字介夫。

张汝。字文宗。开封府训导。

杨廷佐。字以忠。

高公麓。字大顺。杭州府训导。

胡振玉。字廷和。云南府推官。

徐时春。

黎孟孜。字勉之。丹阳训导。

邓才正。字俊夫。学正。

周瑞。字凤岐。训导。

刘彩。字质夫。蜀府教授。

周起元。

廷翼。字文举。

周孔教。

田冀。

周文源。

梅乾。字应时。

王仕贤。

王永禄。字守光。

明书。字同文。

阴勇。

刘爱。

陈瑜。字汝修。

祝南。字向明。

刘贵。字道充。白水令。

李登要。字德彰。

张洪载。字休容。

刘乔。字世瞻。

徐臣。字居翼。训导。

陈宠。字汝亮。训导。

罗登。灵台县训导。

刘元祥。字和卿。任县丞。

高锡。字永甫。州判。

张士瞻。字敬修。府照磨。

赵乾。字易卿。蜀府教授。

刘渠。

李继。字敬承。

江注。字顺天。

张佐䕶。海盐县主簿。

余冕。字汝望。

余君命。字天与。训导。

刘养民。字仁夫。

黄阁。字元臣。上津县教谕，有学行。

李仲杰。州同知。

高文瀚。字于本。

黄阅。字元勋。巴县学正。

刘捷。字文中。石屏州牧[1]。

郭聘。字于衡。教授。

阴惟翰。字仲甫。蜀府纪善。

王仕荣。字仁夫。巴县教谕。

---

① 石屏州牧：底本、尊经阁本原脱"石"字，据嘉庆《志》、咸丰《志》补。

周于德。字汝茂。长垣训。

梅世用。字以体。

张嗣。字子昭。教谕。

　　上俱嘉靖年间应贡。

骆骥。字子昭。巫山训导。

刘翮。主簿。

余化鹏。字应南。宜章令，升通判。

张振羽。字子义。学正。

程式。字以敬。

　　上俱隆庆年间应贡。

张贤。字用卿。

解继尧[①]。字汝孝。吉水训导。

陈克俊。字德夫。

刘翻。字之翰。涓川令。

张佑清。字介卿。推官。

王之士[②]。字吉甫。知县。

毛起南。府学取应。

　　上俱万历年间应贡。

游绘。字承素。县丞。

王之屏。马湖教授。有传。

高如松。字周卿。历府同知。

阴锡爵。

杨浩。上思州牧。

余恢。通判。

_____

① 尧：嘉庆《志》、咸丰《志》作"先"。按，《〔道光〕吉水县志》卷十九作"解继先，万历十三年任。与修郡《志》"。

② 士：嘉庆《志》作"臣"。另，嘉庆《志》、咸丰《志》此条俱在"毛起南"条及"上俱万历年间应贡"后。

刘景绰。

阴钛。_{武卿子。}武卿子。

萧象成。天启甲子举人。

　　上俱选贡。

杨树节。

陈黄裳。中甲科。

王宁寰。

　　俱副贡。

高杰。

何世鸣。

　　俱恩贡。

刘承祜。光禄署丞。

邓应鳌。

萧茂。

潘继彦。

阴钫。

余维芳。

吴衮。

姜应卿。

江见龙。

李同春。

刘承华。

刘文光。

张应徵。

陈治纶。

余鸣世。

周天臣。

张文荐。

杨友禄。

高承祖。

锺应凤。

赵引恬。

李应期。

郑壓。

邓应熊。

张鸿猷。

赵廷耀。

李炜春。

周文炳。

刘泽深。

李偕春。

黄耀。

戴杏。

　　上俱岁贡。

杨慎修。

杨敬修。_{查载。}

吴凤兴。_{伯钧子。}

萧世功。_{翀之子。}

马元勋。_{炳然子。}

李松。_{充嗣子。}

张士麟。_{潮之子。}

刘涵。_{瑞之孙。}

高釪。_{公韶季子。}

萧萱。_{翀之孙。}

刘元泰。_{养直子。}

赵景柱。_{贞吉次子。}

阴镕。武卿子。

赵鼎柱。贞吉长子。

何台。起鸣子。

赵祖荫。贞吉孙[1]。

梅龄昌。友松子。

何思顺。[2]

何思恭。起鸣孙。

马介所。执金吾。

马宗宜。鸣銮子孙。[3]

郑延爵。璧之子。

　　以上俱荫叙。

马惟善。

张敏。

萧鉴。

喻潘。

阴铭。

张大器。

何中。

杨芳。[4]

张本。

李华。

阴子云。

黄中。

---

[1] 嘉庆《志》、咸丰《志》无"贞吉孙"三字。
[2] 嘉庆《志》、咸丰《志》"何思顺"条前还有"何合"条。
[3] 按：嘉庆《志》、咸丰《志》在"宗"字左边有一"述"字，当为两人：马宗宜、马述宜。《〔嘉庆〕四川通志》卷百四十一有"马宗宜，以父鸣銮恩荫"和"马述宜，以父鸣銮恩荫"。
[4] 嘉庆《志》、咸丰《志》"杨芳"条后还有"陈宽"条。

李吉安。

戴冕。

李公宪。

袁棐。

黄时中。

　　上俱天顺正统年间例贡。

杨启节。

吴楫。

田美。

戴玉。

周尚志。

刘用简。

张节。

王金。

李胤生。

秦正。

王孜。

雷大伦。

喻简。

喻秉。

张孟诚。

李琼。

李万方。

乐安祥。

戴贵。

李中金。

吴宽。

锺万全。

刘溥。

杨仪。

李阳森。

杨瑞。

高召南。

傅明。

阴子践。

陈嘉谟。

晏正东。

　　以上俱成化年间例贡。

马价。

李舟。

喻珪。任通判。

李美之。

李中镃。

罗益。

陈璞。

李中旒。

陈爵。

揭东高。

喻追。

喻贵。

　　以上弘治年间例贡。

喻大有。字涵二。性孝友。

喻璧。任知州。

田福。

刘正谊。

周明德。

傅霖。

马悌。

萧蠹。

刘鹤龄。

萧世熙。

萧章。

刘文焕。

萧翰。天性孝友。令长洲，上南巡，以勤劳赏。

　　上俱正德间例贡。

刘岳。

王珖。陕西贰尹①。

王玶。迪功郎②。

萧世赏。

刘翔。

刘志学。

刘梧。

游于谨。

石朝柱。

高世泽。

曹鐣。

曹宗德。

冷如春。

游于点。

萧世亨。

萧世廷。

---

① 嘉庆《志》、咸丰《志》无"陕西贰尹"四字。

② 嘉庆《志》、咸丰《志》无"迪功郎"三字。

刘志皋。

刘元实。

刘元龙。

上俱嘉靖年间例贡。

张珏。

阴佑绪。

阴佑彦。

阴佑贤。

周永修。

邓应鸾。

徐启。

刘崇。

周永懋。

徐朝忠。

赵之华。

邓应柱。

周有斐。

何太冲。

锺万禄。

张廪。

刘承柱。

张大弦。

郑宏德。

余玌。

梅友竹。

陈宗良。援例指挥。

喻义。例贡。任户部主事。

上俱万历年间。

附载明吏丞历官

周正经。有传。

晏锐。有传。

陈三德。典簿。

陈朝。吏目。

陈斐然。

胡有德。知事。

胡重光。主簿署县。

范源龙。经历。①

国朝

黄琮。

张明烈。教谕。

李芬。

姜毓奇。阆中教谕。

陈善。双流教。资州籍。

黄伟。县丞。②

姜毓德。

喻九畴。

李乃光。

蓝道端。

王体恭。

晏玠。

潘文琳。③

---

① 源：底本、尊经阁本原作"元"，嘉庆《志》、咸丰《志》作"源"，且后文《附载
政行》中有经历范源龙，据之改。另，嘉庆《志》无"经历"二字。
② 嘉庆《志》"黄伟"条作"康熙初任县丞"，咸丰《志》作"黄玮"。
③ 嘉庆《志》、咸丰《志》无"潘文琳"条。

李国士。

潘人鹤。

高腾霄。^①

张元蔚。

王均。

　　以上恩贡。

祝佑来。_{夔州府教授。}

刘均。_{东乡教谕。}

罗万有。_{见乡科。}

刘玉成。

杨悫。_{见乡科。}

邓家榕^②。_{重庆教授。}

王者瑞。_{见乡科。}

艾荣松。_{见乡科。}

艾荣模。_{任盐大使^③。}

艾宗骏。_{蒲江教谕。^④}

尤孔秀。_{由兴文籍。}

张万选。_{由隆昌籍。安县教谕。^⑤}

刘国清。_{教谕。由资州籍。^⑥}

---

① 嘉庆《志》无"高腾霄"及下"张元蔚""王均"三条。

② 榕：底本、尊经阁本原作"镕"，但后文有《邓家榕传》，且嘉庆《志》、咸丰《志》作"榕"，《〔道光〕重庆府志》卷四有"邓家榕，内江拔贡。乾隆四十四年任"，据之改。

③ 嘉庆《志》"艾荣模"条无"任盐大使"四字，咸丰《志》作"福建盐大使"。

④ 嘉庆《志》"艾宗骏"条作"辛酉选拔县教谕"，咸丰《志》作"辛酉候选教谕"。

⑤ 嘉庆《志》"张万选"条作"任安县教谕。由隆昌籍"，咸丰《志》作"任安县教谕，江苏宜兴县知县。由隆昌县籍"。

⑥ 嘉庆《志》"刘国清"条作"辛酉由州学选拔，候选教谕"，咸丰《志》作"嘉庆辛酉，由本州籍，候选教谕"。

周桓。①

李春旭。

潘登瀛。由茂州籍。

刘炳勋。②

　　　以上拔贡。

王倜。内廷教习③。

何显祖。见乡科。

黄以修。

张仲谟。渠县教谕。

陈凤亨。④

王树年。⑤

阴又中。⑥

王丹。永宁教谕。⑦

谢廷荣。⑧

　　　以上副贡。

张世珆。

高长春。

唐世溥。

阴纪世。见乡科。

王祚洪。乡饮大宾。

---

① 嘉庆《志》无"周桓"及下"李春旭""潘登瀛"条，咸丰《志》"周桓"条作"癸酉"、"李春旭"条作"乙酉"、"潘登瀛"条作"道光乙酉，由茂州籍"。

② 嘉庆《志》无"刘炳勋"条，咸丰《志》作"丁酉拔贡。德阳教谕"。

③ 嘉庆《志》、咸丰《志》无"内廷教习"四字。

④ 嘉庆《志》、咸丰《志》"陈凤亨"条作"戊申科"。

⑤ 嘉庆《志》、咸丰《志》"王树年"条作"己酉科"。

⑥ 嘉庆《志》、咸丰《志》"阴又中"条作"壬子"。

⑦ 嘉庆《志》无"王丹"条，咸丰《志》作"道光辛巳恩科副榜，国史馆誊录，议叙州"。

⑧ 嘉庆《志》、咸丰《志》无"谢廷荣"条。

王来诏。

张博。

张世璘。

吴允乾。

吴允升。[①]

张友曾。

高昶。

张浩。[②]

王邦雄。

黄瑛。见乡科[③]。

黄琼。

王琬。富顺训导。

王炎。

杨溮。

杨一麟。

杨显。

张亲。

张觐。

张珩。

杨四杰。

尤鼎璜。兴文训导。

谈惟达。南充训导。

喻琮。

门昂。[④]

---

① 嘉庆《志》、咸丰《志》"吴允升"条作"登仕籍,见学宫碑"。

② 嘉庆《志》、咸丰《志》"张浩"条作"达州教职"。

③ 见乡科:嘉庆《志》、咸丰《志》作"见甲科"。

④ 嘉庆《志》、咸丰《志》"门昂"条作"教授"。

门迺士。

唐溥。

尤份。

尤之昶。由富顺籍。

何煜。

何文祁。

阴燧。

阴煜。綦江教谕，县丞。[1]

潘文洸。

赵纯一。

郑容。

谈壮猷。

苏茂林。

喻铎。永宁训导。

廖启明。渠县训导。

姜明。

姜聪。

喻硕辅。

段子纬。

谢申祥。

李乃瑞。

王浚。

邓思训。

邱为作。

段锦奇。[2]

---

① 嘉庆《志》、咸丰《志》"阴煜"条作"綦江谕，改县丞"。
② 嘉庆《志》、咸丰《志》无"段锦奇"条。

石珠。垫江训导。

王登尚。营山训导。

刘世煪。马边训导。

罗万怀。

张曰智。

门翀凤。

赖霖。

王体睿。

阴锡仁。①

何文初。②

段锦心。

陈致道。

黄荣芝。

门朱。

喻能灏。

刘维彦。

周鸿才。恩赐。

孙绳武。

潘泰熙。成都训导。③

廖衷良。④

潘晴川。

阴懋德。

锺廷辅。⑤

---

① 嘉庆《志》、咸丰《志》无"何文初"条。
② 嘉庆《志》、咸丰《志》"段锦心"和"陈致道"间还有"段锦章"条。
③ 嘉庆《志》"潘泰熙"条作"岁贡。现任成都县教谕",咸丰《志》作"任成都训导,以子毓琔贵,诰授朝议大夫"。
④ 咸丰《志》无"廖衷良"条。
⑤ 嘉庆《志》"锺廷辅"条作"嘉庆戊辰年贡"。

陈邦焕。[1]

门之恺。[2]

余璜。

吴锡蕃。

门锡璈。

门大廷。

黄德仁。

古智诚。

李又新。

喻鸿栴。

　　以上岁贡。

晏思恺。优贡，内廷教习。

潘士贵。补载，康熙丙申岁贡。

苏茂眉。[3]

苏纯臣。[4]

谢锦。训导。[5]

苏鸣喈。剑州训导。[6]

潘毓珍。知县。[7]

张方俊。

门珇凤。

---

[1] 嘉庆《志》"陈邦焕"条作"嘉庆庚午年贡"。

[2] 嘉庆《志》无"门之恺"至"潘士贵"等十一条，咸丰《志》有，且"余璜"条作"南川训导"、"吴锡蕃"条作"涪州训导"、"古智诚"条作"古智诚"、"晏思恺"条作"优贡，入乡科。安徽知县"、"潘士贵"条只存姓名。

[3] 嘉庆《志》、咸丰《志》"苏茂眉"条作"附贡"。

[4] 嘉庆《志》、咸丰《志》"苏纯臣"条作"附贡"。另，二《志》此条后有"赖三秦"条，作"例贡"。

[5] 嘉庆《志》、咸丰《志》"谢锦"条作"廪贡，见赐举"。

[6] 嘉庆《志》、咸丰《志》"苏鸣喈"条作"廪贡，分发训导"。

[7] 嘉庆《志》无"潘毓珍"条，咸丰《志》作"附监生，候选知县"。

潘文瑾。

魏增雯。简州训导。

苏培。教谕。

刘德馨。训导。

刘蓉。训导。

阴湘。训导。^①

张哲堂。训导。

江炳文。定远教谕。由汶川籍。^②

王世效。训导。

魏宣树。由资州籍。

曾文倬。教职。

王以藩。

晏鹏瀛。

潘梦臣。教谕。^③

江泰正。^④

　　以上廪增附贡。

谢廷仪。永平尉。^⑤

---

① 嘉庆《志》无"阴湘"及下"江炳文""王世效""曾文倬""王以藩"等条,咸丰《志》有,且"阴湘"条作"候选训导"、"江炳文"条作"由汶川县籍"、"曾文倬"条作"候选教谕"、"王以藩"条作"增贡"。

② 定远教谕:底本、尊经阁本原缺"谕"字,《〔道光〕重庆府志·重修重庆府志叙》有"定远县学训导江炳文,茂州人,廪贡",故应为"教谕",据补。

③ 嘉庆《志》、咸丰《志》无"潘梦臣"条。

④ 嘉庆《志》无"江泰正"及下"刘端元""王融""王丹""王恂""张耀龙""王盉""杨廷芳""朱文彬""张鉴堂""罗良朋"等条,咸丰《志》有,且"刘端元"条作"任江苏两淮盐大使"、"王恂"条作"见甲科"、"张耀龙""王盉"条仅存姓名、"张鉴堂"条作"武生,候选营千总"、"罗良朋"条作"加二级"。

⑤ 嘉庆《志》、咸丰《志》无"谢廷仪"条。

潘毓琔。宝庆知府。①

刘端元。淮盐大使。

艾宗骥。桐乡尉。②

官立基。分水尉。③

王融。陕西府知事。

王丹。隽乡科。

王恂。隽乡科。

　　以上例监。

张耀龙。守御。

王盉。守御。

杨廷芳。卫职。

邹峄桐。县丞。

朱文彬。县丞。

张鉴堂。卫职。

罗良朋。州同。

　　以上由例监捐职。

许先富。

张国安。④

李春生。

----

① 嘉庆《志》"潘毓琔"条作"监生。任阳春知县",咸丰《志》作"湖南宝庆府知府,前广东阳春县知县"。另,二《志》"潘毓琔"条后还有"刘文耀"条,嘉庆《志》作"监生,宁夏经历",咸丰《志》作"甘肃宁夏府经历"。

② 嘉庆《志》"艾宗骥"条作"艾宗骅,监生。候选兵马司吏目",咸丰《志》作"候选兵马司吏目,以父荣松知江苏砀山县,任内摊赔公项注销。嘉庆二十四年,恭逢仁宗睿皇帝六旬万寿,献诗赋,恩赏从九,即选浙江嘉兴府桐乡县典史。历任未久,解饷赴贵州,以疾殁于普安道中。蒙大宪奏,明用兵牌勘合,送柩回籍安葬"。

③ 嘉庆《志》"官立基"条作"监生。候选巡检",咸丰《志》作"浙江分水县典史"。

④ 嘉庆《志》无"张国安"及下"李春生""王尚贤"等条,咸丰《志》有此三条。

王尚贤。

均例贡。

按：邑中例职贡甚繁，难以查载，姑就续《志》拣录以备其例，详具科册。①

封赠②

明封赠③

按：明代无貤封之例，故本身必载有历职，已显而封赠尚卑者，从前官也。间有父爵崇于子，亦父子并载者，著世美也，故一仍其旧。至崇祯辛未迄于癸未，中间十二年，膺封姓氏俱不可考，惟就碑坊暨旧谱足据者，查载一二。

明朝封赠表④

祖	父	本身
	萧文绥给事中，赠布政，方氏夫人。	萧俨布政，黄氏夫人。⑤
	喻士达赠主事，胡氏安人。	喻义知府，□氏安人。
	李观教谕，封给事，陈氏宜人。	李蕃给事，黄氏宜人。
	阴秩赠通判，段氏封安人。	阴秉纲知县，陆氏、陈氏安人。
	田实封寺丞，刘氏安人。	田美寺丞，□氏封安人。
	尤祯封主事，刘氏安人。	尤瓒刑部主事，陈氏封安人。
	冉志明赠府丞，韩氏封恭人。	冉哲应天府丞，阴氏恭人。
	李茂实封御史，张氏封恭人。	李志纲金事，刘氏封恭人。
	王暹封给事中，张氏封宜人。	王秉彝给事中，杜氏封宜人。

---

① 嘉庆《志》、咸丰《志》无此段文字。
② 按：嘉庆《志》对应内容为卷三十六《封荫志》，咸丰《志》为卷五《封荫》。
③ 明封赠："明"字为整理者所加，以便与后文"国朝封典"区分开。
④ 明朝封赠表：原仅文字，为清眉目，特制此表，表题亦整理者所加。
⑤ 按：表中"□"表示诸本该处均缺少文字，下同。

（续表）

祖	父	本身
	门永祥赠主事，张氏封安人。	门相员外郎，王氏封宜人。
	邓志贤赠给事中，李氏、邱氏宜人。	邓山参政，包氏封淑人。
	刘鉴封主事，曾氏封安人。	刘时敩金事，田氏封恭人。
	马惟和明经，赠检讨，陈氏封安人。	马诚检讨，□氏封安人。
	吴仲信赠主事，甘氏安人。	吴玉副使，祝氏封恭人。
		刘志熙封主事，黄氏封安人。①
	喻颐封主事，萧氏封安人。	喻时松江知府，黄氏恭人。
	马惟庆赠主事，卢氏赠安人。	马琴知府，□氏封恭人。
	张彦理赠主事，甘氏封安人。	张介知府，阴氏恭人。
	余纲封御史，吴氏封安人。	余金副使，洪氏恭人。
	马阶封员外郎，傅氏宜人。	马自然参政，锺氏淑人。
	汪伦赠给事中，□氏封宜人。	汪藻参政，□氏淑人。
	锺文明封经历，□氏封孺人。	锺灵经历，□氏孺人。
王永昌赠都御史，□氏淑人。	王守约教谕，封都御史，孙氏淑人。	王一言副都御史，李氏淑人。
	李华封主事，门氏封安人。	李文安参政，吴氏淑人。
	田永昌封州同，冉氏封安人。	田登通判，喻氏安人。
	刘志琳封主事，段氏封安人。	刘珏知府，乐氏恭人。
	赵达封御史，王氏封安人。	赵俊知府，徐氏恭人。
	周南赠知县，□氏孺人。	周楫知府，□氏恭人。
萧汝明赠都御史，陈氏淑人。	萧韶赠都御史，喻氏赠淑人。	萧翀两广总督，余氏淑人。
	杨俨赠指挥，□氏赠安人。	杨启节指挥，□氏赠安人。
	萧俨赠正治卿，黄氏累赠夫人。	萧翚忠义卫经历。
	张斐赠同知，高氏、锺氏赠宜人。	张伟运使，罗氏、李氏宜人。
	阴秉衡封副使。	阴子淑副使，白氏恭人。
高友恭赠侍郎，刘氏赠淑人。	高齐南通判，封侍郎，李氏封淑人。	高公韶户部侍郎，冉氏、罗氏淑人。
	冷熙和封主事，王氏封安人。	冷向春郎中，刘氏宜人。

---

① 刘志熙：嘉庆《志》作"吴志熙"。

〔道光〕内江县志要

(续表)

祖	父	本身
	郑玄琮封南光禄卿,龚氏恭人。	郑裕南鸿胪卿,胡氏恭人。
	张时宗赠推官,田氏孺人。	张拱郎中,周氏宜人。
马惟庆累赠都御史,张氏淑人。	马琴赠都御史,张氏淑人。	马炳然右副都御史,汪氏夫人。
刘鉴赠光禄卿,曾氏淑人。	刘时敩佥事,赠侍郎,田氏淑人。	刘瑞侍郎,赠尚书,汪氏夫人。
李蕃给事中,赠尚书,黄氏夫人。	李吉安教授,赠尚书,田氏夫人。	李充嗣尚书,谥"康和",余氏、吴氏夫人。
	平绍封副使,易氏恭人。	平世用副使,余氏封恭人。
	张作襄封御史,李氏封安人。	张叔安知府,刘氏恭人。
张复祖赠侍郎,李氏封淑人。	张大器赠侍郎,余氏、刘氏封淑人。	张潮礼部尚书,马氏夫人。
	余则友封郎中,李氏、刘氏宜人。	余才光禄少卿,王氏恭人。
		高公夏知县,授文林郎,萧氏孺人。
	闾光封知县,王氏封孺人。	闾东都御史,马氏淑人。
		张叔宣长史,袁氏封宜人。
	阴玭封御史,高氏封安人。	阴汝登知府,易氏封恭人。
		王之臣参议,阴氏封孺人。
	刘彩教授,赠参议,李氏、陈氏恭人。	刘望之大理寺卿,田氏、张氏淑人。
	张时彩封郎中,潘氏封宜人。	张淑参议,刘氏恭人。
赵文杰知县,赠尚书,闻氏夫人。	赵勋赠尚书,余氏赠夫人。	赵贞吉大学士,陈氏、郭氏夫人。
	高冈封主事,田氏封安人。	高世彦布政,周氏夫人。
	姚克明封员外郎,赵氏宜人。①	姚宗尧刑部员外郎,田氏宜人。
	龚文魁通判,赠御史,梁氏安人。	龚懋贤副使,邓氏、萧氏恭人。
	陈安庆赠知县,徐氏封孺人。	陈纪主事,蒋氏、张氏安人。
	周瑶副使,晋中宪,张氏封恭人。	周世科员外郎,赵氏宜人。

---

① 嘉庆《志》"姚克明"至"张克臣"条(包括同横行条目)在下文"王一阳"和"王三锡"条后。

154

（续表）

祖	父	本身
		刘翱户部员外，周氏宜人。
	门世仰赠知县，熊氏孺人。	门缙知县，张氏孺人。
	张叔应赠奉直大夫，高、胡氏宜人。	张文华行人，金事，石氏宜人。
	萧蘅庠生，赠御史，张、廖氏安人。	萧如松光禄卿，锺、孚氏安人。
阴玺赠都御史，黄氏淑人。	阴汝夏赠都御史，洪氏淑人。	阴武卿南兵尚书，刘氏夫人。
何宗义赠侍郎，陈氏淑人。	何祥郎中，封侍郎，杨氏淑人。	何起鸣尚书，吴氏夫人。
	马泰阶赠员外郎，萧氏宜人。	马彦卿知府，王氏恭人。
梅昺赠侍郎，范氏淑人。	梅二元赠侍郎，刘氏封淑人。	梅友松都御史，张氏淑人。
	邓伊封推官，吴氏孺人。	邓林材知州，何氏宜人。
	余汝谏赠知府，熊氏恭人。	余之祯金都御史，陶氏淑人。
	赵蒙吉聘助教，推官[1]，刘氏孺人。	赵台柱知州，吴氏、张氏宜人。
马升阶知县，赠都御史，张氏淑人。	马鲁卿金事，封都御史，高氏淑人。	马鸣銮尚书，谭氏夫人。
	高世彦布政，进正治卿，周氏夫人。	高梅主事，冯氏安人。
	张克臣封御史，胡氏安人。	张问达御史，周氏安人。
刘珏知府，赠侍郎，乐氏淑人。	刘时通政，赠侍郎，张氏赠淑人。	刘养直侍郎，傅氏、王氏淑人。
	张潮尚书，马氏封夫人。	张麟知府，李氏恭人。
	萧露赠御史，吴氏、李氏赠安人。	萧世延参议，余氏、梅氏恭人。
	刘时赠侍郎，张氏赠淑人。	刘养仕知府，余氏恭人[2]。
	何宗义赠侍郎，陈氏封淑人。	何祥郎中，杨氏宜人。
	张洪化封征士郎[3]，喻氏封孺人。	张仲经历，杨氏孺人。
	阴激封太仆寺丞，陈氏赠安人。	阴惟肖南员外，陈氏封安人。
	张玙赠郎中，朱氏赠宜人。	张求可知府，杨氏宜人。

---

① 推官：嘉庆《志》、咸丰《志》作"赠推官"。

② 余氏：嘉庆《志》、咸丰《志》作"喻氏"。

③ 士：嘉庆《志》作"仕"。

〔道光〕内江县志要

（续表）

祖	父	本身
	周宗元赠评事，郭氏、谢氏赠安人。	周瑶副使，张氏封恭人。
	杨万福赠知县，谢氏孺人。	杨早寺丞，吴氏、游氏安人。
	高台封主事，喻氏安人。	高世儒户部主事，廖氏安人。
高举教授，赠布政，段氏夫人。	高文瀚封布政，吴氏赠夫人。	高察广西布政，刘氏夫人。
	吴世谏赠同知，陈氏赠宜人。	吴应叩楚雄同知，凌氏宜人。
	罗仕赠郎中，凌氏赠宜人。	罗良祯参政，王氏、万氏淑人。
	刘望之通议大夫，孙氏赠淑人。	刘翾参政，萧氏封淑人。
	马璧封御史，刘氏赠安人。	马呈图御史，杨氏、高氏安人。
邓九容知县，赠都御史。	邓谟赠都御史，王氏淑人。	邓林乔总督，刘氏、高氏淑人。
	王一阳封知府，赵氏赠恭人。	王三锡运使，胡氏恭人。
	喻承恩赠知县，高氏孺人。①	喻绳祖大理寺评事，陈氏孺人。
	罗永吉封知县，萧氏孺人。	罗朝彦知县，何氏孺人。
张叔应赠侍郎，高氏、胡氏淑人。	张文华行人，赠侍郎，石氏淑人。	张学周工部侍郎，高、王氏淑人。
	黄历耕赠知府，余氏恭人。	黄似华中宪大夫，徐氏恭人。
	余士策封知县，潘氏孺人。	余骈攸县令，萧氏孺人。
	喻自谦赠知县，张氏孺人。	喻大为知县，吴氏、熊氏孺人。
	刘纲赠郎中，陈、赵氏宜人。	刘体仁知府，傅氏、周氏宜人。
	张凤祯赠都御史，阴氏淑人。	张亮安卢巡抚，冉、雷氏淑人。
	陈安庆封承德郎，徐氏安人。	陈绪清和令，吴氏孺人。
	张克懋赠承德郎，蔡氏安人。	张聚垣南京郎中。
	郑璧通政，赠侍郎，□氏淑人。	郑延祚霍邱令，阴、刘氏淑人。
	张瑄封知县，门氏孺人。	张应台定远令，吴、罗氏孺人。
	陈心得封知县。	陈文耀主事，解氏恭人。
		徐凤翔无为州牧，□氏宜人。
	周槐封大使。	周世篆内库大使。

---

① 嘉庆《志》"喻承恩"至"张叔骞"条（包括同横行条目）在下文"徐献策"和"徐吉"条后。

156

（续表）

祖	父	本身
	傅大中封经历，池氏孺人。	傅翰经历，锺氏孺人。
	周柏封大使。	周世康内库大使。
	张叔骞理问，赠都事，田氏安人。	张文简都事，萧氏安人。
	陈延庆封知府，余氏恭人。	陈裪参政，王氏淑人。
郑勉臣赠通政使，□氏淑人。	郑彦俊赠通政①，刘氏封淑人。	郑璧北右通政，周氏淑人。
张士儼同知，赠参政，刘氏淑人。	张捷赠参政，刘氏淑人。	张尧臣云南布政，刘氏夫人。
	王迁赠同知，刘氏宜人。	王应期楚雄同知，吴氏宜人。
	门之祐赠主事，余氏安人。	门逵云南参政，庞氏淑人。
	萧友桂赠知县，姚氏孺人。	萧九成知府，罗氏恭人。
	周卿赠通判，邓氏安人。	周之岐平凉同知，□氏安人。
	周满赠主事，许氏安人。	周士昌徽州知府，陈、何氏恭人。
李师勉赠左布政，吴氏夫人。	李崇先赠左布政，周氏夫人。	李应魁布政，姚氏、萧氏夫人。
	高世洵赠知县，刘氏孺人。	高如松延安同知，陈氏安人。
	梁杞赠知州，郭氏安人。②	梁弘化宁波同知，熊氏宜人。
	赵鼎柱长史，赠知府，张氏恭人。	赵祖荫知府，邓氏恭人。
	杨维芳赠知县，喻氏孺人。	杨浩上思知州，胡氏宜人。
	刘承茂赠助教，廖氏孺人。	刘思忠任征仕郎，阴氏孺人。
	刘翱参政，赠大中大夫，萧氏淑人。	刘承祐授征仕郎，阴氏孺人。
	游淄赠长史，胡氏孺人。	游于默征仕郎，刘氏孺人。
	王之彦赠员外郎，陈氏宜人。	王有翼员外郎，喻、徐氏宜人。
	徐献策知县，封御史，曾氏孺人。	徐吉御史，游氏安人。③
	王珏封经历，门氏孺人。	王嘉制州判，刘氏孺人。

① 通政：嘉庆《志》、咸丰《志》作"郎中"。
② 杞：底本、尊经阁本原作"杞"，但后文《梁杞传》和《丘墓志》所载皆为"杞"，据之改。
③ 徐吉：底本、尊经阁本原作"徐一吉"，据前文《选举》所载及嘉庆《志》、咸丰《志》改。

（续表）

祖	父	本身
	黎珣封经历，门氏孺人。	黎邦伟经历，陈氏孺人。
	门宦赠征仕郎，谢氏孺人。	门世言蒙化经历，傅氏孺人。
	黎邦伟经历，封承德郎，严氏孺人。	黎裕民州判，刘氏孺人。
	徐才赠经历，张氏孺人。	徐谦经历，张氏孺人。
		汪寓兵司指挥，刘氏安人。
		刘僖大使。
	王嘉栋赠御史，□氏安人。	王范巡按御史，冉氏安人。

国朝封典[①]

　　本朝有貤封之典，故一命之士亦得荣及其亲，但既貤封父母而本身未受册轴者，其历官已列《选举》《成均》，不赘载。又功令历官，未遇覃恩，虽实任，不得幸邀。其常例捐封者，系由户部咨题，与覃恩锡类异典，应照通行志例，另入例锡门以符体制。旧《志》膺封各名下旁注官阶，不载某郎某大夫等字，兹仍改正如旧式。[②]

　　吴嵩。知县，封知州，蒋氏宜人。[③]

　　杨桐。知县，封郎中，李氏恭人。[④]

　　喻治。封知县。[⑤]

----

① 封典：嘉庆《志》、咸丰《志》作"封赠"。
② 嘉庆《志》、咸丰《志》本段作"本朝有貤封之典，故一命之士亦得荣及其亲，但既貤封祖父而本身未受封典者，不注其历仕。已请而祖父内外名氏未报者，仅列官阶以俟续补"。
③ 嘉庆《志》、咸丰《志》"吴嵩"条前有"杨所修""黄开运""吴允谦"条，后有"吴芳龄"条，且"吴嵩"条作"知县，赠奉直大夫，蒋氏宜人"。
④ 嘉庆《志》、咸丰《志》"杨桐"条前有"杨注""杨栻"条，后有"杨化元"条，且"杨桐"条作"知县，赠中宪大夫，李氏恭人"。
⑤ 嘉庆《志》、咸丰《志》"喻治"条前有"王于蕃""王侁""范锺""阴纪世""何显祖"条，且"喻治"条作"封文林郎，□氏孺人"。

喻联芳。封同知。①

王祚洪。贡生，封训导②，范、李氏孺人。

黄瑛。知县，封知州。③

杨化亨。监生，封学正。④

谈惟达。训导，赠教授⑤，张氏孺人。

谈宋。庠生，封教授⑥，张氏孺人。

姜毓奇。教谕，赠主事⑦，陈氏宜人。

姜察。庠生，封主事⑧，祝氏宜人。

王炎。贡生，赠知县⑨，张、何氏孺人。

王赐乐。封知县⑩，高氏孺人。

邓元宰。赠教授⑪，杨氏孺人。

邓传英。封教授⑫，周氏孺人。

艾显彰。晋阶赠知州，龚氏宜人。⑬

---

① 嘉庆《志》、咸丰《志》"喻联芳"条前有"喻宏林"条，后有"喻宏猷"条，且"喻联芳"条作"赠奉政大夫，□氏太宜人"。
② 封训导：嘉庆《志》、咸丰《志》作"貤赠修职郎"。
③ 瑛：嘉庆《志》、咸丰《志》作"英"，且作"知县，赠奉直大夫，□氏宜人"。另，二《志》"黄英"条后有"黄衮"条。
④ 嘉庆《志》、咸丰《志》"杨化亨"条前有"杨化光""黄玮""潘文湘"条，且"杨化亨"条作"监生，貤赠修职郎，□氏孺人"。
⑤ 赠教授：嘉庆《志》、咸丰《志》作"赠文林郎"。
⑥ 封教授：嘉庆《志》、咸丰《志》作"封文林郎"。
⑦ 赠主事：嘉庆《志》、咸丰《志》作"赠奉直大夫"。
⑧ 封主事：嘉庆《志》、咸丰《志》作"封奉直大夫"。
⑨ 赠知县：嘉庆《志》、咸丰《志》作"貤赠文林郎"。
⑩ 封知县：嘉庆《志》、咸丰《志》作"赠文林郎"。
⑪ 赠教授：嘉庆《志》、咸丰《志》作"貤赠文林郎"。
⑫ 封教授：嘉庆《志》、咸丰《志》作"赠文林郎"。且二《志》"邓传英"条后有"邓元宰""邓传郁""邓传伟""邓家骁"条。按，二《志》有两条"邓元宰"，一条上文注释已作说明，另一条为"貤封武信郎，杨氏安人"。
⑬ 晋阶赠知州：嘉庆《志》、咸丰《志》作"加级貤赠奉直大夫"。龚氏宜人：嘉庆《志》作"龚氏太宜人"。

艾祖麟。晋阶封知州[①]，张氏宜人。

王赐缨。赠知府，张氏恭人。[②]

王泰。监生，封知府，张氏恭人。[③]

刘之份。赠盐大使，尤氏孺人。[④]

刘之俨。赠教授，杨孺人。[⑤]

刘玉顾。廪生，封大使，李氏孺人。[⑥]

刘玉书。封教授，吴孺人。[⑦]

刘兴汉。封教谕，杨孺人。[⑧]

门琛。庠生，赠知县，马氏孺人。[⑨]

门昂。封知县，闵孺人。[⑩]

张宏鼎。赠知县，卓孺人。[⑪]

张佩常。封知县，邱、锺孺人。[⑫]

艾荣柏。赠盐大使，孙氏孺人。[⑬]

---

① 晋阶封知州：嘉庆《志》、咸丰《志》作"加级封奉直大夫"。

② 嘉庆《志》无"王赐缨"条，咸丰《志》作"赠朝议大夫，张氏恭人"。

③ 嘉庆《志》无"王泰"条，咸丰《志》作"封朝议大夫，张氏恭人"。

④ 嘉庆《志》"刘之份"条前有"邱模""邹国珍"条，咸丰《志》此二条在"谈
煮"条后。嘉庆《志》"刘之份"条作"貤赠文林郎，河东盐大使，尤氏赠孺
人"，咸丰《志》作"貤赠文林郎，尤氏孺人"。

⑤ 嘉庆《志》无"刘之俨"条，咸丰《志》作"貤赠文林郎，杨氏孺人"。

⑥ 嘉庆《志》"刘玉顾"条作"廪生，赠文林郎，河东盐大使，吉氏赠孺人"，咸丰
《志》作"廪生，赠文林郎，吉氏七品孺人"。

⑦ 嘉庆《志》"刘玉书"条作"赠修职郎，双流县教谕，疑氏赠孺人"，咸丰《志》
作"赠修职郎，晋文林郎，吴、吴氏孺人"。

⑧ 嘉庆《志》无"刘兴汉"条，咸丰《志》作"赠修职郎，杨氏孺人"。

⑨ 嘉庆《志》无"门琛"条，咸丰《志》作"庠生，屡赠文林郎，马氏孺人"。

⑩ 嘉庆《志》无"门昂"条，咸丰《志》作"封文林郎，闵氏孺人"。

⑪ 嘉庆《志》无"张宏鼎"条，咸丰《志》作"貤赠文林郎，卓氏孺人"。

⑫ 嘉庆《志》"张佩常"条作"张万选父张佩璠，诰赠文林郎，安县教谕，母锺氏
赠孺人"，咸丰《志》作"张佩璠，赠修职郎，晋文林郎，锺氏孺人"。

⑬ 嘉庆《志》无"艾荣柏"条，咸丰《志》作"貤赠修职郎，孙氏孺人"。

易元林。赠知县，周氏孺人。①

易国光。封知县，王氏孺人。②

潘泰熙。教谕，封知府，凌氏恭人。③

潘毓璇。封知府，彭、王恭人。④

苏茂眉。贡生，赠知县，周氏孺人。⑤

苏纯臣。庠生，封知县，王氏孺人。

苏茂秦。赠知县，刘孺人。

苏纯达。封知县，杨孺人。

谈焘。封教谕，门孺人。⑥

刘政焕。封教谕，谢孺人。⑦

喻能发。封教谕，阴孺人。⑧

邓传郁。封千总，吴安人。⑨

邓传伟。赠千总，林安人。⑩

---

① 嘉庆《志》无"易元林"条，咸丰《志》作"易林元。貤赠文林郎，周氏孺人"。

② 嘉庆《志》无"易国光"条，咸丰《志》作"赠文林郎，王氏孺人"。

③ 嘉庆《志》"潘泰熙"条作"潘毓璇父潘泰熙，封文林郎，广东杨春县知县，母赠凌孺人"，咸丰《志》作"训导，赠文林郎，晋封朝议大夫，凌氏恭人"。

④ 嘉庆《志》无"潘毓璇"条，咸丰《志》作"貤封朝议大夫，彭、王氏恭人"。

⑤ 嘉庆《志》无"苏茂眉"及下"苏纯臣""苏茂秦""苏纯达"等条，咸丰《志》"苏茂眉"条作"贡生，貤赠文林郎，周氏孺人"、"苏纯臣"条作"庠生，赠修职郎，晋封文林郎，王氏孺人"、"苏茂秦"条作"貤赠文林郎，刘氏孺人"、"苏纯达"条作"苏淳达，赠修职郎，晋封文林郎，杨氏孺人"。

⑥ 嘉庆《志》无"谈焘"条，咸丰《志》作"貤赠修职郎，门氏孺人"。

⑦ 政：底本、尊经阁本原作"正"，据后文《国朝儒寿》改。嘉庆《志》此条作"刘一衡父刘政焕，诰赠修职郎，隆昌县训导，母谢氏诰赠孺人"，咸丰《志》作"赠修职郎，谢氏孺人"。

⑧ 嘉庆《志》无"喻能发"条，咸丰《志》作"赠修职郎，阴氏孺人"。

⑨ 嘉庆《志》、咸丰《志》"邓传郁"条作"封武义郎，吴氏安人"。

⑩ 嘉庆《志》、咸丰《志》"邓传伟"条作"貤赠武信郎，林氏安人"。

潘锌。赠都司,王、杨恭人。①

潘泰阶。封都司,李恭人。②

荫叙

明代

吴伯钧、萧翀、马炳然、李充嗣、张潮、刘瑞、高公韶、刘养直、何起鸣、赵贞吉、马鸣銮、梅友松、阴武卿、郑璧,前后均得荫子,已列《成均》,不赘载。③

国朝

余朝龙。真定游击。中銮子。以守备剿贼阵亡,荫其子营守备。④

邹晴川。由武举入营,剿贼伤亡,荫其子应相八品监生。⑤

---

① 嘉庆《志》"潘锌"条有二:一作"潘毓琔祖父潘锌,貤赠文林郎,广东阳春县知县,祖母貤赠杨、王孺人",另一作"潘毓琜祖父潘锌,又貤封昭武都尉,祖母貤封杨、王恭人";咸丰《志》作"貤赠昭武都尉,王、杨氏恭人"。

② 嘉庆《志》"潘泰阶"条作"潘毓琜父潘泰阶,貤昭武都尉,母赠李恭人",咸丰《志》作"封昭武都尉,李氏恭人"。

③ 嘉庆《志》、咸丰《志》此段作"明吴伯钧荫子凤兴,萧翀荫子世功、孙萱,马炳然荫子元勋,李充嗣荫子松,张潮荫子仕麟,刘瑞荫子涵,高公韶荫子釪,刘养直荫子元泰,何起鸣荫子何台、何合、孙思顺、思恭,赵贞吉荫子鼎柱、景柱、孙祖荫,马鸣銮荫子宗宜、述宜,梅友松荫子龄昌,郑璧荫子延爵,阴武卿荫子镕"。

④ 嘉庆《志》无"余朝龙"条,咸丰《志》作"以追剿贼目阵亡,荫其子营守备"。

⑤ 嘉庆《志》无"邹晴川"条,咸丰《志》作"以剿贼阵后伤亡,荫其子应相正八品监生"。另,咸丰《志》"邹晴川"条后有"李春暄。以守城巷战遇难,荫其子云骑尉"。

续增封赠

潘泰履。 封教谕,阴氏孺人。^①

谢霖章。 封教谕,林氏孺人。

李恒元。 赠知县,□氏孺人。

李国钦。 封知县,饶氏孺人。

谢世相。 赠知县,王氏孺人。

谢大炀。 封知县,锺氏孺人。

罗良存。 赠同知,刘氏宜人。

罗俊。 重建圣庙,捐资议叙盐知事。以子岱晋阶,封同知,周氏宜人。

恩庆^②

王者瑞。 由举人,恩赐内阁中书。

王体亨。 由岁贡,恩赐举人,再赐翰林检讨。

锺丕谟。 由附生,恩赐举人,再赐翰林检讨。

谢锦。 由候选训导,恩赐举人。

周鸿才。 由岁贡,恩赐举人,再赐国子监学正。^③

门朱。 由岁贡,恩赐举人。

许汝达。 由附生,恩赐副榜^④。

　　以上科分附列《选举》。

李大作。 由监生,捐置学田,恩叙盐运司知事。

---

① 嘉庆《志》、咸丰《志》无"潘泰履"至"罗俊"等八条。

② 按:嘉庆《志》、咸丰《志》无"恩庆"的相关记载。

③ 人、正:底本二字缺,据尊经阁本补。

④ 榜:底本缺,据尊经阁本补。

右传入《高义》。

陈书俊。升三。

阴瀚。海门。

刘景琨。

潘毓琼。

潘廷臣。

李春晖。

李春旸。

罗章。清溪。

罗俊。

潘宪臣。仲卿。

李春曜。

李春荣。

江太坤。

罗集宠。

朱维章。

罗长茂。

门启经。

谢庄。敬亭。

右十八人，俱以捐建学校具题，奉旨以正八品盐知事、县丞议叙。

内江县志要人民部卷之二中①

人物

唐

范崇凯

字金卿。善属文，开元中状元，明皇命作《花萼楼赋》，称为天下第一。弟元凯，亦有文名。时号"梧冈双凤"。②

宋

赵之礼

字安道，守安夷军城寨、都游奕巡检使洪曾孙也。少贫，有远志，意气豁如。及富，好施与，不自矜伐。子孙多跻显位，以孙雄贵，累封少傅、薛郑齐三国公。

赵逵

字庄叔，号栖云。读书数行俱下，绍兴中，对策擢第一。为秦桧所忌，授金事剑南川东③，后累迁至中书舍人。高宗尝称其"纯正可嘉"，又以文章似苏轼，称为"小东坡"。有《栖云集》三

---

① 按：底本"卷之二中"整体缺失，此部分据尊经阁本补。嘉庆《志》对应内容为卷三十八《人物志》，咸丰《志》为卷六、卷七《人文志》。
② 按：尊经阁本有藏书印"华西大学旧藏"阴文方印，将"作花萼楼""时号梧冈"八字覆盖，兹据嘉庆《志》、咸丰《志》补。
③ 川东：《宋史·赵逵传》作"东川"。

十余卷^①。

　　按：赵庄叔由盘石籍登第，实自内江迁，升庵太史曾纪其事。宋令李正炎雁塔，亦与赵卫公诸人并载，遗碣尚存学官。时资州治在资阳之阳安驿，资阳、盘石、内江、龙水四邑隶焉，故皆称资州人，今资州则盘石治也。《宋书》载庄叔先世秦人，八世祖处荣徙蜀。绍兴三年，对策论君臣父子情甚笃，帝亲擢第一，非秦桧意也。又赓御制《芝草》诗，有"皇心未敢宴安图"之句，桧怒曰："逵犹以为未太平耶！"桧卒，始由校书郎迁著作佐郎，兼礼部员外。帝尝嘉之曰："卿始终不附权贵，真天子门生也！"对曰："臣不能如古人抗折权奸，但不敢与之同耳，然所以事宰相礼，亦不敢缺。"充普安郡王教授，劝讲至戾太子事，王曰："于斯时也，斩江充，自归于武帝，何如？"曰："此非臣子所能。"主意盖有所在也。二十六年，晋起居郎兼给事中，除中书舍人，知贡举，得王十朋、阎安中。先后荐杜莘老、唐文若，又奉诏举冯芳^②、刘仪凤、李石、剡次云，皆天下士也。屡以疾求外，寻卒，帝甚悼焉，尝自谓曰："司马温公不近非色，不取非财，吾虽不肖，庶几慕之。"至升庵载：庄叔童年迁盘石北街，夜行吹笛，瘟使潜避。事虽传闻，有据，应入《外纪》。兹特录其大者。^③

―――――――――――――

① 三十余卷：《宋史·赵逵传》作"三十卷"。
② 冯芳：《宋史·赵逵传》作"冯方"。
③ 嘉庆《志》、咸丰《志》按语与此段不同，作"按：升庵太史《外纪》，赵逵生于南渡之后，性聪明，身矮而麻，尚质朴，好读书。年八岁，随父自内江徙之资中磐石县北街居住，夏月夜凉，常绕街吹笛为戏。是年，时疫盛行。一日逵吹笛至北街茶肆，老妪与逵言，近有五人来店吃茶，见吹笛过，各回避，自后疫遂止，人疑即五瘟使者。又一秀士貌类炳灵公，入茶店，嘱老妪云：'赵逵有济贫之心，必获善果。'言讫，忽不见。日后逵到店，老妇具述此言，逵闻，径赴庙谢，空中云：'来年转对大廷，必魁天下，三年当入相。'后为岳府尚书。载省《志》"。另，按语至"庶几慕之"，二《志》载于《外纪》中。

赵雄

字温叔。隆兴元年类省试第一[①]。虞允文宣抚西蜀[②]，辟干办公事，入相，荐于朝。乾道五年，召见便殿，孝宗大奇之，即日手诏除正字。范成大使金，将行，雄当登对，允文招与语。既进见，雄极论恢复，孝宗大喜曰："功名与卿共之。"即除右史，两月除舍人。

金使邪律子敬贺会庆节，雄馆伴子敬，批露事情，不敢隐，逻者以闻。上夜召雄，具以子敬所言对，上喜。金使入辞，故事当用乐，雄奏："卜郊有日，天下方斋，乐不可用。"上难之，遣中使谕雄，雄奏："中使必不敢不顺[③]，即有他臣，得引与就馆。"上大喜。雄请复置恢复局，日夜讲磨条具，合上意，除中书舍人。自选入馆至此，未满岁也。

时金将起河南之役，议尽以诸陵梓宫归于我。上命雄出使贺生辰，仍止奉还陵寝及正受书仪[④]。雄既见金主，争辩数四，其臣屡喝起，雄辞益力，卒得请乃已，金人谓之"龙斗"。尝上疏论恢复计，大略莫若由蜀以取陕西，由陕西以临中原[⑤]，是秦制六国之势也。八年，以母忧去。

淳熙二年，召为礼部侍郎，即除端明殿学士，金书枢密院事。一日奏事，上曰："今夏蚕麦甚熟，丝米价平，可喜。"雄奏："孟子论王道，始于不饥不寒。"上曰："近世士大夫好高论，耻言农事，微有西晋风。岂知《周礼》与《易》言理财，周公、孔子曷尝不以理财为务？且不独此，士大夫讳言恢复，不知其家有田百亩，内五十亩为人所据，亦投牒理索否？"雄曰："陛下志在大有为，敢不布荛

---

① 类省试：尊经阁本原作"汇省试"，此据《宋史·赵雄传》改。按，类省试是宋代科举制度的名称。
② 西蜀：《宋史·赵雄传》作"四蜀"。
③ 中使：《宋史·赵雄传》作"金使"。
④ 还：《宋史·赵雄传》作"迁"。
⑤ 由：《宋史·赵雄传》作"得"。

言①，书之《时政记》。"十一月，同知枢密院事。五年，参知政事。十一月，拜右丞相。每进见，必曰"二帝在沙漠"，未尝离诸口也。

朱熹累召不出，雄请处以外郡，命知南康军。熹极论时事，上怒，令雄分析，雄奏："熹狂生，罪之实成其名。②若天涵地育，置而不问可也。"会周必大亦力言，乃止。绍兴帅张津献羡余四十万缗，雄乞降旨下绍兴，以其钱为民代输和买身丁，折帛钱之半，使取诸民者，民复得之，足见圣主之德。

自雄独相，蜀人在朝仅十数。及眷衰，有人言其私里党者，上疑之。已而陈岘为四川制置，王渥为茶马，命从中出。雄求去，诏勉留，曰："丞相任事不避怨，选材无乡旧。"盖有所激也。祖宗时蜀人未尝除蜀帅，雄请外，除观文殿大学士，四川制置使。王蔺为御史，以故事不可，上疏论之。雄乞免，改知泸南安抚使。上思雄不忘，改知江陵府。江陵无险可恃，雄请城江陵，城成，民不告扰。光宗复禅，召雄，雄上万言，陈修身齐家以正朝廷之道，言甚剀切。诏授武宁军节度使，开府仪同三司，进卫国公，改帅湖北。疾甚，改判资州，又除潼川府。绍熙四年薨③，年六十五，赠少师。嘉定二年，谥"文定"。

赵昱

字希光，淳熙宰相卫国公雄之子也。少苦学，以司马、周、程氏为师，每谓"命于天之谓良贵，充诸己之谓内富"④，故漠然不以利禄动其心。出仕二十余年，仅一磨勘，历任不满三考，其恬退如此。洒扫一室，左图右书，尽昼夜、积日月不舍，终身不改。

先是卫国公相孝宗皇帝，一日奏事，上从容语及郑丙，曰："郑

---

① 尧言：《宋史·赵雄传》作"尧言"。

② 熹狂生罪之实成其名：《宋史·赵雄传》作"熹狂生，词穷理短，罪之适成其名"。

③ 绍熙：尊经阁本原作"绍兴"，据《宋史·赵雄传》改。

④ 每谓命于天之谓良贵充诸己之谓内富：岳珂《桯史》卷三《赵希光节概》作"每谓'存天性之谓良贵，充诸己之谓内富'"。

丙不晓事,问他吴挺,乃云:'小孩儿,解甚底!'"卫公曰:"以大将比小儿,丙诚不晓事。然以臣见,挺虽有所长,亦有所短。"上曰:"何故?"公曰:"为人细密警敏,此其所长。然敢于欺君,又恃其险巧而愚弄士大夫,此其所短。但朝廷用之不得其地。"上曰:"何谓'用之不得其地'?"卫公曰:"往年恢复至顺德,中原父老箪食壶浆以迎王师者肩摩袂接,悉取免敌钱,大失民望,迄以无功,中原之人至今怨此子,深入骨髓。而朝廷乃使之世为西将,人以二父故莫不畏服,挺亦望宣抚之任久矣。蜀虽三军,二军仅当其偏裨,虽陛下神武御将,百挺何能为?然古帝王长虑却顾为子孙万世计,似不如此。"上大感悟。后挺死,朝廷虽略行其言,已而复故。

开禧丁卯,吴羲僭叛,昱每念卫公此语,辄投地恸哭,或至气绝不苏。初欲买舟顺流而东,贼以兵守蜀门[1],不果行。于是制大布之衣,每有自关表避乱而归者,辄号泣吊之,亟遗书成都帅臣杨辅,谓:"逆雏骄竖,干乱天纪,痛哉宗社!哀哉苍生!此直愚骏无知[2],为虏所陷,逆顺昭然,其下未必乐从。肘腋之间,祸将自作,事尚可为。"因劝以举义兵[3],遂绝粒,至于卧疾不起,犹昼夜大号,声达于外。置一剑枕间,每欲举自刺,辄为家人捍之而止,如是者数四,终不食死。今祀忠义[4]。

郭赞

字直声。熙宁间随父宦游襄、邓间,父卒,寓安陆。元符末,应诏上书,慷慨言天下事,不报。崇宁二年,廷英喝名,坐前事,斥出,编置鄂州,久之,例复仕籍。靖康初,以奉议郎调蔡州汝阳令。建炎二年春,金兵破蔡,官吏悉遁匿,赞朝服坐厅,戟手大骂,金将

---

① 蜀门:《桯史》同,黄宗羲《宋元学案·郡守赵中川先生昱》、陆心源《宋史翼·赵昱传》作"夔门"。

② 愚骏:尊经阁本原作"愚孩",据《桯史》《宋元学案》《宋史翼》改。

③ 因劝以举义兵:《桯史》无"兵"字,《宋史学案》《宋史翼》亦无"兵"字,而下有"辅不能用"四字。

④ 嘉庆《志》、咸丰《志》无"今祀忠义"四字。

执见其首,复极骂而死。

先是金兵临境,命二子曰:"我有官守,义当尽节,若辈无辜,俱殒可乎?"二子曰:"父不避国难,子安得逃父之难!"遂父子偕亡。绍兴中,左奉议郎单父王憼为之记。今祀忠义[1]。

元

黄泽

字楚望,其先长安人。唐末有名舒艺者,知内江县,卒葬焉,子孙遂为邑人。[2]宋初,延节为大理评事,兼监察御史,累赠金紫光禄大夫,泽十一世祖也。五世祖拂,与其二兄播、搉,同年登进士第,蜀人荣之。父仪可,累举不第,随兄骥子官九江,蜀乱不能归,因侨寓焉[3]。

泽生有异质,慨然以明经学道为志,好为苦思,屡成疾,疾止复思,久之,如有所见,作《颜闵仰高钻坚论》[4]。蜀人治经,必先古注疏,泽于名物象数[5],考核精当,而义理宗程朱,作《易春秋二经解》《二礼祭祀述略》。

大德中,江西行省相臣闻其名,授江州景星书院山长,使食其禄以施教。又为山长于洪之东湖书院,受学益众。始泽尝梦见夫子,以为适然,既而屡梦见之,最后乃梦见夫子手授所校《六经》,字画如新。由是深有感发,始悟所解经多拘旧说为非是[6],乃作《思古吟》十章,极言圣人德容之盛,上达于文武、周公[7]。秩满即归,闭

---

① 嘉庆《志》、咸丰《志》无"今祀忠义"四字。
② 唐末有名舒艺者知内江县卒葬焉子孙遂为邑人:《元史·黄泽传》作"唐末,舒艺知资州内江县,卒,葬焉,子孙遂为资州人"。
③ 因侨寓焉:《元史·黄泽传》作"因家焉"。
④ 颜闵仰高钻坚论:《元史·黄泽传》作"颜渊仰高钻坚论"。
⑤ 象数:《元史·黄泽传》作"度数"。
⑥ 拘:《元史·黄泽传》作"徇"。
⑦ 文武:《元史·黄泽传》作"文王"。

门授徒以养亲，不复言仕。

尝以为圣人远，经籍阙，传注家率多附会，近世儒者又各以才识求之，故议论虽多，而经旨愈晦。必积精诚，确有所悟，然后可以窥见圣人之本真，乃揭《六经》中疑义千有余条，以示学者，既乃尽悟失传之旨。自言每于幽闲寂寞、颠沛流离、疾病无聊之际得之，及其久也，则豁然无不贯通。自天地定位、人物未生已前，沿而下之，凡邃古之初、万化之原，载籍所不能具者，皆昭若发蒙，如示诸掌。然后伏羲、神农、五帝、三王，以及春秋之末，皆若身在其间，而目击其事者。

于是《易象》《春秋》传注之失，《诗》《书》未决之疑，《周礼》非圣人书之谤，凡数十年苦思而未通者，涣然冰释，各就条理。故于《易》以明象为先，因孔子之言，上求文王、周公之意，而其机括则尽在《十翼》，因作《举要》《忘象辨》《同论》[1]。于《春秋》以明书法为主，其要则在考核三传，以来向上之功[2]，而脉络尽在《左传》，作《三传义例考》《笔削本旨》。又作《元年春王正月辨》《诸侯娶女立子通考》《鲁隐不书即位义》《殷周诸侯禘祫考》《周礼太庙单祭合食说》[3]，作《邱甲辨》，凡如是者十余通，以明古今礼俗不同，见虚词说经之无益。尝言："学者必悟经旨废失之由，然后圣人本意可见，若《易象》与《春秋》书法，废失之略相似，苟通其一，则可触机而悟矣。"又惧学者得于创闻，不复致思，故所书多引而不发，乃作《易学滥觞》《春秋指要》示人，以求端用力之方。

其于礼学，则谓郑氏深而未完，王肃明而实浅，作《礼经复古

---

[1] 辨：嘉庆《志》作"辩"。下文"元年春王正月辨""邱甲辨""其辨释诸经要旨"同。按，《元史·黄泽传》"举要"作"十翼举要"、"辨"作"辩"、"同论"作"辩同论"。

[2] 来：《元史·黄泽传》作"求"。

[3] 鲁隐、周礼：《元史·黄泽传》分别作"鲁隐公""周庙"。

正言》①。如王肃混郊丘废五天帝,并昆仑、神州为一;赵伯循言王者禘其始祖之所自出,以始祖配之,而不及群庙之主;胡宏家学不信《周礼》,以社为祭地之类,皆引经以证其非。其辨释诸经要旨,则有《六经补注》,诋排百家异义,则取杜牧"不当言而言"之义,作《翼经罪言》。

近世覃思之学,推泽为第一。吴澄尝观其书,以为生平所见明经士,未有能及之者,谓人曰:"能言距杨墨者,圣人之徒也,楚望真其人乎!"然泽雅自慎重,未尝轻与人言。李洞使过九江,诣北面称弟子,受一经,且将经纪其家,泽谢曰:"以君之才,何经不可明,然亦不过笔授其义而已。若余则于艰苦之余,乃能有见。吾非抑子②,不敢以二十年林下欺君也。"洞叹息而去。或问泽:"自閟如此,宁无不传之惧?"泽曰:"圣经兴废,上关天运,子以为区区人力所致耶!"

泽家甚窭贫,且年老,不复能教授。经岁大裖,家人采木实草根以疗饥,宴然曾不动其意③。惟以圣人之心不明,而经学失传,若己有罪为大戚。至正六年卒,年八十七,其书存于世者十二三。门人惟新安赵汸为高弟,得其《春秋》之学尤多。汸为泽传《世家》,见《通志》。

明理学

张玉林　刘瑞　赵贞吉　马升阶　张延年　赵蒙吉　何祥
马彦卿　邓林材④

---

① 按:尊经阁本、嘉庆《志》、咸丰《志》均无"作"字,因致文意不通,查《〔嘉庆〕四川通志》卷百五十一《黄泽》有"作"字,据之补。

② 抑:《元史·黄泽传》作"邵"。

③ 宴:嘉庆《志》、咸丰《志》、《元史·黄泽传》皆作"晏"。

④ 按:嘉庆《志》、咸丰《志》每人传末皆有"旧《志》列《理学》"五字。

张玉林

字邦辉。少醇谨介洁，笃志圣贤之学，诸生多从之游。马湖土官安鳌闻其名，延之师席，为置产筑室居之，固辞而返。登堂拜母，询甘旨，母语稍缓，即遣妻还母家，自是供养益不继。母泣下，林知之，亟遣人迎妻归，夫妇如初，母始悦。

成化乙未举进士，观政刑部。时决囚无常期，上疏论之，请除大逆外，其他大辟狱成，俱以秋令从事，下部覆如议。又上阁老徐文靖书：一曰立七庙以复古制，二曰建明堂以览时政，三曰迎时令以敬天，四曰布三礼以遵经，五曰议雅乐以易俗，六曰明律管以制度，七曰申条教以育人才，时不能用，识者韪之。寻除石首令，专务德化，不任刑罚，士民翕然戴之。丁内艰，丧祭一仿古礼。起补寿张县，九载秩满，升知北胜州，道卒。

生平鲜伪行妄语，淘洗性灵，潜深理趣，孜孜以践履为实地，以诚敬为主持，浮云富贵，糠秕词章。所著《天地万物造化论》，抉奥阐幽，多所自得。有《静庵语录》藏于家。滇人宪副赵璧[①]、关中主事冯友端、汉川赵果、荣昌范聪、同里张作襄，皆门下士。乡人采其行履，祀于学宫。

刘瑞

字德符，按察金事时敉子。颖异有大志，十岁能属文，父奇之，语以圣贤性命之学，锐志向往。举弘治丙辰进士，改庶吉士，读中秘书，授检讨。

弘治己未，清宁宫灾，下诏求直言，瑞疏陈八事：其一，崇实德，宜罢斋醮祈禳，一意内修；二，亲儒臣，大臣讲官宜不时召问；三，严近习，谓宦寺李广余党并宜斥逐；四，全孝思，谓汪直、王越，先帝已摈弃，不宜复用；五，旌直言，谓副使杨茂元、郎中王云凤以言获罪，乞复其官；六，励士风，谓钻李广之门者，宜行检罚；七，

---

① 璧：嘉庆《志》作"璧"。

爱小民，宜停止不急以苏穷困；八，御夷狄，谓邓廷瓒都匀之功、王越贺兰之捣，宜核实以惩欺罔。疏入，上意感动，直、越寻坐免，茂元、云凤皆复官。

庚申，边警急，条上边事，极言将懦兵疲之状，识者拟之《御戎论》。壬戌，充同考试，简拔多海内名士，杨杲、何景明其著者。武宗立[①]，疏上九事。丙寅，宦者刘瑾窃威柄，排斥善类，内阁刘、谢二公请诛瑾辈[②]，弗克。瑾乃矫诏，指三公以下五十三人为朋党，瑞与焉，奉母侨居澧州，瑾憾不置。会都御史雍泰忤瑾，瑾怒除雍名，以瑞尝荐雍，罚米二百石输大同，坐是益贫，授徒讲学，未尝介介。

壬申，诏起副使，提学山西。丁母忧，服阕，补督学浙江，毅然以复古明道为任，校士锱铢不爽[③]，两浙文教大振。定冠婚乡射之礼，饰名宦乡贤之祀，继事者率踵行之。升南京太仆少卿，民牧多所厘正。世宗即位，升南京光禄，疏均差、减耗、折羡、亲输四事，从之。进南太常卿，寻升南礼部右侍郎。

是冬，地震雷电，元旦再震，大江南北，饥人相食。瑞条上六事，大略谓：雷不宜震而震，地不宜动而动，此何异也？不于他所而于南京，何地也？不于他日而于立春，何时也？愿清心以正本，亲贤以成务，节用爱人以惜才，谏行言听以来善，罢斋醮，止织造，爵赏刑罚，一付至公，以回天意。言甚剀切，上嘉纳之。会大礼议，与九卿上奏，亦不之罪。乙酉，视部事，疾作，端坐而逝。讣闻，给祭葬[④]，赠礼部尚书。隆庆中，题谥“文肃”。

瑞天性至孝，伏腊讳辰，斋戒哭奠，至老弥笃。对妻子如严宾，

---

① 立：嘉庆《志》、咸丰《志》作“即位”。

② 刘谢二公：刘指刘健、谢指谢迁，俱明中期名臣。时谢迁上奏请诛刘瑾，不纳，遂与刘健同致仕归。

③ 士：嘉庆《志》作“仕”。

④ 祭葬：嘉庆《志》作“葬祭”。

教人以诚，交友以信，好善如己出，疾恶如仇雠。道本《六经》，学期实践，异端佛老，力排痛抑。历事三朝，初终一节，三仕三已，气不少挫，一代醇儒也。有《改本三国志》《敷纳稿》《幼学稿》《禁垣奏草》《澧兰录》《征信录》《童观录》，杂序、记、碑、序、志、论、议、赋、颂、铭、赞、启、古今体诗若干卷梓行。

赵贞吉

字孟静。少负异质，颖悟绝伦，读书青神山，穷志圣贤之学，标视往哲，折衷群言，默识冥搜，直窥阃奥。初与乡试，即走谒杨文忠公于新都，文忠奇之。乙未举进士，廷试对策，王肃敏得之，叹曰："此何让贾生《治安策》！"内阁拟一甲第二，世宗批"略泛而滞于行"，置二甲第二，选庶吉士第一，读书中秘。寻授编修，疏请敷求真儒以赞大业，时宰不怿，数谒告[1]，请假家居。

庚戌，擢右春坊右中允，管国子司业事。会边骑薄都城，挟求入贡，贞吉抗议，力陈不可许状。有旨，命兼御史，往宣谕将士，执政以此衔之。事竣，坐退缩，廷杖，谪官广右，已乃量移南部寺，忧去。升南工侍，起复改户部，以蓟州督饷事再忤执政，罢归。与里中弟子及四方负笈者，讲明良知之旨，怡然若将终身。

隆庆丁卯，穆宗初，复起詹事，侍经筵，圣驾临雍，摄祭酒事，分奠坐讲，音节规度当上意，旋充日讲。会边警，石州破，与执政数议边务不合。升南京礼部尚书，寻奉特旨，召还侍讲幄，因事寓规讽，启沃居多。顷之，特命以本官兼文渊阁，参大政。

贞吉愤近代朝纲边防多姑息玩弊，力图振刷，先疏论营制，收兵权，复祖宗之旧，与本兵科臣大忤，迄不用其言。未几，加太子太保，掌都察院事。首疏求退，以辩释霍本兵之疑论[2]；救四川抚

---

① 数谒告：嘉庆《志》无"数"字。
② 霍本兵：指霍冀，与赵贞吉就营制问题不和。首疏求退：指《艺文》所收第一篇《乞致仕疏》。

臣严清之任事不当；调停新郑修怨华亭之谋^①；主收把汉那吉来归之众以纾边患；止不时考察台省内降以培国体；乞还新郑内阁，解吏部之权。正色危言，孤立一意，朝野之间咸敬惮之。

居顷，知不可行其志，亟上书引归。聚徒谈道，嗣往镜来，其说一以性命为根本，以文章为枝叶，以经济为用，以出处为蘧庐，皆孔子家法也。晚乃述《经世》《出世》二通，申治理，明学术，以达三才；广论说，指单传，以发三昧。义例初陈，杀青未竟而卒。讣闻，上震悼，辍朝一日，给祭葬，赠少保，谥"文肃"。少宗伯孙应鳌志之曰："公平生夙秉真慧，洞契元铨，有疏观性命之志；含酝万象，条达九流，有雄视今古之识；矫厉奇服，慷慨谋国，有尽瘁邦家之节；道合则从，时违斯止，有秕糠尘世之介。良由本体澄澈，精悟默成，故屡进不喜，数罢不忧，任劳怨不诎，触权势不惧，真人伦之师表，世儒之筮龟也！"识者以为知言。

贞吉殁后，子鼎柱、景柱与门人龚侍御、邓刺史缀其遗稿为《诗抄》《文抄》《讲义》数十卷，及《周南留著图》《年谱》行于世。省《志》载：贞吉初为司成，立朝蹇谔，遇事慷慨，廷斥严嵩误国。及诏起入阁，毅然以天下为己任，与首相持议不合，引归。^②诗文与杨升庵、任少海、熊南沙称"蜀四大家"。

马升阶

字汝弼。举嘉靖戊子乡荐，应礼部试。闻王阳明讲学东南，毅然向往，购其《语录》诵之，有当于心，遂决意性命之学。丁母萧夫人忧，哀毁尽礼。谒选授武陵令，豪猾敛手，招贫民复业者三百家。以直道忤上官，引归，士民刻像祠之。时伯兄进阶亦由襄阳解

---

① 新郑：指高拱，河南新郑人，明中期内阁首辅。华亭：指徐阶，松江府华亭县人，明嘉靖后期至隆庆初年内阁首辅。
② 按：《〔天启〕新修成都府志》卷二十载："（赵贞吉）历学士大司成，立朝蹇谔，遇事慷慨。俺虏入寇，京师廷斥严嵩误国，谪戍岭表。隆庆初，诏起侍经筵，前后进讲五十余章，深切治理，皆见嘉纳。进大学士，毅然以天下为己任，与首相持议不合，引归。……"

政归，父松山九十余①，豆觞承养，乡里荣之。嗣遭父忧，筑庐山间，绝迹城市。子鲁卿、孙鸣銮，俱以名进士登显宦，世其家。所著有《宜山集略》《百将传略》《慎思录》《易义会通》《经旨举要》《卜筮考略》《随笔录》《五岳编》《武陵事迹》《马氏族谱》各一卷行世。

张延年

字元与。父年三旬无子，祷钟山蒋公庙，生延年，小字蒋君。幼沉静，初读小学即思践行，一日鸡鸣，肃拜其父床下②，父惊问，对曰："儿晨省当如是。"父嗟异，教之曰："立身行道，孝之大者，定省仪节耳。汝年少，姑已之。"自是镇日静坐，沉玩义理，屹若成人。

父卒，平民苦差徭，乃习举业应试，冀以免役。一日，语里中马宜泉曰③："孟氏辟杨墨，韩子辟佛老，为陷溺人心也。今之害道非此数者，直举业耳，未得则栖栖皇皇，既得则耿耿逐逐，陷溺其中，进退无据。某所以三年检点身心，了无一得也。"马叹异之。已乃弃旧业，屏居山中，洗心凝神，不舍昼夜，久之若有所见，以质于马，马曰："天地之道，诚一不已，若到去处，更当平实。"延年深以为然。寻病卒。督学胡直匾其门曰"清修吉士"，祀乡贤。

赵蒙吉

字仲通。自少卓荦不群，与兄文肃公自为师友，讲道励行，具有经世大略。嘉靖辛卯登乡荐，屡上春官不第，督学姜宝荐于朝，征授国子博士。寻以疾乞归，栖牛心山，澄心养性。临卒，与文肃公谈原始反终之道，端坐而逝。有《正学记》《上时宰乞归书》藏于家。

---

① 松山：嘉庆《志》、咸丰《志》作"松山公"。
② 床下：嘉庆《志》作"于床下"。
③ 马宜泉：指马升阶，兹据《〔民国〕内江县志》卷八："别号：原《志》各传不详载别号，而他《志》每引别号，阅者不知为何人，今考得甚可知者，如：……宜泉马升阶……。"

何祥

字子修。嘉靖甲午乡荐。少颖敏，与里中赵文肃、马宜泉友，穷究经史，潜心理学。继事欧阳南野先生于成均，闻先立志、存耻愤心之说，益觉真切有味。署遂平教谕，分考浙闱，得名士沈节甫辈，再署麻城，刘司马、耿中丞诸人雅重之。迁华阴令六载，政尚廉平，民风淳厚，去任，华人泣送，立祠祀焉。寻守襄阳，晋南刑部郎中，释冤狱，严操守，曾自吟曰："官冷如冰也，不妨此般风味。正相当夜来，若话神通事，只恐天知反受殃。"其清谨可以概见。时子起鸣由螯屋令入礼垣，遂避嫌致仕。归家不染尘氛，日玩《易》卦及周子《太极》、张子《西铭》。历官所得俸钱尽分昆弟子侄，尝语人曰："人心本虚，虚者仁之本也，此上着不得一物，须歇下杂念，本体乃见耳，空言无益也。"后起鸣以大司空给驿归省，祥犹康健，乡里荣之，卒年八十。所著有《洗心录》《性理要论》《诚仁解》《家训》等卷，藏于家。

马彦卿

字次彰。蚤闻宜泉家学，长事张元与，晚得赵文肃印可，其学主于静中有物[1]。年三十二，举嘉靖戊午第五人。戊辰署金鸡学谕，立"崇正会"于朱陆书院，讲习经义，诸生多有成就。庚午分校滇试，荐拔得人，尹岐山曰："先生以不得作近民之官为憾。"遂受事报政，士民德之，后祀名宦。

甲戌升宁州牧，始教纺织，署内作静观堂以澄内景。居宁凡十载，擢南户部副郎，视十库，监水兑，督维扬钞关，儒效大圈[2]。寻升本部郎中，迁云南大理知府。历任二载，以母老乞归，里居二十余年，子侄乡里不教而化。晚年尤嗜《易》，养益深粹，邑侯沈、杨、胡先后造庐[3]，敦请为乡饮大宾。巡按赵以境内人才荐，少宰杨以

---

① 主：嘉庆《志》作"生"。
② 大：嘉庆《志》作"太"。
③ 邑侯沈杨胡：据《职官》，指沈正隆、杨应登、胡承诏。

天下人才荐,彦卿逊谢不就。临卒,犹頫手书"冰壶秋月"四字,门人王民顺、吴仁度、杨绍程、赵凤、石元麟辈皆以儒术勋名显于世。尝订正《格物章》错简,学者称为"溪源先生",著《寝寤编》数卷。

邓林材

字子培。家学渊源,兄弟砥砺。为诸生时,从赵文肃游,年与识俱弟子班首,文肃亦以畏友礼之。举嘉靖辛酉乡试,不乐仕进,以讲学明道为己任,尝自谓:"从前诸儒倡道学,或以主静,以居敬,以行恕,以致知,以格物,门户不一。赵师絜矩其要,谓皆不外于志。孔子十五志于学,至七十从心所欲不逾矩,此志毕矣。志,固学者顶门一金针也。"因著为《志学论》。与督学使汪澄源会讲,深与其得真传。其他诗文杂体,质之文肃,互为倡和,莫逆于心。游荆湘遇李卓吾,上下古今,多所参证。署青庠教谕,应聘京闱,得大司马田乐等,后为名臣。时铨台特重其品,有顺天节推之,擢由仕宦。归里,余禄尽分亲族,布衣蔬食,谈道自若,长子应祈仕为名宦,八十卒[①]。

明经济[②]

萧翀　　王一言　　李充嗣　　高公韶　　刘望之　　刘养直　　阴武卿
何起鸣　　梅友松　　邓林乔　　余之祯　　马鸣銮　　郑璧[③]

萧翀

字凌汉。成化辛丑进士。知虹县,再知霍邱,咸有声称。征入,擢工部主事,改刑部,历员外郎,升金事,寻擢陕西副使。时邃庵杨文襄督马政,翀极力赞佐,杨器重之。丁外艰,起补参政,升按察使右布政,寻擢右副都御史。巡抚真定时,流贼炽甚,翀日夜防御,中贵人店肆偶被贼焚,遂有飞语中伤,刻坐视下狱。事得白,

---

① 八十卒:嘉庆《志》、咸丰《志》作"寿八十卒"。
② 按:尊经阁本原无"明"字,增之以使前后文例统一。
③ 按:嘉庆《志》、咸丰《志》每人传末皆有"旧《志》列《经济》"五字。

乞归。再起巡视贵州，改河南，复陕西。以平贼功受赏，满考，赠三世如其官。荫子一人，里中仕得任子褒及三代者，自翀始。丁丑改掌南院，寻拜右都御史，总督两广，诘兵将，宣布威信，著平贼功。武宗降敕奖谕，旋加俸一品，荫子锦衣百户。嘉靖初，翀连上章请老，得谢事归，滨行有"忧担从前曾汗背，醉乡此后好开怀"之句，其襟度可想。

王一言

字行之。成化辛丑进士。授浏阳令，邑大治。五载，征为御史，按贵州，酌俗制事，不专刑威。时土官那禧禄争仇[1]，传檄定之。洪武，来云贵合乡试[2]，公建议分省开科[3]，增解额。时张皇亲乞用官厂大木，公率同官劾止之。王都御史掌院事，疏论不称，孝宗震怒，命下公狱[4]，夺俸，王竟罢招[5]。

再按山东，风裁峻整，奏复圣裔孔宏绪官爵。宁藩久蓄逆谋[6]，时都御史李师实阴佐之[7]，公摘发劾奏之。擢佥都御史，巡抚宁夏，修屯政，预刍糗，择守要害，经略尽力。会布袄儿入寇，总督才公约防剿急[8]，公涉黄河，冰陷，感疾，卒于固原行台。子之臣，仕至布政司参议。

按：《湖南通志》：成化中知浏阳县，以锄强安善为先，尤嘉意士类，公暇辄与诸生讲论经史[9]，多所成就。

---

① 土官：嘉庆《志》作"士官"。

② 合乡试：嘉庆《志》、咸丰《志》作"合试"。

③ 公：嘉庆《志》、咸丰《志》作"一言"。下文"公率同官劾止之""命下公狱""公摘发劾奏之""公涉黄河"同。按，王一言为王果祖，故称"公"。

④ 命下公狱：嘉庆《志》、咸丰《志》无"命"字。

⑤ 罢招：嘉庆《志》、咸丰《志》作"罢召"。

⑥ 宁藩：指朱宸濠，弘治十年袭封宁王。

⑦ 时都御史李师实阴佐之：嘉庆《志》、咸丰《志》无"时"字。按，李师实当为李士实，因参与朱宸濠的叛乱而伏诛。

⑧ 总督才公：指才宽，正德四年以左都御史总制陕西三边军务（总督）。

⑨ 讲论经史：《〔乾隆〕湖南通志》卷九十九作"讲论经义"。

《贵州通志》：弘治七年巡按，端凝持重^①，吏不敢犯。

《云南通志》：弘治间任临安兵备，凡城池、军旅、粮饷之事，井井有条。^②

李充嗣

字士修。少与从弟如京，从西充马少宗伯学，初及门，适有边警，马举试策问充嗣，条对中肯，马深鉴赏。举成化丁未进士，选庶吉士，补户部主事，改刑部。以累谪判岳州府，委勘九溪蛮情，土酋以私憾欲火，充嗣庐见绛衣神立阃外，惊为非常人^③，遂遁去。移知随州，升陕西佥事，有中贵横暴不法，疏劾其贻害地方十数事，孝宗褒其直，中贵衔之，会外艰去。逆瑾用事，以久不起复罢之。瑾诛，诏复抚江西，执宁庶人用事者按以法，剿华林巨寇。是岁大计言官，举卓异者三，充嗣与焉。降敕褒谕，历任顺天府尹，道拜右副都御史，巡抚河南。值两河旱荒，蠲积逋，抚凋残，全活无算。

寻改抚南畿，加户部右侍郎，闻宸濠得复护卫，拊膺叹曰："虎而附翼，祸将作矣。"力陈反状，请早为捍御，具奏再三，廷议难之。武宗怒，欲以擅诬亲王罪之，会巡抚王守仁奏至，乃解。充嗣以安庆畿辅重地，选都督杨锐镇守，嘱曰："皖城保障委之子，愿毋负。"及濠反南昌，陷九江，充嗣防御已略备。贼兵直下，攻围安庆，充嗣与南本兵乔宇协心戮力，自将精兵，屯采石，飞檄皖城，谕锐固守。遣密谍绐以王师十万四面至^④，濠惧，解围，奔入鄱阳湖，贼党渐溃奔，会王守仁兵至擒之。武宗降敕褒谕，兵部论功略，谓："安庆密迩留都，王畿保障，李充嗣巡抚其地，闻变设备，供糗粮，遣间

---

① 端凝持重：《〔乾隆〕贵州通志》卷十九作"端凝严重"。
② 嘉庆《志》、咸丰《志》无按语至"井井有条"等三段内容。按，《〔雍正〕云南通志》卷十九有"王一言"条。
③ 惊：尊经阁本原作"警"，据嘉庆《志》、咸丰《志》改。
④ 遣密谍："遣"，尊经阁本原作"遗"，据嘉庆《志》、咸丰《志》改。

谍[1]，卒以摧逆安民。江西之变，充嗣之功居多。"时武宗亲征，佞幸悬爵赏为奇货，充嗣不之附，故论功不及。御史胡洁疏平濠始末，功次甚悉，不报。

辛巳，擢工部尚书，疏白茅港便民，三吴自是无水患。壬午嘉靖改元，录平濠功，始晋太子少保。被召陈言，首以圣学正心、亲贤远奸为急，条析蠹国、病民、强兵、病御戎数事，言词剀切，上嘉纳焉。癸未改南兵部参赞，机务恩威并济，凡益国家便军民者，毅然身任之。二品满，再考，诏进阶勋。世宗方倚重，遽乞骸骨，章七上，始允给驿归。至澧，省母墓，欲还不果，遂家焉，卒年八十七。遣官祭葬，赠太子太保，谥"康和"。有《梧山集》《水利靖危奏议》二稿行于世。

高公韶

字太和。年十八举于乡，弘治乙丑登进士。授抚州推官，征为御史，理河东鹾政。继按东粤，秉正嫉邪[2]，监临文场，多得士。会京有豪戚谋袭柳安远侯爵，执法鞫之。及疏论兵书王琼忤旨，谪富民县典史，七年移洵阳令。

嘉靖改元，复御史，升大理府知府、陕西副使。兵备环庆，会流贼入境，图指挥廖庠、千户锺辅死之，公韶缚贼至庠、辅柩前射杀之。庆府为奸人诬蔑，抚按以反状闻韶，法司及中官往勘不能决，公韶力辩其枉[3]，全活千人。俄闻母病笃，不待报归，淑人卒，擗踊几绝。

久之，起补云南，擢广西按察使，左辖云南，寻巡抚江西，因火灾，自陈家食。十五年，诏起督饷征安南，旋以莫氏臣款罢征，升户部右侍郎。会世宗南巡，公韶独扈跸还京，疏请致仕。归二十年卒，寿八十四。

---

① 间：嘉庆《志》讹作"问"。
② 秉：嘉庆《志》讹作"东"。
③ 辩：嘉庆《志》作"辨"，咸丰《志》作"办"。

生平奖拔善类,周给贫乏,建家庙,置义堂,胞弟四人俱乡绅,黄发怡怡。亲故,绘《五老图》,升庵太史为诗以纪之。富民及云南郡学宫有生祠,环庆配享范文正公庙。著有《邑志备遗》《高氏家训》《读史抄》藏于家,见《西川总志》。

刘望之

字商霖。受业从伯文肃公,沉酣学问,举进士。授杭州府推官,摘伏发奸,蔚有声称。征为给事中,敢言极谏,时宰忌之。谪魏县丞,寻量移,历升浙江佥事,外艰,起补河南。风采峻整,故在浙有减刑者释囚不当,望之直之,至是希权贵旨谕,调云南。会金沧夷劫州县,望之以兵邀击,大挫贼锋。升贵州参议,抚苗夷,首龙许保煽乱,设伏捣其巢,苗平。升副使,历山西左布政,晋藩宁河王者,豪宗也,逼借官帑,恃强凌殴,望之劾之,夺其禄,王亦奏望之归。待勘久之,事白,补浙江。会当入觐,不持一钱,事竣,擢应天京兆,升大理寺卿。至留都,先以引年疏乞休,下部议,诏以新衔致仕,著为例。归有诗曰:"丹心捧日如常在,赤手擎天奈老何。"其忠义类如此。

望之早年失怙,至老哀慕不衰,待诸弟极友爱,居常语人曰:"凡心上忍不过,理上解不去,法上行不得,遇事决不可为。"又曰:"凡人立心要端,持己要正,处事要公,庶几可免怨尤。"享年八十七,赐祭葬。有《一岩文集》《正韵便览》《魏县志》梓行。伯子翾、仲子翻俱进士,历官有声,诸子及孙蝉联接武,世其家,事见《通志》。

刘养直

字敬夫。嘉靖戊午进士,授行人,升刑科给事中。数关策大计,论张司马、毛中丞宜罢,声动朝宁。壬寅边警,畿辅戒严,议都城之外增筑罗城。会九庙更建,大司农告乏,世宗震怒,阅岁,人莫敢言,养直独上封事,省费巨数十万。

是岁，分宜初相①，与同官连疏论列，不报，严衔之。会郭武定勋得罪，有诏责言官不纠正，独罪刑科三人，谪养直贵州照磨。顷之，会吏部主事缺，郑端简公晓为文选，素重养直，力白太宰许文简公，升稽勋司主事。故事，左迁官无入铨曹者，自养直始。

自是益刻励，以识拔才贤为务。历文选郎，辨论官材，奖恬疏滞，太宰进贤，万公雅重之。升通政，历同卿、顺天京兆，擢户部侍郎。署部时，诸陵卒当给粮，主者迟不发，养直检簿檄督之。又拟养直总理西淮鹾课，养直谓已有御史专理，更遣大臣，止益费，无裨国计，辞之。后遣使者，迄无成功，其识大体类若此。辛酉，京城风霾大作，有诏诸大臣自陈，养直疏乞休，遂得允归。性恪愿持重，临事有执，居常不道人过。至谈天下事，则侃侃不倦，亦不务炫赫以邀时誉。有《漫兴诗集》《文集》数卷。

阴武卿

字定夫。七岁能文，十六游庠，冠诸生。时父汝夏宦卒思南，武卿负楱归②，哀感行路。服除，举嘉靖乙卯省试第一，明年成进士，授南京主事。寻丁内艰，起补刑曹，晋正郎，推金陕西学宪，冰鉴绝伦，得温司徒纯诸人。任满，擢江西少参，寻改秩督广西学政，宫詹萧云举辈，皆所奖拔也。随摄臬篆，参谋讨瑶③，功成纪叙，迁福建大参。甫至，倭大举来寇，武卿与俞都督赞谋，大破之。

历任左右布政，属岁大祲，竭策蠲赈，因星变上十事，时有白莲教倡乱，授策讨平之。入为应天尹，改太常卿，会举藉田、郊祀、飨陵诸大典，善为威仪，进止甚都，上目属之，寻擢保定副都御史。选将练卒，清丈田粮④，议赈恤，通河道，饬三关墩，皆励精图，垂

---

① 分宜：指严嵩，江西分宜人。
② 楱：尊经阁本、嘉庆《志》、咸丰《志》均误作"衬"。
③ 瑶：尊经阁本原作"猺"，嘉庆《志》、咸丰《志》作"猺"，因猺为旧时对瑶族的蔑称，今改作"瑶"，下同不赘。
④ 丈：嘉庆《志》讹作"文"。

永久。有剧寇剽州县，杀傻吏民，武卿讨捕，悉就平。考绩入协都察院事，转左右少司马，中外数年间，修塞劳绩，宫陵成功，辽缅宣捷，俱受上赏，进南司空。会诏征言，条八议，俱报可，而近幸多不便，以故或许或格，因自陈乞休，转留都大司马。

武卿老成有卓识，所在饬纪振颓，如清新船政，岁省冗费数万，议以所未尽者，分为十款，永遵行之。会大饥，疏请先给二月军粮以安卒伍，尤为得体。焦劳忧国，旋以疾卒，同志王凤洲辈咸为文哀之。所著《月溪文集》若干卷藏于家，皆有关经世者。

何起鸣

字应岐。嘉靖己未进士。以蓥屋令征入礼垣，寻掌科事，条上营务当修者八事，请蠲逋负、带征以万计。时河决，运道梗，漕臣主开新河，河臣力请复旧，起鸣往勘，复奏曰："新河可开，旧河难复。"疏入，报可，运道卒以无阻。复上疏乞修省、召还廷杖诸臣、请傻奸珰不法诸封事，皆关国体。奉旨入蜀，改巴州南江茶折，减川西溢额盐课，革金堂黄滩渔堑，桑梓赖之。寻擢顺天府丞，会新郑柄国，乃引疾求去。癸酉起补太仆少卿，寻迁大理，任光禄寺正卿。

丙子升金都御史，巡抚贵州，时安酋梗化[1]，起鸣宣布德意，酋悦服，黔方底定。晋副都御史，巡抚山东，下令清丈民田，右族不得隐占。征入为工部侍郎，正尚书位，提督慈宁寿宫，所省财用无算。屡疏乞归，上勉徇其请，予驰驿回籍。时二亲犹无恙，朝夕承欢，里人以为荣。又以赐金尽推让诸弟，其天性友爱如此。戊子上阅寿宫[2]，命吏部急起之，仍赐荫。未几，以父丧哀毁成疾卒，讣闻，上震悼，赐祭葬。邑人请于当路，建专祠祀之。所著有《蓄德要览》《教言》《奏疏》诸书。

---

① 安酋：指安邦彦，贵州织金那威人，明水西宣抚司土司。
② 宫：嘉庆《志》作"官"。

梅友松

字茂卿。嘉靖辛酉乡荐,乙丑成进士。任工部郎,时营建方兴,费以巨万计,友松佐大司空营缮,节省不资。擢山西参议,寻升宪副,累官陕西右布政使,进都察院右佥都御史,巡抚延绥。是时,套酋鸱张,要岁费无厌。友松至,伐其狡谋,诸番摄服,贡市如约束。间有与番通,以计擒之,边方惊以为神。抚延五年,战守备具,奏上边功,加升右副都御史兼兵部侍郎,总督三边。会瓦酋犯顺甘,镇绎骚,酋首火落赤复勾连顺义,阑入西宁,洮河蹂躏甚惨。友松日夜督厉将士,整搣兵马,条上易懦将、复边雠及杜套酋西逞十二事,上皆报可。旋致政归^①,徜徉九子山,吟咏自得。生平机警有智,军中草檄倚马可待,每谈及边事,了如指掌。卒年七十七,子龄昌荫国子生。所著有《奏疏稿》《九子山堂稿》藏于家。

邓林乔

字子祯。嘉靖乙丑进士。授余姚令,严核侵占定鹾,禁岁馈,行免役新法,以卓异召为御史,姚人建祠祀之。入侍经筵,上以天寒辍讲,林乔抗疏三上,词甚剀切。属北边告警,总督王鉴湖以纳款互市驰请,林乔力赞其成,后封卒为国五利。

时两相国不相能,以同里外转湖广金宪。起内艰,仍补楚荆。西地多水灾盗薮,林乔至,令筑沙洋等堤,严捕缉,水平盗息。寻以边警,调冀北,驭豪宗,控强敌,累官参伯廉访使,咸在云朔间,边外名王部落无不知名。右辖西宁地,当边冲,把都儿察罕诸酋长最桀骜,岁连旱,饷复告匮,林乔渐次整理,边境帖然。升佥都御史,巡抚大同。时有册封扯力克事,焦虑百计,封事乃定,疏上,加服一级。

在边十五年,三封名王,十经贡市,尝上疏陈边务十事,凿凿皆救时切论。晋都察院右副都御史,总督陕西三边军务。命至而

---

① 致政:嘉庆《志》作"致仕"。

林乔卒,谕祭葬逾等。所著有《五礼》《古文碎金抄》《平旦悟言》《三封录》等书。

余之祯

字善先。生而颖异,甫总丱以婚事讼,邑令立试,大奇之,寻补弟子员。甫二十,举隆庆丁卯乡试[1],明年成进士。是科赵文肃总裁,目其气度端凝,雅重之。除襄阳司李,吏治清谨。晋武部主事,历职方郎,多著劳赏。出守吉安郡,故繁剧,之祯廉靖和平,时誉蔚起,以卓异蒙上赐宴纪录,人争荣之。擢神木备兵,地为套番要冲,至则程材官,训甲士,储糇粮,饱驮马,边境宁肃。寻升粤东参政,有诏晋靖边,不数月升甘肃巡抚,旋致仕归。承欢母氏,究心参同,时荐者交章,遘疾早卒,士论惜之。

马鸣銮

字君御。幼从大父宜泉公口授经史,辄能成诵。赵文肃一见叹曰:"此国器也。"年十四补邑诸生,弱冠举于乡,登万历甲戌进士。授水部主事,出榷杭关,羡金一毫不私。擢湖广佥事,晋少参,分辖五陵衡永,恩信大著。

云南缅寇乱,鸣銮以宪副备兵澜沧,擒岳凤父子[2]。擢湖广参政,随调秦陇,会逆贼哱、刘以宁夏叛[3],总督魏学曾素重其名,[4]檄之往。事平,升右布政使,备兵河西。旋晋右佥都御史,抚治郧阳,郧多矿盗,开采四处,所在绎骚。鸣銮三疏请罢,不报,寻以父忧去。

五年起巡抚宣府,寻加右都御史兼兵部侍郎,总督宣大。是时顺义物故,卜石兔当嗣封,事久不决。鸣銮部署将吏,严兵以待,

---

① 丁卯:嘉庆《志》、咸丰《志》作"戊辰"。按,据前文《举人》《进士》记载,余之祯当为丁卯举人、戊辰进士,故当以《志要》为是。

② 擒岳凤父:尊经阁本缺此四字,据嘉庆《志》、咸丰《志》补。

③ 哱、刘:指哱拜和刘东旸。哱拜世居宁夏,是明朝蒙古靼鞑部酋长。

④ 宁夏叛总督:尊经阁本此五字不清晰,据嘉庆《志》、咸丰《志》补。

又宣谕大义，边藩不敢要挟。以忧劳卒于官，上为震悼，予恤典，荫一子执金吾，国子生二。

鸣銮伟干修髯，目光炯炯如神，料敌设奇，多出人意表。册封一事，中外聚讼数年，卒如所议，叙录不及，公论惜之。所著有《总督奏议》《抚宣奏议》《郎中疏稿》《筹边赤牍》《平夏纪略》《冲点居士养性篇》《凤麓山堂稿》藏于家。

郑璧

字子良，勉臣之孙。父彦俊早卒[①]，璧甫四岁，母刘氏文肃公瑞女孙，亲训之，璧性至孝，能顺母志。万历丁丑成进士。选刑部广东司主事，出冤狱石应鳌、赵光于死。升云南临沅佥事，岳凤乱，协两台进剿，以功膺赏。罗雄事起，璧领材官当一路，捣其巢穴，以所窖米谷散诸军士，遗饷独多，叙功赏银，下部纪录。

丙戌丁内艰，坐前为尚书郎，折狱无徇同舍郎心。出守同州，同弊自徭编外诸供亿，役及富民，至则尽除之，治勤敏，案无留牍，修黉宫，辟书院，文教大兴。壬辰擢户部郎，督储延镇，先是延绥职储，岁代户部十万。璧极力筹画，一年省京运十万之借，又一年余折色十六万，报部以抵京运，遂疏五事：一宽参罚，一议客饷，一议冗员，一议边防，一议吏治，疏入，优诏报可。上台疏举清臣，苦心积饷，乞赐优录。上悦，赏银，下部纪录。

三年报满，会计在库银四十六万两，粟四十余万石[②]，草荣倍是。大司农疏荐，上准于五品金堂，升用为各边饷臣之劝，升南京尚宝司卿，明年致仕。丁巳仍起原官，署太常、光禄、鸿胪三寺、翰林院、国子监、应天府事，擢应天府丞。天启元年，升通政使司左通政，值三韩新折羽书狎至，分守东便门。寻山东乱民起，淮沛骚然，以凤望擢应天府尹，疏陈五事：首议固人心，次议征饷，次议乡

---

① 俊：尊经阁本原作"峻"，但前后文皆作"郑彦俊"，据之改。
② 四十：嘉庆《志》、咸丰《志》作"五十"。

兵,次议讲约,次议巡历。疏入,咸见嘉纳。壬戌,党人议起,乞骸骨归。逾年,上知其贤,遣高尚就其家,晋通政使。丙寅卒于里第,年七十有八,报闻,上震悼。崇祯元年,赠南京工部右侍郎,荫一子入监,遣四川布政司亲祭治葬。

生平潜心名理,喜怒不形,自经史外,阴阳医卜以至孙吴家言,罔不旁畅。著《古今兵鉴》,太史焦竑叙而传之。里居静处大阜山,不与外事。历官俸入,辄以分赡戚里。子延祚以乡荐,任来安、霍邱令,有惠政①;延爵以邑庠承荫,绍家声焉。

明谏论

萧文缓　吴俨　李蕃　汪藻　郑裕　余才　邓廷正　刘翾
马呈图　龚懋贤　萧如松　张应登②

萧文缓

字藻伯。建文庚辰进士,邑人选南宫者自缓始。授礼科给事中,靖难③,兵入留都,改元永乐,强缓同方正学诸人草制,缓默不对,成祖命铁锁其右肩,亦不答,上怜其真诚,释之。出为德庆州判官,都指挥花某巡海索珍玩,缓奏治其罪,中使下海,多取舶中市物,力拒之。广俗犷悍,信鬼,肆蛊祸人,缓明教令,谕以福善祸淫大义,俗为之变。地多疫疠,令长子杰业医,全活甚多。秩满赴部,训导锺本偕父老诣阙奏留。诏升本州同知,还任六年,赴部,感瘴卒。僚属吏民咸哭庭下,如失怙云。子俨仕至贵州左布政,别有传,列《文学》④。

---

① 按:延祚指郑延祚,即前文因"劣迹"被削去姓名者,此处当沿袭旧《志》,故与前文有矛盾。
② 按:嘉庆《志》、咸丰《志》除"余才"传末作"旧《志》列《经济》"外,其余诸人传末皆有"旧《志》列《谏论》"五字。
③ 难:尊经阁本原讹作"南",据嘉庆《志》、咸丰《志》改。
④ 嘉庆《志》、咸丰《志》无"列《文学》"三字。

吴俨

字若思。性耿介，洪武间以明经贡太学。尝督赋河南，清理都匀戎伍，查印绶，监勘合，咸称之。起外艰，永乐初除主事，会文皇征迤北，简法司扈行，俨与焉，凯旋，赏赉甚渥。时北京尚称行在，俨居刑部一年，复还南京。

十年，仁宗为太子监国，升工部员外郎，适应天府官坐盗，用木值钱，事觉，上怒，命俨及御史赵从吉、评事丁庸按问，权贵私有所属，俨直以闻。翌日，上临朝，责尚书等曰："若非三人，朝廷之法，汝辈卖尽矣。"众以是衔之。

寻有镇抚赵广、千户吕贵者，比试赂都督郭义家人金伯高，事露，伯高已伏辜，而广、贵称冤。乃调俨覆讯两罪人，仍以重币投俨，俨即缚其人以闻。有旨下锦衣鞫问，主者怵于势利，反坐俨父子知状，下卫狱，杖诸朝，枷之通衢。俨不胜惨掠，辄自诬服坐陶瓦，遇例改役淮安站，又改山东金锦递运所，困窘特甚。

洪熙元年六月，宣宗登极，大赦，始得自便归蜀。家于亭溪之上，晚号"亭溪愚叟"，诗酒自娱，年八十终。邑人萧方伯俨为传其事，后刘五清据谥法，强毅果敢曰"刚"，宽乐全终曰"靖"，俨以刚胜而善处患难，终以寿考，用私谥为"刚靖"，请祀乡贤。今祀忠义[①]。

李蕃

字秀实。举永乐庚子乡试。授汉中府训导，不就。时仁宗初即位，乃修《端本策》发递上之：一曰正君德以端万化之本，二曰明储副以端万代之本，三曰厚王国以端亲睦之本，四曰厚祭祀以端孝敬之本，五曰务农桑以端庶富之本，六曰崇学校以端教导之本，七曰慎铨衡以端黜陟之本，八曰择守令以端牧养之本，九曰严风宪以端委任之本，十曰信赏罚以端纲维之本，十一曰励廉耻以端风化

---

① 嘉庆《志》、咸丰《志》无"今祀忠义"四字。

之本，十二曰杜徼幸以端仕进之本，十三曰省玩好以端尚御之本，十四曰旌直言以端视听之本，十五曰修武备以端捍御之本，十六曰汰僧道以端习俗之本。策进御，即驿召之。会仁宗崩，宣宗即位，蕃至京面试称旨，擢兵科给事中，益陈时政。尝奉命阅视紫金关，上言大宁、开平空虚，宜早城独石等以捍边冲，朝廷韪其议，遣大臣城之。清戎河南，献安养军民十余事，未及揽抱而卒。

汪藻

字文洁。幼以奇童称，七岁补弟子员。成化乙酉领乡试第一，戊戌成进士，选庶吉士。授兵科给事中[①]，首疏中官汪直开西厂、都御史王越开边衅，上之罢厂，贬直、越，朝宁肃然。出知石阡府，老成威重，卓有政声。都匀兵变，藻功居多。擢山西参政，致仕。

郑裕

字有容。弘治壬戌进士。官行人，选户科右给事中，历礼、工、吏三垣，诸所陈说，卓有名理，时少师杨石斋亟称之"识见明远"。谅运使陈述侵渔之枉，因星变上书，疏求勤圣学，恤人言，严用人，重恩典，宽民力，饬边备。

及驾欲游幸，伏阙谏止，章内有"大祀愆期，太庙臁敬，上帝弗宁，灾变迭起"，诸皆伤切时事语。又云："伏读圣谕，造牙牌诰券与他，所谓他者，果何人哉？若果自谓，则未闻自命而自受之也。前者欲赠威武大将军为镇国公，已该臣等极言其不可，将谓中止，不谓复有此谕。"疏入，武宗为之色动，驾驻留都，裕偕南和伯守神策等门，关防清肃。嗣摄符台，权太常，俱有建白。

时制居官不满考，请恩为难，裕念亲急，援例授顺天府庠，分训秩，人称其孝思焉。家有资产，尽付季弟以承母欢。宦中乡人客死，裕为殡窆[②]，并送孤独归蜀[③]，乡谊皆时人所难。有《奏议稿》

---

① 授兵科给事中：尊经阁本原无"中"字，据嘉庆《志》、咸丰《志》补。
② 裕为殡窆：嘉庆《志》无"窆"字。
③ 孤独：嘉庆《志》、咸丰《志》作"孤寡"。

《金陵集》《小莪眉集》藏于家。

余才

字德仲。正德甲戌进士。授礼部主事，历员外郎中，十年练习国典，大宗伯及诸曹长有大疑难必先访才，方诣阁定议奏上。时中贵人党导武皇游畋，才疏谏，触上怒，杖之朝堂，几毙。

佛郎机国素不贡。一日，赍重宝乞朝献，才知其谋，拒不纳，同舍劝之曰："上方宠甚，何执之坚乎？"才曰："是以利啗我，必有异谋，谨备之。"未几，报寇边噬吞诸夷，卒按其罪。世宗入继，诸仪礼悉才裁酌。时择后，有指挥某者首以女谋选，世系实宦者，台谏以为言，上命司监阁部议，是非莫决，才急取兵部册辨正其事，遂寝，由是内竖衔之。

初，大礼议起，举朝执为人后不宜私所生之议，才赞宗伯覆奏，且独疏申明统宗大法，又复争本生非贬词，欲与所后稍别，百官各疏泣谏，上命司礼录姓名，杖四品以下者于阙前，疏首杨慎等俱充遣。才因迎兴献神主未与[1]，及还，廷杖四十，视前益严，再绝复苏者七次。朝臣死者十七人，病者数欲引去，不许。才又疏宽恩广孝以励臣节，乃稍弛禁[2]。

文襄席公论礼合上意，擢礼部尚书，才以论见不同，数自劾罢，不能得。太常卿言安陆奉祀宜用八佾十二笾豆者，台谏交攻之，乃自陈诿毛尚书。才谓毛虽卒，不宜令受诬，抗疏力诋其奸，士论壮之。寻转光禄少卿，会四方告灾，有诏京官三品以上陈时政，才奏求言贵广，毋限官品，条上数事，下所司议刑。才再被刑，形神衰耗，病瘫四阅月，少间起入朝。会廷谳张寅狱，中贵挟旧憾，令侦事者奏才暨汪太仆议东阙，被栲讯，仰杖下狱，病体弗胜，诬服罢官，卧数月，竟流溃抱痛卒。

---

① 才因迎兴献神主未与：嘉庆《志》、咸丰《志》无"主"字。
② 弛：嘉庆《志》、咸丰《志》作"驰"。

才身若不胜衣，遇事担当有胆力，与僚友厚善，仆隶厮养亦爱服无后言。隆庆改元，四川抚臣以死事闻，赠太常少卿，祠乡贤，见《总志》并通、省《名宦录》[1]。今祀忠义。[2]

邓廷正

字朝端。由监生，授两淮盐运司经历。性刚直不随，力佐运长除豪猾，整饬醝政，寻罢归。邑有不孝子，人莫敢发，廷正讼言殛之，当途旌其直。戊子岁大歉，鬻产得谷百石，首倡输赈，赖全活者甚众。世宗朝单骑诣阙，上治平十策：一顺民情，二亲民望，三急民事，四御民战，五慎民牧，六重民命，七去民害，八清民税，九服民情，十正民俗，咸关治理，报闻嘉纳。生平好学，工诗文，所著有《和唐诗鼓吹》《十段锦》《救荒议》。

刘翾

字元翰，望之子。嘉靖辛酉经魁，壬戌成进士。令渭南，多异政，召入为御史，敢言极谏。巡长芦，条陈盐法，却羡十万两以充公帑，按顺天，豪贵敛迹。上疏数十章，其大者如绝西山下四月八日僧道淫度丑习，著为令。辛未会试，请广制额五十人，殿首张元忭即在数中。时新郑相罢议，去途有观望意，飞章义责之，竟以是结怨。后备兵浙江，以讨倭功受上赏，晋大参，与时相议左，嗾其党劾之归。有《西台疏草》若干卷藏于家。

马呈图

字道甫。嘉靖辛酉举人。令鄠县，清徭赋，招流民，禁社党，议坝桥，减站驿，惩豪右。以治行卓越擢御史，侍经筵，巡视城营，人惮其直。监临贵州，关防清肃。在台，疏凡十二上，如请建堤防，裁溢额，清占地，禁寄庄，宽带征，辟言路，汰冗官，诸皆关切纪纲。复命监临广西试，呈图星夜奔驰，形神俱耗，闱事竣，即抱病卒于

---

[1] 宦：嘉庆《志》、咸丰《志》作"臣"。

[2] 嘉庆《志》、咸丰《志》无"今祀忠义"四字，而作"旧《志》列《经济》"。

官。生平廉明方正,有古埋轮风。

龚懋贤

字晋甫。隆庆丁卯,与兄懋赏同举于乡,戊辰成进士。授庐陵令,四年报最,忧去。起擢贵州道御史,巡视十库,一珰持百金为寿,正色拒之。巡按广东越琼崖,惩贪劝廉,海忠介深服之。再按陕西,激扬如按粤时。转南京畿道,时京师大旱,诏求直言,乃上《五少三多疏》,大略谓:天下任事之臣少,朝廷心膂之臣少,兵少,财少,公论少,为"五少";天下刑狱多,冗费多,议论多,为"三多"。疏入报闻,当路忌之。寻调河南宪副,既出,坚意求归,杜门著书。会播酋发难[1],起贵州监军,复为柄相私人论劾。先是懋贤按粤时,柄相某以词上书,论江陵夺情事[2],谪官海南。偶以录序相左,既入相,终阻抑不肯用,士论冤之。所著有《明发堂稿》《学业通》《古今参同注疏》藏于家。

萧如松

字鹤侣。八岁失母,博学有大志,领万历癸酉乡荐。任贵阳司李,爰书明允,奉委勘播酋事,酋以千金为赂,正色却之,竟按如法[3]。擢南京陕西道御史,巡视江防,激扬振肃。封数上,如册立东宫,谏止矿税,请兵征播,救释被逮,俱称旨,载在《留台奏议》。

时蜀大工起,采蜀材复急,如松奏请罢木役,桑梓赖之,江差报最。丁内艰[4],起仍补南台[5],掌河南道事,巡视凤阳,兼摄京营十三道,半为视篆。庚子癸卯,两试监临,得人称盛。时父蘦年八十,如松请告归省,都人士为汇刻《锦里春祺集》以慰留之。

乙巳报命,赴阙下,值科臣某与院臣某交讦,疏久留中。如松

---

① 播酋:指杨应龙,明代贵州播州世袭土司,杨业后代。

② 江陵:指张居正,生于江陵县,人称"张江陵"。

③ 如:嘉庆《志》作"其"。

④ 内:嘉庆《志》、咸丰《志》作"外"。

⑤ 起仍补南台:嘉庆《志》无"台"字。

奏请奋乾,断定考察,意旨旋下,时谓有回天之力。晋光禄少卿,年余赍捧过里,坚意终养,门无请谒,当路凛然。嗣起补大理寺,旋亦告归。优游恬静,寿七十一终。所著有《建白稿》《经制要略》《洗冤要览论》若干卷。子孙科第蝉联,乡里荣之,崇祀乡贤。

张应登

字玉车。万历壬午举于乡,癸未联捷。初授彰德司李,平反得情,狱无冤滞,尤不避权贵,请开万金渠,灌田万顷,邺民赖之,报绩第一。擢吏垣,历兵垣,风裁特峻,如请兵食,请戎政,罢楚总兵官,置三省总督,核实东征功罪,议处西讨战抚,诸弹张一一称旨。典试楚闱,遴拔皆名隽。外补山东副宪,不数月,以边才调陇右,权要衔之,遂归。囊无长物,每豪吟自适,著有《疏稿》藏于家。子拱,今有文名,孙鼎,中崇祯丁卯乡试。

明廉靖[1]

田玉　余金　晏珠　李全　杨祜　马进阶　张拱　余宗传
张文华[2]

田玉

字德润。宣德中以明经贡太学。授桐乡令,廉明有声,三载,丁外艰,耆民诣部使者恳留,不能得。服阕,至京,桐父老乞复任,诏从之,邑尤大治,民为竖祠祀之。吏部少宰项文曜荐其能,景泰壬申,起擢瑞州府知府,在任六年,廉平抚字,不异桐乡考绩。赴京当大擢,遽谢事归,年九十一卒。

余金

字贡之。性狷介不随俗,起家成化丙戌进士,与关中雍泰同榜。泰令吴,金令长洲,皆苏附郭。部使至,率同候所轮具食,泰

---

[1] 按:尊经阁本原无"明"字,增之以使前后文例统一。
[2] 按:嘉庆《志》、咸丰《志》每人传末皆有"旧《志》列《廉靖》"五字。

廊大奉，盘飧盈几案，比金具馔，率市蔬粝。泰晒之，金曰："某邸中尝畜数鸡，家人欲割一以充膳，某亟止之曰：'某日不能干长洲一鸡事，可滥食一鸡耶？'"泰乃扬言曰："我则日干吴县十羊事，恨不能日食十羊耳。"

邑有陆三老者，雄于资，充粮长，郡县略分待之，金独不为礼，约三限输纳，否有罚。三老故不纳，金呼至，枷于通衢，其家尽输以请，金不许。悬于郡守，守为之解，金曰："明府命不敢违，县官信不可失。移县门内三日，释之可也。"守素重金，勉从之，一县股栗。时三老子完，后为太宰者，年十八已弃举业，代粮长矣，三老泣谓曰："向来吾知得官司欢，不知有法令。若余公饶财何益，惟有读书能高门户耳。"金闻而嘉之，举完充弟子员，卒以大显。

金在长洲久，征为南台御史，风棱肃然。寻升陕西金事，晋副使，所至以廉勤著。外艰归，以母老终养不起，蓬户疏水，不改寒素，处兄弟极友爱。族人有讼田者，捐地偿之。赴亲故庆吊，虽盛夏，徒行不张盖，衣冠秩如也。接人喜怒不形，恭逊可掬。其母九十始卒，金年七十，葬祭尽礼。县令刘安成性简抗，独敬之，为扁其堂曰"君子"。

晏珠

字廷光。弘治辛酉举人，卒业成均。杨文忠公延教家塾，与伯子升庵友，正德辛未同举进士。授平阳令，携一子二苍头以行，居官如治家，惜民财若己物，粝羹疏食①，晏如也。丁外艰，起补潜山，约己勤民，益自刻厉。寻升户部主事，以疾卒于京。卒之日，囊无长物，同里冷郎中经纪其丧，平、潜二邑俱祠名宦。

李全

字伯才。嘉靖己丑进士。授蒲城令，廉明有声，豪猾敛迹，以事被诬，待讯西安，数载始白。外艰归，贫甚，授徒自给。调判寿州，

---

① 疏：嘉庆《志》作"蔬"。

升山东金事。丁内艰，李中丞镛知全贫，送赙百金，谢不受。起补湖广，控制江防，历溪洞，转陕西参议，守商洛，塞利孔，禁游惰，矿盗远屏。会关中饥[①]，蒲城尤甚，全捐俸赈之，蒲人叹曰："始终活我者，李公也。"以老致仕归，逾年卒，时称"清白吏"云。

杨祜[②]

字受夫。幼颖秀，嘉靖乙未进士。授行人，奉使藩封，谢绝宴馈。转工部员外郎，议省公帑不资，出榷杭税，尽除夙弊。有以例告羡者，祜曰："若知以羡为税故时例，抑知不以羡为税故吾例乎？"时有"留得清风彻古杭"之赠。

还朝，值严分宜用事，不之附，左迁照磨，转洛令，复入为部郎。寻擢贵藩少参，时安夷酋携多金，假驿丞万谦以贿，祜严辞却之，后贵抚迎合执政意，坐论列去。祜家居甘淡泊，一羸马，三年与田间父老偕游自适，年九十二无疾而逝。

马进阶

字庸甫。醇谨质直，与弟升阶厉志潜修，时称"二马"。举嘉靖庚子乡试。典蒲圻庠，入为国子助教，所至奖拔善类。出守景州，景于瀛海间称饶剧，俗素强悍，进阶政治廉平，不尚缘饰，境内大治。升襄阳同知，会大工起，采楚材急，进阶承檄往沂江，入谷获巨木以报。当事录其劳绩，欲大用之，以亲老谢事归，承欢匪解，暇则与故人谈古今事，儿童走卒罔不妪嘘孚翼之。晚年精于《易》《范》，诸经史不释手，以忠厚教人，一切世味淡如也。卒之日，囊无余资，里人王三锡挽句云："何物传家余四壁，几年逃世息三支。"众称其精当云。

张拱

字朝仪。成化甲午举乡试，丁未成进士。初任漳德府推官，以

① 会关中饥：嘉庆《志》、咸丰《志》作"会关中大饥"。
② 祜：嘉庆《志》作"祐"，下同。

197

谳狱明允卓异,升守信阳,廉勤立政,士民怀之。升南京户部郎中,以清介著闻,枫山章懋有"安得如君数百辈,坐令民物回唐虞"之赠,寿九十卒于官。

余宗传

字师鲁。嘉靖戊午举人。初署凤县谕,凤介万山,文教榛芜,宗传口授讲解,经术始明。擢安定令,劝课农桑,均清徭役,新学校,赈荒歉,衣布茹蔬,秋毫不以厉民。委清兰皋军饷,尽厘其弊,台司嘉其才,刻石垂久。他如清查苑寺牧地,禁官军私马,锄强梁占役,省商贾榷税,皆惠政之表表者。卒以此忤权势,乞养解组,囊无余资,士民勒碑歌之,定西宪副张立庵修邑《志》,载入《名宦》。家居让产以赡弟侄,诗书课子孙,角巾缓带,督童仆耕作。日惟诗酒自娱,足迹不入城市,时称为"廉静先生"云。

张文华

字两茂。登万历癸未进士。授行人,奉使诸藩封,凡所馈遗,却不受。壬辰应内召,选南京礼科给事中,诸所建白皆关国本时宜。寻以孤介被忌,出为陕西佥宪,分备兵靖边,再移关南,弹压得体,军民德之。适与当路意左,含沙射影,谪守北保安,边徼瘠薄,人为之难,文华欣然就道。抵任后,边警薄保安,众至万骑,文华神气自若,发谋御侮,卒以无害,时论重之。子学周,仕至工部侍郎。

明方正[①]

高镛

高镛

字景甫。弱冠补邑庠,时父已官司徒。镛下帷攻苦,嘉靖甲午举于乡,登甲辰进士。授平阳令,邑苦倭患,会夷舟泊西海口,擒一谍,悬之藁街,倭自是遁去。征为御史,巡按两淮,清理鹾政,查

---

① 按:尊经阁本原无"明"字,增之以使前后文例统一。

积羡十五万以充边储。及按江右，激浊扬清，墨吏望风解组，人谓为"铁面御史"。时分宜柄政，以不修私觌，而又逮其不法者，竟以此失欢，落御史职。外补中牟令，赫有治声，配汉循吏鲁公血食。及迁大理府丞，晋副南曹，不就归。囊无长物，庭鲜干谒，独事关乡里利害，辄侃侃言之。时有盗劫库，诬连黄市民陈撰等二十余人，力救得免。邻贼蔡伯贯乱，众议筑城自完，镛谓："弃郭外民非计。"民卒赖以安堵。其他种种懿行，莫可殚述，里人士咸称道勿衰。[①]

明师儒[②]

吴浩　王守约　李华　张作襄　赵文杰　李元嗣　王之屏
张克懋　萧藻　阴秉衡[③]

吴浩

字义生。年十九举洪武丙子乡试。典教陕之咸宁，以造士为务，登制科者甚众。寻忧归，司徒杨鼎语人曰："吾乡职教者，学行文章自吴义生外，鲜能及者。"起补石泉县学，民寡而贫，二祭莫能办，浩曰："夫子庙祀遍天下，何计一隅！"遂奏行释菜礼，民甚德之。秩满，擢曲靖府教授，再忧归，寻卒。所著有《兰畹集》。

王守约

字原甫。景泰庚午举人。授湘乡县教谕。性方严有执，不苟矉笑，常以忠信为主。肆力于诗，有唐人风调，邑宪副吴玉、陈令、萧韶辈咸出其门，至老犹敬惮如及门时。善品士，历典关中、滇中分试。致仕归，年九十三卒，有《可庵集》[④]。仲子一言，历都御史。

《湖南通志》：湘乡教谕，学有渊源，课生徒寒暑不辍，两校乡

---

① 勿：嘉庆《志》作"不"。另，嘉庆《志》、咸丰《志》段末有"旧《志》列《方正》"五字。
② 按：尊经阁本原无"明"字，增之以使前后文例统一。
③ 按：嘉庆《志》、咸丰《志》每人传末皆有"旧《志》列《师儒》"五字。
④ 可庵集：嘉庆《志》、咸丰《志》作"可庵诗集"。

闱,取皆名士。①

李华

字士荣。通皇极数学,初补郡庠,应食廪,以让其友蔡某,次当及华,继华者诬以卖友,华复让之,士以此多其量。贡授三原训导,转教谕,时与马溪田谈道学。两任积俸几二百金,遇岁大旱,易粟食诸生百余。讲皇极之学,比七十引年归②,乡人称为“李夫子”。九十余卒③,贫不能葬,门人游淄治其丧。

张作襄

字汝赞。弱冠举于乡,卒业太学。友天下名士,内阁刘文靖、太宰王端毅咸以耆学多之。七赴礼闱不第,乃授襄阳令。丁外艰,起补阳武,又移潜江,偃蹇三邑,与时不合,拂衣归。工书翰,诗尤俊逸,与司徒高三峰善,终身切劘。居林下二十三年卒,海内皆称为“龙溪先生”。

赵文杰

字士英。性方正,甘贫嗜学,从里中高东崖受《春秋》。举成化丙午乡试。授武功训导,察诸生可教者奖劝之,敢慢者惩戒不贷也。时杨邃庵督学关中,创绿野书院,俾文杰领其事,益自砥砺,多所成就,康修撰海其最著者。迁云梦知县,县有悍民,文杰力窜之,后竟为其党所排。解官归,惟训迪子孙,其诗文皆自明己志,不拘程度,九十后犹作细字,与高司徒厚善,谓之曰:“手足百骸,俱非昔比,只奉其心一事不异少日也。”寿终,世称“桂窝先生”。孙为文肃公。

---

① 嘉庆《志》、咸丰《志》无此段文字。按,《〔乾隆〕湖南通志》卷一百“王守约”条作“内江人。湘乡教谕,学有渊源,督课生徒,寒暑不辍,两乡闱所得皆知名士”。

② 七十:嘉庆《志》作“七年”。

③ 九十余卒:嘉庆《志》、咸丰《志》作“年九十余卒”。

李元嗣

字继之。性简静，少与刘文肃友善，谈性命之学①。以岁贡授蒙化府分教，士喜得师。升德阳王府教授，与王不协，改楚府。初谒选，会肃皇入继，即上封事，请复革除年号，正景皇之谥。适同邑余德仲为仪曹部郎，惧不敢复，司马梧山守留都②，急遣人让其言，不为动，第云："某素闻于父师者，今当告之吾君耳。"善药人病，高司徒性僻，莅仕抚州，谕以从容和缓，又遗书语之，司徒终身佩为韦弦，常语人曰："白蒇之李，龙溪之张，二先生者其吾师乎！"其见服于人若此。

王之屏

号楼山。博学善文，早游庠食饩，性方严，巡抚罗瑶延之宾席，甚尊礼焉。以选贡任马湖府教授，陶铸多髦士。致仕归，不入城市，惟杜门训子。子家栋继志，能文，有声庠序。孙范，弱冠中万历戊午乡试，辛未成进士，官至巡按御史。祖孙父子，文献一家，佥谓"中原吕氏乃可方"云。

张克懋

屡试未售，家贫，携细帙游夜郎，占籍瀼溪，试辄高等。会黔抚修省《志》，征之，嘉其才学，授品咨，移部除选间，翻然焚咨，不仕归。一意课子，酷好六子等经，俱手训释。工音律。喜施与人，以急告者，倾囊周之，无吝色。以先业尽让长兄，禀礼训，斤斤不越，乡里诵之。

萧藻

号清寰。鸿才博学，万历丙午举于乡。莅仕无锡谕，方促装，卒于燕邸。生平厚重狷介，乐与人为善。子如植，邑庠生。

---

① 少与刘文肃友善谈性命之学：嘉庆《志》作"少与刘文肃善友，喜谈性命之学"。

② 司马梧山：指李充嗣，司马为兵部尚书的别称，"梧山"为李充嗣之号。

阴秉衡

字振平，号典庄。家居孝友，不干仕进，隐漆园，作文翰楼，贮书数千卷，披吟不辍。以古道教授乡里，执亲丧，不作法事，不泥风水，里人化之。周学士洪谟拟严君平，寿九十二。

《四川通志·隐逸传》载：秉衡作文翰楼，手不停披，口不辍吟，生平著述惓惓于天理人欲、邪正之辨，参酌《朱子家礼》，为《阴氏慎终录》，又有《婚礼节要》，人称"隐君子"。

南城章履仁《姓氏人物考》载：秉衡居文翰楼，贮书千卷，惓惓于天理人欲之介、邪正异端之辨，参酌朱子，作《慎终录》《婚礼节要》，人呼为"阴孟子"。

旧列《隐逸》，今特列入《师儒》。①

明文学②

萧俨　吴玉　阴子淑　张潮　赵鼎柱　高察　何台　马鲁卿
萧莳　周世科　罗良祯　蒋如兰　萧蘅　萧大成　郭之宾
马鸣毂③

萧俨

字畏之。正统壬戌进士。历刑部郎中，谳囚南京，多所平反。累升河南参政，时裕州守秦永昌不法，已置重典，有诏逮巡按等官至京，唯俨抗辩不屈，得免。寻升贵州左布政使，奏请颁乐器，增解额，贵人德之。乞归，卒年七十八。有《竹轩稿》三十卷、《明风雅广选》五十卷④。

---

① 嘉庆《志》、咸丰《志》无"《四川通志·隐逸传》"至"今特列入《师儒》"三段文字。
② 按：尊经阁本原无"明"字，增之以使前后文例统一。
③ 按：嘉庆《志》、咸丰《志》每人传末皆有"旧《志》列《文学》"五字。
④ 按：《明史》载萧俨《竹轩稿》二十卷，《明风雅广选》三十七卷，一作五十卷。

吴玉

字廷献。成化丙戌进士。历广西提学副使。性机警，博综典籍，稗官小说，无不涉猎。文甚富赡，时有豪荡之气。诗喜盛唐，或为集句，声律铿鍧。历官所至，以文学声绩称。晚岁家居，与人论古今，历历如指掌。六十后不饮酒服药，尝曰："吾自少壮至老，如行路然，信步所到耳。"日夜观书，手不释卷。再修邑《志》，文献赖以不泯。年九十七卒。有《昆斋诗集》《集句》等卷藏于家。

阴子淑

字宗孟。性刚尚气，平生以直节自许。率其父典庄之教，少工文，善吟咏，成化壬辰进士。历贵州副使，寻谢政归，优游林壑，赋诗有冲然之趣。九十五丧明，议论尤壮。九十九卒，邑令为建坊曰"百岁宪臣"。

张潮

字惟信。器局凝重，与物无忤，中实介然，不可拔。善属文，尤精楷隶。父卒，丧葬如礼，结庐垄侧。正德辛未成进士，入翰林。嘉靖辛巳，世宗践祚，侍经筵，修《武宗实录》。寻升侍读、洗马学士，撰诰敕，日录国史。

时世宗锐意文学，日进儒臣讲论经史，见潮举动闲整，敷说明畅，每心识之。明年主应天乡试，庚寅奉诏与议郊祀礼，主分合各半，潮据载籍断以祖宗之旧，反覆几三千言。未几，南郊建圆丘，议者请概迁禁垣外冢，复具疏谓："坛距外垣尚远，坟冢不下万区，倘无妨瞻对，宜仍其旧，以泽枯骨。"疏下，执政诘谓"亵秽匪宜"，潮曰："在圆丘似亵，顾天无不覆，即远迁何所逃？"诘者语塞，竟罢迁。

辛卯，掌翰林院事。己丑，主会试，先是以母疾乞侍养，不允。会升吏部少宰，叹曰："忘亲恋官，非孝也。"抗疏悃迫，赐给驿归。三阅月，母卒。服阕，台谏交荐，起补少宰。寻转左，擢礼部尚书，掌詹事府，教庶吉士。尝应制《时雨瑞》，"雪中有珠玉，不可为衣食"之句，温旨特奖忠爱。甲辰，主会试，越十五日，忽疾作，卒于奎星堂。先是占星者谓："去冬文昌星次有白气贯，井分在蜀。"白主丧，潮，蜀人，主文章，故应之。朝廷遣官送丧，归给祭葬。有《玉溪稿》行于世。

赵鼎柱

字长元，贞吉子。幼颖悟，母陈夫人博综经史，自教之。长精举子业，博学善书，文肃公以馆阁重臣引嫌，令就荫焉。补蜀藩左史，考绩有成，加金紫四品服，当路极隆礼遇，耿叔台、周友山两先辈尤以理学心交。丁两艰①，咸致哀尽礼，孝友无间言，盖贵介中之仅见者。

高察

字汝哲。年十九登嘉靖壬子乡试，丙辰成进士。授南乐令，丁母忧，服阕，补浚县②，约己裕民，清廉载浚《志》。晋铨司，严臧否，外补河北参政，晋粤西臬宪，历左布政，凡七载，持正不阿。值江陵秉政，以不事趋承见憾。适星变，诏汰冗员，时年四十五，竟以老免官，海内以为异谈。归数月，父赠君甫谢世，尝自言曰："吾幸得一日养，三公不逮也。"生平学行纯粹，重修邑《志》。戊子，年五十六卒。

何台

字尔瞻，大司空起鸣子。凝静颖悟，一目数行，补邑庠，与戊子解马鸣毂辈结"六子社"。乙酉、戊子两中副卷，俱以引嫌置，由荫授中府都事。升督经，宵小中伤，谪和阳倅。旋补安庆别驾，以廉能榷芜税，一尘不染，忌者以是累之，即欣然拂衣归。惟著书课子，睦族赈贫。署篆吴别驾以台博学，聘修邑《志》，评品议论，罔不确当。未竣，台卒，士论惜之。子三：思恭、思顺、思文，顺荫

---

① 丁两艰：嘉庆《志》、咸丰《志》作"丁内外艰"。
② 浚：尊经阁本不清，据嘉庆《志》、咸丰《志》补。

郎中,恭、文明敏好学,绍其家声云。

马鲁卿

字道传。年十七受知蔡白石,补弟子员,甲子乡试第二,辛未成进士。除鳌庢令,不喜趋时,随请松江,授迁凤阳郡。丁外艰,起补浙之温州,晋水部,屡乞致。铨曹重之,外擢滇金,逾三月致政归。生平守宜泉庭训,游赵文肃门,腹笥百代[1],处之若愚。以子贵,晋封中丞。孙士珍,中丁卯亚魁。

萧葕

字子先,侍御世延子。博学孝友,遭流言不辩,登嘉靖甲子乡魁。授昆阳令,多异政。擢楚雄同知,叙督饷功。升澄江太守,以清白称。两郡多矿利[2],毫不染指。先是葕为诸生时,有丐儿憩城隍庙,梦神语曰:"萧生为某诬,吾白之,当魁多士。"后果然。

周世科

字济金。诸生时自负不凡,父宪副瑶里居,有逋者欲鬻妻以偿,科知之,请诸父焚其券。友人胡应奎贫而无子,为出财纳妾以延胡嗣。隆庆戊辰进士。居官不屑涊沍,为郎久,两柄国与冢宰俱同年人,谓"一通候,京卿可立致也"[3],弗听,仅以金宪外补。已而疾作,语友人曰:"夜来梦诗云:'澄潭静烛须眉影,虚阁凉生肘腋风。'吾其不烟食乎?"信宿而逝。其为诗有李仙、白傅之风,盛传于世。

罗良祯

字云衢。材雄学博,每试辄隽,举隆庆戊辰进士。授鳌庢,省刑薄赋,民尸祝之。迁户曹,历云南金事、湖广参议,所在政绩有声,抱才未竟其用,卒。长子彦,以廪生授学训[4],寻亦早世,众惜

---

① 代:嘉庆《志》、咸丰《志》作"氏"。
② 两:嘉庆《志》、咸丰《志》作"西"。
③ 立致:嘉庆《志》作"立至"。
④ 以廪生授学训:嘉庆《志》"学训"后衍"导"字。

之。子孙皆彬彬诗礼焉。

蒋如兰[①]

字伯善。从赵文肃游，长于天文历数。万历癸酉举于乡，丁丑中乙榜。授衡阳谕，己卯分校顺天，得士崔邦亮、刘元霖等，皆一时豪杰。壬午判云南，携二老仆[②]，淡如也。丙戌守马龙，治简，学益进。庚寅复守楚蕲，颇烦剧，政暇辄与士大夫讲学。壬辰，丁内艰，哀毁成疾，端坐而卒。所著有《闲居录》《楚中稿》。

萧蘅

字疏畹，世建子。少负奇才，游赵文肃公门。年十三补邑庠，数奇不售，以子贵，封御史，荐绅重之。豸冠鸠杖，大宾于乡，不改寒素。寿八十七见玄孙，状元朱之蕃有"花甲周旋今又半，孙曾罗列更添玄"之赠[③]。天启甲子，孙象成、曾孙希何两世同登[④]。

萧大成

字鲁一，如松子。性颖敏，弱冠考全省儒士第一，补弟子员，数奇，以廪入贡。授兴化丞，三载，矢志清白，迁临安经历，去之日，行李萧然，士民叹曰："萧君只饮兴化一杯水，其后必昌。"是科甲子，弟象成、子希何同膺乡荐。适病笃，仰谢曰："我父少卿事业有托，可瞑目矣。"含笑而逝，年五十八，多所著作行世。季子希参，戊午副榜，亦以文学著名。

郭之宾

字明重。弱冠充廪庠，学使郭青螺目为天下士。九厄秋闱，讲学资圣刹，从游甚众。仁寿阁庠聘迎受业，乡荐五人，成进士者三。至万历辛卯，始举于乡。由嘉庠转平江令，甘清苦，有"循良"称。以细故中伤，谪淮安，行李萧然，士民遮道泣别，建祠祀之。里居

---

① 蒋：嘉庆《志》作"萧"。
② 二：嘉庆《志》、咸丰《志》作"一"。
③ 孙曾：嘉庆《志》作"曾孙"。
④ 何：嘉庆《志》作"和"，依前后文，应以"何"为是。

闭户读书，有古君子风。子景，登戊午乡荐。

马鸣彀

字君彀。生有异征，治五经、性理、史鉴及天官、卜筮之书，靡不详究。弱冠补府庠第一。戊子岁，青螺郭公校士，拔第一，秋闱复第一。公车不售，徜徉墨庄者二十年。丁未，奉母谒选安州，会大水，城几没，得关圣佑，患解，作《显灵记》。庚戌、癸丑，连丁内外忧，丙辰复补禹州，随在有声。迁彰德同知，戊午冬，视府篆，总摄诸厅事，食少事烦，卒于任。

明政行

刘时敩　张介　马自然　邓山　高齐南　张伟　冷向春　陈力
周正经　游缁　王之臣　赵占　高世彦　阴镕　陈纪　张季思
赵台柱　陈褕　张问达　周嘉宾　张尧臣　杨继朝　刘应台
王应期　陈绪　锺应麟　邓应祈　张应台　徐凤翔　余士麟
喻绳祖　梁弘化[①]

刘时敩

字用举。天顺甲申进士。授刑部主事，以详敏擢员外郎，时尚书陆瑜难于属，独礼重之。迁山东佥事，系囚久不决，时敩为剖判，囹圄一空。居官不阿权贵，中官黄赐贵宠，所过拜迎，时敩不为礼，赐语侵及，卒不动。会齐鲁大水，继旱蝗，时敩遍历郡邑，调剂规画，复白抚巡发廪帑以救荒，严操守以备乱，东省赖以全活者甚众。以按部焦劳卒于官，年三十九。生平性至孝，初官京邸，旋外擢，不得归省，著《思亲说》以见志。子瑞，始就傅，即匾其书室曰“五清”。

① 按：嘉庆《志》、咸丰《志》每人传末皆有“旧《志》列《政行》”五字。另，梁弘化，尊经阁本原作“梁洪化”，“洪”当为“弘”之避讳，见下文小传辨释。

张介

字廉夫。成化丙戌进士。授户部主事，历员外郎，出知思州府，多惠政，察诸生可教者，令就学旁郡，多隽科目，秩满致政归。与里中士大夫为"真率德星会"，优游林下几二十年。介生平孝友，奉母极色养，兄弟子侄视之如一，不计资财。尝有姊夫逋盐课逃匿，介代偿出之，尤为人所难云。卒年八十一。子作襄、孙叔安，俱以科甲世其家。

马自然

成化丙戌进士。历知宝庆诸郡，政行多不具载。擢贵州参政，普安土人福祐挟故土官隆畅黜妾米鲁作乱，谋袭官。时巡抚钱钺自然与兵备周凤、都指挥吴远视事安南，周闻夷状汹汹，辞疾不往。自然单车诣普安询之，父老皆云："渠自相陵夺，未敢侵我，不烦兵抚之便。"自然从其言。明日，米鲁、福祐纳款。

及归，周病功非己出，先投记钱，谓："米鲁一妇人，福祐辈愚夫，擒之易易耳。马及吴倡议安抚，疑有他故。"钱遂奏其获赂纵贼，有旨命致仕，遣法司临勘。主者顺钱，欲重坐之，而卒无左验①。米鲁知不免，复啸聚为患，钱钺布政使阎杰、按察刘辐督征，既渡盘江，逗留不发。米鲁突至，执太监杨友，杀杰、辐，全军陷没，江水为赤。朝议咎首事者，而物议始直②。自然及归，不殖产，不干谒，耽情诗酒，优游乡里，以寿终。子孙科第蝉联，多跻显膴云。

邓山

天顺壬午举人，甲申进士。历参政，旧《志》列《政行》。原传脱简，俟检。

高齐南

字宗望。敦朴孝友，貌癯不胜衣。性嗜书，父友恭尝撤其籍，

---

① 验：尊经阁本原讹作"念"，按，"左验"即证人、证据，据嘉庆《志》、咸丰《志》改。

② 直：嘉庆《志》作"置"。

齐南潜玩益力。尝谓《春秋》一经，圣学心法，剔抉是非，辨论异同，直欲见之实用。成化戊子举于乡。授江西南城令，是时益藩初封[1]，诏建邸，主者多侵轶军民。齐南独剂量无扰，兴学校，举乡射，亲为诸生讲《春秋》之学，岁凶赈恤不懈，士民德之。初考入京，疏陈六事，曰：杜穿凿以正圣经，申宪纲以遵圣训[2]，广存恤以溥圣恩，免递解以全民命，缓私债以苏民困，除民害以安善良。朝议行之。秩满，升岳州府通判。逾数月，以亲老乞归家居，不轻谒公门，与人交怡怡终日，喜怒不形，卒年九十有七。以子公韶贵，赠户部侍郎，岭南黄学士佐为之传。

张伟

号柏轩。六岁从舅高东崖学[3]，高恤其勤，伟学益力，人奇焉。中弘治丙辰进士。令宜兴，邑烦剧，伟勤于治，通讼皆清，宜人德之，治行载大学士吴俨《传》中。补南皮，有夺民田自益者，奏下以属伟，伟按以法，还民田，忤勋戚，转大同清屯官。先是，大同之役事出逆瑾，边恐隙田加赋，谋作乱，伟密劝大廷尉杨武以沙卤不耕报，边士帖然。瑾遂以伟理辽储，盖欲陷之也。入辽，廉得巨贾倚中贵人赂状，夙弊顿除，瑾益憾之。左迁两淮运使，复以治怙势占掣盐地故，逆权贵，挂冠归。以所受宗田悉分异母弟，优游林下，终身不言忤权阉事，以寿终。所著有《柏轩集》三卷。都御史陈珂志其状。

冷向春

字仁卿。中正德甲戌进士。仕南昌推官，迎母尽养在官，廉靖严明，当道屡加旌荐。时逆藩不法，官司多为所屈，独向春与孙遂、许逮协志抗谏，逆怒横刑，许、孙死之，向春血淋气息，逾日复苏，

---

① 益藩：指益藩王朱祐槟。
② 纲：嘉庆《志》作"刚"。
③ 崖：尊经阁本原作"岩"，前文《赵文杰传》有"高东崖"，且嘉庆《志》作"崖"，据之改。

209

肤损齿折。后论获逆功，擢刑部郎中，寻致仕还里。与亲友不仕者为"易简会"，讲道德，娱诗酒，肃家训，子贤女烈，邑人咸钦服之。

陈力

字以相，号奇童子。以联语当督学旨，有声庠序，年十八，举正德甲戌进士。为德安推官，治征典确，法当台谏。以年不及例，为刑曹郎，出守杭州，率杭士创万松书院，治行大著。时永嘉骤贵幸用事[①]，杭要地，请谒日至，尽裁以法。寻迁陕西观察，永嘉再相，因叹曰："吾安能为相媒孽者！"时年三十二归。生平薄诗文，专攻性命之学，赵孟静称为"津梁"，学者号"桂湖先生"，有集若干卷行世。

周正经

夙有才干，以吏员授东莞县京山司巡检，会寇作，率其部御之，邻境悉恃以无恐。寻以征回岐驿有功，擢布政司照磨，仍檄补广东惠、肇、庆三府捕盗，三府之添设捕盗，通判悉革罢，以一其权。正经领檄，累征南海番禺及连山琼州诸寇，擒斩以千计，俱不报。先是，江西贼首罗光权煽乱，有旨能擒者赏千金，世袭锦衣千户[②]，正经身亲血战，计擒光权，止赏百金，而锦衣之典不录。以母老力辞，归养岭南，荐绅咸具诗文赠之。

游缁[③]

字文达。幼负颖质，长受经，同里李洞山补郡庠，会刘五清侨居锦官，因卒业焉。正德乙卯领乡荐，屡上春官不第。谒选守沔阳，奏蠲逋赋，给牛种，与民便利，厄于豪势，移邓州。丁外艰，起补易州，广军储，饬戎备，教诸生，政多可述。擢蜀府右长史，蜀故守礼

---

① 永嘉：当指张璁，浙江温州府永嘉县人，在明世宗初年三度位居首辅。

② 袭：尊经阁本原讹作"褒"，据嘉庆《志》、咸丰《志》改。

③ 游缁：按，前文多次提到"长史游淄"，此游缁亦担任"蜀府右长史"，故当为一人。另，《〔嘉靖〕四川总志》作"游淄"、《〔嘉庆〕四川通志》作"游缁"，未知以何者为是。

国,成王最贤,赐坐问学,令为世子讲官。六年满,王特奏加升四品服,丁内艰,服阕不起。徜徉山水间,会大工采运,役夫病者相望,为给米药讫工罢,其济物爱人不倦若此。文尚六朝,诗喜声韵,著有《在笥稿》《渔唱龙山堂漫稿》《文献录》。

王之臣

字敬充,一言晚子。嘉靖壬午亚元,乙未进士。由行人擢御史,扈驾南巡,遴才干,公与焉[1]。既因论事忤执政夏公[2],遂以年例改郎中。奉敕督木湖广,冒险冲暑,日不再食,犹不言劳,期年报成,须眉俱白。上嘉功赐缯彩,升福建参议,将赴任,以积劳,病且革,犹口占"犬马未竭身先殒"之句,绝不道及家事。大司空题请,特恩予祭,行省给银,优恤其家。著有《乌台疏》《碧崖淡墨》数卷[3]。孙仪凤、来凤能文章,寖昌世业云。

赵占

字吉卿。十七补廪,与文肃公共学,戊子同举乡榜,屡上春官不第。除华容令,诸政备举。适湖泛决堤,田尽污莱,人民流散,豪右多任势私占,占单骑勘踏,蠲俸买给牛械种粮,流民复业者三千余户,时给谏毕君以公务至容,有"晓烟开万户,春雨被三农"之赠。擢秦州守,军民杂居,武弁豪悍,占以廉直慑之[4]。州有伏羲迹,捐俸建祠,聚徒讲学,校刻《阳明文集》《天水秘旨》藏于署。台司以理学重之,擢襄阳郡丞,未期月,以亲老乞养归,邑称其孝。卒年八十有九,罗方伯瑶匾其门曰"百岁大夫"。子从先,登癸酉乡榜。

高世彦

字仲修。负质奇崛,刻意为文,中嘉靖辛卯乡试第二,联捷进士十九人。历官河南金宪,升布政使,潞洛人留之,主爵随愿奏允,

---

[1] 公:嘉庆《志》、咸丰《志》作"之臣"。
[2] 既因论事忤执政夏公:嘉庆《志》、咸丰《志》无"既"字。
[3] 乌:嘉庆《志》讹作"为"。
[4] 慑:嘉庆《志》、咸丰《志》作"摄"。

忽以久任生疑,欣然挂冠归。里居四十八年,寿九十,无疾而终。生平以孝友谦恭见称。子梅,登万历甲戌进士。

阴镕

字孔成,少保月溪胄子。幼以文名,食庠饩,屡试不售。始受荫,会少保卒于官,扶榇归,哀礼毕尽。以母年高谒选,历转郎曹,出守思南,寻升两淮运使,所在廉明有声。先是少保久宦,家政悉镕任理,内外肃然,待诸弟友爱笃至,更乐施与,睦族邻,乡里称之。

陈纪

字惟修。幼从刘见嵩受麟经,登隆庆丁卯乡荐,屡上春官。以亲老禄仕溧水教谕,转三泊令,创黉序,请置师生,清侵没,抑横弁,政教兼举。丙子分房,考得刘右吾文,许之国士,后如其言。入为大兴尹,江陵相朝班中,见其体貌颀伟,期一识面,竟谢不往。居正有牡丹园,园丁负逋,纪置于法,时冢宰赵吉亭为顺天京兆,甚壮之。壬午,适神宗大婚,并谒陵,幸学诸典礼,供应利捷,当路咸称其才。转户部河南司主事,监兑荆糧,以长沙李傲抗成郇李甫入台,即中伤归①。冢宰宋栗庵、司徒孙立亭俱代为不平,讽以力辨,纪惟义命自安。大才未究其用,公论惜之。

张季思

字以诚。万历庚辰进士。除祁门令,平讼狱,均徭役,剔蠹厘奸,狡黠屏迹。征为御史,值京师大饥,疏请发赈,又请辟言路,纠其不职,直声震一时。出为陕西金宪,晋少参,适哈、刘二贼猖獗西夏,季思督饷飞挽,贼遂就擒。后补武昌守,当会省冲悍,以廉静治之。擢汾阳大参,爱伤恤民②,政无遗善,如议藩封等事,调停曲当。疏请致仕,以承母欢,邑称忠孝两全。家食三阅月,无疾而卒。

---

① 即:嘉庆《志》讹作"郎"。
② 伤:嘉庆《志》、咸丰《志》作"商"。

赵台柱

号海门，蒙吉子。隆庆庚午举孝廉，辛未一榜。事母刘孺人以孝闻，膳省恪恭，不少离左右，以故三十年不就选。刘强之仕，方任楚岳州司李，清慎英敏，政声腾湘沔间，两台荐之于朝。为伯大学士所仇沮，寻擢滇中尹，旬月致仕归。家居二十年，乡里称善人长者，明农课子，不语及外事，按台奖云："居乡高举，十年迹绝，公庭出仕，冰操千载。"碑留户颂，数推乡饮大宾，寿七十终。著有《嶾林集》《鸣皋集》数卷。

陈裯

万历丁丑进士。为农部郎，狷介自持，同曹初厌其难近，久信为君子。神宗冲龄，精核国计，裯管太仓库藏，出纳明允。晋大梁宪副，化骄兵，靖妖党，贤过长城。寻以艰育怀归，不谒官府，匜期致政返里。寻起滇藩大参，辛酉奢寇变[①]，以耄年仓卒遇难，遂感昏愦之病而卒，年八十。

张问达

字德孚。万历癸酉、甲戌联第。初授嘉兴令，经理钱谷织造，清除供应赔苦，其尤著者如伸孙屫川奇冤，杜吴默庵外侮，嘉人祀诸名宦。寻擢西台，矢心献替，一岁上章数十，如请建储、请冠婚诸疏，皆关切大体。以言忤政府，遂谪福建运司知事，委篆盐运，以廉敏著。两台交荐，仅起万安令，爱民好士，犹治浙时。及晋南部，条七上议，皆硕画，时利赖之。问达自为令至部郎，多财薮而绝不营利，数分校浙闽，所得皆隽士，多跻显膴。归家，囊橐萧然，斑舞娱亲，孝友赡族，年高有德，屡与宾饮。子炯，举癸卯乡试。

周嘉宾

字仲召。弱冠登万历丙子乡荐，癸未成进士。除范阳令，政

---

① 奢寇：指奢崇明，四川永宁人，天启元年叛明自立，伪号"大梁"，割据西南。下文"奢酋""奢变"等同此，不赘。

尚礼教,持大体,催科不扰,察狱以情,士民德之。调繁令金谿,爱民好士,一如范阳时。寻擢工部主事,榷税荆楚,无滥征,岁额常溢。当路方柄用之,闻父病,亟投牒归,正及含殓,人以为诚孝所格。起补仪部郎,在职精勤,事必综核,首严诸名藩请封查勘之文,宗藩赖之。时值倭寇请封,诏下仪部,礼垣会议久不决,上怒,夺多官爵,及嘉宾,飘然旋车,承欢母氏。嗣荐者交章,嘉宾已卒,年未逾艾,位不称才,士论惜之。

张尧臣

字希夒。万历丙子举人,丁丑联第。授大行人,奉使蜀、韩、秦各府,谢绝宴馈,诸藩重之。升户部主政,清慎特闻。出守凤翔,适宁镇兵变,括库金,储戎器,烽燧以宁。多惠政,雪郡属冤狱,释株连,士民德之。备兵江防,时剽劫横行,尧臣增哨舫,严守备,长江肃然。守滇南,会土酋负固,中臣勒兵讨之,以尧臣督饷,上屯粮、赎谷、平籴、转输四议。奏捷,赐升俸,兼摄学政。寻擢总宪,晋方伯。十余年间[1],勤劳最著,因才名为时所忌,遂拂衣归。生平敦孝友,好推解,族人多蒙其惠。子孙彬彬,诗礼秦滇,俱祀名宦。

杨继朝

字汝敬。万历己卯举人。父丽岩。历官清苦,仅两上春官,即乞禄嵊庠,多所成就。转令安定,邑商贩盐淮浙间,前尹多点染劣去者,继朝独廉以律己,诸商畏爱之,尽却绎站支给扣羡常例。转兰州守,以双亲垂白,挂冠归。长子树节,隽副榜;次树第,举甲子乡试,时以为燕翼之善云。

刘应台

字文卿。早岁游泮,隆庆改元,拔成均,中己卯乡魁。以检选授嘉兴判,督理粮储,却常例千金。代军门,出汛武弁,擒穷而渔为倭鳖者三十五人,应台廉知其为中国人,尽释之。德政率多类此。

---

[1] 十:嘉庆《志》讹作“千”。

忤当路，调任归家，行李萧然，人称"清白吏"。优游林下二十余年，课子之暇，诗酒自娱。子承荐，邑庠；承荫，丁酉乡魁；承华，由上庠入对大廷。

王应期

字士兴。以麟经中万历己卯乡试。父泾泉翁早殁，奉孀母以孝闻，屡上春官不第。禄仕古普谕，多所陶铸。转粤西永淳令，有声望。擢楚雄郡丞，兼摄县，时矿务秽冗，应期律己最严，勤于政治。考成，赠父母如其官。俸深宜迁，有从中沮之，即拂衣归。性好静，不轻谒官长赴乡饮。辛酉奢寇破家，郁郁成瘑，甲子春卒，子孙多贤达云。

陈绪

字惟光。少颖异孝友，举万历己卯乡试。游三辅司铎，兴济宁津。值父艰，即思避世，母徐强之仕，补清河令，诘三辅大盗，练兵备关，疏时事八，款中敌情。[1] 时中使出选东宫妃，太守九县令俱遭使谴，绪面折，义动京师，迁判京兆。会厘降，榷南海珠，贾人供亿万，不办，司农下京兆五少府分程其事，贾人哗阙下事。值绪往白京兆尹，难之，则曰："海竭，明珠寂寥，但为聚敛，臣称沧海君酷吏耳。"尹义之，婉白上[2]，贾人苏焉。以母老乞归养，不报。迁守葭，再疏，情词哀惋，始允致仕归家。杜门养母，母百岁卒，绪哀毁骨立，寻以疾终。

锺应麟

字孟仁，奇训子。万历壬午举人。屡上春官，以亲老禄仕，除路南守，剔奸厘蠹，筑堤清庙。旧学湫隘，无隽科者，应麟捐俸鼎建，是岁遂捷三人。起补宿州守，时旱民半流离，多方慰抚，赖全活者甚众。转开封郡丞，值红贼猖獗，抚台委缉，立获渠魁刘养性

---

① 疏时事八款中敌情："八""款"，嘉庆《志》作"入""疑"。

② 婉：嘉庆《志》、咸丰《志》作"宛"。

等数百人。纪录卓异,为时辈所忌,遂致仕归。以诗礼训子孙,分俸两弟,邑称孝友云。

邓应祈

字永卿。幼以奇童称,举万历壬午第三人,丙戌成进士。授麻城令,邑称难治,应祈至,缉不法者置于狱,咸惮其神明。薄赎锾,开荒芜,措施关利害大政,邑绅耿、周、梅诸大姓皆倾心焉。善衡鉴,充戊子分试,得士周应嵩、吴化等,皆一时英杰。又于童试时首选李梦白,后官冢宰,称名辅,世多其知人。征入为吏部主事,卒于官。

张应台

字玉甫。弱冠补弟子员,试辄高等,隽万历壬午副榜,乙酉举人。授筠阳司李,摘奸发伏,洞若然犀,豪猾一时敛手。署丰城令,时有"青天"之颂。应显擢以廉直不阿,为小人忌,中以蜚语,乃调恒山。寻转井陉,中间辨巨盗于市①,惩贵嬖杖下,风采最著,迁醴幕,摄淳安,所在民思。寻以厌游,致仕归,琴鹤清风,诗酒自娱,年六十余卒。子拱机,隽辛未会魁,世其家。

徐凤翔

字文徵。少游庠,试辄高等,登乙酉贤书,己丑隽一榜。任璧山教谕②,雅意作人。转大理推官,爰书明允,棘廷无冤。擢无为州守,抵任有惠政,士民德之。因前任司李执法不阿,为忌者中伤,即挂冠归。明农教子,夷犹林壑,士大夫雅推重焉。

余士麟

号九区。中万历乙酉礼魁,屡上春官不第。授楚蓝山令,瑶民杂沓,士麟拊循开导,以外艰去,士民勒石泣别。再起,补楚房县,新黉宫,振文教,柱史刘贞白辈始先后隽科甲。进补宛平,治尚廉

---

① 辨:嘉庆《志》作"办"。
② 璧:嘉庆《志》、咸丰《志》作"璧"。

平，不屈权要，夙弊一清。擢云南顺宁府，卒于官。

喻绳祖

字来武。万历乙酉举于乡，乙未成进士。任沅陵令①，卓有贤声，推湖北政行第一。转大理评事，尽心爱书，多所全活②，寻卒于都。子大壮，中辛酉乡试第二人，世其家。

梁弘化③

字凝二。少孤贫，事母至孝，举万历丁酉乡试。以高第守乾州，召亭长，缉大盗，释冤狱，家人布衣脱粟。调德庆，同知宁波，俱滨海总货贝，弘化悉罢贾人之例，曰："吾以不贪为宝也。"诘普陀奸僧，靖倭徼之爨，时推循吏。归田，吟咏自适，犯而不校，有长者风。

附载文学

凡崇祯初《志》约略记刊暨续见省邑各《志》者，差其时代，汇附共二十一人。

李临安

旧《通志》：内江人，天顺庚辰进士④。历户部员外郎。博学工诗，贤名蔚起，冢宰尹旻器重之，卒于京。旻亲临哭吊，惜其未大用云。⑤

李相

字邦辅。天顺壬午举人。癸未会试，贡院火，被焚死者九十人，相与焉，朝廷怜之，俱赐进士。相有才气，卒年仅二十五，五清刘

① 沅：嘉庆《志》讹作"沈"。
② 所：嘉庆《志》作"少"。
③ 弘：诸本原皆作"洪"，但前文有梁弘化，亦为宁波同知，当为同一人。且"弘化"语出《书·周官》："贰公弘化，寅亮天地，弼予一人。"从其字"凝二"和后文《丘墓》所载"贰甫"看，当以"弘"为是。下文"弘化悉罢贾人之例"同。
④ 天顺庚辰进士：《〔雍正〕四川通志》作"景泰间进士"，据前文《进士》，当以《志要》为是。按，本书中旧《通志》俱指《〔雍正〕四川通志》。
⑤ 嘉庆《志》、咸丰《志》无"李临安"条。

公为传以哀之。

田玠

字时重。弱冠举弘治乙卯乡试。仕县令。作《毛诗解义》。甘清苦,年七十九卒。

张叔安

字一山。登弘治辛酉贤书,乙丑进士。初筮行人,才望一时雅重,典试关中,得士最盛。上端揆策,反覆万余言,皆修己治人之理,上嘉纳之。

尤嗜仙释,尝与方外羽士游,巡按山西,署中畜一鹤,羽人诣借鹤,叔安笑许之,叔安退,羽衣人及鹤俱不见。一日晨起栉沐毕,肃衣长歌而逝。三年,有蜀中丞赍奏:差道遇一官一道人,江舟偕游,呼差曰:"吾蜀内江人。"将书及钱付差去,彼亦以为游宦客也,及归过里,方悉其始终。

何仕

字次学。弘治甲子举人。历府同知,博学善诗,能其官。

田定

字静夫。正德庚午举人。历寺丞。博学工诗律,斋居十五年,寿八十卒,预知死期。后复姓黄云。

刘东

字汝震。正德庚午举人。少从杨少师学,与升庵友善,豪侠工诗,赵文肃目之为天童。

李吉安

《湖南通志》:字邦瑞。内江岁贡,为华阳府贡生。会王与将军府构讼,吉安谏,不听。后王不直,几抵法,悔不用其言,自是事无大小必咨之。①

---

① 嘉庆《志》、咸丰《志》无"李吉安"条。按,《〔乾隆〕湖南通志》卷一百六"李吉安"条记载同。

罗学礼

嘉靖丁酉举人。力学工诗,事亲以孝闻。孙经,登戊子科乡试。

刘三正

嘉靖庚子举人。负才磊落,遇例为兵部司务,历山西佥事。

范文彦

字季淹。万历壬午举人。令文县,以才能称。丁继母忧,中伤里居,未尽其用。子弟能文。

门逵

字鸿扬[①]。万历辛丑进士。历官至按察廉使。少勤敏嗜古,为文简练苍劲,有柳州风。在郎署数年,遇事慷慨,气节过人,极敦寅谊,朝议重之。及督学滇省,扶衰起靡,文风丕振。后以总宪乞致归家,不事干谒,喜携友游名山梵刹,吟风醉月,尽山林园池之乐。著作甚富。其训子孙以忠孝为先,才名清望,人所难及。

刘体仁

字同吾。性敏嗜书,为文高华粹美,力挽颓风。万历癸丑成进士。以刑曹郎出知承天,清廉率属,养民课士,一以忠孝俭朴为本。铨部已议,擢楚宪,致仕归。不事干谒,邑人称"廉介先生",卒年八十。子用怿,登崇祯癸酉贤书。著有《怀归集》、《四书遵注正解》、诗文若干卷,藏于家。

马士骙

字仲先。博学多才,尤精剑术。万历壬子举于乡。授兴济学谕,戒豪侈,谕诸生无酖女乐,济风以清。外艰归,值奢酋之乱,奉母高恭人崎岖万状,劳悴成疾[②]。寻补安阳,病发卒,人咸惜之。

杨树第

字及之。天启甲子举人。历官户部员外。子注,由府庠中顺

---

① 扬:嘉庆《志》作"杨"。
② 悴:嘉庆《志》、咸丰《志》作"瘁"。

治庚子乡试。

陈黄裳

字胥庭。性颖敏,读书过目成诵,崇祯癸酉举于乡,联登甲戌春榜,才名闻天下。元辅周挹斋器重之。初任守德州,甫数月卒于官。

阴佑宗

字维侯。崇祯丙子举人。宫保大司马定夫公冢孙也。孝友敦睦,志继前光,为文宏博,论古今事如决江河,有经世略。历官金宪,未尽其才,寻致仕,隐五河。子毓和,举人。

张祖咏

字又益。以诗名。明季,侨寓巢湖,大江南北名公卿争折节下之,咸称"浣花才子",有《枕江堂选刻》[①]。魏惟度云:"张子以英雄之气练儒雅之才,响中鸣球,风生玉树,视黄金白雪,牛鬼蛇神皆奴隶之矣。"推重如此。[②]

冷时中

字心芬。娴吟咏。明末遭乱,从军,官监军道,事详《宋荔裳文集》。[③]

赵珣[④]

字尹孚,少保文肃公裔孙。好书史,性豪纵不羁,与艾千子、薛谐孟、张古山辈友善。明季以贡士历官云南金沧道,遭乱,流离

---

① 枕:尊经阁本原作"概",据《〔嘉庆〕》四川通志》《〔光绪〕资州直隶州志》《〔民国〕内江县志》改。

② 魏惟度:尊经阁本原作"魏惟宪",按,清魏宪,字惟度,故当以"度"为是。又,视黄金白雪牛鬼蛇神辈皆奴隶之矣:《〔嘉庆〕四川通志》卷一百八十七作"几几乎视黄金白雪,牛鬼蛇神辈皆奴隶之矣"。另,嘉庆《志》、咸丰《志》无"张祖咏"条。

③ 嘉庆《志》无"冷时中"条,咸丰《志》作"字心汾,号悔庵,内江人。有《雪椀集》。见《蜀雅》。又,字心芬,内江人。倜傥长于诗。国初从军,仕永历,官至监军道,见《宋荔裳文集》"。

④ 嘉庆《志》、咸丰《志》"赵珣"及下"张明辅"二条均列入清人物中。

夜郎间者八年，蜀平退隐。著有《圣水山房别集》《江花稿》《偶然草》若干卷。

张明辅

字金沙，晚号古山子，明赠都宪凤祯之孙。父苓，明季任县令，伯父亮，官至安庐抚军，殉明难。明辅博通经史，慷慨有大志，崇祯末任定番牧。世乱弃官，往来滇黔间，抑郁无聊，发为歌啸，著《古山子集》数卷[①]。弟明烈，康熙初以恩贡任犍为教谕。

附载政行

凡旧《志》约略暨续见省邑《志》及各书者，汇附共四十二人。

鲁厚

《云南通志》：内江人。成化间任路南知州，创社学，增重楼于州城外。[②]

田登

字大有。景泰丙子举人。历荆州府通判，才气俶傥，好诗文，居官有声。

揭魁

字士元。由岁贡中京闱乡试，成化壬辰进士。有志节，任乐平令，有集蜂、驱虎、雨灭火诸异政，苏州太守邱霁诗纪之。

刘思道

字学充。宣德间由应贡任松阳令，清廉严一介。归田，仅置屋数椽。二百年余，子孙甲第接踵，时推望族。

平世用

《云南通志》：字德中，内江人。正德间，任澜沧兵备副使，筑

---

① 著：嘉庆《志》讹作"者"。
② 嘉庆《志》、咸丰《志》无"鲁厚"条。按，《〔雍正〕云南通志》卷十九"鲁厚"条作"内江人。成化间任路南知州，创社学以教子弟。增重楼于州城之外，御暴赖之"。

城有捍御功,卒于官。

　　按:世用,弘治九年进士。①

马溥然

字思济。中弘治乙卯举人,己未进士。为长垣令,历御史,善政载《大名府志》。

张叔宣

《江南通志》:内江人。嘉靖二十三年知和州,民有讼者,和颜谕之。每里择有行义者一人,劝民以礼,使勿争。时有陈侍御北上,叔宣裁其夫役,陈不能平,寻按庐凤,廉叔宣清介,更力荐之。②

王嘉庆

《一统志》:内江人。弘治中任姚安知府,以刚介称,建东、西、南三城,甃石桥以通镇,远蜻蛉诸渠之水,民不病涉。③

邓九容

字正仪。弘治乙卯举人。授保康令,以清介祀郧阳名宦。

李崧

《云南通志》:号肖梧,内江人。嘉靖间任师宗知州,去弊兴利,爱民如子,自奉淡泊,升任,士民保留。在任九载,贤声茂著。升大理同知,民追送百里外,泣涕之声彻于道路。④

---

① 字德中:按,前文《进士》中所载平世用为"字德元"。《〔雍正〕云南通志》卷十九有记载。嘉庆《志》、咸丰《志》无"平世用"条。

② 嘉庆《志》、咸丰《志》无"张叔宣"条。按,《〔乾隆〕江南通志》卷一百十八"张叔宣"条"使勿争"后有"尝单车出,见村妇逐队挑田间野菜,持一束归和羹,召诸僚佐共食之"等字。

③ 嘉庆《志》、咸丰《志》无"王嘉庆"条。按,《〔嘉庆〕大清一统志》卷四百八十作"王家庆",且"甃石桥以通镇,远蜻蛉诸渠之水"作"甃石桥于蜻蛉诸渠"。

④ 嘉庆《志》、咸丰《志》无"李崧"条。按,《〔雍正〕云南通志》卷十九"李崧"条"任师宗知州"后有"甫下车,叹曰:'以数十家穷夷当一荒州,其何以堪?虽然,官守有常,吾知奉职已尔'"等字。

高公夏

字大德。正德癸酉举人。令枝江有声,祀名宦。

高公武

字大定。正德乙卯举人。任宣城令,擢深州,以廉恕称。

门贵

《湖南通志》:内江人。成化中知湘潭县,简易慈祥,奏减灾荒税粮,邑人咸被德焉。①

张自守

《湖南通志》:内江人。成化十八年任耒阳县丞,清逃绝军戎十八户,刷除飞诡钱粮二百石。听断明允,有应答者辄泣下。部使者特疏荐之,超升常德府判。祀名宦。②

喻敬

《云南通志》:内江人。弘治间任晋宁知州,廉能有为,废坠无不修举。③

喻时

《湖南通志》:内江人。弘治九年进士。④知祁阳县,革奸除弊,豪右屏迹,小民安乐。

按:旧《志》:字子乾。御史,任松江府,转浙江参政。

祝似华

《剑阁芳华集》:字二甫,内江人。万历己丑进士。知天长县,政治有声,调吴江,天长民思之,为立碑。

---

① 嘉庆《志》、咸丰《志》无"门贵"及下"张自守""喻敬""喻时""祝似华"等五条。按,《〔乾隆〕湖南通志》卷九十九"门贵"条记载同。

② 十八户:《〔乾隆〕湖南通志》卷一百一"张自守"条作"八十户","部使者特疏荐之"作"部使者廉其卓异,特疏荐之","祀名宦"作"万历十九年祀名宦"。

③ 按:《〔雍正〕云南通志》卷十九"喻敬"条记载同。

④ 内江人弘治九年进士:《〔乾隆〕湖南通志》卷一百二作"内江进士"。

张士俨

字敬思。嘉靖乙酉举人。历同知,性醇雅,尚慈惠,赈饥修学,士民怀之。

刘养仕

字学夫。嘉靖戊子举人。守颍州,有救荒善政。擢永州府,以循良称。寿八十一卒。

刘珏

《一统志》:内江人。正德间知鹤庆府,岁凶盗起,捐金设赈,以活饥民,群盗解散。①

陈言谏

《陕西通志》:内江举人。正德间知襄城县,果断明允,案无留滞,暇为书生讲解书义,诛锄土豪,境内获安。②

闫东

《一统志》:内江人。嘉靖中为新蔡知县,以田赋不均,仿古方田法,履亩定税,积弊一清。县地洼下,多水患,东开九沟,疏洪汝注于淮,民不忧潦。③

按:东,嘉靖甲辰进士。任加升提学佥事,晋都御史。④

张士让

字敬光。嘉靖辛卯举人。事母以孝闻,居官有清操,乡里重之。

阴惟肖

字仲悦。嘉靖丁酉举人。令汝阳,有善政。擢员外郎。

---

① 嘉庆《志》、咸丰《志》无"刘珏"及下"陈言谏"二条。按,《〔嘉庆〕大清一统志》卷四百八十五"刘珏"条记载同。
② 按:《〔雍正〕陕西通志》卷五十三"陈言谏"条记载同。
③ 按:《〔嘉庆〕大清一统志》卷二百十六"闫东"条记载同。
④ 嘉庆《志》、咸丰《志》"闫东"条作"字启明。嘉靖甲辰进士。任县廉明强毅,升提学御史"。

陈璠①

《云南通志》：字瑕无②，四川内江人。明崇祯间仕至户部员外郎，后弃官游顺宁，太守延为育贤馆师，郡士多出其门。著有《育贤馆志》四卷③。

余骍

《湖南通志》：内江人。崇祯戊辰进士。知攸县，政烦不扰，课士无倦，择文佳者刻之，名《文琴录》。④

龚文魁

嘉靖丁酉举人。性宽厚，令泌阳，捐俸赈饥，未老致仕，有万石之风。以子懋贤贵，赠御史。

张求可

嘉靖癸丑进士。历巩昌知府，廉仁有声，名重三秦。部议升副使，遂浩然告归，里人称其德量，宜其后嗣克振云。

杨祯

字时祥。嘉靖壬子举人。任云南楚雄府推官，惠政有声。

杨世传

字象山。万历癸酉举人。历河南知府，有德政⑤，子孙科甲蝉联称盛⑥。

冷节坚

字义甫。万历己卯举人。授秦州牧，有善政，多子贤而能文。

---

① 嘉庆《志》、咸丰《志》无"陈璠"及下"余骍"二条。
② 瑕无：尊经阁本原作"暇无"，后文《外纪》载"字瑕无"。按，《〔雍正〕云南通志》作"瑕无"，《〔民国〕新纂云南通志》卷二百五十八载："陈璠，字虹也，一字瑕无，自称'丽农山人'。"据之改。
③ 按：《〔雍正〕云南通志》载陈璠"著有《才子惊梦集》五卷、《育贤馆志》四卷"。
④ 按：《〔乾隆〕湖南通志》卷九十九"余骍"条作"内江进士。知攸县，政烦不扰，人乐恺悌。月两课士，六年无倦，汇文之佳者刻之，名《文琴录》"。
⑤ 德政：嘉庆《志》、咸丰《志》作"惠政"。
⑥ 子孙科甲蝉联称盛：嘉庆《志》脱"联"字。

王嘉制

字雨溪,参议之臣孙。由贡士宦直隶兴州右屯卫经历,军功晋阶,敕谕有"起家从事,宣力戎行,干济有方,勤劳匪懈"等语刊石。迁普安州州判,擢任黄平州事。[①]

张世庆

字善甫。万历乙酉举人。任兰州牧,居官清正[②],孝友持家,乡里重之。

何京

字玉垣。万历庚子乡荐。性至孝,以母病,两滞公车,及母卒,躄踊几绝。友爱甚笃,古朴刚介,不轻言笑。初授北直大城令,廉明侃直,中贵豪滑咸畏惮之。调繁玉山,兼摄上饶,行取大理寺副,转寺正,六载,声名大著。时魏珰势倾中外,京抗不通一名,内阁施凤来、冢宰房壮丽咸危之。崇祯改元,京名益重,遂主鞫逆党,为三等定罪,严正无私,上允其议,其姓名审词见载《明史》。狱成,升大理知府,后副宪滇西,兵巡金沧诸路,率师征阿弥土逆,大捷,普贼平,甫一月即乞致。事闻,加升一级,赏银十两。历官三十年,清苦异常,蜀抚刘大中丞以亲切门生,坚请入省一会,不允,其介节如此。年七十卒,里人钦其品望。

李应魁

字光素。少颖敏,与兄明经应期探研经史,苦学不倦。万历癸卯举于乡,甲辰联捷,选庶吉士。后为御史,巡按山西两淮,历升方伯,厘奸剔蠹,人畏惮之。熹宗时魏珰擅权,遂乞致归。魏败,起太常卿,名望大著。归卒于家,年六十,有诗文传后。

王有翼

字仲甫。万历丙午举人。振铎嘉州,典黔试,得士田景猷等,

---

① 嘉庆《志》、咸丰《志》无"王嘉制"条。
② 正:尊经阁本原作"政",据嘉庆《志》、咸丰《志》改。

时多其识。迁国子学正,晋参棘寺,以副郎差示燕平,兵饷省五千金,加服俸。出知平凉府,循誉方著,以艰归,寻卒,物望惜之。有子世其业。

王范

字慕吉。崇祯辛未进士。知丹阳县,操持清白,遇事勤敏,公余寝处廨后一室,三年未尝入内。行取御史,巡按浙江,风裁峻厉,以忤时相转佥事。蜀乱,寓居丹阳,丹人素德之,岁时赡送薪米不绝。子于蕃、于宣,俱登科第。吴梅村为作墓志,记其修练湖诸绩。[1]

张于衡

字宾于。性至孝,颖敏过人。家贫,母马氏常卧病,跪奉汤药不辍,自少至老,孺慕不衰。棘闱屡困,励学愈勤,丙子举于乡,中庚辰副榜。时朝廷减会额一百五十名,既悔之,准以副榜赐进士。初司李赣州,明允称职,复因平寇功,超升岭北南韶道佥事,稂山帖服[2]。后退隐田野,为烟霞逸叟,二十余年,文益宏博,德益盛。课子传经,外无他志焉,时人钦其忠孝。

高锡

字永甫。弘治中以应贡任河州州判,委勘城,会贼入寇,设伏张疑,城得全,以劳瘁卒于官。

胡重光

由吏员任云南倅,以剿阿克功升登封主簿,署县事。值蝗,民饥,多方捐赈,士民尸祝。有子贤能继其志焉。

陈朝

以吏员任徽州吏目,捐俸赈饥,士民赖之,见徽《志》。

范源龙

由吏员历蜀卫经历,宦楚、秦、蜀二十三年,清勤自持,征松积

---

① 嘉庆《志》、咸丰《志》无"吴梅村为作墓志,记其修练湖诸绩"等十四字。
② 稂:尊经阁本原作"裖",据嘉庆《志》、咸丰《志》改。

功，奉旨优赏焉[1]。

明孝友

余玉　谢本常　洪平　邓翰　郑勉臣　姚宗尧　萧世延　赵从先
杨一瑞　高世洵　刘翾　陈延庆　萧世建　锺奇训　门之祜
周满　李崇先　张凤祯　张学周[2]

余玉

景泰丙子举人。体父遗命，让产于弟璋。及谒选，部试第一，授桂林府同知。三载，璋念玉，省之。玉喜其来，为捐俸，援例纳散官[3]，不欲，弟以布衣终也。寻任平乐知府，有惠政[4]。亲殁，俱于坝上营葬[5]，兄弟怡怡无间言，乡闾称之。

谢本常

龙桥里人。读书识理道，尝设乡校。一旦念祖母宅兆下湿，乃迁诸爽垲，随即庐墓三载。既而母卒，哀毁骨立，营葬毕，亦庐墓三载。感野鹜六双，朝去暮来，栖息冢侧，若助其哀鸣者。及父亨卒，又结庐守墓终丧。时方旱，二麦枯槁，独庐左右麦秀，乡人睹其异事，咸敬之，以为孝感。县令谢熙具始末，上闻，不报，里人吴玉为诗赠之。

洪平

成化辛卯举人。赴京时，以养亲属弟。弘治初，闻蜀旱灾，饿殍蔽野，叹曰："吾弟力薄，恐不能养亲，功名安用！"乃兼程归亲，幸无恙，即具舟载京。寻入选试，居高等，授全州守，复同载赴任，禄养三载，治具送归。后丁内艰，独力营葬，尽以遗业付弟。弟偶

---

① 奉旨优赏焉：嘉庆《志》、咸丰《志》作"奉旨赏银二十两"。
② 按：嘉庆《志》、咸丰《志》除"姚宗尧""刘翾""张学周"外，每人传末皆有"旧《志》列《孝友》"五字。另，《刘翾传》在前文《明谏论》里有相同记载。
③ 援：尊经阁本原讹作"授"，据嘉庆《志》、咸丰《志》改。
④ 有：尊经阁本此字被涂剔，据嘉庆《志》、咸丰《志》补。
⑤ 上：尊经阁本原作"士"，据嘉庆《志》、咸丰《志》改。

病危,谨医药,有分炙之爱[1],里人吴宪副玉为诗赠之。

邓翰

字希召。弘治壬戌进士。任知县,廉白有异政。升府同知,操守坚定,举措不苟。居继母丧,火偶延及,翰以身蔽枢,火至,不为动,寻灭,人以为诚孝所感云。

郑勉臣

字汝敬,鸿胪卿裕子。幼习《春秋》,从学赵桂窝先生,苦志博记,屡试高第。父为给谏时,随试都下,会驾幸大同,杨少师石斋过访,议密事,勉臣从旁言曰:"今日之事,何不借尚书剑斩佞臣头,多言无益也。"少师问何人,鸿胪曰:"吾儿也。"少师异之。宸濠变起,鸿胪公奉命守门,勉臣戴甲荷戈,与卫士为伍,少师更异之。及鸿胪公寝疾,割股以进,丧祭竭力尽礼,庐墓独居,不复谈经世事,司徒高三峰以孝友称之。

勉臣性好推解,友人陈者隆冬单衣,解所着赠之。宁番二李生来邑,溺于江,备物殓之,助使归。有负债不能偿者,辄折券不责。三试不第,早卒,乡里惜之。孙璧,官至通政使。

姚宗尧

字惟一。隆庆戊辰进士。任夷陵令,清正有贤声,政暇诗酒自娱,时夷陵民为建生祠。晋部郎。

萧世延

字可静。嘉靖戊戌进士。以行人擢御史,警敏博洽,工诗文,两巡南粤[2],卓有风采。数条上两省利弊,切中事情,为一二忌者中伤,卒蒙诟罢归,怡然不以介意。生平重本敦伦,不遗故旧,以祖遗产让同堂兄弟,事诸母至孝,乡里称之。

---

① 爱:嘉庆《志》作"忧"。
② 南:嘉庆《志》作"有"。

赵从先

字仲孔，占之子。性敏慧，九岁题松诗，能协音律，及长，淹贯经史百家。于利义尤精，每试辄第一。从赵文肃之门，深窥理奥，共订《经世》《出世》二通。其父恒斋禄仕[1]，祖母李年高，不便迎养，从先定省承欢，以慈孙代孝子，不贻父内顾忧。兄增生孚先无嗣，以子承继，俾延血食。昆季不较资财，唯以德行文章自励。丁卯中副卷，癸酉举于乡。未竟其用而卒，人咸惜之。有子七人，以诗礼绍其家声云。

杨一瑞

字应乾。少警敏，举嘉靖甲午乡试。典教岐山，入为国子助教，善诱掖后进[2]。升知莒州，尚廉平，不事操切，莒人德之。谢事归，以书史自娱，事亲躬寝食，至老不懈，友爱诸弟，终身助给之。遇丧葬无倚者，量为赙兴。至发为声歌，遇事能持正论，少司徒高三峰言于有司，匾其门曰"孝友大夫"。卒之日，囊无余资。著有《顺庵诗集》《梦岐诸稿》。

高世洵

字仲允。弱冠游庠，文名大著，宗伯张玉溪、廷尉刘一崖咸奇之。屡试不第。忽遭家难，父与叔父为祖司徒公嫡庶子，有郤，世洵苦调停之，卒以至诚感动，父叔合好如初。赵文肃公重其为人，比之颜闵。

刘翾

字元翰，望之子。嘉靖辛酉经魁，壬戌成进士。令渭南，多异政，召入为御史，敢言极谏。巡长芦，条陈盐法，却羡十万两以充公帑，按顺天，豪贵敛迹。上疏数十章，其大者如绝西山下四月八

---

[1] 恒斋：按，《〔民国〕内江县志》卷八："别号：原《志》各传不详载别号，而他《志》每引别号，阅者不知为何人，今考得甚可知者，如：……恒斋赵占……。"则"恒斋"为赵占之号。

[2] 善诱掖后进：嘉庆《志》无"诱"字。

日僧道淫度丑习,著为令。辛未会试,请广制额五十人,殿首张元忭即在数中。时新郑相罡议,去途有观望意,飞章义责之,竟以是结怨。后备兵浙江,以讨倭功受上赏,晋大参,与时相议左,嗾其党劾之归。有《西台疏草》若干卷藏于家。

陈延庆

号西峰。少聪慧,与何克斋同授《春秋》艺于族伯谦祖之门,同堂诸友无不文雅推让。因早失怙,鲜所托以治生,不得已弃举子业,营心家务,竭力奉母,有古莱彩风。居常吟风弄月,诗酒自娱,如《同太史金绯江题太湖》联"湖水隐含鹦鹉绿,霁岩高染鹧鸪斑"之句[①],一时词人墨士靡不高之。与弟安庆轻财济众,重义好贤,故均课子成名,褒荣敕诰,人以为隐逸积德之报云。

萧世建

字我山,侍御世延兄。弱冠入庠有声。昆弟让产以顺父母,时有"难兄难弟"之称。世建为光禄卿如松祖,如松未生时,梦神语之曰:"尔有世德,上帝鉴之。"语未竟,旌旗鼓吹,悬匾于门,大书"朝阳鸣凤"四字。及觉,报如松生,世建奇之。自幼口授经史,登第后三巡畿辅,露奏霜飞,有古谏议李公遗风,宛与梦协。寿七十三卒。

锺奇训

字起龙。性警敏,博综典籍,年十四补弟子员,雅负大志。有异母弟四人,田产金帛,母氏每右之,奇训置之不校,怡怡一堂,亲卒顺之。声闻胶庠,易、吕两文宗咸旌其门。以子应麟贵,封路南州守,再赠河南开封府守。

门之祜

字子受。邑庠生。父卒于宦,两兄扶柩归,仲卒于途,伯独据

---

① 金绯江:指金深,兹据《〔嘉庆〕四川通志》卷百五十二:"金深,《蜀人物志》:绵州人。少负大志,博通今古,喜词章。二十领乡魁,中嘉靖癸丑进士……著有《绯江诗集》。"

宦资，之祜检出簿迹，焚之，以息争端。抚仲兄遗孤，让以厚产，同伯兄子力为教导，两侄皆游庠食饩。子逵，登万历甲午贤书，辛丑会魁，历官云南参政。

周满

字时载。幼喜读书，有卓识，其父栗山翁乐高隐，满力持家政，色养无违。喜多置书，勤于课子，花果优游，怡然自得。子士昌，以进士历官布政使，满膺宠锡焉[①]。

李崇先

字绍夫。少英敏，苦志潜修，博通《史》《汉》，赵文肃公雅器重之，乃与共订《经世》《出世》二通。数奇不第，以子应魁贵，褒御史大夫。先是父西湖[②]，性孝友，让产异母弟，挟资客[③]贷有贷值不能偿者，崇先迎养时，即乞焚其券。生平端方正直，善淑人，门人私谥为"端淑先生"。著有《汇汉疏》《近代名言》《尚书补注》，大学士方从哲曾为之传。

张凤祯

字现喈，葛台公伯子。性仁孝，潜心理学。父病，焚香告天，愿以身代，父危而复愈，更寿二十余载。每见冻馁者，辄以衣食给之，时人推其隐德。子亮，仕至安庐巡抚，忠于明。

张学周

字通西。万历己未进士。由秦令入拜御史，巡视诸省，卓有风裁。晋顺天府尹，转太常寺卿，练达时务，仪容甚都。寻升工部侍郎，上喜其简静老成，欲大用之，竟以疾归。历任俸金散诸弟侄，乡人推其孝友。卒年六十三，葬后数月始有献贼之乱，识者以为天

---

① 满膺宠锡焉：嘉庆《志》无"满"字。
② 西湖：指李师勉，兹据《〔民国〕内江县志》卷八："别号：原《志》各传不详载别号，而他《志》每引别号，阅者不知为何人，今考得甚可知者，如：……西湖李师勉……。"
③ 客：嘉庆《志》讹作"容"。

之保全善人云。

明忠义

按：邑原《志》载《忠义》，宋郭赟、赵昱、明吴俨诸人，及国朝黄开运共若干人，俱照题，祀忠义，祠录载。兹查省《志》，明末邑人范文光系乾隆四十一年赐谥"忠节"。又明杨名由遂宁籍登甲，史、志俱载，遂入锦江石室坤维正气坊，与邹忠介比烈，遗迹犹存，传应汇附。再近年续《志》有明末死贼刘邦彦、门亭午二人，未经题祀，应俟勘举。①

吴俨　马炳然　余才　吴伯钧　晏锐　马鸣銮　萧宗成　周士昌
张亮　张于廉　杨名　范文光

吴俨

原传列《谏议》，通、省《志》载略同。②

马炳然

字思进。成化辛丑进士。授嘉渔令，有声望。擢御史，出守西安，才名益起。历升右副都御史，巡抚宁夏。正德初，总督南京粮储，至阳逻江，会流贼刘六等横劫江中，呼云："好语马都堂，写牌送我过江。"炳然叱曰："我朝廷大臣，乃写牌送贼过江耶！"贼魁齐彦石箭中炳然额，仆水中。时江新涨水，三日退，得尸，颜貌如生。守臣以闻，诏赠右都御史，谥"毅愍"。

按：《一统志》：内江人。成化中知嘉渔县，民有为人作讼牒者，炳然诘之，对曰："贫无以养。"炳然给资，使力田③，自是游食者悉遁去。暇日巡行村落，悉知民间琐屑事，吏不能欺。

《贵州通志》：字思进。成化辛丑进士。由嘉渔知县擢御史，弘治间巡按贵州，才名懋著。历升至总督，为流贼刘六所执，刀挟

---

① 嘉庆《志》、咸丰《志》无此段文字。
② 嘉庆《志》、咸丰《志》无此段文字。
③ 使力田：《〔嘉庆〕大清一统志》卷三百三十六作"使力本"。

作书退军,不从,遇害,妻女俱赴水死。事闻,赠右都御史,谥"毅愍"。弟自然,由进士为贵州右参政,刚毅不挠,有炳然风。①

按:毅愍:旧《通志》作"庄愍"。②

余才

原传列《谏议》,通、省《志》载略同。③

吴伯钧

字任重。弘治戊午举人。任蕲州训导,升襄阳府推官,以明恕称。流贼犯湖襄,委伯钧主饷,谒洪少保于军门,议御贼方略,欲清游民以搜贼党,截要害以挫贼势,设江堡以防贼舟。洪壮之,即委伯钧监都指挥使樊华军,遂挥军进。贼欲入川之大宁,遂合兵围之。伯钧先锋,骂贼,贼怒,射之,遂为所中,驰壁即不起,时正德辛未正月二十二日也。洪少保上其事于朝,诏赠本府通判,遣官谕祭,荫子一人。

晏锐

字子充。修伟有干局,善书法,嘉靖庚辰,以吏员授高邮卫经历,能其官。丙辰,倭夷煽乱,掠通泰,薄杨州城,巡抚陈委锐部兵东水关,与贼对垒,有擒获功。越二日,贼益兵,水陆并进,兵力不支。锐独持佛郎机击贼④,贼拥登舟,被执,胁之降,大骂不屈,遂遇害。事闻,诏赠府通判,与同知朱褒祠并祀。

马鸣銮

字君美,金宪鲁卿第六子,尚书鸣銮之弟。少颖敏,工文词,年十九补胶庠,督学王孟旭深重之。性介洁,负有高尚志,居恒茹蔬被素,兄显宦四十年,不一至其署。辛酉蔺贼破内江,鸣銮转徙

---

① 按:《〔乾隆〕贵州通志》卷十九"马炳然"条记载同。
② 嘉庆《志》、咸丰《志》无按语至"庄愍"等三段文字。
③ 嘉庆《志》、咸丰《志》无此段文字。
④ 机:嘉庆《志》、咸丰《志》作"矶"。

山谷间,潜结豪杰,复城不就,号泣曰:"如祖宗坟墓何!"① 趋近城十五里,探贼事,道遇群贼缚男女,且行且笞,持刃逼予金,男女头控作乞命状。鸣鋆不胜愤厉,声出林中,詈曰:"狗奴妄虐无辜,且暮天兵至,尔曹皆齑粉矣。"遂遇害,气未绝,口犹喃喃詈贼声,其慷慨就义如此。事平,以死节闻,士论壮之。子士骧、士騆有俊才。

萧宗成

庠生,少有气节。辛酉奢变,贼大索山谷得之,度其美男子,必多金,缚夫妇以行,贼首欲生之,宗成曰:"吾天朝侍御太守孙,累世忠孝,肯从汝作贼乎?速杀我!"贼怒,批其颊,劫其资以诱,竟不屈。妻江氏见夫杀,哀号叫骂,身被重创,几死而生,誓不再嫁,奉姑苦节,盖不忘夫志云。

周士昌

字心联。万历庚戌进士。历任至云南布政使,清廉率下,时土官普名声叛,运饷不给,贼势甚锐。右布政蔡侃欲亲往督运,且赞军务,时中丞王公被劾,士昌曰:"蔡某年壮,才猷有余。权秉节钺,非君不可。士昌老,食禄久,可以身报朝廷矣。"蔡力阻不允。至阿弥州,与贼相持四十余日,官军数万尽没。士昌同诸总兵死之,一时多其风烈。《云南通志》略同②。

张亮

《明史·袁继咸传》:亮,四川人。举于乡。崇祯时历榆林兵备参议,用荐改安庐兵备,监禁军,讨贼频有功。十七年,擢右佥都御史,巡抚其地。福王既立,亮闻李自成兵败,奏言贼势可乘,请督兵进讨,从之。明年四月,左梦庚陷安庆,亮被执,乘间赴河死。

旧《通志》:内江人。字伯揆。由员外郎升都御史,巡抚安庐,

---

① 何:嘉庆《志》讹作"河"。
② 嘉庆《志》、咸丰《志》无"《云南通志》略同"六字。

时左良玉有异志，金陵震动，亮单骑赴营，谈笑止之。奉诏入觐，条议终日，洒血披诚，皆见嘉纳。卒谥"忠烈"。

《胜朝殉节诸臣录》：乾隆四十一年，赐谥"忠节"。

按：《内江县志》：原名芝，字揆伯。万历己酉举人。[1]

张于廉

字汝和。性淳朴，弱冠登天启辛卯贤书。不以贵矜，敝衣羸马，与妻锺氏淡泊自甘。初任彭泽令，一介不取，后为仇诬解归。值献贼据蜀，逼之出仕，不从，遂与妻与害，死时骂不绝口。平日呐呐如不能言，乡人嘲为"烂善"，后竟慷慨赴义，贤者不可测如此。

杨名

《明史》本传：字实卿。嘉靖七年乡试第一，明年以第三人及第。授编修，闻大母丧，请急归，还朝为展书官。十一年十月，彗星见，名应诏上书言："帝喜怒失中，用舍不当。"语切直，帝衔之，而答旨称其纳中无隐[2]。名乃复言："吏部尚书汪铉，小人之尤；武定侯郭勋，奸回险谲；太常卿陈道瀛、金贽仁，粗鄙酣淫。而陛下用之，是圣心之偏于喜也；诸臣建言，触忤者心实可原，而陛下不终宥，是圣心之偏于怒也。真人邵元节尝令设醮内府，命左右大臣奔走供事，遂至不肖之徒有出其门者[3]。书之史册，后世其将谓何？"疏入，帝震怒，即执下诏狱拷讯，铉疏辨谓："内阁大臣率务

---

[1] 嘉庆《志》、咸丰《志》"张亮"条作"原名芝，字揆伯。幼颖敏，有大志。弱冠登万历己酉贤书。奉其父凤祯'告天知，对人言'之训，动无过举。以国子学录晋户部正郎，出备榆林，风裁凛肃。因上书为阁臣所忌，诬以边事去官。时多事需才，荐天下边才第二，起补安庐道，遂升都御史，巡抚安庐。适左良玉有异志，金陵震动，单骑赴营，谈笑止之，朝廷嘉其绩。召对便殿，与阁臣高洪图指画上前，条议终日，洒血披诚，皆见嘉纳，奖赍金帛。命总督左良玉、刘洪起师，办闯后殉难，谥'忠烈'"。

[2] 而答旨称其纳中无隐：按，《明史》卷二百七《杨名传》作"而答旨称其纳忠，令无隐"。

[3] 遂至不肖之徒有出其门者：按，《明史·杨名传》作"遂致不肖之徒有昏夜乞哀出其门者"。

和同,植党固位,故敢欺肆至此。"帝深入其言,益怒,命所司穷诘主使,数濒于死,无所承,法司拟罪皆不当。上指特诏谪戍伍瞿塘卫,明年释还,终不复召。家居二十余年,奉亲孝,亲殁,与其弟台庐于墓,免丧疾作卒。

《蜀人物志》:家居敦行著书,时论推重。隆庆改元,赠光禄少卿。[①]

范文光

字仲闇。天启辛酉举人。幼极聪慧,廿龄登乡荐,家贫就宁羌学正。内转国子监博士,官至户部正郎。乞致归田,南畿部臣交荐不起。每言蜀乱将至,遂弃里移居峨眉。蜀乱,应督师阁部王应熊檄,监军洪雅等处,与曹勋辈并力御贼。寻为川南巡抚,忠于明,不屈死。草书追踪黄、董,词调隽逸,才名竞传海内。著有《峨眉集》、诗文数十卷。

《明史·樊一蘅传》:文光,内江人。天启初举于乡。崇祯中,历官工部主事、南京户部员外郎。告归十七年,张献忠乱蜀,偕邛州举人刘道贞、芦山举人程翔凤、雅州诸生傅元修、洪其仁等举义兵,奉镇国将军朱平㭎为蜀王,推黎州参将曹勋为副总兵统诸将,而文光以副使为监军,道贞等授官有差。勋败贼雅州龙观山[②],追至城下,反为所败,退守小关山。十一月,督参将黎神武攻雅州,不克。明年,神武合雅州土汉兵再击贼将艾能奇于雅州,败绩。伪监司郝孟旋守绵州,遣间使招之,孟旋袭杀守雅州贼,以城来归,居之。献忠死,保境如故,永明王命为右佥都御史,巡抚川南,总督李乾德杀杨展,恶之,遂入山不视事。大清兵克嘉定,赋诗一章,仰药死。

---

① 嘉庆《志》、咸丰《志》"杨名"条作"字振远,取应遂宁。嘉靖戊子解元,己丑联捷一甲第三人。官翰林院编修,上疏忤权贵,免官。家居敦行著书,时论推重。隆庆改元,赠光禄少卿。子孙科甲,以文献世其家"。

② 龙观山:《明史》作"龙鹤山"。

《蜀人物志》：天启辛酉举人。肆力于诗，本由锺、谭入，而晚年反诋伯敬，有《李锺合刻》。左祖空同，遂为楚绅之津要者所恶，竟以京察罢之。归而隐于峨嵋之花溪，吟咏益富，所著有《啼鹃血》小词行于世。明末数蜀中诗人，指不再屈焉。文光至成都，作《述怀诗》，有云"垒山惟欠死，箕子自甘囚"，观此，志可知矣。

《殉节诸臣录》：乾隆四十一年，赐谥"忠节"。①

义民申荣、申华②

正德间，高县夷普法蓼作乱，调县乡兵征之。两人素未习兵，率众执梃击寇，死者二十余人。荣中弩死，华以身赴兄难，亦死。督府嘉之曰："申荣死于贼，申华死于兄，无愧卞壶一家矣。"令有司厚为优恤。③

论曰：宏简邵氏有云："忠义者，天壤间亘古不朽之名，求欲入此，万不易得。"余以谓彼其人亦何尝必欲得也。唐魏征对太宗曰："臣愿为良臣，不愿为忠臣。诚以主圣臣良，身名俱茂也。至不得已而慷慨逆鳞，从容蹈刃，返诸若臣之心迹亦良苦矣。"中川山明水丽，气节代钟。宋有郭、赵二公，明则吴、马诸先辈，十有余人，炳炳烺烺，丹诚不泯。胪其盛节，虽古仁人曷以加焉。孔子曰："岁寒，然后知松柏之后凋也。"原《志》人物，始理学而终以忠义，意在斯乎！意在斯乎！至申荣、申华以乡民赴调，授命行间，固所谓"朝不列而禄不及"者也，乃死贼死兄，卞壶比烈，是亦足以愧天下后世之食君禄而偷生者矣。惟以质野编氓，参列台省封圻之侧，于史例祠位体制未符，或亦幽魂所不安也，特署"义民"，原传系焉。嗟乎！忠义，亘古不死之名，不易得也，秉笔者乃欲掩之，而或滥假之，彼何心哉！④

---

① 嘉庆《志》、咸丰《志》无"《明史》"至"忠节"等三段文字。
② 嘉庆《志》、咸丰《志》无"义民"二字。
③ 嘉庆《志》、咸丰《志》段末有"旧《志》列《忠义》"五字。
④ 嘉庆《志》、咸丰《志》无此段文字。

明隐逸

杨瑄　阴秉衡　张铎　胡胤　张泰　游诚然　周彝　何宗义
杨廷蓁　高文翰　赵伯州　萧世尚　余禄　刘凤阳　张克臣
周滋　蒋廷柱　张瑄　张文荐　张学颜　刘汝文　王迁　梁杞
黄历耕　何鸾鸣　周卿　徐履谦　马恺　张叔应　高钊　余庆傅
张方大　刘纲　刘元符　胡有德　王宁寰　喻绍昇[①]

杨瑄

字伯琛。励志读书，喜吟咏，不乐仕进。至成都，士大夫多与之游。滁阳刘清廉以刑侍调蜀藩参，一日过徐都阃宅，见瑄题徐壁诗，有"辕门久缩将军印，甲第高容驷马车"之句，心异之，径访焉。及阅其《怀归》诗云："嗷嗷鸿雁常为客，小小蜗牛尚有家。"《闲中遣怀》云："凿瓮有天常自乐，立锥无地且安贫。"又云："阅人老眼湖山外，避世闲身草莽间。"深加重，语之曰："子才不售，是自弃也，我将荐子。"瑄辞归，闭户不出，晚号"山寿翁"，年九十二[②]。

阴秉衡

移列《师儒》，原传、《通志》本传、《姓氏人物考》附载。

---

① 尊经阁本下文无"刘纲""刘元符""胡有德""王宁寰""喻绍昇"等五人小传。嘉庆《志》、咸丰《志》"刘纲"条作："号中吾。擅庠誉，先达姚剑南、马武陵诸人器重之。屡试不酬，夷然自得，其懿行未枚举。子体仁，中进士，官太守，赠制温美相，隐德焉。"又，"刘元符"条作："字信卿。为人朴质孝友。代父山泉翁经营家政，舍儒业，贾资财，不自私。配吉氏，亦能姻睦，无间言。子承茂，生思忠，登戊戌进士；季子承烈，生思宾，中甲子亚魁，人以积善之庆云。"又，"胡有德"条作："由吏丞任衡州知事，晚年乐黄老之术，寿九十七，子孙多而贤。"又，"喻绍昇"条作："字元照。天姿英异，才气过人。天启中，弱冠补弟子员。值奢酋之变，心切时艰，翻然弃经生业，出其胸中韬略，应藩宪朱燮元聘，身先士卒，同土司秦良玉克平大敦。抚按交荐，以功授副总兵。忠于明，后退老不仕。曾孙宏林，举孝廉，任江南六合令。"二《志》亦无"王宁寰"条。

② 九十二：嘉庆《志》作"九十三"。

张铎、胡胤

铎，字鸣道。胤，字裕夫。皆行己有耻，诲人不倦，循循雅饬，守道终身者。

张泰

字用通。有隐德，正统间举贤才。强之就道，泰泣下曰："吾有叔仲威、仲庆客滇，将往寻之。"至滇，威已死，庆莫知所在。泰负威遗骨归，与威妻合葬什防县。景泰六年，会县缺官，众推署县事，咸服公平，以寿终。

游诚然

号桐坡。蚤岁与李临安、文安受业赵伯州先生，应试不酬，闭户读书，潜心理学。康和李公及门听讲，一乡后学遵为师表[1]。年九十余卒，封蜀府右史[2]。

周彝

字宗器。家贫力学，长《春秋》，屡试不酬。家居不苟言笑，与李临安、萧俨为莫逆交，赵文杰、吴安岳皆门下士也。尝出游拾金钏，待而还之。有弟颇傲，彝友于不减，卒化之。被荐上京，不遇即还。至新野旅次，遇诸生讲《春秋》，为之剖要旨，咸叹服，致赠一无所受。归益贫，处之晏如也[3]。年八十二，除夕告子孙以明年三月十三日当卒，届期远近咸集，彝固无恙，令家人拜，危坐而逝。进士嘉宾，其裔孙也。

何宗义

字惟性。刚正慈孝，家极贫，竭诚色养，及稍裕，恒以亲不逮事为恨。同胞五人，季宗智贫不能娶，为之置室，及生子祉，付之资令治生。偶过榨木镇，有新妇遗簪珥哭于途，惧无以见姑，义以金偿之。戊子岁大饥，贷邻民米粟数十石，至期焚券，不取捐资，

---

① 一乡后学遵为师表：嘉庆《志》脱"学"字。
② 封：嘉庆《志》、咸丰《志》作"仕至"。
③ 嘉庆《志》无"也"字。

掩骸甚夥。季子祚粂谷，舟濡水，及出粜，戒之曰："谷经水液，布种不生，须告粂者，毋相欺也。"其存心概类此。平日公直解纷，人无不服，暮年贻戒云："存天理者昌，背天理者殃。"子祥，南京刑部郎中；孙起鸣，历尚书。

杨廷蓁

字良美。家世儒业，夤孤，母遣就学，屡试不售。既为塾师，里中子弟多从之。有争忿来质者，徐出片语以折之，卒悟悔息去。有二子，训课严正，长祜，进士，历官清苦有声；次祐[①]，甘贫力学，尝曰："善养何必禄哉！"诸孙联芳接武。年八十卒。其隐德弗耀，光流后裔云。

高文翰

字本性。重本敦伦，性沉静，不道人过。食廪廿余年，屡试不售。以《毛诗》授徒，隽士多出其门，三子皆口授经学。嘉靖乙卯领岁荐，谢不往，以让其友。与人语怡然终日，尺度自在，卒年九十八。

赵伯州

字从政，宋丞相文定公之后。邃学食饩，不乐仕进，隐梧桐山下，以引进后学为务，里中李文安、临安及游诚然诸人皆出门下[②]。一再传后，文学昌明，渊源所自，其力居多。

萧世尚

字可友。髫年能口授成诵，解声律，康和李公出扇命题，曰："风也，圣之清用也。圣之时，夫物有然，何独人而疑之。"李公大奇赏。长与大洲先生游，闻良知之学，屡试不酬，或劝之阅时艺，尚曰："经明则理明，理明则辞顺。学当务己，宁踵人故武哉！"自是益工词赋，《游圣水》有"律调群鸟舌，春点百花头"之句，人争

---

① 嘉庆《志》"长祜"作"长祐"，"次祐"作"次祜"。
② 李文安临安：嘉庆《志》作"李临安、文安"。

传诵,特其负奇未究云。

余禄

字朝重。笃实无伪,处父子兄弟怡如也。嘉靖壬午、戊子,比岁荒歉,施给米屡,贷小镇贫民谷千石,不责偿,乡里重之,谓有古人风。

刘凤阳

号龙山。苦志读书,补弟子员,试辄优等,有心得。不乐仕进,门弟子列衿绅者七十人,闲居颦笑不苟,衣履不绮。亲殁,庐墓三年。其后冢孙希伯承嗣,族侄岷川遗业千金,弃之,收归苦教,授麟经。举辛酉第四人,辛未成进士,久大之业未艾。今祀乡贤焉。

张克臣

字仲敬。生而伟重,五月失怙,母喻氏抚之。补弟子员,试辄高等,屡蹶不售,乃盘桓于名山胜水间。性端方,从游子弟皆严惮之。雅好推解,族党多利赖焉。子问达,为名御史。次孙炯,膺乡荐。年八十有二[①],举宾饮。所著《尚书》,家藏《族谱》若干卷。

周滋

字于利。质朴端凝,嗜古书,通晓义蕴。淡视显名,隐于小龙山,放棹清饮,宾朋往来,竟日忘倦。卒年八十有六。子孙世其业,皆亢宗焉。

蒋廷柱

字若峙,号大溪。正直孝友,博学能文,入棘闱不酬,遂隐居自适。以子如兰、如芝忠孝各尽,甚慰厥心。平居辟异端,好奇议,注《历经》,以补刘西峰之未备;作《皇历》数论,衍邵康节大略。著有《小山》诸集,藏于家焉。

张瑄

字用卿。幼耽书史,奇于数,继精东垣、叔和书,县令薛秦峰

---

① 二:尊经阁本此字不清,据嘉庆《志》、咸丰《志》补。

及赵公静山、高御史灵漱俱雅重之。以经史训儿辈,谆谆不倦。性孝友,继母疾革,割股和药。爱幼弟,不较资才[1]。历诸葬婚大事,尽哀尽礼,静山匾其门曰"仁人",灵漱曰"孝子",其大略如此。

张文荐

字百一。伟貌能文,赵文肃、史邑侯咸赏识焉[2]。屡蹶乡闱,即专心内养,家居课子弟,动规以礼。精书法,有锺王风致。亲病,刲股以疗,真隐君子之表表者。

张学颜

字思悦,理学元与公仲子也。早游庠序,淡视功名,与兄学鲁、弟学敬游赵文肃门,相与订《经世》《出世》二通,马德斋、刘葵垣诸人为莫逆交。事亲定省不衰,兄弟之间怡怡如也。晚年留心训课,子凤祯、兄子凤毛、弟子凤韶,俱以文学著。孙亮,历官安庐抚军。

刘汝文

字载道。家贫博学,尤长于《尚书》,一时宗之,门下如司马马凤麓、光禄萧鹤侣、运使王华峦,其最著者。尝汇集百家,参以己意,著《尚书疏义》,惟李氏崇先尤得宗旨。时有"凌云会",推主盟焉。条约赏罚,众不敢犯,后人称为耆儒。

王迁

字汝乔。秉性忠厚,家贫不能业儒,用贾治生。抚弟四人,择婚配,处党族,无炎凉,寿七十余卒。子应期,登乡荐,赠奉政大夫[3],盛德足为仪型云。

梁杞

字汝材。少颖秀,屡试不利,弃之业贾。慷慨尚义,邻人贷其金,不能偿,立折券。晚年尤嗜书,临卒预以期告。以子弘化贵[4],

---

① 才:嘉庆《志》作"财"。

② 史邑侯:当指史旌贤,查《职官》所载,明代史姓知县只有此一人。

③ 大夫:嘉庆《志》作"大人"。

④ 弘:诸本原作"宏",兹据前文辨释而改,且"宏"当为"弘"之避讳。

赠奉直大夫,详见《杨御史传》中。

黄历耕

字子耘。少颖异。家贫,力办亲丧,抚弟成立,以孝友称。临殁谓仲子似华必张其志,后竟副所期。

何鸾鸣

字应时。笃实勤学,尝应乡试,适运粮夫被同行者谋杀林中,覆压几死。鸾鸣闻声,即为起之,调理生全,已忘有棘闱之役①。后课子京,中庚子乡试,人以为隐德报云。

周卿

字德天。少颖能文,邓阳石兄弟重友之,白于父,纳诸甥馆,游庠,屡有声。孝友宜家,端方范俗,久蹶未酬,赍志以没。嘱邓安人善抚子,长之岐登辛酉乡荐,历同知,赠卿秩以前任承德郎。

徐履谦

天性孝友,与抚兄履端不计资产。端中庚午省魁,师事之。读书未酬,教子克家。长凤翔,登乙酉乡荐,初任推官,赠如其秩。

马恺

号松山。喜盛唐声律,弃举业,隐翠屏山,与赵桂窝、姚掌石友善。父参知边功,多自叙,疏将上,恺几谏,卒不得叙。贵介五十年,惟山居草庐,世其清德,九十二卒,子孙七世贵显云。

张叔应

号翔山。喜收书籍,务农劝学,俱负时名。四子文华登进士,授行人②,赴京面朝,受封。比归邑,儒素一如平时。后孙学周成进士,官至工部侍郎。

高钊

字正甫。学富才高,志量宏远,父少司徒独钟爱之。宗伯张玉

---

① 忘:嘉庆《志》讹作"志"。闱:嘉庆《志》讹作"闇"。
② 授行人:嘉庆《志》脱"授"字。

溪、廷尉刘一崖、国相赵大洲始为诸生时,俱友善联姻。嘉靖己酉,毛文宗以省元期之,揭榜落名,深讶焉,欲授以贡,谢不就。暨兄镛成进士,同侪捷两闱,隐放夷然,毫无介意。孝友诚悫,宜其后嗣克昌云。

余庆傅

字吸泉。积学诲人,邑令陈延之教子,始终不干一私,当路表以清修吉士。偶病,医谓:"须食虎肉。"令欲猎致,庆傅惧伤人,力辞乃止,病亦旋瘳。后辞馆,寻山林之乐。子士策,字印山,以货殖起家,能色养。孙豶成进士,赠印山如其秩,庆傅举孝友,祀乡贤焉。

张方大

字斗山。七战棘闱,仅得副榜,遂隐南斗山,从之者前后数百人。孙于廉登万历乙卯乡试。所著有《水心稿》二卷。

续增隐逸

刘陶梅

字羹堂。太学生。父启显出江右,入蜀贸易,家报子夭,乃娶张,生陶梅。读书多颖悟,成童后回豫章省墓,其时嫡母犹在,恋乡土,迎养不允,陶梅终身引为憾事,修祠墓,置祭产而回。性温和,丰仪尔雅,善谈论,交游皆远迩名流。嗣避嚣,移居乡墅,课读阅耕外莳花种竹,常蓄风寒等药以济邻朋。暮年取久贷无还之券,悉焚去,曰:"吾不能格外济人,恶用存此。"年七十七卒,乡人称隐君子焉。长子馨有孝行,列邑庠。①

---

① 嘉庆《志》、咸丰《志》无"刘陶梅"条。

内江县志要人民部卷之二下

国朝人物

按：明《志》人物分理学、经济各门，其时科名鼎盛，人材众多，故各就所长分曹列传。本朝承明季凋残之后，世族晨星，五方错集，经二百年而文物声华不逮前明十分一二，兹欲按门续列，势有不能。谨拟八门，以彰遗献。其列女、术艺、释道等志则统古今[①]，附载云：一曰忠义，二曰宦迹，三曰遗彦，四曰儒林，五曰师儒，六曰文翰，七曰质行，八曰孝友，以忠孝为前殿者，志本也。[②]

忠义

范为宪　黄开运　余朝龙　邹晴川
义民郭俸　萧林　萧明适[③]

范为宪[④]

《一统志》：字眉生[⑤]，内江人。顺治三年知繁昌县，会土寇千余薄城下，宪率众登陴，面中流矢不少动，指挥勇士从城南隅出，力战杀贼，贼遁事平。士民有为仇家所陷以贼案株连者[⑥]，宪力为

---

① 按：尊经阁本有藏书印"华西大学旧藏"阴文方印，将"则统古今"及下"曰儒林五"八字覆盖。
② 嘉庆《志》、咸丰《志》无此段文字。
③ 按：尊经阁本藏书印将"川""适"二字覆盖。
④ 嘉庆《志》、咸丰《志》无"范为宪"条。
⑤ 按：《〔嘉庆〕大清一统志》无"字眉生"三字。
⑥ 仇家所陷以贼案：底本缺此七字，据尊经阁本补。

申雪，俱得全宥。

黄开运

字天文[1]。少负才名，慷慨有气节。甲申献逆寇蜀，贼将刘进忠率兵五万驻内江[2]，肆行剿戮，开运率义勇袭之，斩获甚众。后岁大饥，遂避难北行，寓阆中，足不涉显贵门，汲古益深，尤精制艺。顺治丁酉举于乡，壬戌成进士。任贵州天柱令，旋升刑部郎中，卒于都。子瑛[3]，登康熙丙午乡荐，曾孙昶移业郫筒。子孙科第蝉联，世其家。祀忠义祠。[4]

余朝龙[5]

东乡人，直隶王家坪都司余中銮之子[6]。官四川城守营弁，随征教匪。嘉庆三年六月，在太平县境毛垭子阵亡，奉文荫子给恤。

邹晴川

东乡人。乾隆丙午武举。署提标把总，嘉庆九年二月，在大宁五福坡堵御教匪，病故。照伤亡例给恤，荫子应相，八品监生。

义民郭俸、萧林、萧明适

俱以乡勇，嘉庆九年剿贼阵亡，奉部议恤。

---

① 天文：底本缺此二字，据尊经阁本补。
② 贼将：底本缺此二字，据尊经阁本补。
③ 瑛：底本、尊经阁本原作"英"，兹据前文《举人》《成均》等多处作"瑛"而改。
④ 嘉庆《志》、咸丰《志》"黄开运"条作"字天文。戊戌进士。少负才名，慷慨有气节。甲申献逆窃川，乙酉贼将刘进中率兵五万驻内江，肆行剿戮，开运集义勇袭之，斩获甚众。后岁大饥，遂避乱北行，寓阆中，李大中丞巡抚川北，一见奇其才。严课举子业，丁酉举于乡，戊戌成进士。初任楚天柱令，时湖南甫定，疮夷未起，极力扶绥，数年间桑麻遍野，遂称富庶。升定守为孔道福星，内转刑部郎（中），卒于都。上甚悼之，赐驿归葬。子瑛，登康熙壬午乡荐，任淄川令；瑗、琮、玮俱以贡生仕。孙以弁历连州知州，曾孙昶移籍郫水，中乾隆戊申乡试。省《志》列《忠义》"。
⑤ 嘉庆《志》、咸丰《志》无"余朝龙"及下"邹晴川""义民郭俸、萧林、萧明适"三条。
⑥ 中：底本、尊经阁本原作"忠"，兹据前后文所载"余中銮"而改。

宦迹

杨所修　吴允谦　杨栻　杨注　喻宏林　何显祖　杨化元
门逎正　艾荣松

杨所修[①]

字爱竹。天启丁卯举人。崇祯时官助教,世乱侨寓金陵,以荐辟历郎署,外擢江南凤宿道。性嗜古,善墨竹,为文议论新奇,驰骋韩柳间。崇祯辛未,邑《志》之修,厥力居多。致仕,画舫短棹,诗酒自娱,年七十有五卒。著有《澹园集》。子婿皆隽科甲,中川自甲申后,杨氏称盛焉。

按:《明史》天启朝有阉党杨所修,官给谏,与观察同姓名,别是一人。观察天启七年始举于乡,崇祯初犹与邑《志》局,末年乃任助教。附辩焉。

吴允谦

字凝之。明崇祯丁丑进士。博学工文词,典试黔闱,称得士。寻升吏科给事中,退隐淮扬数年。江南巡抚请于朝,补口北道,转洮岷道[②],卒于官。著有诗文若干卷。弟允震、从子嵩,先后俱登第[③],时推望族云。

杨栻

字孟宣,观察所修子。顺治庚子举人,联捷进士[④],其弟桐、楠

---

① 底本缺"杨所修"至"杨化元"条"创建学宫,筑修"之间文字,兹据尊经阁本补。另,嘉庆《志》、咸丰《志》俱将"杨所修"条归入《明人物》,作"字爱竹(按:嘉庆《志》讹作'受竹')。天启甲子乡荐。性嗜古,极力搜罗,为文议论新奇,驰骋韩柳间。由助教历郎署数年,台阁诸公无不愿交者。官至江南凤宿道,因蜀乱,侨寓金陵。画舫短棹,诗酒自娱,课子传经,无不如意。暮年槐桂心怡,犹系思桑梓。年七十有五。子婿皆科甲,中川自甲申以后,杨氏称盛焉"。另,二《志》均无"按"至"附辩焉"一段文字。
② 岷:尊经阁本原作"泯",据后文《丘墓》及嘉庆《志》、咸丰《志》改。
③ 先后俱登第:嘉庆《志》、咸丰《志》作"芳龄(前)后登甲乙科"。
④ 联捷进士:嘉庆《志》、咸丰《志》作"辛丑登二甲进士"。

亦同时获隽乡科,人称"三杨"。初授推官,旋改补山西汾阳县知
县①,居官清正,重士爱民。政暇,诗酒自娱。致仕后,渡江寓金陵,
取邑《志》旧本,手加编绩,一代文献不泯②,厥功多焉。子化光,
康熙戊子举人,官直隶任县知县。孙悫,由江南籍中乾隆甲子乡试。

杨注③

字东之,户部员外郎树第子。领顺治庚子乡荐。任甘肃成县
知县④,才望为一时所重。

喻宏林

字西园。少颖悟,风神俊朗,中康熙己卯乡试。任江南六合县
知县,廉明有声。丁酉分校南闱,所得士如储掌文、秦上达、唐绥
祖辈,皆为一时名士,人推卓鉴焉。从弟宏猷亦善属文,雍正癸卯
举于乡,历官山东沂州府同知。子炘,乾隆丙辰举人。⑤

何显祖

字尔公,思华子。由副贡中康熙己卯举人。官江西靖安县知县,
清廉慈恕,岁偶歉,宽征请赈,民咸德之,请祀名宦。⑥

---

① 旋改补:嘉庆《志》、咸丰《志》作"奉裁改补"。
② 一代文献:嘉庆《志》、咸丰《志》作"中川文献"。
③ 注:嘉庆《志》讹作"柱"。
④ 甘肃:嘉庆《志》、咸丰《志》作"陕西"。按,成县,清朝初隶陕西布政使司之
  巩昌府,康熙七年改巩昌布政使司为甘肃布政使司,成县因之。
⑤ 嘉庆《志》、咸丰《志》"喻宏林"条作"字西园,总戎绍昇之孙。父治遭乱不
  仕。宏林少颖悟,弱冠中康熙己卯乡试。任江南六合县,廉明有声。丁酉
  分校金陵,力荐一卷,揭榜乃储越渔及秦上达、唐绥祖辈,皆一时名士,人推
  卓鉴焉。从弟宏猷亦中雍正补行癸卯乡试,历官山东沂州府同知。子炘,中
  乾隆丙辰举人"。储掌文:二《志》作"储越渔",按,储掌文,字曰虞,一字越
  渔。
⑥ 嘉庆《志》、咸丰《志》"何显祖"条作"字尔公,思华子。由副贡中康熙己卯
  经元。选授江西靖安县令,清廉慈恕,岁歉,宽征请赈,一洗输纳陋规,靖人
  德之。致仕,挽舟归,行李萧然,士民泣送。居里教授生徒,多隽科第。迄今
  子孙诗礼,犹食报焉。靖安祀名宦"。

杨化元

字善长,观察所修孙。父桐,甘肃礼县知县,有惠政。化元少敏悟,读书日记万言,为文下笔立就,尤善草隶书。康熙壬午,与兄化贞同举于乡,从弟化光次科亦获隽,故时有"前三杨,后三杨"之誉。雍正甲辰谒选,奉旨简授云南路南州知州,在任爱民重士,创建学宫,筑修堤堰,详减地丁,士民利赖焉。以卓异内擢刑部员外郎,旋升郎中,在部四年,致仕归卒。[①]

门迺正

字思位。性简默,刻意古学,雍正癸卯举于乡。官陕西安定县知县,兴学校,课农桑,莅任未几,卒于官,士民悲之。兄迺路,康熙甲午举人,任山西万泉令。子翀凤,贡生。孙仪,嘉庆戊午举人。

艾荣松[②]

字春岩。弱冠游庠,有声锦江石室,由选拔隽乾隆己亥乡试。挑补江苏砀山知县,听狱明决,吏胥不欺。时河决,砀当其冲,河道某谕伐沿岸秫梁作埽,荣松曰:"砀民久饥,今又夺伊口中之食以堵决,职不忍为也。"道怒,以玩工上揭,荣松亦通禀,卒得原焉。忧归,再补奉贤,调权多邑。缘才具过人,动遭物忌,故劳绩多而仕途仍蹇,识者惜之。致归,诗歌沉郁雄迈,有中原七子风味。子鹭琮,选拔任教谕。

[①] 嘉庆《志》、咸丰《志》"杨化元"条作"字善长,按察使所修孙。父桐,礼县令,有德政。化元少有异相,诗文书法噪一时。康熙壬午,与兄化贞同举于乡,从弟化光次科亦隽,故时有'前三杨,后三杨'之誉。上春官不第,教授生徒,多所成就。雍正甲辰谒选,签掣榆林州佐,引见,上顾谓部臣曰:'这子好人,去得州同、佐贰无事,可惜!'特简授云南路南州知州。在任爱民重士,新建学宫、祠坛,疏东西两大堰,详减赎丁摊银一千三百余两之半,士民利赖焉。以卓异内转刑部员外郎,旋升本部广东司郎中。在部四年,致仕归。时杨氏世传墨竹,兄化亨、化利,俱监生,亦以镂琢绘画著名。兄子悫,中乾隆戊午举人,己未明通任学正"。

[②] 嘉庆《志》无"艾荣松"及下"傅诵"二条,咸丰《志》二条所载同《志要》。

傅诵

字圣言。秉性孝友,浑厚精明。以县吏考职,铨河南祥符尉,河溢,奉檄防堵,诵设方拯御,合邑无虞,督抚奇之。擢祥符县丞,复佐县尹,嘉意抚巡①,捐廉赈恤。上游拟卓荐提升,适以病辞归里,惟以耕读课子孙为务。嗣孙沛霖②,邑增生。

遗彦

何思华　阴毓和　王祚洪　王九相　高应辰　苏承轼

何思华

字鉴沧。明季由选拔任广西太平府通判。甲申之乱,弃官归隐。蜀平,以经学训后进,馆于新繁者二十年。康熙初总纂邑《志》,采摭该博,差为完书。③

阴毓和

金宪佑宗子。少慷慨有大志,以继述前徽自励。明季任云南南安州知州,不因时晦少自贬抑,卒于官。子纪世,举人,任束鹿知县。④

王祚洪

字行可,参议之臣玄孙。祖嘉制,任黄平州牧。公少负异质⑤,才气过人,弱冠入庠食饩。甲申秋,蜀乱,父仪凤卒,室家沦丧,公潜瘗父枢。丁亥避兵遵义,事平归里。康熙中贡成均⑥,邑

---

① 嘉意:《〔民国〕内江县志》卷四《傅诵传》作"加意"。
② 霖:底本、尊经阁本俱不清晰,据咸丰《志》补。
③ 嘉庆《志》、咸丰《志》"何思华"条"字鉴沧,大司空起鸣孙,金沧道京子。明末由选拔任广西太平府通判。甲申之乱,弃官退隐。蜀平,以经学训子孙,馆于新繁者二十余年。康熙初总纂邑乘。子显祖膺乡荐,任江西靖安县知县"。
④ 举人任束鹿知县:嘉庆《志》、咸丰《志》作"康熙丁卯举人,任直隶束鹿县知县。子孙诗书接武焉"。
⑤ 公:嘉庆《志》、咸丰《志》作"祚洪",下同。质:嘉庆《志》作"志"。
⑥ 康熙中:嘉庆《志》、咸丰《志》作"康熙初"。

令习、张诸公前后举应①,辟荐不就。推乡饮大宾,匾其堂曰"福寿翁",卒年八十五。著有《际美堂遗训》,凡数千言。②子琬、炎,俱明经,以子仕膺赠修职郎,泰山朱缁衣为之传。

王九相③

字子现,明万历时人。性孝友,有智略,父母没,庐墓六载。甲申之变,流贼入邑,驻营大阜山,九相率众敌之,贼败而遁。又尝杀姚黄余党数百人④,后贼遣使奉币往召,却不受。事平,设大醮以度劫亡,封埋遗骸以免暴露,乡里蒙其泽。⑤康熙初始卒,年九十有九。子孙蕃衍,以诗礼传其家。

高应辰

三峰裔孙。明季廪生。时贼氛四起,人无固志,应辰独教诲诸子,讲学不倦,里人钦为衣冠凤望。年七十八卒,后嗣蕃昌,祠祀安仁里。

苏承轼

明季军功,授武德骑尉,督守乌江河。国初弃职归田,耕读课子孙,年八十有五卒。

儒林

王浚　姜锡嘏

王浚

字文哲,赠知县炎孙。父赐晋,邑庠。浚弱冠游庠食饩,从营

---

① 邑令习、张:当指习全史、张大经。

② 嘉庆《志》、咸丰《志》无"卒年八十五。著有《际美堂遗训》,凡数千言"等十六字。

③ 嘉庆《志》、咸丰《志》"王九相"及下"高应辰""苏承轼"三条载于《儒寿》,分别在卷五十二和卷九。

④ 姚黄:按,"姚"一作"摇",指摇天动;"黄"指黄龙。

⑤ 嘉庆《志》、咸丰《志》无"事平,设大醮以度劫亡,封埋遗骸以免暴露,乡里蒙其泽"等二十二字。

山侯工部度于石室,历九年,大为所契许。时蜀士各治一经,本经外鲜所研习,浚自《五经》《三传》《三礼》皆手丹铅于疏注,参考不倦。事亲行己,一以朱、程语录为式心,不计锱铢,目不视艳色衣冠,盛暑必饬。年四十,妻殁,不续。为文酷嗜金、陈,不趋时调,故屡荐不售。家贫,教授乡里三十余年,晚以岁贡临选卒,寿六十五。尝赋《老女不得嫁吟》以见志。①

姜锡嘏

字尔常,教谕毓奇孙,庠生察子。生有异质,沉静寡言,读书潜思,默识久而愈锐。弱冠游庠食饩,肄业锦江石室者十年,品学历为当道奖许。己卯举于乡,庚辰成进士。选庶吉士,改部署,补礼部主事。在部两充会试,提调差送苏噜国使,监督仓场,皆称职。忧归,以孤子未出,历主讲顺庆、乐至书院,既掌省垣锦江讲席者十六年。年八十四卒,出门下者千数百人。平居廉于取与,足不入城市,口不道时务。读圣贤书,每进一步看,尝曰:"理不细腻则浮,词无含蓄则粗,终难语于入道也。"著有《皇华诗草》。②

论曰:邑《志》人物,明首理学,列是科者如两文肃公之明体达用,嗣响为难。兹窃取《明史·儒林》,以文哲、松亭二先生列之,就所亲炙,见其有不易到者故也。考明代儒林,正附将百人,而吾

---

① 嘉庆《志》、咸丰《志》"王浚"条作"字文哲,祚洪曾孙。少端凝嗜学,祖炎器爱之。弱冠补弟子员,旋食饩,从游侯营山先生九年,品学为诸生右。屡荐不第,授徒乡塾,多所成就。膺岁荐,铨至而卒。家贫,诸门人治其丧,拭泪而别,私祀各塾。生平孝友孚乡里,言不及利。年甫四十,妻殁,不继。从弟涛,庚辰恩科举人,由广文历知县,亦四十失配,不纳继室。人推古道焉"。

② 嘉庆《志》"姜锡嘏"条作"号松亭,本县人。幼随祖父毓奇阆中县教谕任。读书沉静颖悟,乾隆己卯举人,联捷庚辰进士。选庶吉士,改主事,初任工部,后补礼部精膳司主事。丁父忧,遂不复仕。持躬谨厚,与物无平。掌乐至县书院十余年,继掌省城锦江书院十六年,造就多人。嘉庆十四年卒,年八十四。著《四书解义》《姜氏家谱》藏于家。子霪、霈,俱监生。孙数人,嘉庆十六年邑进士。王果等公举崇祀乡贤,据情申详,有案",咸丰《志》无"子霪、霈"及以后文字,余则与嘉庆《志》略同。

蜀仅载来矣鲜先生。两先生之于来子，未敢言如骖之靳也，惟度尔时大旨，略事功而主讲习，后文采而尚清修。孔门之论士也，递求难副，期于守有余而已矣。①

师儒

姜毓奇　王琬　李芬　陈善　谈惟达　尤之昶　刘汉健　邓家榕
王登上　王者瑞　谈中经　张仲谟　刘一衡　刘德勋　蓝道端
王树年　苏鸣喈　门棣

姜毓奇

字嗣可，康熙初邑训导开子。先世资中人，四世祖时习与兄时和同登嘉靖丙子乡科，俱历部郎。开避乱无家，由巴籍任邑铎，晚生毓奇弟兄，遂隶内籍。毓奇性孝友，沉潜史籍，试辄冠军。以恩贡授阆中教谕，端严善奖劝士类，奉为典型。② 以孙贵，赠奉直大夫。

王琬

字玉卿，祚洪子。以明经授江阳司铎，端严有度，课士精勤，致归，富绅制锦以送。年八十二卒，泰山朱缁衣题其像曰："寿星之貌，善人其心。仙风道骨，鹤伴芝林。兰阶霭霭，桂苑森森。酌以春酒，韵以玉琴。"③

李芬④

字占斗，明末人。幼博群书，避乱入黔。顺治十八年回邑，游庠食饩，膺岁荐，授徒乡塾，前后入庠者数十人。卒年七十有五。著有《李氏家训》。

---

① 嘉庆《志》、咸丰《志》无此段文字。
② 嘉庆《志》、咸丰《志》"典型"后有"昆季及子侄同时列胶庠，入成均者十数人"等十七字。
③ 嘉庆《志》、咸丰《志》"王琬"条见于《儒寿》，且无"祚洪子"及"端严有度，课士精勤，致归，富绅制锦以送"等十九字。
④ 嘉庆《志》、咸丰《志》无"李芬"条。

陈善

字我敬，本姓余，明名臣太常卿才之裔。献贼蹿川，祖阜华卒，父维翰少孤，寄抚于资中陈舍，因从其姓。善长游庠食饩，以岁荐任双流司铎，老成有度，士林重之。子孙复姓余，代列胶庠[①]，彬彬诗礼。

谈惟达

字赐也。先世居富顺，父亮任贵州麻哈州知州[②]，明季家于遵义，康熙初隶内江。由岁贡授南充训导。兄惟迪、侄宣，俱由遵籍举于乡，宣任峋阳令。惟达好学不倦，与物无忤。家贫，教授生徒，诗酒自适，举乡饮大宾。子宁、密、宋，俱列胶庠，以孙中经贵，膺赠文林郎。

尤之昶

字永士。由富顺籍膺岁荐。任东乡县训导，性谨厚，爱士善诱，多所成就。子峄、峒、仑，俱邑庠。孙孔芳，由兴文籍充雍正癸酉选拔；孔盖，丙午武举。今裔孙多列胶庠，以诗书世其家。

刘汉健

字丽乾，明侍郎养直裔。少负异才，文豪迈不羁，入庠食饩，试辄冠军。家居授徒，得其教者辄隽科目[③]。乾隆辛卯举于乡，任山西河东盐课大使，于诸商浮羡纤毫不受[④]，惟与邑士商学生讲课自娱。昆季友爱，至老如儿时。致仕归，年六十八卒，乡里推典型焉。著有《东崖文稿》。

邓家榕

字荫堂。康熙中，父传英由闽入蜀。家榕负质修伟，器识清奇，入庠食饩，屡试有声。充乾隆癸酉选拔，考授东乡县教谕，转嘉定

---

① 胶庠：嘉庆《志》作"乡荐"。
② 哈：嘉庆《志》作"合"。
③ 得其教者辄隽科目：嘉庆《志》、咸丰《志》作"得其教者辄早隽科目"。
④ 浮羡：嘉庆《志》、咸丰《志》作"例规"。

府教授,升蒲圻知县,嗣仍补重庆府教授。恬静和雅,士林推重。年七十五卒于官,子孙俱列邑庠[①]。

王登上[②]

岁贡。任营山县训导,性朴质,教诸生以经义为先。解任归,行李萧然,令学竞馈遗,制文颂之。卒年八十二。

王者瑞

字凤仪。乾隆乙酉选拔,庚子举人,辛丑会试,钦赐内阁中书。弟体亨由选贡,己酉科钦赐举人,晋赐翰林检讨。体恭恩贡,体睿岁贡,者辂禀庠,昆季五人俱有文名,一门清贵,人方之"燕桂联芳"。家贫,各以砚田自给,皆赋性醇谨,积学渊宏,涵泳熏陶,多所成就。每届岁时伏腊,怡然聚首,精理名言,互相研究,有明漆园高氏之风[③]。弟兄俱年八十余卒,迄今想仪型焉。[④]

谈中经

字序五。家贫笃学,昼耕夕读者数年,弱冠举乾隆丙子乡试。授盐源县教谕,升夔州府教授。丁内艰,起补翰林院待诏。性孝友,尝先意承志,兄弟有不足者叠助之。外忧归,淡于仕进,教授生徒,岁时叙亲戚情话,一以俭朴。读书导人,家居守礼,丧葬不用僧道。年六十五卒,著有《墨耕堂文集》。子熊,中乾隆丙午乡试。《通志》列《孝友》[⑤]。

张仲谟①

字嘉言。乾隆乙酉副贡。举止端凝，丰神骏爽。教授乡里者三十年，晚任渠县学谕。子联镐隽庠，先殁。仲谟卒于官，诸门人为治其丧，卜葬渠乡，集金作会，岁时祀之。

刘一衡

字平甫，号环溪。视短口呐，能过目心解，登乾隆丁酉贤书。里居授徒垂三十年，裁成甚众。嘉庆初，纂修县《志》，与有力焉。性笃孝，父政焕年逾八十，温清定省，极孺慕之诚。戊辰挑补隆昌司铎，既选正宁知县，改眉州学正，卒于官。著有《环溪文稿》及诗若干卷藏于家。②

刘德勋

字灿原。乾隆甲午举人。挑补双流教谕，日进诸生讲贯，多所裁成。继任通江、蓬州学博，升保宁教授，嘉庆庚辰卒于官。生平砥砺廉隅，推诚接物，士类钦之。③

蓝道端

字瑛山。先世闽中永定人。④少倜傥有志，与人交推诚不辍。

---

① 嘉庆《志》、咸丰《志》无"张仲谟"条。

② 嘉庆《志》无"刘一衡"条，咸丰《志》作"字平甫，号环溪。视短口呐而能过目成诵。古文时艺，皆自名家，登乾隆丁酉贤书。里居授徒垂三十年，裁成甚众。嘉庆己未，纂修县《志》，与有力焉。性最孝，父政焕年逾八十，温清定省，极孺慕之诚。戊辰大挑二等，借补隆昌训导。丁外艰归，服阕，选甘肃正宁知县，改眉州学正，卒于官。著有《环溪文稿》及诗集、填词若干卷藏于家"。

③ 嘉庆《志》无"刘德勋"条，咸丰《志》作"字灿原。仪度俊伟，器识过人。作文专法名家，不屑容心时派。登乾隆甲午乡荐。嗣以大挑二等署双流教谕，日进诸生讲贯，多所裁成。继任通江。丁外艰归，服阕，补蓬州学正。生平砥砺廉隅，推诚爱物，知州杨迦绎雅相敬重，多士尤爱戴之。俸满，升保宁府教授，嘉庆庚辰年卒于官。子太学生菁扶柩回籍，祖饯者辐辏喧阗，道出蓬州，学中人犹相泣送。闽中进士黎靖有挽词，载《艺文》"。

④ 嘉庆《志》、咸丰《志》"永定人"后有"道端由闽迁蜀，择居邑东龙桥里"等十三字。

入庠食饩，教授城乡。^①邑士以其端洁推斋长，诸公事多经部署焉。充丙午恩贡，年七十卒。子思毅，庠生。

王树年^②

字松溪。家素贫，尝着犊鼻裈与佣保杂作。得闲即读书，夜深不辍，塾师咸异之。成童有文名，隽乾隆己酉副榜。研究经史^③，屡荐不售。晚传授及门，多有获隽者。

苏鸣喈^④

字省斋，馆陶令鸣冈弟。蚤岁游庠食饩，贡成均，肄业上舍者数年。为人和雅春容，与兄鸣冈一时有"大小苏"之誉。晚选剑州司铎，弟子来谒，如坐春风。年七十卒于官。

门棣

字思华。兄棠、弟朱，皆先后游庠。棣挈朱肄业，锦江山长顾密存、彭乐斋俱赏器之，同食饩有声。历十余年归，而教授善诱掖，多士景从，旋抱疾卒。棠、朱俱乡塾师，朱以应贡恩赐举人，子汝勤补廪庠。

论曰：师者，士之楷模，文教盛衰，风化淳薄，所由系也。邑中五十年前司教者，课士只及专经，文仅时艺，其他经传、《国语》、《策》、《骚》、《雅》、《史》、《汉》、历代大家诗古文往往未暇饷及。非不知美，其势然也。然当其时，士饬廉隅，人惭挑达，师严弟恪，俨若性成。自时厥后，五经策士，涉猎较多，而先正遗风因之渐泯。岂博学不如固执之得与？何华与实相副若斯之难也！有心者亦可以反复而知其故矣。^⑤

---

① 入庠食饩教授城乡：嘉庆《志》、咸丰《志》作"入庠食饩，数奇，屡试不隽"。
② 嘉庆《志》无"王树年"条。
③ 经史：咸丰《志》作"墨裁"。
④ 嘉庆《志》、咸丰《志》无"苏鸣喈"及下"门棣"二条。
⑤ 嘉庆《志》、咸丰《志》无此段文字。

续增师儒

苏鸣冈[①]

字凤梧。乾隆丙午举人。任江安教谕,升保宁教授,晚选山东馆陶知县。性温和,好读书,暇则手抄鉴史多部。所至士林昵就,其莅馆邑,留心劝导,不尚刑威。致仕,携所绘《宾兴阅射图》以归,风雅可想见已。子坪,邑庠生。

余玮

号洁斋。嘉庆甲子隽乡科。平居孝友,教授生徒以立品敦伦为先务,成就较多。初任屏山学谕,和平训迪,士类景从。所得禄糈,分遗诸季。既选授兴国县尹,本其忠厚,不尚刑,民亦安之。年六十三卒于官。

刘蓉

字涉江,号锦堂,质行汉昌子。少颖悟,弱冠入庠,旋食饩,学使陈锺溪誉其"文能以气胜"。嗣以目疾屡辍场屋,家居养亲课子,经史之外,旁及诗古杂作。援例学博,权大邑新津学篆,津邑寒士应举,艰于册费,商之倪孝廉诸人,以官谷若干石拨充。竖碑永照阁庠,感之仲叔两子,即于是科壬午双隽。年六十六病卒。卒后七年,子景伯、景叔均仕令博。

潘毓珧

字兆玉,号柳湾。嘉庆庚午举人,终洪雅教谕。生性孝友,童试时即以授徒养亲。游泮后刻意读书,于经史古文靡不潜究。乡荐里居,膺聘主讲汉安书院,多士景从。师安定学规,经年培植,师严道尊,文风蒸蔚。上官学使,亦闻风称誉,以故成就甚多,联科叠捷。及任洪学,训课之余,犹编次《廿二史约编》,自谓"心目之力,交悴于斯"。至其孝母色养,分恤两兄,尤为族里推服焉。

[①] 嘉庆《志》无"苏鸣冈"及下"余玮""刘蓉"三条,咸丰《志》俱与《志要》同。

所著讲义课本《廿二史注集》,令子及诸门人续刊行世。[①]

文翰

王于蕃　祝佑来　祝天锡　杨化亨　喻能灏　王涛　段锦章
刘汉基　艾荣模　晏玠

王于蕃[②]

字担四,明侍御范长子。顺治辛卯举人。康熙元年选授苏州府推官,忧归,旋补松江推官。家学渊源,娴风雅,善墨竹,祭酒吴梅村赠诗,末联云:"诗成别写鹅黄绢,厅壁风篁醉墨斜。"其风致可挹。弟于宣,隽丁酉乡试,同时任三水令。子偰、悦,受知王渔洋,同举康熙壬子乡试,时与明经祚洪父子族居龙桥清流溪上,比户弦歌,邑中有"河西杨,河东王"之称。

祝佑来

原名天宠,永明王时隽第,康熙初更今名。由选拔历夔州府教授。为人风流倜傥,善诗词,工书法,自题像赞犹存,洒洋磊落可想。书堂上一联云:"孝莫辞劳,转眼即为父母;德无望报,回头却在儿孙。"人竞颂焉。

祝天锡

佑来弟。康熙己卯举人。文墨与兄齐名,有《题般惹寺》诗,末语云:"晚来僧汲山泉水,一担横挑月两轮。"意趣飘然。自书宅联云:"桂长庭前,尔曹能读父书,好提折桂斧;田居宅下,汝辈倘离师塾,请受耕田犁。"不仕,卒。儒林王文哲、姜尔常俱其外孙,人谓式谷之遗。

---

① 嘉庆《志》无"潘毓珧"条,咸丰《志》作"柳湾家素贫,苦志读书,中嘉庆庚午乡试。品学兼优,事亲极孝。主讲汉安书院,为多士所景从。继任洪雅司铎。有《学庸讲说》行于世"。

② 嘉庆《志》、咸丰《志》无"王于蕃"及下"祝佑来""祝天锡""杨化亨""喻能灏""王涛""段锦章"等七条。

杨化亨

观察所修孙。以荐举入太学。杨氏世传墨竹，化亨尤能曲尽其妙。娴辞章，善镌篆，南北名流多昵就之。子悫，乾隆戊午举人，己未捷明通，任绵州学正，赠化亨如其官。

喻能灏

贡生。能文善墨竹，得邑中杨、王二家笔法，而更出以新机，书法亦疏朗多姿，如其人。

王涛

明经炎孙，赐乐子。字海恬，原字雪笺。弱冠入庠食饩，隽乾隆庚辰恩科乡试。挑补太平县司铎，历任灌县、岳池、崇庆、松潘等郡县教职，选授直隶新安知县。娴文词，书法参欧柳之间。平居好静坐，时以赋诗、题绢自娱。年四十丧妻不续。所历之处，士多藏其墨妙焉。

段锦章

岁贡生。父子纬，弟锦文、锦綮皆有文名。锦章书法圆锐疏畅，象其为人，隆教寺尚有手书碑刻可玩，诗尤清老，极性情恬适之妙。

刘汉基

字升衢，玉成子。少嗜学，仪度冲雅，沉酣书籍，为文清华典赡。隽庠，旋食饩，学使者大奇之，试卷刊传焉。从富顺吉山李进士游，称高弟，同学咸目为畏友。未赴秋闱卒，时吉山官宜都，闻耗，哭以诗云："忽得山中信，难禁远泪流。聪明真薄命，风雨怅灵修。"①

---

① 嘉庆《志》无"刘汉基"条，咸丰《志》作"字升衢，玉成子。少嗜学，仪度冲雅，沉酣典籍。入庠食饩，试辄冠军。从富顺名进士李吉山芝游，奇器之。未赴秋闱卒，时吉山赴宜都任，闻耗，哭以诗云：'忽得山中信，难禁涕泗流。聪明真薄命，风雨泣灵修。'士林至今惜之"。按，由此可知，"吉山李进士"指李芝。

艾荣模①

字定夫,荣松弟。乾隆己酉选拔,屡荐南北场屋不隽。任福建盐大使,署县篆,邑中士习多受时墨拘拿,荣模排空树帜,独出机杼。卒长才屈于短驭,识者惜之。尺牍笺题,援笔立就。侄鹭琮,辛酉选拔,亦以诗文名,先殁。

晏玠

邑明经。为人方正和雅,善医术,求治辄应。居恒书史自娱,尤娴吟咏,著有《鸣野集》藏于家。

质行

艾祖麟　王宽　谢锦　刘汉昌　苏纯臣　郭永富　邓荣举
李楠　张云倬

艾祖麟

字瑞征。生六岁孤,母龚氏守志送读,授卷咿唔,不与群儿伍。长从楚名士罗玉峰游,深为契赏。屡试不售,家益贫,惟以教授供母膳,课子孙,均有成就。以子荣松贵,赠奉直大夫。②

王宽③

字克仁。少读书,多求实用,习《岐黄手抄方解》数十卷。时邑《志》仅存抄册,宽悉为重录,文献不遗,允有功焉。生平好文士,里邻诟谇,得其言即解。子侄及孙相继庠序。

---

① 嘉庆《志》、咸丰《志》无"艾荣模"及下"晏玠"二条。
② 嘉庆《志》、咸丰《志》"艾祖麟"条作"字瑞征,明鸿博南英裔。先世由东乡迁楚,大父复由楚入蜀。祖麟生六岁而孤,母龚氏守志送就村塾,授卷咿唔,不与群儿伍。长游楚名士罗玉峰之门,深为契赏。屡试不售,家益贫,惟以教授佐母膳,课子孙,以文艺为末。长子荣松,由拔贡隽乾隆己亥恩科,任江南砀山县令。三子荣模,己酉选拔。孙亦入庠有声。祖麟晚荷恩荣,处之若素。平生不谈人过,读书之愿至老不衰。以子荣松任知县,恩加三级,诰封奉直大夫"。
③ 嘉庆《志》、咸丰《志》无"王宽"条。

谢锦

字炯堂。少有异质，品概端凝，由廪贡铨司铎。嘉庆戊午，恩赐举人，卒。锦历游京洛，缔交多名贵。家城市，不轻诣县廷。年逾六旬，事母躬执温清。读书之志比老弗衰，人钦品望焉。子廷仪，永平尉。[①]

刘汉昌[②]

字裕原。太学生。性醇和好义，居近市，三施义冢，族邻贫乏者，分济不倦。尤好培植子弟，年九十卒。子蓉任教谕，孙景伯、景叔同登壬午乡荐。

苏纯臣

字子忠。由庠贡成均。有才干，好读书，课子尤勤。长子鸣冈甫成童，即遣赴忠州就学。既子侄及孙一门竞爽，酬素志焉。以子贵，封文林郎。

郭永富

字滋圃。幼读书多颖悟，人以翰林呼之。弱冠，父以亲友言，欲遣克县房书吏，冀支门户，永富曰："是终非盛德。"事讫不为。平居和睦，族邻遇争诟，婉言排解。方境修建津梁道路，任劳弗倦。年七十五卒，子克家。

邓荣举

字星溪。乾隆庚子举人。官南川县教谕。平居好读书，持行谨饬，与人交呐呐如不能言。年逾六十卒，垂教子孙，以读书践履为务。

---

① 嘉庆《志》、咸丰《志》"谢锦"条作"字绚堂。先世由闽迁蜀。少有异质，品概端凝，以廪贡候铨司铎。嘉庆戊午，恩赐举人，未赴春官而卒。生平笃孝友，与人交慷慨，诚实不苟。虽历游京洛，读书之志至老不衰。子廷仪，任邯郸尉。孙勤列庠，绍书香焉"。
② 嘉庆《志》、咸丰《志》无"刘汉昌"及下"苏纯臣""郭永富""邓荣举""李楠""张云倬"等六条。

李楠

字福滩。少读书，屡应童试未隽，因辍业归务耕桑。矢勤朴，尤善居积，不逐逐于利，而家日以丰。与人交诚实不欺，有汉卜式风。晚力课诸孙书，尝曰："我昔年未能卒业者，畏贫故也，汝曹勉之。"年逾八十卒。孙春瑄成进士[1]，春煦亦登拔萃。

张云倬

字汉章。少业儒，旋隽武庠。美丰仪，善言语，于古今人物、成败得失能窥见大略，尤好缔交文士，每相遇必延叙焉。中年以货殖起家，于亲族不吝赡给，乡境公务多经其部署者。有孙鉴隽庠好学。

论曰：古人有云："全德难，全才不易，第能有一二节足式，便卓然推良士矣。"苏东坡云："吾目中未尝见不好人。"则人又以东坡胥化也。百年前风俗醇美，士习端廉，仿佛闻父辈所陈某也贤、某也直。知必有素行修洁，昭质无亏，老于牖下者。迄今岁月云遥，欲问其实，而遗老尽矣。诸君子或饬己有方，或持家有范，或遗惠及人，或嘉行裕后，要其大致，可式颓波，敢谓月旦无讹哉？亦心所谓善亦以志也。夫瑜瑕不掩，士品乃真否，则阉然媚世之流，何地蔑有？而或者乃欲以坚僻枯槁自诩璞完，彼其无益于家，罔裨于国，顽然太古之老死不相往来，是亦孟子所谓"充其操则蚓而后可者也"，恶足尚哉！[2]

孝友[3]

徐孟震　赖顺麟　门琛　叶儒林　刘玉成　王文琇　张光烈

---

[1] 按：前文《选举》有阳山知县"李春暄"，"暄"与"煦"都含"日"，疑此"瑄"为"暄"之误。
[2] 嘉庆《志》、咸丰《志》无此段文字。
[3] 孝友：底本、尊经阁本原作"国朝孝友"，为与前面文例统一，故删去"国朝"二字。

潘泰熙　邹朝京　邹朝周　谈熊　张哲堂

徐孟震

乾隆初题旌表孝子[1]，有孝德维风坊。

赖顺麟

字素圃。贡成均。嗜学能文，屡入秋试。事父母极色养，丁内外艰，先后庐墓六年。事继母尽礼如生，二兄蚤世，抚爱孤侄一如己出。常施棺瘗贫百余盖，捐修桥梁道路不吝资，邑令卢题请旌表。嘉庆元年应诏，举贤良方正。[2]

门琛[3]

字贡玉，邑庠生教授昂少子。幼敏慧，事亲能先意承志，伯仲偕处，甘苦共尝。播乱回川[4]，先人坟墓禋祀皆赖以存。两兄蚤亡，抚恤遗孤极周至。子迺路、迺正，俱登乡荐。以子贵，膺封焉。[5]

叶儒林

白沙里人。少业儒，以方正著。母余氏年八十患病，儒林虔祷，愿以身代。父母相继殁[6]，即于墓庐镌像以祀，朝夕上食如生时，四年始归。四十丧妻，义不再娶，惟以事亲训子为念。邑令韩、任俱匾旌其门，年八十三举寿给冠带。子能忠、能愈，俱庠生。

----

① 乾隆初题旌表孝子：嘉庆《志》、咸丰《志》作"乾隆初题请旌表孝子"。
② 嘉庆《志》、咸丰《志》"赖顺麟"条作"字素圃。幼列成均，嗜学能文。事父母极色养，有疾，侍药不离。丁内外艰，先后庐墓六年。事继母尽礼如生，二兄蚤世，抚爱孤侄一如己出。居常言及父母劬劳，辄自流涕。性犹仁慈，常施棺瘗贫百余盖，捐修桥梁道路不吝资。乾隆五十六年前邑令卢具状题请，奉旨旌表，给坊值。嘉庆元年应诏，举贤良方正"。
③ 嘉庆《志》无"门琛"条。
④ 咸丰《志》"回川"后有"承粮内邑"四字。
⑤ 子迺路迺正俱登乡荐以子贵膺封焉：咸丰《志》作"子四：迺宾，太学生；迺路、迺正，俱登乡荐；迺士，明经。以子贵，屡封文林郎。人以为孝友之报云"。
⑥ 父母相继殁：嘉庆《志》、咸丰《志》作"及殁，治庐墓侧。未几，父纯宫相继物故，与母合葬"。

刘玉成

字天庸。博学能文，尤敦孝友。充乾隆辛酉选拔，例赴朝考，玉成曰："吾父母老矣，忍以功名故离左右耶！"家居终养，士林推重焉。子汉基，廪生，以文名；汉荫，入成均。

王文琇

字赐辅，九相孙。性浑朴，事父母色养，父母病，与妻刘氏前后割股以进，执亲之丧，泣血逾年①。尤好善乐施，扶危济困，年三十余卒②。子体道，列成均，诸孙俱游胶庠。四世同居，内外无间言③，人称孝友遗风。

张光烈

字承武。与弟光熙俱国学生。昆季事父母克孝，笃于友爱，同居数十载，不言分析。光烈病危，时年七十二，母年九十二。自知不起，恐悼母心，谕家人以衰麻敛，停柩不令母知。越明年，母卒，同引殡焉。子侄瑞、瑜，俱邑庠。④

潘泰熙

字世治。由廪贡任成都教谕。少时家儒素⑤，遵母训，以勤俭

---

① 逾：嘉庆《志》、咸丰《志》作"愈"。

② 三十：嘉庆《志》、咸丰《志》作"四十"。

③ 内外无间言：嘉庆《志》、咸丰《志》作"内外七十余人，无间言"。

④ 嘉庆《志》无"张光烈"条，咸丰《志》作"字承武。国学生。中年丁父忧，丧葬尽礼。事母廖氏以孝闻，出必告，反必面，问寝视膳，至老不衰。与弟光熙极友爱，以食指浩繁，著居家条规，可传可法。尝因修造费多，谓犹子行不受约束，议析爨。已立分关，里人孙炘缕陈兄弟离居莫慰母心状，立将分关焚毁，和睦如初。嘉庆二十三年，母年九十五，烈年七十二，偶染滑肠疾，不令母知，病日臻，仍扶病定省。十二月知不起，泣属其子邑庠瑞曰：'如我死，必停柩宅中，俟吾母百年下世，然后出。且我先吾母死，使垂暮伤心，大不孝。须敛以薄槽，服以斩衰。'会母临视，遂执母手，强作笑颜而绝。瑞欲遵遗命，母不可，曰：'我尚在，尔父何得豫凶服，无已，纳诸棺可也。'三日内，母抚尸哭，目即开。俟母入房，始瞑。越明年夏五，母卒。或曰：以烈之孝，宜膺天眷，不应先母而死。然不先母而死，不见其孝之至死不变也。若烈者可以风矣"。

⑤ 儒：咸丰《志》作"贫"。另，嘉庆《志》无"潘泰熙"条。

致丰裕。弟泰阶蚤世，视诸侄如己出，饮食教诲，不言分析者五十年。子侄文武并至守阃，累膺封焉，尝自书联云："勺米厘金须爱惜，片言只字莫轻狂。"足为时范。

易含章[1]

字静庵。嘉庆辛酉中会试，乙丑成进士。任溧阳知县。含章少贫，童试时即馆训以佐亲膳。为人和蔼，苦学幽思，故其文亦清和细腻。在官所得禄余，悉随诸弟部署，不问出入。五十余卒。

谈熊

字渭甫，待诏中经子。由乾隆丙午举人，任罗江司铎。中经质行列《通志·孝友传》。熊仰承父意，弟兄友爱无间言，事继母诚敬不衰。在官遇覃恩，以告身貤封长兄焘，乡里荣焉。子邑庠。

张哲堂

号楠园。父乏嗣，哲堂以犹子入继，事母以孝闻，母亦爱之最笃。少隽庠，由廪贡铨训导。性情和雅，居恒无厉言戾色，处弟兄邻戚无畛域形。好读书教子，悉成业，季子尤颖悟能文，隽庠，早殁。迄今彬彬诗礼焉。

邹朝京、朝周

邑黄市井人。昆季幼从湘南王大令圣谟游，以诚笃见赏。京、周先后殁，子侄监生彦正、彦芹辈同体父志[2]，家业益丰。两房诸孙十余人，皆彬彬儒雅。峰瞻隽庠，峰贤举于乡，任邻水谕。迄今又经三世，同爨将百年，内外凡数十，男务耕读，女慕贞良。峰贤母年八十五，以节题旌，咸称"贞寿孝义，四德之门"，不愧唐张氏云。

论曰：唐寿张人张公艺九世同居，高宗旌之，询其孝友之道，书"忍"字百余以献。嗟乎！相忍为国且不可，顾谓可以治家乎？

---

[1] 嘉庆《志》无"易含章"条。
[2] 侄：咸丰《志》讹作"姓"。另，嘉庆《志》无"邹朝京、朝周"条。

公艺殆诡谏，而其实不在此也。家之和也，亲爱而已，亲爱而维之以礼而已。先儒谓孝友之衰也，每间于妇人，诚以二女同居，其志不同行，故阴疑于阳必战，为其嫌于无阳也。《家人》之象曰"利女贞"，揭其原哉？邑中邹氏，昆季同居，于兹六世矣。先后取女，悉由庶姓，乃入门胥化，一德宜家。游其门，长幼肃肃，兄弟怡怡，内言不出，外言不入，是何风之古与？惟桑与梓可以观感矣。①

续增孝友

苏鸣鹤

号语轩。初年父以族众争护先茔，欧人致死，挺身任罪，戍西南军，鸣鹤随侍楚疆。父病殁，扶榇归里，露宿星霜，哀感行路。旋入庠，举乾隆庚子乡试，十上春官，皆徒行。且能急人患难。而性尤聪颖，务博嗜古，于三教洞及源委，堪舆、占卜、飞符、遁甲、谶纬、乩祝之类，靡不涉猎，以故方术艺士多就正之。从弟鸣冈尝语人曰："吾兄语轩务博得主，能服于众。凡公茔邑庙多尽力迁改，不辞况瘁，皆人之所难。至于笃亲耐苦，尤难能也。"晚选云南楚雄令，民益安其诚朴，嗣改崇庆州学正，卒。尝自咏云："无钱如我少②，有骨让谁多。"其襟期可想见已。遂宁张问安有"眼前古人苏孝子"之赠，载《亥白诗集》。亥白，船山兄，戊申举人。

朱文相

字仲卿。史家街人。贰尹文彬异母弟。文相七岁失怙，事兄如父，出入悉遵兄命。事生母陈，汤药必亲尝，母卒，哀毁骨立。读书未卒业，援例从九职。一门之中，兄弟怡怡，乡里称焉。性好施与，棺盖义冢，独捐济众③；舟梁道路，经募必输。尤善解纷，往往一言释怨，由其孝友性成，诚能动物故也。其卒也，乡市咸叹惜

---

① 嘉庆《志》、咸丰《志》无此段文字。
② 我：底本、尊经阁本俱不清晰，据咸丰《志》补。另，嘉庆《志》无"苏鸣鹤"条。
③ 众：咸丰《志》作"修"。另，嘉庆《志》无"朱文相"条。

曰:"吾乡少一善人矣。"

潘毓璇①

字琢斋。父泰熙任成都教谕,以子毓琁贵,赠朝议大夫。毓璇由巴县籍入庠,屡踬场屋,以母老病辍业。日夕同母寝食,夜分犹侍汤药,凡亵衣溺器必亲盥涤,曰:"无使贱人饮恨也。"是时父规严肃,肉食有常,其母非肉不饱。毓璇每出,必私怀腥鲜以归,养母循规如是者三十年。同母弟琁任柕州守,父命同行,念母不忍离。父病成都,延医星夜抵省,畏父怒,伪托为医自至,一药而起,父母俱八十余寿终。毓琁以兄孝劳阤封,毓璇如其官,后五年卒。子元臣,隽邑庠。

刘馨②

字峻轩,邑庠生陶梅长子。少有至性,言动不苟,读书期实践。入庠后膺荐未第,以母病中辍。平居交友以信,规劝不从便疏之。父陶梅清雅高尚,避居山庄,课农桑,馨即荷笠督佣作。父好莳花植竹,馨亦购奇卉以供。母素病,不离床第,己病恐悼父心,每力疾伪愈以慰。其纯笃大概如此。年五十三,先陶梅殁,邑六泉老人为作《孝行传》,载《山房稿》中③。

王以藩④

字价维。少孤,伯仲父母抚以立。醇谨好学,事伯仲父如父。弱冠入庠,屡列优等,士林重其品学。嗣游临漳以增贡,应京兆试未第,归来手不释卷。有祖茔在泸州双碑子,被邻人插葬,时州牧沈昭兴贿祖不究。嗣牧靳公廉其屈,提案押令起阡,远迩称快,人

① 璇:底本、尊经阁本原作"琁","琁"古同"璇",为美玉意,且前文《国朝封典》有"潘毓璇",据之改。咸丰《志》"毓璇"作"毓琁",下文同。按,毓琁为毓璇之弟,《〔民国〕内江县志》卷五"潘毓璇"条作"字琢斋",故应以"毓璇"为是。另,嘉庆《志》无"潘毓璇"条。
② 嘉庆《志》无"刘馨"条。
③《山房稿》:指王果所撰《盘峪山房存稿》。
④ 嘉庆《志》无"王以藩"及下"马出河""高腾霄"等三条。

以为孝行之报。卒年八十二。四子，长次俱肄业太学。

马出河

邑廪膳生。母范氏蚤卒，父继娶喻氏，生弟妹数人。家素贫，无产业，出河未隽时，即训蒙以供家计，事继母至孝，人不知为范出。中年置产数百金，皆馆资所积，及分炊产，仍厚弟，为时俗所难。训课诸生以立品为先，名家为鹄。卒年五十一。子炎初，试隽庠。

高腾霄

原名鸿萱，字南池，号昆鹏。弱冠隽邑庠，旋食饩，以恩贡铨司铎。临选卒，年七十四。少颖悟，经史百家无不抄览。貌魁梧，声如洪钟，端严有守，人不敢干以私。为文骏爽有奇气，屡荐不售，教授生徒多获隽焉。父母早逝，事继母能以色养，朝夕视饮食，终身不倦，继母九十四卒。兄鸿蓳少有文名，隽成均，旋殁，遗子一女二，皆为嫁娶。有外侮必力御之，不避劳怨。次子敏良，隽戊子乡试，挑补巴县学谕，宦囊所余，与兄弟共之，克遵父志焉。

耆寿[①]旧赐冠带。

明

张锦。

余学。

邓勉臣。

陈蔻。

刘养蒙。

[①] 按：嘉庆《志》对应内容为卷五十二《祥异志》"儒寿附"，咸丰《志》为卷九《儒寿》。

刘宜之。

赵复吉。

刘盈之。

李延年。

高世深。

刘时泰。

高梧。

高世卿。

高寰。

吴嘉祐。

赵仲可。

张应聘。

喻世校。

邓以渐。

邓林蔚。

黄元声。

喻应箕。

高槐。

刘诩。

马征。

王家槐。

游绪。

游缵。

刘翽。[①]

高智。隐居，有抱瓮风[②]，寿八十。

---

① 嘉庆《志》、咸丰《志》"刘翽"条后有"以上二十九人俱儒官"等九字。
② 瓮：底本、尊经阁本此字被涂剟，据嘉庆《志》、咸丰《志》补。

刘时春。字用芳。乡饮,冠带,年九十七。

高琼。乡饮,冠带,年九十一。

高公贵。乡饮,冠带,年九十。

刘时宪。冠带,乡饮,年八十八。

刘志敬。孝友,敦朴,授寿官,子列胶庠。

刘洪金。冠带,乡饮,年九十五。

袁友纲。年九十六。

余海。年九十五。

李清。年九十二。

高志尧。年九十二。

高英。任巡司,年九十六。

杨吉。年九十一。

邓铎。年九十。

李敬。年八十九。

马惟学。年九十。

甘泉。年九十。

田胜礼。年八十八。

吴全友。年八十八。

李复祖。年八十。

祝月廉。年八十四。

揭志清。年八十四[①]。

何深。年八十三。

李厚安。年八十一。

吴晞。

张洪器。年九十七,有隐德,三子身达高明。

冷朝阳。年九十。

---

① 八十四:嘉庆《志》、咸丰《志》作"八十三"。

邓上元。任典史,年九十。

孟祥。年一百零七岁。

梁柏。年八十。

刘锡。年九十。

吴曰惇。任巡司,年九十。

冷煦。年八十一。

余载德。年九十。

邓九华。年八十九。

郭治。年九十。

余任。生员,年九十一。

刘汝为。任大使,年八十。

高谏。年八十三。

蔡敷。

万仞。以生员授,年八十七。

高掇陟。七品散官,年八十七^①。

刘燧。县丞,年八十三。

祝经宠。典史,年八十。

陈藻。字蕴夫。冠带,年八十三。

赵伯可。年八十五,子引年有文名。

高楫。孝友著闻,札授冠带。

陈一策。苦志诗书,笃性孝友。孙明德,邑庠,文行著名。

程峻。

锺乾。廪生,有学行。

马锡。

石见瑞。苦学积行,望重儒林。子天麟能文。

喻汶。年九十一。

_____

① 年八十七:嘉庆《志》、咸丰《志》作"年八十"。

273

余汝元。

冉继志。

梅名世。

锺鼎。

萧世勋。

门向岱。

吴瑄。

张蒦。

梅瑞。

洪清。

萧蔚。

郭贵阳。

萧蓁。

黄中立。

刘文奇。有孝行[1]。

何元吉。有学行。

杨莲。

冷瑶。

胡文卿。

喻鲁。

吴时吉。

刘克让。安贫苦学。

刘元符。子令孙贤。

陈用中。

高位。

刘卜之。

---

[1] 嘉庆《志》无"有孝行"三字。

徐应奎。

萧英。

罗维藩。

张见可。

李师沆。

萧芃。

喻所以。

郭继曾。

黄文炳。

冷日升。有文学，课子孙，年九十一。

喻以成。寿考乡饮。子志祥中乡试。

刘承勋。高才苦学，孝友兼全。

高标。抱学不售，二子俱食饩。孙应虚中乡试。

王我臣。学藏荆璞，行植庭槐，年九十二。孙嘉柽以文学名。

胡昂。学纯识博，养邃年高，善教淑人，门萃英才，其徒私谥为"九皋有道先生"。

林仲学。博学孝友，科甲多出其门，子孙更能世守诗礼。

冉克勤。勤学善教，门多荐绅。寿八十，无疾而笑终。

郭宗文。蕴籍渊深，行谊醇厚，穷经得间，启迪后人。子之宾、孙景，相继登科。

张瑛。学博行端，刲股救母，分产赡弟，捐资瘗骼，仗义还金。子孙诗礼，咸食报。

何咸。才高守谦，一岁失母，事继母如生母，子孙皆贤。[①]

高明。淳朴知诗礼，年八十八。

杨尚楚。年一百零二岁。

---

① 嘉庆《志》、咸丰《志》"何咸"条后有"以上八十九人俱寿官"等九字。按，从"高智"至"何咸"应为九十九人。

李相然。年九十。

张金枝。年九十。

张际可。

雷大拱。

刘灿。刲股救亲,以孝称,年七十八。

萧世文。

梅任世。

李鸣凤。

萧世乔。

陈珠玉。

尤文锦。素封好礼,孝友淳厚。

李胜。

邹颐。

李伟方①。

李期。

余恪。

李奇。精医。

邓闹。

王端。世医。

袁大文。积德,年九十二。

吴琎。

王崇庆。孝以事亲,慈以抚侄。

程一策。有子,多文名。②

尤化国。端伟好士,有子能文。③

---

① 方:嘉庆《志》、咸丰《志》作"芳"。

② 嘉庆《志》无"有子,多文名"五字。

③ 嘉庆《志》、咸丰《志》"尤化国"条后有"以上二十六人俱耆民"等九字。

国朝儒寿

高信。字子常，贡生长春子。精医，卒年九十。子居宠，庠生。孙廷瑞，举人，任江油学谕。①

苏茂眉、茂功。眉字象三。叙贡生，年七十四卒，以孙鸣冈贵，膺封。茂功，庠生，眉季弟。性端谨，卒年九十一。②

李拔。邑增生，有隐德，年七十三卒。子开馨，举人，巫山教谕，拔膺封焉。③

赖得礼。孝友好学，卒年八十七。子霖，岁贡，孙多文学。④

蓝景川。字希洛。性孝，博学能诗，让产于弟，课徒自给。中年失妻，不继娶。草庐山刹，啸歌徜徉，晏如也。年九十一卒，自号曰"带溪痴叟"。有《半村诗稿》藏于家。

朱维爵。原籍楚南起家，勤俭忠厚，好施济，年九十四卒。孙枝、椿辈列邑庠。⑤

邱馗。乾隆五十五年，邑令唐以百岁详报，给粟帛。⑥

---

① 嘉庆《志》、咸丰《志》"高信"条前有"李芬""张尔敬""王登上""高相"条。二《志》"高信"条作"字子常，贡生长春子。精岐黄术，著有《医脉捷要》藏于家。年九十卒。子居宠，庠生。孙廷瑞，乾隆戊申科举人"。

② 嘉庆《志》、咸丰《志》"苏茂眉""苏茂功"二条分列，"苏茂眉"条作"字象三，例贡生。性豪迈，于公事每捐资以襄其成，藩司匾以'重义输公'。卒年七十四。子孙多列胶庠，孙鸣岗中乾隆丙午乡试，岗弟鸣岵任广文"；"苏茂功"条作"庠生，茂眉季弟。性端严，衣冠虽暑必正，乡里咸称其品概。卒年九十一。子孙游庠食饩焉"。

③ 嘉庆《志》、咸丰《志》"李拔"条作"邑增生，性孝友，事亲常先意承志，待昆季终身怡怡无间。尤能以忠恕居心，见人有过，每曲以相原。卒年七十三。子开馨中乾隆壬子科乡试"。

④ 嘉庆《志》、咸丰《志》"赖得礼"条作"闽永定籍。性孝友。父成己嗜学能文，数奇不售。得礼体其志，虽贫居，必命子游学。后子霖膺岁荐，仲子诸孙多列邑庠。卒年八十有七"。

⑤ 嘉庆《志》、咸丰《志》"朱维爵"条作"原籍楚南起家，勤俭，人钦忠厚，尤多义举，在人耳目。年九十四卒。孙枝、椿辈游庠，列成均者数人"。

⑥ 嘉庆《志》、咸丰《志》"给粟帛"后有"子列邑庠"四字。

李本成、本郁。昆季友爱,倡捐椑木镇渡船,置庄田以赡渡夫,俱年八十余岁乃卒。①

隆道存。庠生。公直廉洁,里中公事多经区画。倡置椑木镇义渡,行人赖之。寿百岁卒,子孙列庠。②

高平。臬吏考职,年九十八。③

高拔。性公直,年九十五。④

张方艺。监生,年九十五⑤。

廖世贵。中江里人。年九十四,妻陈氏,年九十三。夫妇好善,五世同堂。嘉庆三年,题旌给坊值。

张起予。字克昌。有至性,年九十,举寿官。⑥

廖周贤。厚重慈祥,年八十有四,举寿官。⑦

李承映。字淑生。博涉群书,尤精爻象。⑧笃宗重本,恤苦怜贫,凡排难解纷,倾橐不惜。年七十五卒。孙念荣、鸿仪俱列邑庠。

---

① 嘉庆《志》、咸丰《志》只有"李本成"条,作"监生,原籍江西赣州人。性友爱,与弟本郁怡怡终身。初椑木镇无公渡,行旅苦之,本成偕隆道存倡置渡船二只,并庄田一处,往来称便焉。年八十二卒。子大儒、大伦列成均"。

② 嘉庆《志》、咸丰《志》"隆道存"条作"庠生。性公直,好排难解纷,里中大小事,经区处无不悦服。乾隆五十四年倡修椑木镇义渡,行人赖之。现年九十有四,举寿官,给冠带。子光耀、孙如松俱列庠"。

③ 嘉庆《志》、咸丰《志》"高平"条作"臬司吏员,利物济人,不干私惠。卒年九十有八"。

④ 嘉庆《志》、咸丰《志》"高拔"条作"性公直,家富能施,乡里钦其制行。年九十有五"。

⑤ 九十五:嘉庆《志》、咸丰《志》作"九十"。

⑥ 嘉庆《志》、咸丰《志》"张起予"条作"字克昌,原籍金溪人,随兄良玉来邑。性孝友,每岁省亲一次,家中产业悉付三兄方远为亲养膳资。亲殁,后遂与焉。良玉卧病岁余,侍汤药,濯裙褕,无少懈。现八十有二,举寿官,给冠带。子孙咸循循守礼焉"。

⑦ 嘉庆《志》、咸丰《志》"廖周贤"条作"度持厚重,人钦典型。年八十有四,举寿官,给冠带"。

⑧ 嘉庆《志》、咸丰《志》"尤精爻象"后有"举乡饮,生平"五字。

孙秉礼。原籍浙江。处己接人，恭敬不衰，年八十五，子孙列庠。①

何文仕。字宦卿。性忠厚，凡募建津梁道路，必倍捐以成之。卒年八十有二，赐冠带，子多列庠序焉。②

刘启显。监生，原籍庐陵。幼孤苦，志笃学，试辄冠军，家贫弃学来邑。风度端凝，荐绅无不乐交。性至孝，居常言及桑梓坟墓，辄流涕焉。卒年八十有一，子孙列庠③。

廖锺。字廷千。浑朴好学，授徒比老不倦。年九十余岁卒，子孙列庠序焉。④

官云焕。性端谨，年九十二，妻曾氏年九十三，举寿官，人称齐眉焉。弟云辉，亦年八十余。子孙列庠。⑤

李凤英。年九十，子应瑞年八十余，举寿官。⑥

高守经。庠生，年九十，弟守权亦八十奇。⑦

马元波。诚实，善丹青，年八十三以寿举。⑧

马焕。敦伦好善，年九十以寿举，给粟帛。⑨

马正继。好丹桂，籍讲说劝人，年九十五，举寿官。⑩

① 嘉庆《志》、咸丰《志》无"孙秉礼"条。
② 嘉庆《志》、咸丰《志》"何文仕"条作"字宦卿，原籍豫章人。性忠厚，不慕时荣。凡募建津梁道路，必倍资以成之。卒年八十有三，赐冠带。子汉，成均，应魁、元魁，联隽邑庠"。
③ 子孙列庠：嘉庆《志》、咸丰《志》作"子陶梅列成均"。
④ 嘉庆《志》、咸丰《志》"廖锺"条作"字廷千。性浑朴，好学能文，授徒村塾，至老不倦。现年八十七。子富洋列成均，孙庶鳌游庠"。
⑤ 嘉庆《志》、咸丰《志》"官云焕"条作"字日盛。性端谨。年九十有二，举寿官，妻曾氏年九十有三，人称齐眉之庆。子思胜授登仕郎，孙怀铭列成均"。
⑥ 嘉庆《志》、咸丰《志》无"李凤英"条。
⑦ 嘉庆《志》、咸丰《志》有"高守经"和"高守权"二条，分别作"高守经，庠生。守道安分，不以荣利居心，教子孙以谦谨为要，年九十岁"，"高守权，庠生。孝友传家，忠厚待人，子孙咸彬彬有礼，年八十岁"。
⑧ 嘉庆《志》、咸丰《志》无"马元波"条。
⑨ 嘉庆《志》、咸丰《志》"马焕"条作"敦伦睦族，好善乐施，年九十有一。前令李以寿详，给粟帛"。
⑩ 嘉庆《志》、咸丰《志》"马正继"条作"字永支。生平好读丹桂，籍解说劝人。年八十有二，举寿官，给冠带"。

刘政焕。字云章。举人。眉州学正一衡之父[1]。好学能文,数奇,教授自给。性好施,倡助贫不能葬者十余棺。与永宁伍元勋友,伍病,舁至其馆医治。早孤,于诸兄极友爱,远近称善人焉。以子贵赠封,年八十卒。[2]

魏成仁。忠厚勤俭,卒年八十五。孙凌霖,举人,涪州学正。[3]

许绍邦。一缌滩人。监生,由勤俭起家。昆季三人,皆年八十余,同居友爱。侄先富,贡成均。[4]

杨怀义。安仁里人。尝倡修茂市镇义渡,年八十三卒。子孙多游庠,有食饩者。[5]

廖启明。字震川。由岁贡任渠县训导。品正行端,士林矜式。生平精岐黄术,缓急济人,至老如常,人呼为"长眉老仙"。年九十一卒。子列成均。

邓文亮。龙桥里人。生平以排难扶危见重乡里,有周某因贫自鬻,文亮偿值赎之。好交儒士,年七十二卒。子代俊,年九十,五世同堂。代秀,考授县丞。孙荣举,登贤书,任南川司铎。[6]

晏珸。恩贡玠之兄。性公直,年八十有五。妻周氏,孝廉树斌。姊年八十余,

---

[1] 一衡:底本、尊经阁本原作"一珩",据前文《刘一衡传》改。

[2] 嘉庆《志》、咸丰《志》"刘政焕"条作"字云章,号温泉。善属文,屡试不售,遂淡于进取。家贫好施,倡助贫不能葬者十余丧。与永宁伍元勋友,病舁至馆,药食必亲历,久无倦色。自伤早孤,于诸父兄极意祗承,馈问无虚岁。著有《邑人曲诗》。现年七十有六,子一衡赠乾隆丁酉乡荐"。

[3] 嘉庆《志》、咸丰《志》"魏成仁"条"字宏德,闽龙岩人。弱冠随伯兄来邑,以勤俭起家。生平忠实浑朴,常领族首建宗祠,复搬厝先代骸骨。处弟兄能推多就寡,乡里称其孝友。卒年八十有五。子家耀,庠生。孙凌霖,中乡式"。

[4] 嘉庆《志》、咸丰《志》"许绍邦"条作"治一缌滩人。监生。以勤俭致富。性友爱,弟兄三人,至老如初时。抚教子侄,殷勤不倦。家中百余人,未尝析产。接人温厚谦和,若不知其富。现年八十有一"。

[5] 嘉庆《志》、咸丰《志》"杨怀义"条"安仁里人。好善乐施,常倡修茂市镇义渡,乡人便之。子和春、添春,俱列成均"。

[6] 嘉庆《志》、咸丰《志》"邓文亮"条作"原籍楚南武攸人,幼随父迁邑东龙桥里。慷慨公平,笃于孝友。同母六人,五弟出继,既犹六,分父产以厚之。生平以排难扶危见重乡里,尝有邝姓因贫自鬻周某,文亮偿值相赎。尤好与儒士交,至老弥笃。卒年七十有二。子代英,监生。代俊,现八十五岁,五世同堂。代秀,考授丞职。孙荣举,登庚子贤书,任司铎。余多列胶庠,彬彬诗礼焉"。

勤纺绩,以佐夫建祠,人推孟光遗范焉。①

李门人瑞。耆民李昌信,一缌滩人,原籍广东。昌信娶妻叶氏,生九男二女。昌信年八十一卒,妻卒时年九十二,见五世孙。长子光裕,九十一。光兰,九十五。光秀卒时八十六,光云九十五。光辉、光容俱年八十余。光藻年一百三岁。父子弟兄均修躯美髯,诚朴慈祥。一门五世同堂者四,六世者一。子侄蕃衍百数十人。前邑令唐湛先后以寿民举,给冠带,称人寿焉。迄今诸孙犹多寿考者。②

张国彰。谨慎克勤,由力稿起家。道光七年,以百岁举,赐值建坊,今尚存。③

吴玉贵。田家场人。年一百二岁,人劝之举报,玉贵曰:"吾乡间小民,皇恩不可轻受也。"靳不许。李氏一门亦如此,故俱未请题。

龙斯章、斯腾。从昆弟,龙桥里人。斯章年九十三,斯腾亦九十岁,皆忠实勤俭,子孙诗书守礼。

张汝翚。监生。知医好济,年八十二。

周永定。好施,年九十六。

廖斯征。心和貌古,年九十一岁。

喻迎泰。严以律己,宽以待人,年九十二卒。

刘迺瑞。年八十八。其母傅氏,年八十五。妻余氏亦年八十八,乡里称焉。④

---

① 嘉庆《志》、咸丰《志》"晏珪"条作"恩贡生玠之兄。性友爱,析产后所置田土复均分诸弟。以公直著闻乡里,纷诉一质即解。现年八十有五。妻周氏孝廉树斌,姊亦年八十,勤纺绩,以余资佐夫建祠,人推孟光遗范焉。子鹏瀛,庠生"。
② 嘉庆《志》、咸丰《志》"李门人瑞"条作"耆民李昌信,原籍东粤人,康熙中迁邑,卜业一缌滩下江石溪。娶叶氏,生九男二女。昌信年八十一卒,妻卒时年九十二,见五世孙。长子光裕,九十一卒,五世一堂;次光兰,现年九十二,亦一堂五代;次光秀,卒时八十六;次光云,现年八十六,见五代孙;次光辉,现年八十四;次光容,现八十一;次光藻,亦年七十四,俱皆修躯美髯,诚朴不浮,计两世五世同堂者四,子姓蕃衍百数十人。前令唐湛先后以寿民举,给冠带,乡里称人瑞焉"。
③ 嘉庆《志》无"张国彰"至"廖斯征"等六条,咸丰《志》无"张国彰""张汝翚""周永定""廖斯征"条,"吴玉贵""龙斯章、斯腾"记载同《志要》。
④ 嘉庆《志》、咸丰《志》无"刘迺瑞"至"李伴秀"等七条。

王福文。龙桥里人。卒年八十四。子五：天祐年九十二，天柱八十四，天植年八十，天机年八十三，一门寿考焉。

祝琪。考职从九，年八十七。妻赵氏，卒年八十八。

锺珍才。年八十二。

黄金瑶。年八十五。

黄代聪。曾以县掾办粮金川①，考授九品，年八十五。

李伴秀。年八十。子麒新，年九十。父子均跻寿考。

李乃葱。庠生。公平好善，年八十余，见五代孙。②

李正芳。庠生。读书诲人，年八十五，子入庠。③

谢之灏。岁贡生，多盛德，年八十一。④

康韬奇。慷慨乐施，年八十一。⑤

苏氏人瑞。跳墩里人。苏璇，年九十七；瑞，年九十；琢，八十八；理，八十七，同胞四人，后先登大耋，均力田守礼，不入城市。璇、瑞皆五世同堂。⑥

刘维定、维彦。彦以岁贡任筠连司铎，卒时九十一；维定，邑庠生，卒年八十二，昆季寿考。子侄国清，选拔任教谕，昆阳举人。芳与国香皆邑庠，一

---

① 掾：底本、尊经阁本原作"椽"，据文意改。

② 嘉庆《志》、咸丰《志》"李乃葱"条作"字苍然。邑庠生。性醇谨，以耕读传家，里中有事每多方以解之。现年八十岁，见五代孙，乡里称福泽焉"。

③ 嘉庆《志》、咸丰《志》"李正芳"条作"邑庠生。读书稽古，不慕时荣。教授生徒，诱掖不倦。年八十五，子升堂补弟子员"。

④ 嘉庆《志》、咸丰《志》"谢之灏"条作"字瀛洲。幼苦志下帷，博极群书，数奇，仅膺岁荐。性诚朴，生平不干外事，暇则诗酒自娱。年八十卒，子孙俱列成均"。

⑤ 嘉庆《志》、咸丰《志》此条作"康韬琦"，且作"字锦文，原籍泰和。为人慷慨乐施与，交游推重。年八十一，子列成均"。

⑥ 嘉庆《志》无"苏门人瑞"条，咸丰《志》作"邑东乡跳墩里。苏璇，年九十七岁；苏瑞，年九十岁；琢，八十八岁；理，八十七岁，同胞四人，专力耕桑，足迹不入城市。璇、瑞各举玄孙，琢、理亦见曾孙，饮食步履犹类少年。兄弟怡怡，子孙皆知孝养"。

门竞爽。[①]

　　江见龙。和平好义，年九十二。[②]

　　罗良所。年八十八卒。性忠厚，嘉庆中举，耆寿。[③]

　　喻洪辉。监生。勤俭务实，年八十八，妻余氏亦年八十六，齐眉寿考，子孙列庠序。[④]

　　喻洪荣。素行谨厚，年八十五，妻张氏亦年八十[⑤]。子体学，戊午举人。[⑥]

　　谢世槐。太学生。年八十五卒[⑦]。孙廷猷，乙酉举人。[⑧]

　　马传圻。庠生。与妻张氏同登九十寿。孙家驹，入庠有声。[⑨]

---

① 嘉庆《志》无"刘维定、维彦"条，咸丰《志》分列，"刘维彦"条作"邑岁贡生。魁梧长髯，不慕荣利，补筦连训导，一年归卒，时九十一岁。子芳，列胶庠食饩"。又，"刘维定"条作"邑庠生，训导维彦弟。性俱醇谨，相友爱，教子有义方，长董，监生；次国香，州庠；次国清，州拔贡，候选教谕；次庄，监生；季聿修，榜名昆阳，嘉庆戊寅恩科举人，孙曾咸循循有礼焉。卒年八十二岁"。

② 嘉庆《志》无"江见龙"条，咸丰《志》作"祖籍福建清流人。性慷慨好义，现年八十九岁，犹能辨蝇头字。子二：长朝宗，现年七十一岁；次朝海，孙启源，俱列成均"。

③ 嘉庆《志》无"罗良所"条，咸丰《志》作"岁贡生，封奉直大夫万怀长子。性忠厚，专务耕桑。嘉庆二十四年举报耆寿，恩赏如例。年八十八岁卒，妻邹氏卒年亦八十一岁"。

④ 嘉庆《志》无"喻洪辉"条，咸丰《志》作"字焕彩。监生。性孝义，甫二龄，父能得即世，母张氏矢志抚孤。辉事母孝，没后择吉地安葬，不惜费，并买吉地葬祖父母，约数百金，并不派及昆季。尤好读书，因失怙早，不能卒业。见绩学必倾心下之，寒畯则倾囊赠之。现年八十六，妻余氏现年八十四。子四：体全，监生；体庄，增生；体芳，廪生。孙锡宠，游黉序有声"。

⑤ 十：底本此字不清晰，据尊经阁本补。

⑥ 嘉庆《志》无"喻洪荣"条，咸丰《志》作"素行谨厚，以耕读起家。现年八十五岁，妻张氏现年七十七岁。子体学，隽嘉庆戊辰乡试"。

⑦ 年、卒：底本此二字缺失，据尊经阁本补。

⑧ 嘉庆《志》无"谢世槐"条，咸丰《志》作"字茂阶，廪生之灏子。性孝友，慷慨好义，援例太学。晚年尤爱读书，惟以课孙为事。子二，孙十一，长廷乡，增生；次廷猷，道光乙酉科举人，余俱业儒。卒年八十五岁"。

⑨ 嘉庆《志》无"马传圻"条，咸丰《志》作"字尔疆。七岁丧父，奉孀母最谨。虽列武庠，爱读书。子纯捷，监生；纯操，业儒；孙家驹，入泮。卒年九十岁。妻张氏两割股痊姑病，卒年亦九十岁"。

潘晴川。字曙亭。岁贡。善属文。卒年八十一。[①]

易林元。知县。含章祖。有隐德。卒年八十一,妻周氏八十五。[②]

王潜。字腾渊。庠生。性温雅,监修城垣,卒年八十七。子栋,庠生,亦年八十。[③]

王潮。字宗海。太学生。好静,不言人过,年九十二。妻祝氏,亦年八十七,称偕老焉。子校,文庠。

王潆。字鉴予。太学生。好读鉴史,比老不倦,现年八十七。

论曰:《洪范》"五福",一曰寿。寿者,休征之最,非人力之所能争也。伊古帝王讲学明伦,首重引年之典,良有谓耳。我朝景运敦庞,悠久无疆。二百年中,圣祖仁皇帝、高宗纯皇帝,祖孙临驭,均享国六十余年。千叟之宴重开,四海之民敷锡,揆之史册,未或前闻。宜其黄发庞眉,怡然比户,中川蕞尔,指不胜偻,而李氏一门尤为奇瑞。《书》曰:"惟时厥庶民于汝极,锡汝保极。"其谓是欤?用采其特者著于编。[④]

续增儒寿[⑤]

邓文舆。字载庵。太学生。少失怙,母周抚以立。长从从父重庆教授莳堂、资州贡生张仕显游,二公均器之。屡试未售,辍业。生平首重伦常,族邻以其孤立,于钱谷地土多负贷计射者,往往知而不校。中年以家务付长子光第,专意养亲课后。于宗祠尝业,谕族人经理,无使废弃。尝曰:"欲光祖德,非诗书科

---

① 嘉庆《志》无"潘晴川"条,咸丰《志》作"字曙亭。邑岁贡。生性淳敏,嗜酒喜诙谐。善属文,一日能成十数艺。教授生徒,每课面试三四人,辄自作一艺,不逾时立就,从游遍邻封,熏陶甚众。卒年八十一岁"。

② 嘉庆《志》无"易林元"条,咸丰《志》作"字学正。少颖悟,以父母早逝,兄弟析居,不能卒业。然读书之愿未衰也。课子不成,复课孙。待先生有加礼,更力行善事,至老如初。孙含章成进士,含芳食廪膳。卒年八十一,妻周氏卒年八十五"。

③ 嘉庆《志》无"王潜"及下"王潮""王潆"等三条。

④ 嘉庆《志》、咸丰《志》无此段文字。

⑤ 嘉庆《志》无"续增儒寿"所列条目,咸丰《志》"续增儒寿"中有部分条目。

名无济也。"延师训子孙辈，日省月试，暇则披览经史古文，以资讲说。母卒，为请旌赐。叔父家琥以武科任云南都戎，垫费千金无偿，犹恤其后，识者谓为官族所难。年九十余，犹阅书不倦，孙已两隽庠序。现年九十八岁，例合请旌，族亲方拟作百龄庆祝。忽一日预示殡期，届时沐浴衣冠，端坐而逝，临终语众曰"毋念我，我命属天上箕星"云。

王谟。字典三，龙桥里人，泸溪令王侃裔孙。少读书，家贫辍业。为人从容信实，早丧妻，一子泽富，相偕苦度。年五十余，始贷小资去叙郡河街，肩木货贸易，信义孚众。厂纲皆以余货委售，店主蒋姓知谟系内世族[1]，以店属之。于是诸货芸集，其子亦南北通商，结姻生子。十余年资屡数千，购业挈归。临归，胞侄泽贤往投，谟以四十金使袭原业，不十年亦累千余金，归置产焉。泽富年逾六十，先父殁，谟上年卒，年九十四岁。一孙，名镐。

江朝宗。中江里人。太学生。忠厚世传，孝友尊师，乐施予，恤贫乏。邑中善举，随愿捐助。现年八十有八。道光十六年，覃恩膺锡章服。其子启元，屡试不售，援例府知政，醇谨老成，克绍父风焉。又朝宗为原任宜兴知县张一斋外甥，一斋今亦年八十有七，舅甥皆大耋康强，亦异数也。

王天朝。世业耕，为人敦厚，乡里称善人焉。道光甲午举报耆寿，现年八十有九。

许先富。例贡生。父辈以稼穑起家，孝友忠厚。先富少读书，温和儒雅，与人交久而不亵，生平无峻声厉色。好道人善，不言人短。暇则阅书，时结伴游山水，不以名利役其心。卒年八十三，荐绅题赠曰"一乡善士"。

唐司槐。邑城南人。仪容修伟，居心浑厚，通书理，谙时务。比老童颜鹤发，状如仙侣。谈历来善恶成败、天道福善祸淫，足发人深省，亦城乡之雅望也。现年七十有四，子孙象贤焉。

李芳明。字遇春。太学生。质行端方，修辑宗谱，清理茔墓。嘉庆初，贼匪逼近邻邑，芳明团练有方，宗族乡党倚为保障。子孙象贤，卒年九十七岁。

王天相。世业耕，平居敦厚，共推善人。上届报膺恩锡，现年八十有九。

---

① 谟：咸丰《志》讹作"模"。

熊受恩。原籍福建,祖某仕江西,留寓未归,受恩弱冠入蜀。初煮磋盐场,既开旅舍省城,与邑人士善,遂下内江,娶室家焉,仍设旅店造酒。为人慷慨尚义,尤爱读书人,推食解衣,豁如也。一子飞,好学,隽道光辛卯举人,咸谓好贤之报。年八十卒。

吴中立。年八十五。陈元贵。聂舒煃。谢元庆。张仕琏。江兰。俱七十以上,六翁皆持身正大,仪型乡里。上届覃恩,胥膺章服,舆推合志焉。

谈燕。孝廉中经次子,宅心醇粹,守素安贫。现年九十犹健。

施荣升。原籍湖州,由浙入蜀,货殖起家。为人恬退寡言,于物无忤,有犯者,笑容化之,坊市称善人焉。年七十三,二子象贤。[①]

林永松。叶芝泰。俱一缌滩人。上届同膺恩锡,年皆八十,淳朴可风。

陈元洪。白沙里人。幼失怙,独立成家,乡里以公直推,寿登耄耋。

谢世槐。字茂阶。太学生。孝友尚义,喜读书,尤惜字,残篇断简,必盥手焚化。闲预公事,办理裕如,居恒以课孙为事。孙廷献登贤书,任司铎,余接武胶庠。年八十五预知卒日,焚香拜手而逝。

谢霖章。世槐子。少弃儒货殖,公直服人,好交儒士,尤重塾师。子孙游庠食饩,济美有声。以次子仕封修职郎,年七十七卒。妻林亦以孝顺闻,卒年七十六。

丁大鹏。东乡人。幼孤家贫,曾从征金,以不得志,归而为农为商,获利较多,辄以济人,无偿亦不介意,晚年富甲比里。年八十报膺恩锡,卒年八十有八,子孙式谷焉。

黄朝选。上届膺恩锡,为人颡直,能排难解纷,人争倚之。教子孙以交纳正人为要。现年逾古稀,犹健。

张显武。字维扬,与兄显文孪生。勤朴起家,子侄游庠,膺叙绍书香焉。卒年八十有七。

陈德鸿。少习儒,多颖悟,累试不售。更学医,士大夫争昵之。器度从容,

---

① 咸丰《志》无"施荣升"及下"谢世槐""黄朝选"三条。

济人不较贫富,接其风旨,令人浮伪之念顿消[①]。现年古稀,又四德邵而术弥精,可谓君子人矣。

　　高卫先。邑东千秋里人。太学生。性孝友,乐施与,立心行己以谦让为怀。时年八十有八,乡里中推典型焉。

　　高乃华。字存实,千秋里人。凤学未隽,友教后生。修谱建祠,乐于为善。时年八十有六。

　　张朝溥。字文广,安良里人。忠厚勤俭,卒年八十有二。妻李,现年八十三岁。四十余年,家不损丁,五世同堂,人劝举报,曰:"吾乡小民,何敢滥受皇恩也。"坚辞不允。

高义[②]

宋

　　赵之礼。旧《志》载其好义乐施,不自以为善。以孙贵,赠齐国公,详见《人文传》。

明

　　喻彦斌。家富好善,正统间输谷一千一百石以赈荒,旌义民,有司匾其门曰"尚义"。

　　喻彦明。输谷一千一百石赈荒,旌义民,有司匾其门曰"敦义"。

　　徐尚贵。龙桥里人[③]。弘治元年岁饥,捐粟赈济,有司请给冠带。

　　陈朝伦。好义乐输,修葺桥路,往来便之。

　　邓钦。事缺。

---

① 顿:咸丰《志》作"愿"。
② 按:嘉庆《志》对应内容为卷三十八《人物·高义》,咸丰《志》为卷七《高义》。
③ 龙:咸丰《志》讹作"隆"。

杨万石。邑庠。授海安巡司，捐粟四百石，建坊给七品散官，寿八十二终。

罗衣。捐资修学宫，子登将仕郎。

梁胜远。家富好施，有孙能文。

国朝

张尔锡。龙桥里人。庠生。捐南门内地基一区，建书院。[①]

刘国栋。监生。西林寺人。与弟国相、国梁捐田五十八亩，入书院膏火。

李大作。中江里人。监生。捐田壹分值壹千数百金，入书院膏火，具题钦赏盐知事。

罗运礼[②]。荣昌大兴寺人。捐修一缌滩大桥，并上游二仙滩平桥，共二座，下名庆余，上名承仙，共费三千余缗，行旅颂之，为作记。

刘宪仪。东石子里人。捐修东关渡船大小四艘，又以谷八十石、钱二百余缗赎店房一所，以备经费。县尹匾旌其门，子孙俱贡成均。[③]

唐舜。龙桥里人。监生。捐修大足县界成、重官道单石桥，计费二千余金，

---

① 嘉庆《志》无"张尔锡"及下"刘国栋""李大作""罗运礼"四条，咸丰《志》载"续增高义"中。

② 礼：底本、尊经阁本原作"理"，兹据前文《津梁》所载"庆余桥，一缌滩。承仙桥，俱荣昌罗运礼建，见《高义》"，及《〔光绪〕资州直隶州志》《〔光绪〕荣昌县志》《〔道光〕重庆府志》而改。

③ 刘宪仪：按，前文《津梁·东关渡》载"刘宪义添捐大小济舟数艘"，且《〔光绪〕资州直隶州志》卷三作"东关渡有士民义渡，刘宪义捐渡大舟各数艘"，则"刘宪义"与"刘宪仪"为同一人。但嘉庆《志》、咸丰《志》此处皆作"刘宪仪"，未详孰是，存疑。另，嘉庆《志》、咸丰《志》"刘宪仪"条作"居介内、荣二邑，先世楚南人。以勤俭致富，性好施与，附近断涧崎途，多为修理。捐建荣邑文庙、梓潼宫，各数百金。嘉庆元年，东关外置大小济舟四舫，前后捐谷八十石，钱二百余缗，赎店房一所，以备久远经费，两邑县尹先后匾旌其门。卒年八十五。子述楚、孙耀宗、耀书，俱贡成均，守遗训焉"。

题旌。①

朱文彬。史家街人。贰尹职,与粟刚琥、谢一槐、陈作金三人,因大道碧峰桥就圮②,更建之,邑尹弓题曰"四美桥"。续采:文彬祖奇祥,曾拾道旁遗金,留待,付之失者门茂才棠也,分谢不受,乡里犹传古道。

李乃亨。东乡人。庠生。性好施,倡约同乡捐修东关渡船二艘,并置庄田以备久远,迄今赖之。③

陈贤通。于白沙溪口及高寺下捐田土一分以济渡,迄今便之。有陈公祠。④

---

① 嘉庆《志》无"唐舜"条,咸丰《志》作"唐宗舜",且"号竹庵。太学生。邑东龙桥里人。以勤俭起家,力行善事,焚券施棺,培建道路,见义必为。嘉庆二十三年,捐修大足县单石铺旌善桥,费二千余金。二十五年,铜梁县令张澍、大足县令赵时中详,藩宪曹、制宪蒋咨部奉旨给银建坊,并给乐善好施字样。学宪俞、重庆府知府今升盐宪花、荣昌县令李仙源、周春溶、邑令今升眉州直隶州署保宁府知府弓、署县事绵竹县令杨上容、邑人王果、李春暄、余玮皆有题赠泐石,今采碑记二篇入《艺文》"。

② 因大道碧峰桥就圮:底本、尊经阁本"桥"字缺,据咸丰《志》补。另,嘉庆《志》无"朱文彬"条,咸丰《志》作"字协中,祖籍福建武平人。由太学援例晋县丞。性慷慨好义,弱冠主家政,善筹画,家益丰。五世同居,内外数十人无间言。族亲邻里有告乏者,随时周济。有构讼者,竭力解纷。有善经纪者,每给与资本,因之发迹者良多。尝施棺椁百余具,太平冲义冢一处。与粟刚琥、陈作金、谢一槐三人捐修碧峰桥,彬实倡之。邑侯弓题曰'四美',有序,见《艺文》。先是伯母邱无嗣,彬为立后。旋殀,拟再立,未果,临终犹以为言。弟侄等遵遗命,以彬弟相次子智章为邱氏孙。有借贷不能偿者,属焚券。更属子侄置买义冢一大区以宗素愿。卒年六十六岁"。

③ 嘉庆《志》、咸丰《志》"李乃亨"条作"字方圆。邑庠生。性孝友,勤训课,昆季子侄先后入庠,充贡者十余人。乃亨恤苦怜贫,康熙末倡约同乡,捐修东关渡船二艘,复买庄田以备久远。好学,至老不倦,刊格言以劝乡里。卒年九十八。著有《老吟集》"。

④ 嘉庆《志》、咸丰《志》"陈贤通"条作"好善乐施,于白沙溪口及高寺下捐田土一分,以资济渡,迄今利涉者,称道不衰"。

张深。例贡生，尝施棺盖、冬衣百数十以济贫民。①

刘朝模。田家场人。与弟朝瑛以粮地捐设市镇，并庙基义冢，仍自输纳岁课。②

邱身章。抚孤侄孙朝爵，为经纪其家，由数十金渐积，及朝爵成立，乃凭众以一千数百金付之，己仍清约如故，公为作记。③

王文璋。少时逐末，曾于岁暮遇鬻妻者相拥泣，倾囊以十二金赎之。是夕归，妻梦天堕六星入怀，嗣次第生中书者瑞昆季。卒年八十七，夫妻偕老焉。④

---

① 嘉庆《志》、咸丰《志》"张深"条作"字学海。例贡生。性孝友，意气阔如。亲邻疾厄，贫窭有求者，深无不量力济之。生平施棺木一百三十余盖、冬衣百数十件。桥梁道路不治者，辄倡修之。临殁焚券数十张，曰：'吾不欲留此累他人也。'迄今子孙犹食报焉"。

② 嘉庆《志》、咸丰《志》"刘朝模"条作"字名范。好义乐施，与弟朝瑛以粮地兴市，名田家场。继复捐庙基义冢，其赋代为输纳，商民均受惠焉"。

③ 嘉庆《志》无"邱身章"条，咸丰《志》作"字献廷。父立招由江西瑞金人蜀，娶于渝，迁居于内。生子身文及章，受室后，文议析爨，章听之。既而父母与文相继下世，文妻李氏以三子俱幼，家綦贫，欲他适。章挈之同炊，幸免离边。复为长侄锦儒娶范氏，乃令其自为贸易。嘉庆庚午，锦儒病不起，又托后事于章。章慨然为视其经纪，恤其嫠孤。俟锦儒子朝爵成立，乃凭族邻以历年积累千余金界还，丝毫不私。邑人王果为作《义行传》，载《艺文》，故"公"指王果。

④ 嘉庆《志》无"王文璋"条，咸丰《志》作"举乡贤，卒年八十七，妻李氏卒年八十六。子六人，即内阁中书王者瑞昆季也。相传未生中书昆季时，家綦贫，与妻谋远出，作小经纪，李许之。岁暮归，偶憩野店，主人有一面交，见其夫妇子女相聚而泣，问之，曰：岁暮债逼，将鬻妇以偿。璋恻然，问所负几何，曰十金。璋倾囊得十二金，仅留二星为度岁计，余尽慨然相赠。及抵家，李问今岁得利几何，璋怃然曰：'获十二金，卓年因憩某店，诧其一家聚泣，知将鬻妇偿债。余不忍，遂倾囊相赠，仅留二星归。既而悔之无及矣。'李曰：'此盛德事，有二星，吾夫妇亦可以度残岁，何悔焉！'是夕，璋梦天堕六星入怀，一最大者现一悔字飞去。惊寤以告妻，李梦适合。后果生中书兄弟六人。其一早逝，中书有传，载《人文》。尤可志者，中书继室陈为姑割股，卒年八十一。长孙永懋卒年八十二，妇潘氏现年八十七。第三孙永极早世，妇柳氏二十一岁守节，现年七十二。第五孙永铎，邑增生，现年七十三。曾孙世田继室张亦为姑割股。《周书》曰：'身其康强，子孙其逢吉。'璋庶几焉。志之，以为好义者劝"。

邹坤。观音里人。廉洁，好倡义举。①

洪禹迟。监生。常捐修道路，置义冢。②

论曰：好行其德，人有同心，所谓秉彝之良也。惟利己之私胜，而此心渐以牿亡矣。牿之反覆，并见人之义举，且指为好名而排之。嗟乎！善则何能逃名也。三代下士，惟恐不好名。彼自谓不沾名者，其朴满虏藏，究能谄厥孙谋否也？顷游省垣，人有以文征者，德阳铎氏独建考棚，计费二万缗。江津杨氏捐建书院，并买学田，置义学义冢，费以二万余金计，而汉州张氏拟捐桥梁，辄计数万。彼岂区区为名哉？其识量真过人远矣。中川当成、重之冲，人情嗜利，有能独力成梁或裘成集腋，斯卓然异于众矣。昭兹来许，不亦宜乎。③

续增高义

谢维嵩。举人。廷猷从侄。醇谨老成，由贫致富，慷慨好文，捐膏火入学校，议叙八品职衔。④

张斌煌。损资入学校，由监议叙八品。

李向荣。明宫保康和充嗣公裔。性方正，年十二入太学，锐志上进，旋以父忧废业。所交多知名士，中书王凤仪前辈宾西席数载，雅称莫逆。好施予，崇俭约，虽贵显临门，肉不二器，其自奉粗衣粝食，宴如也。由寒素累金巨万，尝诫妇女无缘饰，男子一生行止当可为子孙法。遇事慷慨，尤知大义。有大姓某，

---

① 嘉庆《志》、咸丰《志》"邹坤"作"邹珅"，且作"观音里人。性廉洁，好施与，里中义举，力勤其成，不恤劳怨。乡人推重焉"。
② 嘉庆《志》无"洪禹迟"条，咸丰《志》作"太学生，与弟道力行善事。常捐银修道路，置义冢，施棺椁，刻劝善书。凡有益于人者，无不乐为。迟现年七十，道现年六十三"。
③ 嘉庆《志》、咸丰《志》无此段文字。
④ 嘉庆《志》无"谢维嵩"及下"张斌煌""李向荣"三条，咸丰《志》卷七《续增高义》中无"李向荣"条，有"谢维嵩""张斌煌"条，记载同《志要》。

〔道光〕内江县志要

冒认寿溪坟茔①，经制宪提讯，祖冢赖以不灭。又尝挽粟金川，辗转数千里，而军储不匮。家居未尝有惰容，盛暑入市，峨冠博带，如赴宴会然。尝徒行学院街，有无赖子斗殴，闻李公来，辄扬去，其以严见惮如此。生平不事干谒，而莅斯土者四匦其门。卒年六十有五。子八人，次子鉴、三子灿俱国学鸿才，卓识有父风，余老成持重。孙少白食饩，能文章，赫声庠序。

列女②

明

　　阴氏。邑人，王尚宾继室。年二十二而寡，前妻遗一女，亦孀居，母女相依，矢志不渝。③

　　黄氏。邑人，萧世隆妻。年十七守节，事舅姑历三十五年，始终一致。④

　　马氏。邑人，田铸妻。年二十八守节，教子泓领戊子乡荐，事闻旌表。⑤

　　吴氏。邑人，都御史马炳然妻。炳然赴任南都，舟行遇贼被害，吴泣曰："公死矣！我义不可辱！"遂抱幼女赴水死，事闻旌表。⑥

　　陈氏、李氏。俱邑人，陈为巡检萧腾妾，李为赠监察御史萧露妾，俱苦

---

① 冒认寿溪坟茔：《〔民国〕内江县志》卷四作"冒认寿溪祖冢"。
② 按：嘉庆《志》对应内容为卷三十九《列女志》，咸丰《志》为卷八《列女》。
③ 嘉庆《志》、咸丰《志》"阴氏"条作"王尚宾继妻。夫卒，年二十二。前妻一子二女，阴誓抚孤守节，艰苦不恤，嫁娶如礼。未几，子与幼女卒，长女孀居，最孝，寻长女亦卒。孑然守志，始终如一"。
④ 嘉庆《志》、咸丰《志》"黄氏"条作"生员萧世隆妻。年十七，夫误堕水死，无子。誓不他适，事舅姑三十五年始终一致"。
⑤ 嘉庆《志》、咸丰《志》"马氏"条作"田铸妻。年二十八生子泓，甫三岁，夫死。誓守教子，后泓领戊子乡荐，巡抚刘大谟奏请旌表"。
⑥ 嘉庆《志》、咸丰《志》"吴氏"条作"御史马炳然妻。正德壬申，炳然赴南都，舟至阳逻江遇贼刘六，不屈死，吴泣曰：'公死矣！我不可辱！'抱幼女赴水死，事闻旌其门"。

节抚孤。陈之子世建充庠生,李之子世延举进士,年皆逾七十乃卒,嘉靖间建"双节坊"。①

冷汝玉。邑人,郎中冷向春女。随父任南昌,以奏绩北上。至枣林闸,夜遇寇,汝玉跃起曰:"父可自为计,勿以我为念。"即赴水死,金事方豪作《枣林怨》以哀之。②

何氏。邑人,李早继妻。夫卒,遗腹生子,甫弥月,遇饥民劫掠,氏抱儿逃免。又族人欲夺其田,讼官得直。抚子成立,年七十八终。③

陈氏。邑人,省祭吴良贵妻。年十五随夫为吏于建。始无子,为夫娶妾生子。夫殁,氏负儿扶榇归葬,守志抚孤,茹苦三十年卒。④

萧氏。邑人,员外马泰阶妻。年十六孀居,教子彦卿,后官知府,氏受封诰。孙鸣毂中戊子解元,曾孙士骎举壬子乡试。年九十卒,旌表。⑤

---

① 嘉庆《志》、咸丰《志》分列,"李氏"条作"赠监察御史萧露妾。生子世延,九岁,露卒。嫡吴氏虞其少,李曰:'宁死萧庸下,不背三从训!'抚世延,后为御史。守二十八年,寿五十六,以子贵,赠孺人,旌曰'双节'"。又,"陈氏"条作"巡检萧腾妾。甫七年,腾卒。陈誓守不二,抚嫡子世建,相依为命。卖钏市书,劝子力学,长补邑庠。世建子蘅早丧,母陈抚之,如世建。寿七十,以节终"。
② 嘉庆《志》、咸丰《志》"冷汝玉"条作"郎中向春女也。聪慧寡言,随父任南昌,以奏绩北上。至枣林,夜遇寇,汝玉大呼曰:'父可自为计,毋以我为念。'即赴水死,金宪方豪作《枣林怨》以寄其哀云"。
③ 嘉庆《志》、咸丰《志》"何氏"条作"大通里李早继妻。早商于乌撒卒,何年二十九,方妊。五月至期,生男,名才。值岁荒,贼劫舍,何抱才趋早前妻许氏家,得免。家贫,有数井,族人欲夺之,卒得直。抚才长,为娶妇,生四子。年七十八卒"。
④ 嘉庆《志》、咸丰《志》"陈氏"条作"省祭吴良贵妻。年十五随良贵为吏于建。始无出,为良贵娶妾生子。甫三岁,良贵卒成都,氏负儿取枢归葬。有欲夺其志者,氏以儿寄母家,借一婢躬耕锄,拮据三十年。儿年十七,氏病且革。为子娶妇,翌日氏卒。方垂绝时,召新妇至床前,犹强起作丁宁语,闻者伤之。有吊以诗曰:'孤子怀中迎死父,寡妻河上接亡夫。'又:'一语别新妇,三十守孤儿。'读之酸鼻。惜无上其事者"。
⑤ 嘉庆《志》、咸丰《志》"萧氏"条作"员外马泰阶妻,武举世选女,素以孝称。年十六即孀居,上事舅姑,下抚遗孤,耄年始得表扬。以子彦卿贵,封宜人。孙鸣毂,戊子领解。曾孙士骎,壬子举于乡。人以为贞淑之应云"。

陈氏。邑张恺妻。夫殁,守节训三子。次子楠早卒,妻喻氏年二十一;长子德继卒,妻黄氏年二十八,姑媳三人相倚为命。教楠子克臣入庠,孙问达登进士,历御史。曾孙炯举癸卯乡试,三氏俱以寿终。万历庚寅奉旨建坊,题曰"乾坤正气,三氏贞操"云。①

杨氏。邑人,庠生阴锡顺妻。年二十,守节抚孤,历七十一年,事闻旌表。②

梁氏。大足人,内江范全妻。全早逝,氏青年誓志,教子课孙,俱以科第显,年百岁卒。③

阴氏。邑人,庠生余瑾妻。年二十五而寡,子甫三岁,抚之成立。子亡又抚两孙,年八十卒。④

何氏。邑人,高世渤继妻。年十九守节,抚前妻三子入泮。⑤

李氏。邑人,孝廉熊动之侧室。生子文灼,甫二岁,动之卒。氏年二十六,誓守节,抚其孤灼为庠校名士。氏历六十二岁终。后嫡孙应占成进士,疏言李苦节状,诏旌表之。

杨大姑、杨二姑。邑人,杨浩女。奢贼掠县,阖家被执,母触阶死。二女年将及笄,义不受辱,夺贼刀自刃,不死,俱赴水殁。贼退,二尸执手浮水面。

---

① 嘉庆《志》、咸丰《志》"陈氏"条作"张恺妻。恺卒,陈年二十六,矢志不二。孝舅姑,训三子,不少姑息。长子德,次子楠。楠早卒,妻喻氏年二十一;德继卒,妻黄氏年二十八。一姑两妇,相依为命,俱以寿终。楠子克臣,邑庠。孙问达,举进士,历御史。曾孙炯举癸未乡试。万历十八年,奉旨建坊,题曰'两间正气,三氏贞操'"。

② 嘉庆《志》、咸丰《志》"杨氏"条作"生员阴锡顺妻。年二十,夫卒。矢志抚孤,艰苦万状。杜门卸妆者六十一年,院司以苦节旌之"。

③ 嘉庆《志》、咸丰《志》"梁氏"条作"大足人,范全妻。年三十,全卒。矢志冰霜,纺绩教子,且苦训诸孙。长文彦,次文光,俱登贤书。寿九十二,察院司道匾其门曰'柏舟苦节,百岁霜操'"。

④ 嘉庆《志》、咸丰《志》"阴氏"条作"生员余瑾妻。年二十五,瑾卒。子甫三岁,苦节抚孤,子复亡,抚二孙。家业伶丁,艰苦难话,人咸惜之,年八十余乃卒"。

⑤ 嘉庆《志》、咸丰《志》"何氏"条作"儒士高世渤继妻。年十八适高,逾年世渤卒。氏无子,抚前妻棐、臬、策三幼子,肝腑无间,后俱游庠。家贫无怨,盛年苦节,尤为罕见"。

事闻旌表。①

张氏。邑人，大参张季思女，监生陈圣道妻。夫卒，氏年二十二，苦志不移，院司旌其节。②

何氏。北直巡抚绍克女③，庠生罗拱明妻。读书晓文理，献贼过内江，拱明为贼所获，何遂投江死。俱见通、省《志》。④

陈氏。生员刘时和继妻。归五年，时和卒，无出，时年二十三。乡人利产，谋夺其志，陈断发誓死，守四十八年，寿七十一。隆庆中，刘大卿上其事，诏旌其门，以表坤维正气。⑤

张氏。安良里吴象中妻。象中荡产早卒，氏甫二十，舅姑受富家资，欲夺志。氏奔父璲家，誓不再适，纺绩抚孤，白首无玷。年八十，有司赐粟帛，匾其门曰"诏褒孀节"。

黄氏。邓九星妻。二十五岁丧夫，抚子良弼成立，娶妇曾氏。良弼寻卒，姑妇躬绩育孙敷，以延邓嗣，有司旌曰"一门双节"。

刘氏。举人萧世曾妻，知县刘东之女。方妊，夫病革，呼刘曰："若生子，善抚之。"世曾卒三月，生子菖，氏年二十六，姑舅俱亡，家苦甚，誓不二。其姊

---

① 嘉庆《志》、咸丰《志》"杨大姑、杨二姑"条作"知州杨浩女也。奢酋掠县，全家被执，母触阶死。二女年将及笄，义不受辱，夺贼刀自刃，不果。奔投长江，赴水死。贼退，二女尸浮，姊妹手犹相执。直指张论以其事闻，奉旨建坊，旌表"。

② 嘉庆《志》、咸丰《志》"张氏"条作"监生陈圣道妻，大参张季思女也。年二十二，夫卒，无嗣。依孀母，矢冰操。邑令申文、抚院乔匾其门曰'髧髦靡慝'，察院吴曰'苦节'，学道杜曰'节妇之门'，以为可方共姜云"。

③ 绍克：底本、尊经阁本原作"绍充"，据嘉庆《志》、咸丰《志》改。

④ 嘉庆《志》、咸丰《志》"何氏"条作"北直巡抚绍克女，庠生罗拱明妻也。幼读书晓文理，随父自滇归。一日，问父曰：'父耄矣，子侄疏于问省，是何理也？缠足非人所为，老父何为不止？'克然之。及适罗，遂放足。晨起省姑毕，即诵《金刚经》一卷，治家严肃，绝粉饰，衫裙皆青布。甲申，献贼入川，何欲早死以免夫累，姑坚止之。后贼过内江，拱明侦兵，为贼所获。何次晨即投江死。白衣蓝线织'死'字数十，从容就义，尤为妇德所难"。

⑤ 按：嘉庆《志》、咸丰《志》从刘时和继妻"陈氏"条起，至明代列女最后一人萧宗成妻"江氏"条止，记载同《志要》。

适曾从兄庠生世尚,亦早寡,相依守志。后子菖领庚午乡荐,世尚子茂补邑廪生。隆庆间,按台王时举、提学劳堪、知县陈谏俱旌其门。

刘氏。庠生郑彦俊妻。年十五归彦俊,氏佐夫事舅姑称孝。八年,彦俊卒,毁容守志,教遗孤,后仲子璧成进士,封宜人。逾六十,院司旌其门曰"慈节"。

高氏。御史马呈图继妻。适马六年,随任差巡按贵州,氏归,孝养翁姑。又差监临广西,卒于任。时氏年二十二,矢节靡慝。察院李匾曰"柏舟苦节"[1],西川道韩匾曰"节可表世"。见年七十三[2],封孺人。

徐氏。生员马天麟妻。年二十,夫故,矢守苦节,养两世翁姑,只身承重,孀居多年。奉旨赐银建坊,题额"乾坤正气"四字。

林氏。刺史杨西廉继妻[3]。年不半甲,止一子。前妻女将及笄,适蔺酋之难,女语母曰:"合邑俱奔,母子买舟潜行,庶不畏多露。"林告于西廉,许之。驾舟至大葛仙山下,遇贼聚水滨,林携女大骂曰:"吾夫官粤西,且不佐以贪,今肯损吾节!"同投水中,子永一亦随之。有司以闻,旌曰"三节"。

李氏。儒士喻宣妻。年十六适喻,二十二夫死。生子四,教甫三岁,翁姑无伯叔承事,氏乃躬纺绩,操井臼,以事亲抚子。里中有贿邻姬诱之者,氏引刃誓死,邻姬敬谢而退。贞操苦志五十余载,川西道韩匾其门曰"柏舟苦节",县令沈匾曰"节义可风",县令杨匾曰"节凛冰霜",邑中绅宦俱有赠词。寿七十五,孙补邑庠,此守贞之余庆云。

赵氏。文绮,御史赵俊季女也。年十六,母汪氏夜患心痛,不能延医。女割股和丸药进,母病立瘳。有司具闻,诏旌其门,免二丁。后乔居金陵,为缙绅大姓。

王氏[4]。邓镜妻。归二载,生子未弥月,镜卒,年二十。奉姑抚幼,勤女工,子长纳妇,旋卒。氏孀节愈坚,寿七十余,里人挽诗云:"一节志坚人羡早[5],九

---

① 匾:底本此字不清晰,据尊经阁本补。
② 年七十三:底本此四字不清晰,据尊经阁本补。
③ 西:底本此字不清晰,据尊经阁本补。
④ 王氏:底本此二字不清晰,据尊经阁本补。
⑤ 志坚人羡:底本此四字不清晰,据尊经阁本补。

重天远救旌迟。"痛未旌也。

吕氏。富顺人，邓九容继室也。容举乡试，晚授知保康令。邑新设，经理成，疾归，不起。吕年二十余，一子谟，贫不能给，依姻亲王都宪家，族里凭陵，忧危备至，卒抚孤有其家。子室王氏早逝，遗孙男二、孙女一，吕更抚三孤，其一孙即制府林乔也。八十四岁卒。

张氏。萧时妻，知府张介之女。年甫二十八，时卒，无子。与伯叔二妾陈氏、李氏同矢志守节，历五十年，始终一致。寿七十八卒。

陈氏。葛仙里王成茂妻。永乐初，有营建州县之役，成茂代兄希茂，行至资县卒。氏甫二十四，有遗腹，生男，誓不他适。希茂百计逼之，志不可夺。子长就外傅，一日归省，移时令入馆，希茂未之知也。[1]密使婿刘先伏床下，夜刺之，误中十岁女[2]，氏亦被七刃，赖老农虎保者救之得免。女已聘乐氏，闻女被贼杀，怜而葬之，力掘坟穴。刘先过之，乐氏戏曰："何不助工？"先甫下穴，风掀其衣露血痕，众执之曰："杀人者，汝也！"先曰："乃希茂夫妇之谋。"竟以计免。氏抚子成立，正统召旌，邑人方伯萧俨言于有司，氏固辞。孀居七十年，九十三卒，乡人咸称"王节妇"云。吉安解学士缙与氏同郡，有诗贻赠，见《艺文志》。

吴氏。跳墩里姚伯锺妻。锺卒，氏年二十八。值乱，营葬三丧，育遗孤克明，补郡庠。孙宗尧登戊辰进士，官员外郎。氏年八十四岁卒。

许氏。刘文肃之子，生员应表妾也。文肃官清苦甚，氏操井臼，佐夫事姑汪淑人，以孝称。夫卒，氏年二十七，布衣疏食，奉孀姑，抚遗孤。汪病笃，刲股疗之。五十年劲节不衰。

张氏。官生萧萱妻。萱谒选卒京师，张年二十二。万里扶榇，誓不二，抚子如桱充邑庠。守贞三十年，族里称为苦节，无有间言。

余氏。太常少卿才之孙女也，庠生高楷妻。楷卒，余年二十三，无子。以死自誓，三日不食，几绝，姑与诸姊强之食。自后茹蔬衣缟，块处三十六年，其

---

① 馆希茂未之知：底本此六字不清晰，据尊经阁本补。
② 误中十：底本此三字不清晰，据尊经阁本补。

〔道光〕内江县志要

坚贞有祖忠烈风[1]。

赵氏。儒士马鸣毂妻，廪生引恬次女。少敏慧贞静，十六适马，勤事翁姑。六载，夫卒，止遗腹一女，矢节九死不移。母女相依为命，有诱以再适者，断发誓死，里中咸高其节。

陈氏。梅嘉甫妻。夫逝，陈年二十，子文藻甫一岁。氏矢节，纺绩事孀姑、抚幼子，五十年辛苦万状，不可明言。后文藻以文学名，诸孙彬彬诗礼焉。

睢氏。廪生刘栩妻。栩有文名，早死。氏系睢金宪女、刘廷尉第八子妇，盛年即卸妆，守孤茹素，绝见跬步[2]，不出门，苾力嫁娶，年六十终。

萧氏。生员尤淳妻，少卿鹤侣长女也。十八归尤，脱簪珥以相夫业[3]。年二十四，夫亡，遗一子，尚幼。淳父母俱先淳卒[4]，家徒四壁。氏矢志抚孤，勤机杼，为子受室。不幸子夭，复抚孙成立，叹曰："今而后可见夫、子于地下矣。"时年七十有四。

高氏。少司徒公韶孙女，廪生张言仁妻。少寡，欲自尽，以两孤诸女勉勤家政。里中睨其世资，数起大徭困之，节妇饮冰拮据，六十年未损田宅一区。性刚贞节，至咸富贵，绝往来，里人钦重之。

锺氏。庠生张文英妻。抚孤育孙，寿八十五，苦节善后。

喻氏。生员陈伯夒妻。无子，夫亡，氏二十岁。至六十五，以苦节终。

范氏。生员游绪妾。奢酋劫氏于高寺山下，氏骂贼，投水。贼钩欲辱之，氏骂愈厉，贼争刃之，至死骂不绝口，时竞传其节烈。

陈长姑。善士陈惠女。惠三十卒，母孀居。女念母无与，诸弟呱呱，遂不字。及诸弟长，计于归[5]，女曰："我以母为家矣。"母年八十，女六十五。弟侄哀之，与母合葬。於！事备载《陈氏节孝传》。

锺氏。彭泽令张于廉妻。于廉致仕归，贼掠内江，氏与其夫同骂贼死。

---

[1] 坚贞有祖：底本此四字不清晰，据尊经阁本补。
[2] 见跬：底本、尊经阁本此二字俱不清晰，据嘉庆《志》、咸丰《志》补。
[3] 脱簪：底本、尊经阁本此二字俱不清晰，据嘉庆《志》、咸丰《志》补。
[4] 淳父母俱先淳卒：底本、尊经阁本第一个"淳"字俱不清晰，据嘉庆《志》、咸丰《志》补。
[5] 归：底本、尊经阁本原讹作"妇"，据嘉庆《志》、咸丰《志》改。

江氏。庠生萧宗成妻。苦节养姑,誓不他适,详见《宗成传》。

国朝

韩氏。刘辅炎妻。炎殁,氏年二十五,矢志不渝。教二子入成均,事翁姑以孝称。[1]

吴氏。魏国楚妻。年二十一夫故。家贫亲老,典钗治葬。训子养亲,不以贫改节。[2]

李氏。喻启性妻。年二十二夫亡,守节四十八载。[3]

王氏。生员邱德辉妻。年二十六夫殁,育子奉亲,遭境多艰,氏志愈励。[4]

闵氏。任大有妻。年二十余夫死。矢志守节,始终不渝。[5]

黎门四节。黄氏,黎彩之妻;蔡氏,黎懋苞妻;雷氏,黎文辉继妻;黄氏,

---

[1] 嘉庆《志》、咸丰《志》"韩氏"条作"刘辅炎妻。年十四于归,生子国栋、国梁。炎殁,氏年二十五,矢志清操,终身不御膏沐。事翁姑养葬如礼,教二子俱入成均。性好善,捐田土一分为书院膏火,事详书院碑记。又施土一段于北渡。乾隆三十一年建坊旌表。卒年八十有七"。

[2] 嘉庆《志》、咸丰《志》"吴氏"条作"魏国楚妻。年十九归国楚,生子朝琮,甫一岁,国楚殁。氏年二十一,家徒壁立,翁姑衰颓,氏典裙钗为丧葬。临穸欲死以求同穴,姑泣曰:'我二人老矣,汝复死,其如貎孤何?'氏悟乃止。念一子孤子,复抚侄朝端为子。纺绩茹荼,奉翁姑以孝称,教二子成立。乾隆五十六年建坊旌表。卒年八十有一"。

[3] 嘉庆《志》、咸丰《志》"李氏"条作"喻启性妻。年二十二夫亡,氏守节四十八载终。乾隆初旌表"。

[4] 嘉庆《志》、咸丰《志》"王氏"条作"生员邱德辉妻。年二十六夫殁,仅一子。氏毁容矢志,事舅姑敬畏终身。子殁,复抚族孙中顺为孙。遭境尤人所苦,氏志操愈励。嘉庆三年题旌"。

[5] 嘉庆《志》、咸丰《志》"闵氏"条作"任大有妻。年二十余夫死,矢志守节。乾隆初建坊旌表"。另,嘉庆《志》有"按闵氏报案,作任大昇妻"等十字。

黎绍先妻。四氏皆青年守志，白首完贞，养亲训子。祖孙一门竟烈焉。①

朱门三节。王氏，朱绂继妻；张氏，朱斯玫继妻；傅氏，朱运昌妻。祖孙姑媳，矢志完贞，训嗣成名，柏舟接武，乡人称懿范云。②

陈氏。滕天李妻，由闽来邑。夫故，赤贫，育子成立，时推苦节。③

阴氏。生员苏纯煆妻。二十四岁夫殁，子经道仅二岁，教以义方，长入成均，振家声焉。④

王氏。监生苏鸣和妻，新安知县王涛次女。鸣和殁时，氏年仅二十一。

---

① 嘉庆《志》、咸丰《志》"黎门四节"条作"黄氏，梧桐里儒童黎彩之妻。年二十二夫殁，氏抚一子懋苞成立。子死，复抚孙。卒年七十七，苦节五十五年。蔡氏，懋苞妻也。懋苞卒时，氏年亦二十二，矢志守贞，事孀姑黄氏以孝闻，抚遗腹子文辉列成均。文辉逾弱冠，亦物故，氏又抚其二孙，现年七十四岁。文辉卒时，继妻雷氏年二十一，无出。或劝之再适，雷曰：'吾家不幸，迭遭悯凶，三世失所天。祖姑与姑俱守志靡他，以延黎氏。吾安忍异适乎？'毁容自誓，教子义方。长荣川游庠，次绍先入成均。未几，绍先殁，妻黄氏年二十，亦无出。矢志如前三氏，抚兄子以续夫嗣。迄今蔡氏以下三孀居，雷氏守节三十年，年四十有九；黄亦守贞将十年，年三十。其自黎彩妻黄氏以后，祖孙一门，共四节焉"。

② 嘉庆《志》、咸丰《志》"朱门三节"条作"王氏，龙桥里故儒朱绂继妻。绂以苦学不售，病卒。氏年二十一，无出。矢志柏舟，抚前子斯玫，教育兼尽，幼入成均。时遭家不造，前后抚三世遗孤。身当五十载家难，卒维持调护，不恢其业。前令韩旌其门曰'冰霜足式'。卒年八十有二。其媳张氏，斯玫继室也。年二十四夫殁，能体姑意，抚爱前子运昌与生子遐昌无异，俱入成均。课诸孙有方，孙廷书早岁游庠，同邑翰林待诏谈中经、孝廉刘一衡、高廷瑞共表其门曰'松筠柏节'。现年七十二。孙媳傅氏，运昌妻。年二十八失所天，亦志继前徽，抚孙廷显、廷华，守义。现年六十岁，人咸谓不愧为朱氏之妇云"。

③ 嘉庆《志》、咸丰《志》"陈氏"条作"滕天李妻。夫妇由闽来邑，卜居一缌滩。未几，天李殁。子幼，家贫，艰辛万状，氏冰操自矢，训子成家。生平尤能以简默守妇道，嘉庆三年题旌"。另，嘉庆《志》有"按陈氏报案，作滕文茂妻"等十字。

④ 嘉庆《志》、咸丰《志》"阴氏"及下"王氏"并作一条，作"生员苏纯煆妻。年二十四纯煆殁，子经道甫二岁，氏矢志柏舟，缟衣素食，独处室中，非嫡亲子侄罕觏见。经道长，教以义方，家声益振。乾隆五十六年，事闻，建坊旌表。现年七十有四。侄鸣和妻王氏，原任新安知县涛次女。年二十一夫故，仅二女，泣求兄子为嗣以守居处。常依阴听其训，诲苦节，已历十余年，闻者叹其坚贞"。

抚夫兄广文鸣喈之子为嗣，养姑以孝，训子成名，与伯姑阴氏嗣徽焉。

吕氏。张赞清妻。夫殁时，氏年仅二十。抚夫侄哲堂为嗣，长游庠，振家声焉。[①]

邱氏。张启焕妻。年二十夫殁。抚族子为嗣，事翁姑以孝闻。[②]

吴贞女。闽南吴福生女，幼字张永兰。甫六岁，育于张。随舅姑来邑，未合卺，永兰卒，女年十三，誓不再适。抚夫兄子为嗣，时称贞烈焉。寿八十余岁。[③]

萧氏。生员萧正我女，监生邹彦方妻。年二十四夫殁。氏事翁姑，养葬尽礼。教子峄阳入邑庠，峄贤领乡荐，任潾水谕。旌诰双荣，现年八十四。[④]

赖氏。邓家桂妻。年十八，桂殁。氏无出，家贫，翁姑垂白，氏抚子承桃，仰事俯育，辛苦自甘，历六十载。[⑤]

---

① 嘉庆《志》、咸丰《志》"吕氏"条作"年十八，适张赞清。甫二载，夫亡，氏无出。亲娅有谓其再醮，氏怒曰：'女子从一而终，安可觍然事二人乎！'抚侄哲堂守贞，亲操井臼，孝事翁姑，画荻和丸，教子游庠。苦节四十一载，嘉庆三年题旌。现年七十有八"。

② 嘉庆《志》、咸丰《志》"邱氏"条作"张启焕妻。年二十夫殁，氏抚族子矢志，事翁姑养葬尽礼。冠婚丧葬，虽至亲不往。性好施里中赤贫，死者给棺木，婚者助财米，以为常，乡人德之。子千寿列成均，孙曾俱业儒。嘉庆元年旌表。现年七十八"。

③ 嘉庆《志》、咸丰《志》"吴贞女"条作"闽南吴福生女，幼许儒童张永兰。甫六岁，永兰父移家来川，故即适张，随舅姑，奉侍以孝闻。既永兰以病夭，女年十三，尚未合卺，号痛几绝者数。舅姑再三慰曰：'汝青年，更为择配，其丰厚当逾于此，何哀痛之过耶？'女婉转哀鸣，欲终身依张氏。舅姑知其志不可夺，以兄恒兰子赞瑛嗣之。女素衣茹菜，晏然自甘。教子有方，赞瑛列成均，孙亦游庠。嘉庆三年题旌，现年八十有一"。

④ 教子峄阳入邑庠峄贤领乡荐任潾水谕旌诰双荣现年八十四：嘉庆《志》作"子峄贤气度端凝，早游庠有声，人谓其有断机之风。按报案：萧氏，萧正我女，年十九适本里邹彦方。二十六岁夫故，孝奉翁姑，抚孤成立。长峄阳，庠生；次峄贤，举人。嘉庆十七年奉旌表"；咸丰《志》有两条"萧氏"记载，一条作"子峄阳，邑庠；峄贤，登嘉庆六年辛酉乡荐。十七年奉旨旌表"，另一条记载同《志要》。

⑤ 嘉庆《志》、咸丰《志》"赖氏"条作"邓家桂妻。年十八，桂殁。氏无出，家贫，翁姑垂白，坚贞自誓，抚子丕纶、丕纹，仰事俯育，辛苦自甘。历今五十载余"。

陈氏。监生廖见龙妻。年二十二夫殁,无出,家贫姑老,抚子承祀。事姑以孝,教子游庠,苦节五十二载。①

黄氏。监生谢景丰妻,千总谢大煜母。年二十六夫殁。勤纺绩以奉姑教子。时景丰有弟,夫妇早亡,氏代抚遗孤成立,族党咸称之。②

伍氏。儒士张珏妻,贡生方浚母。年二十八夫殁。事亲教子,苦节六十余载。③

李氏。赖顺纲妻,贡生三泰母。年十八夫殁。事亲以孝,教子有方,苦节五十余载。④

廖氏。监生赖康宁母。年十九守志,抚子成立,备历艰辛,卒年八十一。⑤

锺氏、吴氏。廖佳绶妻。年二十七夫殁。抚子廷佐成立,事翁姑无间言。廷佐妻吴氏,亦三十失所天。奉孀姑,抚幼子,苦志贞操,历三十余载。⑥

邱氏。张文汲妻。年二十八夫殁。子幼,家极贫,岁大祲,以蔬度日几二

---

① 嘉庆《志》、咸丰《志》"陈氏"条作"监生廖见龙妻。年二十一夫殁,无出,家贫,姑复老病。氏饮冰矢志,抚犹子续宗祊,事姑甘旨无缺,出入必扶;教子有方,早岁游庠。苦节五十二载,乾隆五十五年题旌"。

② 嘉庆《志》、咸丰《志》"黄氏"条作"监生谢景丰妻,千总大煜之母。年二十六夫殁。矢志不二,勤纺绩,以奉姑教子。时景丰有弟,夫妇早亡,代抚遗孤,爱育无异己子,族党咸称妇道无亏。乾隆五十八年题旌"。

③ 嘉庆《志》、咸丰《志》"伍氏"条作"儒士张珏妻,贡生方浚之母。性幽闲,幼敦壸戒。年二十八夫殁。矢志守贞,事亲匪懈,教子义方,尤好善乐施。方浚遵其命,于银山镇施义冢二处,关帝庙助银五十金,其余随时应求,不可枚举。乡里称其贤淑。乾隆三十年建坊旌表,年八十六"。按,前文《成均》中有"张方俊","方俊"与"方浚"疑为一人。

④ 嘉庆《志》、咸丰《志》"李氏"条作"儒童赖顺纲妻,贡生三泰之母。年十八夫殁。矢志柏舟,饮冰茹荼。事翁姑养葬尽礼,和丸画荻,抚遗孤,训诲有方,苦节五十余载。嘉庆元年建坊旌表"。

⑤ 嘉庆《志》、咸丰《志》"廖氏"条作"监生赖康宁之母。年十九守志,抚子成立,备历艰辛。乾隆五十五年旌表,卒年八十有一"。

⑥ 嘉庆《志》、咸丰《志》"锺氏"条载"现年八十八","吴氏"条载"嘉庆元年题旌,子列成均"。

载。事亲育子,卒白首完贞焉。①

李氏。李棠新女,锺成相妻,增生锺辉超母。年二十八夫故,守节三十六年。②

邓氏。邓传绪女,黄士仁妻,文元母。年二十三夫故,守节五十四载。③

蒋氏。蒋弥允女,孙启龙妻。年二十七夫故,守节五十四载。④

邹氏。邹善女,黄文光妻。年二十三夫故,苦节六十三年。⑤

林氏。隆昌贡生林世远女,邑周世奎妻,拔贡周桓母。廿八岁夫故,守节三十八载。⑥

黄氏。黄士鸿女,锺信玉妻。年廿五夫殁。育子志朝成立,孝事翁姑,守节四十一载。⑦

黄氏。黄子周女,锺志朝妻。廿四岁夫亡,守贞三十余岁。亲操井臼,事媚姑,育幼子,人咸钦其"一门双节"云。⑧

高氏。高一儒女,吕乾英妻。年二十九夫故。育子奉亲,守节四十九载,

---

① 嘉庆《志》"邱氏"条作"邑张文汲之妻,张学陶之母。事翁姑克孝,年二十八夫殁,学陶甫数龄,家极贫。乾隆戊戌、己亥连岁大祲,以菜蔬度日几二载。有欲夺其志者,正色拒之。卒抚孤成立,苦志贞操,历三十载殁,年五十八",咸丰《志》"正色拒之"后作"嗣学陶成立,善经营,家计渐康。一女适茂才黄德仁。孙翀,入邑庠,人以为苦节之报。殁年五十八,嘉庆二十年旌表"。
② 嘉庆《志》无"李氏"条,咸丰《志》载"道光五年旌表"。
③ 嘉庆《志》无"邓氏"条,咸丰《志》载"嘉庆二十二年旌表"。
④ 嘉庆《志》无"蒋氏"条,咸丰《志》载"孙贤富之母","嘉庆二十二年旌表"。
⑤ 嘉庆《志》无"邹氏"条,咸丰《志》作"邹善女,黄文光妻,俊福、俊禄之母。氏年二十二岁夫故。守节六十三载,嘉庆二十四年旌表"。
⑥ 嘉庆《志》无"林氏"条,咸丰《志》载"道光五年旌表"。
⑦ 嘉庆《志》无"黄氏"条,咸丰《志》作"邑黄仕鸿女,锺信玉妻。年二十五夫殁。矢志冰操,抚四岁子志朝成立,孝事翁姑,祭葬如礼,里党咸称妇道无亏。坚贞守节四十一载,邑令顾题请旌表"。
⑧ 嘉庆《志》无"黄氏"条,咸丰《志》作"黄子周女,于归锺志朝。年二十四生一子懋昌,夫亡,矢志守贞三十余岁。亲操井臼,孝事媚姑,致敬尽礼。嘉庆十九年题旌,人咸钦其'一门双节'"。

年七十八。①

范氏。谢昆妻,范臣裳女。年二十二,昆亡,无出,抚侄承祧。苦节坚贞,历四十二载。②

刘氏。刘明胜女,张兆纶妻。年二十五夫殁,育子成立,苦节五十年。③

陈氏。黄绍纲妻,陈文光女。年十九夫殁。无出,抚侄为嗣,教诲有方,苦节三十余载。④

徐氏。徐举鹏女,张显高妻。夫殁,氏年二十二,育子守贞,历四十余年。⑤

王氏。陈德镛妻,王建中女。年二十二夫亡。无嗣,抚侄为子,苦节四十余年。⑥

林氏。黄发崇妻。廿七岁夫故。育子成立,守贞五十余载。⑦

童氏。谢桂恩妻。廿九岁夫殁。育子成立,苦节三十九年。

---

① 嘉庆《志》无"高氏"条,咸丰《志》作"邑高一儒五女,年二十三归吕乾英为妻。二十九夫故(按:原文此处脱字,'故'为整理者所补),矢志柏舟。长子琨四岁,次瑄一岁,善抚成立,孝顺翁姑,祭葬尽礼。守贞四十九载,年七十八。嘉庆十九年题旌,赐于建坊。孙周望器宇不凡,列邑庠,皆苦节之报"。

② 嘉庆《志》无"范氏"条,咸丰《志》作"邑谢昆之妻,范臣裳之女。年二十二,昆亡,无嗣。氏誓不他适,抚侄廷北为子。朝夕纺绩,孝事垂白翁姑,有病即亲,甫寒即焕,养葬尽礼,里党称其孝焉。嘉庆十九年题旌,现年六十四岁,苦节清操四十二年"。

③ 嘉庆《志》无"刘氏"条,咸丰《志》作"中江里刘明胜女,张兆纶妻。年二十五夫故,抚遗孤廷栋三岁,誓守不二,育子持家,备极艰辛。苦节五十年,嘉庆十九年奉旨旌表,年七十八"。

④ 嘉庆《志》无"陈氏"条,咸丰《志》作"中江里黄绍纲妻,白沙里陈文光女。年十九于归,夫殁,无嗣。矢志守贞,抚侄永生为子,教诲有方,苦节清操,历今三十余载。乡里咸推壶范,有司题请奉旨旌表"。

⑤ 嘉庆《志》无"徐氏"条,咸丰《志》作"邑徐举鹏女,适张显高为妻,生一子。斌清甫四龄,夫殁,氏年二十二,抚子誓守,苦志贞操四十余年。嘉庆十九年奉旨赐银建坊旌表,现年六十八"。

⑥ 嘉庆《志》无"王氏"条,咸丰《志》作"邑陈德镛妻,王建中女。年二十二夫亡,无嗣。矢志靡他,抚侄作权为子,身操井臼,勤俭持家,饮冰茹蘖,苦节四十余年。嘉庆十九年旌表"。

⑦ 嘉庆《志》无"林氏"及下"童氏""周氏""余氏"等四条,咸丰《志》记载同《志要》。

周氏。潘泰城妻。年十九夫故。育二子成立,不以贫易操,历四十六年。

余氏。林毓瑄妻。二十一岁夫故。育孤守志,历三十五载。

张氏。喻能得妻。年二十九夫殁。育子成立,守节四十七载。①

李氏。潘毓秀妻。二十七岁夫故。无出,抚侄为子,守节五十二年。②

唐氏。陈元德妻。二十三岁夫故。子幼,矢志冰霜,历五十二载。

林氏。吴明顺妻。年二十三夫亡。无嗣,抚侄为子,苦节六十七年。

李氏。李美先女,黎朝楹妻。年二十六夫故,守节四十载。

张氏。张一鹤女,何世垣妻。年十九夫故,守节六十一载。

张氏。张应江女,曾永伸妻。年二十九夫故,守节三十五载。

张氏。张兆连女,黄德固妻③。年二十四夫殁,守志三十七年。

朱氏。朱炳女,余鹤麟妻,监生余璠母。年二十七夫故,守节四十七载。

林氏。林乔彬女,庠生魏朝纲妻。年二十夫故。孝事翁姑,育二子成立,守节五十七载。④

曾贞女。曾显文女,幼字唐世绣为养媳。未婚而世绣卒,矢志不嫁。抚侄承嗣,奉翁姑以终老。家贫,织纴自给,晏如也。苦节四十三年,人称贞孝焉。⑤

叶氏。监生叶天纬女,归荣昌王德宗。因曾惊贵出语亵狎,遂自经。坚贞烈节,邻邑竞传焉。

陈氏。庠生尤之纲妻。年二十六夫故,守节四十八载。⑥

---

① 按:底本、尊经阁本有两条喻能得妻"张氏"条,后一条作"喻能得妻,年二十四岁守节";嘉庆《志》、咸丰《志》"张氏"条作"儒童喻能得妻,监生洪辉之母。年二十四夫殁,子甫数龄。时家计维艰,产业典尽,氏身操井臼,抚子成家,年七十八卒",二《志》守节年龄与后一条记载同。

② 嘉庆《志》无"李氏"及下"唐氏""林氏""李氏""张氏""张氏""张氏""朱氏"等八条,咸丰《志》记载同《志要》。

③ 黄德固:咸丰《志》作"黄德周"。

④ 嘉庆《志》"林氏"条作"本邑葛仙里人林乔彬女,同邑庠生魏朝纲妻。于归三载,年二十而寡,事舅姑孝。子廷书三岁、廷钊甫四月,抚之成立,俱捐监生。年六十八,举人王者瑞等举报,嘉庆三年旌表",咸丰《志》记载同《志要》。

⑤ 嘉庆《志》无"曾贞女"及下"叶氏"二条,咸丰《志》记载同《志要》。

⑥ 嘉庆《志》"陈氏"条载"乾隆十四年旌表",咸丰《志》记载同《志要》。

唐氏。唐朝忠女,雷永昌妻。年二十三夫故。遗一子甫五月,事亲育孤,初终不渝。①

黄氏。黄华女,李名儒妻。夫殁,氏年二十四。坚贞自矢,育子成立,事继祖姑以孝闻。②

古氏。古炳然女,余廷弼妻。年二十一夫故。育子成立,苦节四十年。③

李氏。李権女,曹洪模妻。年二十一岁夫故。无子,孝事祖姑,抚侄为嗣,守志不渝。④

吴氏。吴盛利女,廖廷佐妻。年二十二夫故。子幼,孝事舅姑,育孤成立,人称苦节。⑤

邓氏。邓炎女,陈圣游妻。年二十二夫故。子起龙甫一岁,抚之成立,守节七十四载。⑥

---

① 嘉庆《志》"唐氏"条作"本县大通里人唐朝忠女,同里学吏雷永昌妻。结褵二载,子朝钦生,甫五月,永昌殁,氏年二十三。养舅姑以孝称,苦节抚孤。年八十岁,贡生阴懋德等举报,乾隆五十六年旌表",咸丰《志》记载同《志要》。

② 嘉庆《志》"黄氏"条作"本邑人黄华女,同邑李名儒妻。二十四岁而寡,一子一女。先名儒早失怙,恃育于继祖母,无叔伯兄弟之亲,至是卒。氏事继祖姑以孝闻,经营家计渐丰,为其子捐纳从九品职衔。年六十,绅士周泽被等举报,乾隆五十八年旌表",咸丰《志》记载同《志要》。

③ 嘉庆《志》"古氏"条作"本邑安贤里人古炳然女,同里余廷弼妻。结褵五载,廷弼故,氏年二十一。守节抚二孤成立,事舅姑以孝称。长超楠、次超凡,俱监生。年七十,民余廷勤等举报,乾隆五十八年旌表",咸丰《志》记载同《志要》。

④ 嘉庆《志》"李氏"条作"本邑龙桥里人李権女,适同邑曹洪模。四年,洪谟殁,氏年三十一岁,有二女无子。矢志守节,舅姑早逝,事太姑孝,抚侄男曹元美为子。出家资建曹氏宗祠,捐田土一段为祀享之需。年六十一,举人邓荣举等举报,乾隆五十八年旌表",咸丰《志》记载同《志要》。

⑤ 嘉庆《志》"吴氏"条作"本邑中江里人吴盛利女,同里廖廷佐妻。于归五载,年二十二而寡。孝事舅姑,子仁贤三岁,次子仁恕数月,抚之成立。年七十一,廪生张凤荣等举报,嘉庆三年旌表",咸丰《志》记载同《志要》。

⑥ 嘉庆《志》"邓氏"条作"本邑安良里人邓炎女,适同邑陈圣道。结褵五载,年二十二而寡。孝奉翁姑,子起龙甫一岁,抚之成立,捐监生。守节七十四载,孙三人,曾孙六人,玄孙三人。年九十六,监生高相渭等举报,嘉庆三年旌表",咸丰《志》记载同《志要》。按,陈圣游:嘉庆《志》作"陈圣道",但前文"明列女"有"张氏,邑人,大参张季思女,监生陈圣道妻",疑嘉庆《志》有误。

周氏。周钦玑女，监生邓家玺妻。年二十三夫故。子幼，抚之成立，坚贞苦节，历六十载。①

王氏。封知府王泰季女，适资州饶克瑀。年二十二，生一女。瑀殁，抚侄宗发为嗣。养翁姑，持婚嫁，历艰苦者四十年。道光丙戌，兄子分录王丹，姊兄子举人敖翊臣由国史馆以闻。②

申氏。申兴彩女，蒋思珠妻。年二十九夫殁。子甫一龄，氏抚孤事亲，备尝辛苦，守节三十四载。

刘氏。监生谢一桂妾。年二十二夫故，无出。守节三十二年，嫡庶相处绝少勃谿。③

以上俱奉旨旌表。

龚氏。艾显彰妻，知县荣松祖母。廿四岁守节。④

谢氏。陈恭言妻。廿四岁守节。⑤

杨氏。庠生喻国栋妻。二十四岁守节。⑥

---

① 嘉庆《志》"周氏"条作"本邑安良里人周钦玑女，同里监生邓家玺之妻。善奉翁姑，结缡三载，年二十三而寡。生子文舆甫七月，抚之成立，捐监生。孙四人。年八十一，举人王者瑞等举报，嘉庆九年旌表"，咸丰《志》记载同《志要》。

② 嘉庆《志》无"王氏"及下"申氏"二条，咸丰《志》记载同《志要》。按，据后文《从敖王孺人志》，"敖翊臣"为王泰长女之子。

③ 嘉庆《志》无"刘氏"条，咸丰《志》记载同《志要》。

④ 嘉庆《志》、咸丰《志》"龚氏"条作"明进士自翱女，赠奉直大夫艾显彰妻。年二十四夫殁，氏欲以身殉，格于姑命而止。常口授诸子书，稍嬉戏，即督责之。时有得金欲逼夺其志者，氏刿面自誓，逼者惭而止。舅姑殁后，服食永以素。一日辰召诸子媳，祖左股示之曰：'孝顺，德也，宜正不宜奇。吾于夫病、翁姑病，凡三割股，今痕犹宛然。而当日俱无以延其生，知此种愚念无益也。尔辈无学且勿妄告人。'言毕而逝，年九十。以孙荣松贵，貤赠太宜人"。

⑤ 嘉庆《志》、咸丰《志》"谢氏"条作"贡生申祥女，陈恭言妻。年二十四夫殁。子于聪甫三岁，氏矢志守节，课子成家，茹荼四十余载"。

⑥ 嘉庆《志》、咸丰《志》"杨氏"条作"庠生喻国栋妻。年二十四夫殁。氏奉翁姑尽礼，教子有方，子能越、孙鸿勋俱游庠。苦节五十六年。其长子能起妻谈氏，生员谈宁女也，亦年二十四守义，奉姑教子，茹荼三十余载"。

周氏。吴绍瀛妻。二十二岁守节。①

刘氏。邓邦正妻。二十三岁守节。②

郑氏。罗清臣妻。年二十守节。③

朱氏。余鹤麟妻。年二十二岁守节。④

商氏。阴锡材妻。年二十守节。⑤

刘氏。李佑先妻。年二十四岁守节。⑥

邓氏。李模妻。二十二岁守节。⑦

吴氏。刘汉秦妻。年十九岁守节。⑧

张氏。生员赖恂妻。年十九守节。⑨

---

① 嘉庆《志》、咸丰《志》"周氏"条作"资州孝廉周枝鲁之妹,文童吴绍瀛妻。年二十二夫殁,氏矢志靡他。抚兄子开先为嗣,时翁姑停柩二十年,力助兄卜地安葬。事孀姑甘旨尽欢,妯娌无间言,乡里咸称叹焉"。

② 嘉庆《志》、咸丰《志》"刘氏"条作"邓邦正妻。年十八适邓,二十二邦正殁,子维柄岁余,氏守志不二,事翁姑尽礼。后子死,复抚孙。其媳谈氏,年二十六痛姑老子幼,饮冰茹荼,养教职。今姑年六十五,媳年四十四,犹朝夕相依不离,里党咸重其冰操焉"。

③ 嘉庆《志》、咸丰《志》"郑氏"条作"罗清臣妻,监生为曾母。年二十夫亡。衣食维艰,人单户薄,氏勤纺绩,甘淡泊。历今四十余年,闾里表其门曰'贞寿'"。

④ 嘉庆《志》、咸丰《志》"朱氏"条作"年十八适儒童余鹤麟,事翁姑以孝称。二十二,鹤麟殁,子璠仅数月。矢志冰操,缟衣素食,宴然终身。现年五十有八"。

⑤ 嘉庆《志》、咸丰《志》"商氏"条作"武庠明德女,年十八归阴锡才。生子泉甫数月,锡才殁,氏年二十。矢志靡他,抚子成家。现年五十余"。

⑥ 嘉庆《志》、咸丰《志》"刘氏"条作"李佑先妻。年二十四夫殁。氏矢志清操,抚二子成立,饮冰茹蘖,历今三十六载"。

⑦ 嘉庆《志》、咸丰《志》"邓氏"条作"李模之妻。年十九归模,二十一夫殁,仅一子毓燕。氏志切冰操,勤纺织,教子义方,以例入成均。性好善,恤孤怜贫,不吝其资。子遵其命,印《丹桂籍》万部"。

⑧ 嘉庆《志》、咸丰《志》"吴氏"条作"孝廉吴芳龄孙女,年十七适贡生刘玉成子汉秦为妻。甫二载,汉秦殁。氏无出,抚子雨沛守义。现年五十一岁"。

⑨ 嘉庆《志》"张氏"与下"廖氏"并作一条,作"生员赖恂妻。年十九夫殁。家贫,子幼,氏誓不他适,抚孤廷瑜成立。现年六十二。其侄富荣妻廖氏亦年二十丧夫,无出,抚子守义,现年六十一。一门双节,乡里称其贤淑",咸丰《志》记载同《志要》。

廖氏。赖富荣妻。年二十守节。

吴氏。生员李时先妻。年二十五守节。^①

李氏。刘宪亿妻。二十二岁守节。^②

蔡氏。谢秉乾妻。二十四岁守节。^③

唐氏。李汝聪妻。年二十二守节。^④

苏氏。祝珖妻。年二十一岁守节。^⑤

何氏。增生阴澍妻。年二十三岁守节。^⑥

张氏。喻能得妻。年二十四岁守节。^⑦

陈氏。邓思明妻。年二十二岁守节。^⑧

---

① 嘉庆《志》、咸丰《志》"吴氏"条作"生员李时先妻。年二十五时先殁。子常茂仅数龄，孤苦丁零，家复窘迫。氏志慕清操，勤纺绩，课子游庠，苦节五十余载。其媳黄氏，年二十七夫殁。事孀姑养葬如礼，抚四子成名，饮冰茹蘗，至七十岁终"。

② 嘉庆《志》、咸丰《志》"李氏"条作"石子里刘宪亿妻。乾隆戊辰，氏年二十二，夫殁，逾月生遗腹子光瓒。氏矢志柏舟，事翁姑尽礼，教子入成均。平生谨言笑，虽至戚不轻往来。乾隆丙午年卒，苦节三十七年。光瓒未生失怙，迄长诚朴，动循礼法，乡里推善人，咸以为母教之助焉"。

③ 嘉庆《志》、咸丰《志》"蔡氏"条作"资州人蔡泽海女。少失怙，育于伯父学博蔡泽河。性敏，颇识字义。年十六适邑诸生谢秉乾，育子二：子元、时元。秉乾故，氏年二十四岁。甘贫守节，勤纺织，抚孤成立，事翁姑养葬如礼。苦节四十年，现年六十有四"。

④ 嘉庆《志》、咸丰《志》"唐氏"条作"年十九归贡生李竞孙汝聪为妻。生子绍张，甫四月，汝聪殁，氏年二十二。矢志守节，后子死复抚诸孙。茹荼饮冰，历今六十载。松心柏节，乡里咸钦"。

⑤ 嘉庆《志》、咸丰《志》"苏氏"条作"中江里祝珖妻，贡生苏茂眉女。年二十一夫殁，子守经甫二龄，时孤寒无恃。氏奉姑育子备极艰辛，卒以勤俭成家，克延夫嗣，乡里称贤焉。卒年六十有一"。

⑥ 嘉庆《志》、咸丰《志》"何氏"条作"增生阴澍妻，监生何世德女。澍少有文名，肄业会城，抱疾外卒。氏年二十四，毁容守志，善事翁姑。子长课之书，必以克成父志为勖。现年五十有二"。

⑦ 按：底本、尊经阁本前有一"张氏"条，作"喻能得妻。年二十九夫殁。育子成立，守节四十七载"。

⑧ 嘉庆《志》无"陈氏"条，咸丰《志》作"邓思明妻。年二十二岁夫故。子文开甫五岁，氏矢志抚孤，守节四十八载，年七十卒"。

张氏。尤廷阀妻。年二十一岁守节。①

李氏。温应华妻。年二十四岁守节。②

刘氏。李化琼妻。年二十五岁守节。

祝氏。万正恺妻。年二十五岁守节。

李氏。王家升妻。年十九岁守节。

尹氏。袁仕宾妻。年十九岁守节③。

张氏。魏成道妻。年二十五岁守节。

毛氏。邱奇宗妻。年二十二岁守节。

倪氏。张廷梁妻。年二十三岁守节。

周氏。蓝如惠妻。年二十一岁守节。

萧氏。蓝世均妻。年二十守节。

黄氏。李文耀妻。年二十五岁守节。

李氏。胡必亨妻。年二十一岁守节。

唐氏。罗申纲妻。年十九守节。

谢氏。马继智妻。年二十一岁守节。

晏氏。邓国桂妻。年二十岁守节。

吴氏。邓丕韶妻。年十九守节。

蔡氏。门佺妻。年二十五岁守节。

王氏。门锡高妻。年二十六岁守节。

杨氏。邓国佐妻。年二十四岁守节。

柳氏。王永极继妻。年二十一岁守节。

王氏。门锡珍妻。年二十五岁守节。

谈氏。邓维柄妻。年二十六岁守节。

---

① 嘉庆《志》无"张氏"条,咸丰《志》作"张沛然女,尤廷阀妻。廿一岁夫故,无嗣,阀亦无兄弟。氏矢志不移,劝舅再娶,生子。现苦节二十二载"。

② 嘉庆《志》从温应华妻"李氏"条至邓维柄妻"谈氏"条均无,咸丰《志》记载同《志要》。

③ 节:底本、尊经阁本原讹作"岁",据咸丰《志》改。

张氏。吴遵儒妻。年二十七岁守节。①

高氏。监生徐松年妻。二十六岁守节。②

邹氏。范德厚妻。年二十八岁守节。③

李氏。杨怀正妻。年二十九岁守节。④

黄氏。李常茂妻。年二十七岁守节。⑤

洪氏。高廷玉妻。年二十六岁守节。⑥

黄氏。官怀德妻。年二十六岁守节。⑦

刘氏。李升先妻。年二十六岁守节。⑧

李氏。胡必贞妻。年二十八岁守节。⑨

---

① 嘉庆《志》、咸丰《志》"张氏"条作"吴遵儒妻。年二十七夫殁。子成琳幼，无翁姑、伯叔氏可依，氏誓不他适，训子成家，苦节三十五年"。

② 嘉庆《志》、咸丰《志》"高氏"条作"监生徐松年妻。年二十六夫殁，无出。家贫，翁姑俱命再适，氏泣誓不从。抚从子宏瑞，纺绩，课以诗书，人称有怀清之遗风"。

③ 嘉庆《志》、咸丰《志》"邹氏"条作"范德厚妻。年二十八夫故。子荃上幼，家贫，氏泣誓不他适。抚子成立，列成均。现年七十岁，安贫苦节四十一年"。

④ 嘉庆《志》、咸丰《志》"李氏"条作"杨怀正妻。年二十九夫殁。子幼，家贫，氏饮冰茹蘖，教子成立。自念赋命孤苦，常持斋戒杀，买物放生，乡里称其贤淑"。

⑤ 嘉庆《志》无"黄氏"条，咸丰《志》记载同《志要》。

⑥ 嘉庆《志》、咸丰《志》"洪氏"条作"富顺庠生洪贻谋之女，年十八归儒童高廷玉。谨敦壶仪，恪修妇职。廷玉殁，氏年二十六，仅二女。时有欲夺其志者，氏涕泣拒之，呈邑侯王，抚伯兄廷瑞子继元承嗣。饮冰茹蘖，苦节二十八年卒"。

⑦ 嘉庆《志》无"黄氏"条，咸丰《志》作"黄应光女，官怀德妻。氏年二十六岁夫故，遗一子应廉，甫弱冠亦卒，复抚孙必章。苦节三十三载，现年五十八岁"。

⑧ 嘉庆《志》、咸丰《志》"刘氏"条作"邑庠刘济女，年十九归吏职李陛先。越七岁，夫殁，无嗣，泣曰：'妇人之义从一而终，将即从地下，如翁姑何？'抚侄级元为嗣，寡言笑，惟勤纤针，为仰事俯畜资，乡人推壶范焉。现年六十八"。按，李升先：二《志》作"李陛先"，且《〔嘉庆〕四川通志》《〔光绪〕资州直隶州志》也作"李陛先"，当"升"之繁体"陞"与"陛"之形近而误。

⑨ 嘉庆《志》无"李氏"条，咸丰《志》作"严崇女，胡必贞妻。廿八岁夫故。家贫，以纺绩事舅姑，乳弥月孤儿成立。现苦节二十七载"。

黄氏。门份妻。年二十六岁守节。①

陈氏。王德襄妻。年二十八岁守节。②

范氏。萧中淑妻。年二十六岁守节。

刘氏。举人罗万有妻。二十八岁守节。

吴氏。陈德莲妻。年二十九岁守节。

周氏。监生王徽芳妻。二十六岁守节。

闻氏。李凯光妻。年二十六岁守节。

张氏。职员叶天申妻。年二十七守节。

喻氏。张廷榴妻。年二十六岁守节。

刘氏。锺廷望妻。年二十九岁守节。

邓氏。程天宠妻。年二十六岁守节。

雷氏。林世耀妻。年二十九岁守节。

吕氏。邓继翊妻。年二十七岁守节。

舒氏。曾怀玉妻。年二十六岁守节。

梁氏。邹登榜妻。年二十八岁守节。

罗氏。吕周熊妻。年二十九岁守节。

刘氏。张世华妻。年二十七岁守节。

廖氏。凌嘉猷妻。年二十六岁守节。

李氏。余廷筠妻。年二十六岁守节。

张氏。尤国鼎妻。年三十岁守节。③

刘氏。曾家耀妻。年三十岁守节。④

---

① 嘉庆《志》无"黄氏"条，咸丰《志》作"黄魁元女，门份妻，门锡琏之母。白首完贞，夫故，守节三十一载。现年五十六岁"。

② 嘉庆《志》从王德襄妻"陈氏"条至余廷筠妻"李氏"条均无，咸丰《志》记载同《志要》。

③ 嘉庆《志》、咸丰《志》"张氏"条作"尤国鼎妻。年三十守节，抚孤子成家，乡里称其贤能。卒年九十"。

④ 嘉庆《志》无"刘氏"条，咸丰《志》记载同《志要》。

陈氏。谢铨妻。年二十九岁守节。①

曾氏。张觐妻。年二十九岁守节。②

门氏。洪准妻。年三十岁守节。③

尧氏。增生刘瑢妻。年三十岁守节。④

刘氏。赵秉璋妻。年二十余守节。⑤

刘氏。廪生晏玛妻。年二十余守节。⑥

周氏。苏章妻。年二十余守节。⑦

张氏。苏纯应妻。年二十九守节。⑧

冯门四节。刘氏,监生冯春元妻,年二十三岁守节;刘氏,监生冯朝聘妻,

---

① 铨:底本、尊经阁本原作"诠"。嘉庆《志》、咸丰《志》"陈氏"条作"谢铨妻。年二十九夫故。抚子道怜列成均,苦节五十六年。时弟镕妻游氏亦同志守贞,邑侯周匾其门曰'劲节双青'"。从其弟名"谢镕"可知,当以"铨"为是,故据二《志》改。

② 嘉庆《志》、咸丰《志》"曾氏"条作"张觐妻。年二十九夫故。氏抚二子,教以义方,次子以光列成均,孙瑗、璜游庠,饮冰茹荼四十五年。媳范氏,长子以祯妻。年二十余守义。事姑教子,咸遵其训,子玉亦列成均。间党表其门曰'节孝可风'"。

③ 嘉庆《志》、咸丰《志》"门氏"条作"安仁里洪准妻,廪生门棣之姊。年三十夫殁。家贫子幼,氏矢志靡他,养亲育子不辞劳瘁。既翁姑殁后,困不能支,售产流离,百折不易。年七十九卒,苦节四十九载"。

④ 嘉庆《志》无"尧氏"条,咸丰《志》作"增生刘瑢妻。于归十二年,生二子。长世燧甫十岁,次世辉甫七月,而瑢卒,氏年三十,矢柏舟志,抚子成立。历五十余年,四世一堂,卒年八十五"。按,刘瑢:咸丰《志》作"刘榕",未详孰是。

⑤ 嘉庆《志》、咸丰《志》"刘氏"条作"赵秉璋妻。年二十余夫殁。子国卿甫一岁,氏之死靡他,事姑教子不辞劳瘁。现年七十有一"。

⑥ 嘉庆《志》、咸丰《志》"刘氏"条作"廪生晏玛妻。玛以苦志病殁,氏年二十余,痛哭几死者再。平居挑灯纺绩,必令其二子攻书,勉之曰:'汝父有志未遂,汝辈慎毋怠惰自弃也。'后二子通儒,孙明中增广,间里称其有敬姜之风,共表其门曰'节寿可风'。现年八十有五"。

⑦ 嘉庆《志》无"周氏"条,咸丰《志》作"苏章妻。年二十□岁夫故。抚孤子焕成立,苦节□十□载"。按,"□"处文字被涂剔。

⑧ 嘉庆《志》、咸丰《志》"张氏"条作"苏纯应妻。年二十九夫殁,仅二女。氏矢志清操,抚侄重道,训以义方,列成均,家益饶裕,乡里称妇德无亏"。

年二十五岁守节；李氏，监生冯廷宣侧室，年二十九守节；王氏，监生冯京诰妻，年二十二岁守节。四世一门，柏舟接武，祖孙姑媳，节厉冰霜，乡里咸称之。[①]

杨烈妇。张氏，邑廪生杨恕妻，举人悫之弟妇也。恕蚤卒，氏誓死不嫁。因暴麦呼世仆某驱鹅，仆出，语近亵，氏怒诉之夫叔杨四翁，翁未即声究，氏遂以绫自经。此乾隆初年事也，亲故老成犹有知者。

何烈女。红莲溪何学臣女，许聘富邑吴哲先。道光四年，女年十九，婚有期矣。闻哲先溺死，欲随父往吴室，父不许，遂日夕哭，乘间自经。富邑采入《志》。

徐烈妇。周氏，邑铧影山人，嫁徐姓子。夫为人牧牛，其翁惯讼荡产，屡谋卖媳。妇以死拒，继则远卖荣昌廖姓。妇知不免，乘舆去至廖，则托疾不成礼。越日属廖氏子外市香烛，遂自刃死。经报验，时盛暑，五日颜色如生。中表生员池莲挺为作传，里绅集词哀之曰"坤维正气"。妇时年十九，道光六年六月廿间事。

张氏。刑部郎中杨化元孙纯如妻。年二十夫殁。仅一子，家贫，氏矢志靡他。勤纺绩以奉甘旨，翁姑叹曰："得妇如是，吾子不死矣。"后翁姑殁，家益窘，携子就居母氏，犹严课子以诗书，曰："此汝家世业也，幸无失其知。"大体类如此。卒年六十有四。

以上未膺题旌。

杨氏。监生张以信妻，刑部郎中化元长女。幼随父任，读书雅识古今事略，尤熟悉女箴，教子孙有曹大家遗范。卒年八十有六。

张氏。定番知州张金沙孙女，贡生介韩六女。年二十，归王赐铎。夫殁，姑耄子幼，家复窘。氏勤纺绩，甘旨无缺，抚三子成立，苦节四十余年卒。媳阴氏，次子湛妻也，生二子。湛亡，父母怜其贫，喻令他适，氏泣誓不从，冰操劲节，无愧其姑。卒年七十一[②]，里人称妇德焉。

傅氏。邑傅廷翼四女，从九王体道妻。性和顺，力女红，生六子，相夫由

---

① 嘉庆《志》无"冯门四节"及下"杨烈妇""何烈女""徐烈妇"四条，咸丰《志》记载同《志要》。

② 卒年七十一：嘉庆《志》、咸丰《志》作"现年六十一"。

中产起家。课子训孙,列黉序者十余人。寿跻百龄,同堂五世。大吏具题膺,赏赉建坊。[①]

王氏。太学王赐侯四女,贡生封知县苏纯臣之妻,馆陶令鸣冈母也。性好诗书,柔嘉维则。纯臣课子最严,氏每婉言劝曰:"学问科名均非欲速可成也,只须志不辍耳。"嗣鸣冈及鸣喈卒以举贡筮仕,膺累封焉。

祝氏。监生祝守明次女,廪生门绍贤妻。绍贤能文,甫殁,氏年廿余,无出。夫弟一尚未娶,翁姑以氏青年,欲其改适。氏闻言,哭泣不辍。嗣夫弟生子,共育之。苦节奉亲二十余年卒。

陈氏。恩举谢锦之母。淑慎其身,娴于妇职,训子及孙先后成名。寿臻百岁,题膺赏赉建坊。[②]

论曰:古志"列女",曷尝专传节烈哉!刘向之书、常璩之志,其矜式钦流者,遗徽可考也。近世士大夫国乘修纂,端重柏舟,断机封鲊之风或几乎息矣。然推原作者之意,固各有取尔也,以谓女子从人,安常者易,处变为难,老而无夫,尚曰:"穷民况当少艾之年乎?"苦节能贞,或之死靡慝,洵足传矣。若夫许字未婚,孑身弗二,匡衡之所驳也。裂肝割股,志切疗疴,功令所不予也。斯二者,异乎中庸矣。顾巾帼何知其纯一之心,亦似有原于天而不可易者,经世者不欲以开奇行灭性之端,而又未尝不悯其守一致爱之隐也。兹《志》汇载贞媛,并采录贤母,庶犹刘、常遗旨与!

杨恕妻张氏事,幼时习闻于张恭人,未询其详,故己未《志》役未及请载[③],私心郁郁。经六十年,兹再询之从叔鉴予,老人得其端委实迹,谨附志焉。

门绍贤妻祝氏,孑身无出,志守殊艰。昔年宦临漳,曾致书顾

---

① 嘉庆《志》无"傅氏"及下"王氏""祝氏"三条,咸丰《志》记载同《志要》。
② 嘉庆《志》"陈氏"条作"监生谢世隆妻,闽廪生陈璠女,戊午恩赐举人谢锦之母。贞静有妇德,现年一百二岁,视听不衰。孙廷仪,直隶邯郸尉;曾孙勒,列邑庠;玄孙,亦数龄。氏身见七代,五世一堂,前令湛以'百岁寿妇'题请,奉旨旌子坊值,赐绢帛焉。以上四人系寿妇",咸丰《志》记载同《志要》。
③ 己未:指嘉庆四年。

明府,道其贞操足式。明府以年分尚浅作覆,今又二十余年而祝已
殁,并附以俟公举。①

续增列女②

黄氏。张廷兴妻。二十四岁夫故,守节三十八年,道光十一年奉旌。③

曾氏。冯在凤妻。二十三岁夫故,守节五十六年,道光十一年奉旌。

赵氏。熊良喜妻。二十五岁夫故,守节五十四年,道光十二年奉旌。

洪氏。郭凤鸾妻。二十七岁夫故,守节六十年,道光十二年奉旌。

王氏。苏鸣雍妻,知县王涛次女。二十一岁夫故,守节三十二年,道光十
三年奉旌。

陈氏。萧启光妻。二十八岁夫故,守节三十四年,道光十三年奉旌。

郑氏。莫远华妻。二十四岁夫故,守节四十五年,道光十三年奉旌。

吴氏。张上瑞妻。二十三岁夫故,守节二十八年,道光十三年奉旌。

黄氏。李国臣妻。二十六岁夫故,守节三十六年,道光十三年奉旌。

罗氏。伍朝注妻。二十七岁夫故,守节三十四年,道光十五年奉旌。

喻氏。张廷渊妻。二十七岁夫故,守节四十二年,道光十六年奉旌。

吴氏。邓龙游妻。二十七岁夫故,守节二十六年,道光十八年奉旌。

魏氏。吴正鸿妻。十八岁夫故,守节四十二年,道光十八年奉旌。

高氏。傅廷杰妻。二十四岁夫故,守节二十六年,道光十八年奉旌。④

林氏。王德厚妻。二十八岁夫故,守节四十七年,道光十八年奉旌。

李氏。陈大葵妻。二十一岁夫故,守节三十六年,道光十八年奉旌。

王氏。林毓武妻。十八岁未婚配,夫故,守节三十三年,道光十八年奉旌。

---

① 嘉庆《志》、咸丰《志》无此段文字。
② 嘉庆《志》无"续增列女"中诸条,咸丰《志》除张廷兴妻"黄氏"、傅廷杰妻"高氏"二条不同外,其余诸条记载同《志要》。
③ 咸丰《志》"黄氏"条作"张廷兴妻。夫故,矢志靡他,育子守贞,无惭巾帼,可为世风"。
④ 咸丰《志》"高氏"条作"傅廷杰妻。二十四岁夫故,守节三十四年,道光十五年奉旌"。

王氏。张鸰如妻。二十六岁夫故,守节四十四年,道光十八年奉旌。

周氏。李淳妻。二十七岁夫故,守节五十三年,道光十九年奉旌。

黄氏。李金翥妻。二十五岁夫故,守节四十六年,道光十九年奉旌。

陈氏。邓宏声妻。二十二岁夫故,守节三十九年,道光十九年奉旌。

李氏。邓龙瑞妻。二十九岁夫故,守节三十二年,道光十九年奉旌。

邱氏。魏廷儒妻。二十八岁夫故,守节四十四年,道光廿一年奉旌。

夏氏。陈以现妻。二十一岁夫故,守节三十六年,道光二十一年奉旌。

王氏。傅登楷妻,知县王涛孙女。二十七岁夫故,守节三十二年,道光二十一年奉旌。

欧阳氏。李达书妻。二十二岁夫故,守节三十四年,道光廿一年奉旌。

刘氏。杨冯梁妻。二十四岁夫故,守节三十四年,道光二十一年奉旌。

杨氏。张映侯妻。二十七岁夫故,守节六十二年,道光二十一年奉旌。

童氏。杨为祥妻。二十八岁夫故,守节三十九年,道光二十一年奉旌。

赵氏。王贵廷妻。二十九岁夫故,守节三十五年。

黄氏。门份妻。二十六岁夫故,守节四十四年。

李氏。高迺辰妻。十八岁夫故,守节三十三年,俱奉旌。

李氏。锺成相妻。二十八岁夫故,守节三十六年。

严氏。唐德信妻。二十五岁夫故,守节四十三年。

张氏。廖为筠妻。二十九岁夫故,守节三十四年。

黄氏。廖为翰妻。二十四岁夫故,守节四十四年。

桂氏。石子里人,李仑之妻。生一子在邦,甫数月,仑殁,时氏年二十一。事亲抚孤,艰辛不二。族人有欲夺志而谋其产者,以蜚语惑氏翁姑,伪称氏母家来迎。怜氏者以告,氏号泣闭门自经,被救得免。数日,氏于翁姑前断发自誓,翁姑冰释,始终全节。子在邦,亦以孝闻。生五子,昌厥后焉。氏卒年八十一,[①]此事沉埋者百余年。其玄孙生员李信,好学能文,比科皆荐。黄乐山阅实其事,属载以发幽光。

---

① 咸丰《志》"氏卒年八十一"后作"玄孙象乾,邑廪生"。

蒋氏茂才。邑东关蒋愈全三女。六龄时，从庠生邓子章读书，爱其诚静，名曰"茂才"。许聘资州欧阳享章长子荣春为室。既荣春物故，茂才时年十九，闻信欲往，父母阻之，泣不食，入楼自缢，母觉乃免。再三劝导，自誓不嫁，愿事父母终世。自将嫁奁送往夫家，余物四散亲眷。素衣去饰，每日习书。道光十八年，父母相继病亡，其弟茂荣年幼，服事殡殓，皆茂才经理①。及扶枢封山，茂才昏倒冢侧，救醒舆归。向弟言，愿饿死随母归阴，其枢务送往欧阳处，与夫荣春同穴，是年十月竟殁。欧阳享章得信，感其节义，备船载归，以礼葬焉。并凭众许其次子荣东生子，为荣春夫妇立嗣，以慰幽贞云。○此事去今仅六年，与前《志》所载烈女何昭英相似，鹣鹣鲽鲽，不比不飞，不比不行。物则有之，人亦性成耶！匡衡议礼，不许未婚之节，以未成夫妇也，此则可谓奇节矣。

刘氏。监生廖三超妻。二十八岁夫故。守志，家贫，纺织养姑教子。历四十余年，子孙俱列胶庠。道光二十四年奉旌。

锺氏。邑东斗沟子吴琨妻。年二十五夫故。越五月始生一子，名作贤。家最贫，茹蘗饮冰，依夫兄景琮二十余年，锺氏苦节能贞，无怨言愠色。四十八岁殁，乡邻公举，应慰幽贞。

二贞妇。西乡刘璋继妻程氏，刘井元妻严氏也。程氏年二十五，守志，以夫弟子为子。夫家中落，母家尚饶，寡言笑，有欺之者，顺受而已，人益怜之。严氏和婉，有妇道，归刘逾年，夫不得于继姑，逃出不返，有劝之嫁者，氏曰："吾命也。"姑殁，又有以前言劝者，氏曰："吾已安之矣②。"中岁，家益贫，以夫弟子为子，不肖，终无怨悔，族邻多未见其面。此二贞者良足嘉也，采自《刘氏谱》。

罗氏。邑西刘锡璋之妻。年二十夫故。抚子类义，事翁姑克孝，静重寡言。日坐一室，虽至亲，非端正不相见。和睦妯娌，经廿年如一日。教子尤严，诵读虽除夕不懈，人谓有画荻风。

杨氏。邑西潘贤臣继妻。年二十四，抚前子浩涒如己出。事继姑以孝闻，秉性和淑，尤精女红，族党推女中君子。

---

① 皆：底本、尊经阁本此字不清晰，据咸丰《志》补。
② 已：咸丰《志》作"以"。

高氏。潘贞臣继妻。年十八夫故。抚前三子如己出，延师课读，应试有声。性和淑，恬静寡言，奉继姑媚姒，俱得欢心。

赖氏。谢廷衡妻。年十九于归，后事翁姑以孝闻。廷衡殁，氏年未卅。抚子女俱幼，家贫窘，人多危其境。氏节义自守，勤女红，昼夜不辍。教子严，稍拂辄予笞责。长次皆克省，尤长货殖，起家丰裕。氏年七十余，犹勤俭自若，且知大义，宗祠邑学均输建资焉。

艾氏。谢廷宸妻。年十八于归，甫数月，廷宸殁，属抚孤守志。氏母族以年幼无子，且家非甚裕难之。氏坚心自矢，性甘淡泊，抚夫兄廷猷四子维亨为嗣。寡言好静，终日以奉姑抚子为事，饮冰茹苦无郁容。年三十二以病卒，族邻惜之。

寿妇尤氏。从九王维典妻。相夫教子，以勤业为务。去奢崇朴，家风肃然。四子年皆耆艾，出告返面，严惮犹儿时，亲党推母仪焉。现年九十有四，犹健。季子登岳，邑庠生。

孝妇王氏。封朝议大夫潘毓璇继室，资州举人王朝赞女。氏本孺家[1]，克娴内则，奉姑训子，人无间言。以夫弟贵，貤封恭人。

祝氏。邑西潘有仪妻。年十八，有仪病坡[2]。逾月生一子愈时，遭家多故，氏委曲处之。从有族衿觊觎微产，借端将氏殴毒几毙，控径县令弓发□学戒责[3]。旋又贿贼牵害，氏畏迁母家，迄今二十余年。氏勤俭成家，子亦象贤，乡里称节义焉。

廖氏。龙桥里陈德伦妻。性情慈淑，教子有方。现年九十八岁。子伯舜，才能出众，孙曾守礼。

黎门四节。此四节者，邑东染房坝黎国兰妻童氏，国兰胞弟国璜妻陈氏，国鼎妻李氏，及国兰长子正模妻黄氏也。童氏生二子，年二十七媚守；陈氏年二十二夫故，抚国兰次子为嗣；国鼎妻李氏，年二十七夫故，抚族子正吉守志；正模妻黄氏，现年二十八，生三子，夫殁，矢志贞守。四氏皆邑中儒族，贞萃一门，洵可志也。查嘉庆初邑《志》，已载黎门四节，今又如数继之，何黎氏夫男叠遭

---

① 孺：咸丰《志》作"儒"。
② 坡：咸丰《志》作"殁"。
③ □：底本、尊经阁本、咸丰《志》原空，姑阙。

短折？而柏舟辑咏，诸媛皆苦节能贞也，亦可以征徽音之有自矣。

高氏。邑西从九江太乾妻。年十七适江，生二女。年二十一夫殁。茹蘗饮冰，苦守二十年之久。始得抚夫胞弟太坤次子瑊为嗣，年四十九卒。氏事祖及姑极孝，处姒娌极和，女红极精勤，午夜机声不绝。子瑊，邑庠生，丰姿英俊，人谓苦节获报云。

晏氏。王世嘉妻。年二十一夫殁[①]。抚夫胞兄王世纬次子以仁承祀。现年六十有五，矢守四十余载，例采入《志》以表幽贞。

段氏。王维昌妻。夫亡，氏年十八。逾月生一子德广，抚孤事母，守节四十余年。

江氏。张正谊妻。夫亡，氏年二十四。矢志抚三子成立，事祖姑及姑极孝。姑性严，氏委曲承顺，数十年无间言。

张氏。凌宇妻。夫殁，氏年十九。逾月生一子殿朝，俯育孤子，仰事翁姑，数十年不入里门。

锺氏。安乐里吴联相妻。年二十七夫殁。言笑不苟，抚子家贫，纺绩无缀。子卒，与媳抚孙，恩勤递至，乡里咸称。现年六十七岁，守节四十余年。

黄氏。邑东响滩子江清佑妻。二岁适江，及笄成婚。二十二岁夫故，生一女。母家觅户，肩舆至门，氏矢志靡他。母兄批面数次，矢志愈坚。翁姑随以夫胞弟如生有子，许继承祀。次年果生一子，氏抚如己出。事翁姑极孝，家贫，纺绩度活，茹蔬水数十年，无怨言。现年七十七岁，精神犹健。族邻屡欲请旌，因困于境，不果。权采入《志》，表乃幽贞。

饶氏。邑东六股柏侯振亮妻。甫十岁适侯，及笄成婚。氏年二十五岁，夫故。生三子，苦抚成立。家贫，纺绩度日。道光十年病故，苦节三十余年，无力举报。

廖伍氏。廖世武妻。年二十七夫故。矢志课子，有画荻风，卒年八十四。子登耀、孙必珍浑朴，俱享遐龄，识者以为守贞获报云。

---

① 殁：咸丰《志》作"故"。

术艺①

明

邓祥甫

元末与其父安邦流寓于楚，复避兵入蜀，遂家内江。晓天文数。初，祥甫游山右，高安县刘基闻其知天文数学，书甚备，与之语，祥甫曰："公聪明绝世，当为一代伟人，吾书尽以相付。"基遂得究其说而领其要。事见《传信录》及《词林记》。后都宪林乔、知州林材，皆其裔焉。

周文质

邑庠生。通《春秋》，尤精青乌术。时议迁学宫名倒骑龙穴，质请于有司，凿泮池以开眼。先是邑中少登甲者，自凿眼后，捷南宫者代不乏人。晚岁尽取堪舆家书焚之，戒子孙勿学，曰："不通儒书，惟凭肉眼，误人多矣。"其达识如此。邑人高司徒闻其事甚悉，进士周嘉宾其后也。

牟康民②

《明史·朱燮元传》：牟康民，内江奇士也。奢酋未叛时，尝曰："吾蜀且有乱，平之者其惟朱公乎！"后卒如其言。嘉庆中，河南浉川令何文明，广东举人，为言："康民，诸葛武侯流亚也。"著有《韬钤》等书，具言万历末朱燮元为成都直指，当入觐，康民止之曰："公不可行，蜀且有变。"朱因留。及崇明破重庆，亟召之问："贼至省垣乎？"曰："至。""城陷否？"曰："公在，无能为也。"方崇明之由重庆趋成都也，兵过内江，以铁骑三百人围康民宅，未至

---

① 按：嘉庆《志》对应内容为卷四十三《方技志》，咸丰《志》为卷九《方技》。
② 嘉庆《志》、咸丰《志》均无"牟康民"条。

百步,犹闻读书声,挥骑如墙扑之,则虚无人焉。

按:奢贼过内江,在天启元年辛酉五月初六日,杀掠焚谯楼而去。

国朝

范在兹

邑康熙间人,精岐黄术,省垣各宪延治诸患,无不立愈。谢以金,多弗受,馈以佳药,则喜曰:"吾以待乏也。"既好外炼术,游荆汉间,囊箧偶罄。时瘟疫大作,在兹合药数十筐,仅三日,辄尽资斧,裕如。后至都,值某贵人剧病,久不愈。闻在兹名,以方脉请证,在兹曰:"方合脉,但恐药炮制未合法也。"从之霍然,都人由是竞延无暇。久之善外炼者无所遇,回蜀入山独炼,似有所得。一日无疾而卒,或以为得内引法云。

王澂

字文安,邑诸生。弟澡[1],字文粹,太学生,俱赠知县明经炎之孙,明经浚胞弟也。澂精岐黄,沉疴遇之辄起,尝语人曰:"天地以春温生物,凉寒则肃杀之气也。"其用药尤慎于凉剂。澡精星卜,从侄进士果之母张氏病久不愈,澡预推之曰:"本年六月十八日,仇星过度,恐难解。"的于丁巳六月十八日卒。嘉庆甲子春,无疾,预推自言不免,至日竟卒。昆弟晚岁食贫,言行毫发不苟,有原思之风。医卜未足以尽其长,相继而卒,远迩惜之。

王檍[2]

字天锦,邑增生。祖赐彤、父洽,皆太学生。三世习医,至檍尤精,远迩争迎,沉疴辄起。尝云:"治久病不可求速效,攻补太峻,元气愈伤。"每以药味不真,炮制不良,为方不应手之憾。居常从容

---

① 澡:底本、尊经阁本原作"藻",据下文及嘉庆《志》、咸丰《志》改。
② 嘉庆《志》无"王檍"条,咸丰《志》记载同《志要》。

和缓,无厉言峻色,诊济不问贫富,悉尽其心。六十六卒,人交惜之。

流寓①

唐

李白

李太白,号青莲,蜀西彰明人②。天宝初至长安,与范金卿兄弟友善。后泛游至邑,寓金卿家,纵饮弥月。临去,赠金卿诗云:"青山横北郭,白水绕东城。此地一为别,孤蓬万里征。浮云游子意,落日故人情。挥手自兹去,萧萧班马鸣。"载《蜀艺文》并序。

宋

苏轼

字子瞻,号东坡,眉州人③。至邑岁月无考,今治南椑木镇下有东坡庵,旁有洞,上镌"东坡书馆"四大字。

朱真人

宋初修炼于邑西化龙山,遗洞丹灶俱存。见《仙释》。

明

杨慎

字用修,号升庵,新都人。正德中廷试第一,后以议礼谪戍永昌。数假公役回蜀,与赵大洲、熊南沙唱和。又继母邑喻氏女,先后留题甚多。载《艺文》。

---

① 按:嘉庆《志》对应内容为卷四十一《流寓志》,咸丰《志》为卷九《流寓》。
② 蜀西:嘉庆《志》、咸丰《志》作"蜀中"。
③ 眉州:嘉庆《志》、咸丰《志》作"眉山"。

朱之蕃

状元。万历中来邑,与少卿萧鹤侣、部郎周仲吕诸人游,俱有遗赠。今邑东龙兴寺石刻犹存。

张三丰

永乐初至邑,寓明道人家,与作《道法会同疏》。详载《仙释》并《艺文》。

国朝

刘天成

号乙斋,大足人。诸生时,以事避居邑西关周某家,与邓荫堂友善,年余乃去。由选拔中式,联捷翰林,官至大理寺正卿。

王圣谟

湖南新化举人。因父贾,寓邑西茂市镇,来省居邑最久。志行修洁,学问渊涵,邑士多从之游。后任新宁令。

张衡猷

合州进士。乾隆中来邑,邑令韩衣庭馆于汉安书院数年,得其教者多隽科目。子乃孚,登癸卯乡荐。

王元兆

合州人。诸生时来邑,馆于邑东王家塆。后登己卯乡荐,复屡至焉。有诗才,善术数之学,任广文,卒。

严士铉

江南丹徒人。乾隆四十五年任内江,未视事,丁内艰,奉枢寓邑南隆教寺,逾岁始归,在寺多所题咏。服阕来川,历升至观察使①。

管凤图

字鸣岐,山东人。博学敏诗,谈河洛、吕律、易卦诸蕴如指掌。

---

① 历:嘉庆《志》、咸丰《志》作"今历"。

乾隆壬寅、癸卯游内,时年七十余。负重囊,日行数十里不倦,亦异人也。后隐广元山中,保宁郡县迎之,寓阆中。寻卒,诸官绅营葬焉。①

宦寓

门克义

陕西泾阳县人。由监生,洪武改任新都知县,后调内江县丞。洪武七年升苏州无锡知县,卒于官。归殡内江,因家焉。②

门克新

克义弟也。洪武初由儒士授秦州学导,同天下学官入觐,独敷奏直亮,擢翰林院左春坊赞善,历礼部尚书。因父际元末任内江县,遂同兄俱占籍焉。③

谷太

福建永福人。洪武初由举人任睢宁学教谕,历南石屏州大使,后改内江典史,遂占籍焉。此本原《志》,今邑无谷姓者。

---

① 后隐广元山中保宁郡县迎之寓阆中寻卒诸官绅营葬焉:嘉庆《志》、咸丰《志》作"闻今隐广元山中"。

② 嘉庆《志》记载同,咸丰《志》作"原籍陕西泾阳县人,父际元末任四川内江县令。洪武二年,义由监生改任四川新都知县,后调内江县丞。洪武七年,升苏州无锡知县,致仕。爱内江山水,因与弟克新家焉。文词渊博,子谅性成,一切惠政,至辄有声。兼精地舆,自择葬寿溪山,坟后有'门氏先茔'四字。子希颜、希哲、希孟,哲封知县"。

③ 嘉庆《志》记载同,咸丰《志》作"克义弟也。洪武初由儒士初授秦州训导,二十八年,年八十五秩满,同天下学官入觐。太祖高皇帝亲试《长江万里图记》,帝悦甚,曰:'万里长江在吾心目中矣。'因询学术及政事,咸称旨意。擢翰林院左春坊赞善,拜资善大夫。寻升礼部尚书,经筵讲官,直言极谏,帝曰:'朕之左赞善而右俊华者,重直言也。'八十六卒于部,哀闻,上悲悼,敕谕祭葬,同僚哀词累累。孙泰山,永乐进士,金陕西按察司,巡行陇右道,敕赏锡祐图书二章"。

仙释①

晋

葛洪

字稚川，丹阳句容人。好神仙导养法，从祖玄学道得仙。其炼丹之处，天下共有三十，治南濑江一峰乃其一也，上有足迹、丹台，现存。事详《葛仙寺碑记》。

慧永

内江潘氏子。与慧远同师道安，相期结屋罗浮。及远为安所留，永乃先至。浔阳刺史陶范留憩庐山。舍宅为西林以居之，峰巅别立茅室，常有虎驯伏，入其室者，辄闻异香，因号"香谷"。

宋

朱真人

郫县人也。九岁慕道出家，遍游名山。遇异人，授以吐纳之术。咸淳癸酉至内江化龙山，修炼于冷然、长乐二洞，后不知所在。有碑刻存焉，诗见《艺文》。

明

张邋遢

天目人，名君实，字玄一，号三丰。幼读儒书，晚得仙术，云游方外。永乐初至内江明道人家，询其姓，曰"庞"，遂以"老庞"呼之。道人名玉诚，慇习道教，善符咒，济人多验，故庞访之。庞每动以异术，若履险不坠、涉水不濡之类，而道人不悟。庞云："我以

---

① 按：嘉庆《志》对应内容为卷四十二《仙释志》，咸丰《志》为卷九《仙释》。

道奉公，公以法授我。"乃作《道法会同疏》一通畀之，道人稍悟[1]，优待异前。居岁余，礼科都给事胡荧物色之，遂同见胡，厚礼之，肩舆偕往，不知所终。有诗及《道法会同疏》。[2]

广善

邑大通里人，永乐年生。少敏慧，常结跏趺坐，默诵经典，乡人异之。长祝发报恩寺，寻从无际禅师游，了彻心性，有偈语传于世，端坐寂。弘治间，山东出世；嘉靖间，灌县出世；万历间，什邡出世，三世皆夙悟前因，解诗律，时见为善知识云。

明超

号月庵。金像寺僧。初蠢然不识字，闭门静坐，后十余年，一悟了禅。常作手卷，咏诗有"投巢野鹤穿松径，借榻闲云拥竹关。半卷残经明月下，满怀清兴翠微间"之句，又有一律见《艺文》。

乐明

号其月。般若寺僧。性警敏，七岁祝发，读内典，至"诸行无常，是生灭法"，叹曰："生者何物，灭者何名？"既曰："无常孰名为定。"师异之。后遍游名山，与群禅宿相印证。晚遇赵文肃，语之曰："收拾身心归故里，免教带水并拖泥。"明归，筑室静坐，不记年月。忽一日谓大众："吾将返矣。"即说偈曰："寄住娑婆七十三，化缘事毕返根源。真性了然无罣碍，撒手逍遥极乐天。"次日端坐而寂。

正法

广化寺僧。性朴实，不好文字，惟习静坐，得七十八腊。一日呼大众告之曰："某将去矣。"乡人闻而欲留之，不可。因沐浴登火楼，端坐其中，轮珠念佛，远近观者如堵。火及口，说偈曰："一句弥陀着力多，无风起浪又添波。若能识得无生味，忘心静处自弥

---

[1] 道人稍悟：嘉庆《志》脱"道"字。
[2] 嘉庆《志》、咸丰《志》段末有"见《艺文》"三字。

陀。"焚尽,香闻数里。

邓豁

初号大湖,后更豁渠。[①]早游庠,已乃弃举业,游赵大洲先生之门,讲良知学。久之,笃志禅宗,入青城、峨眉,访高僧。随入洱海鸡足山白鹤寺,祝发为僧。游闽中,会倭寇乱,禁游僧出入,复养发于崇德县,服儒服,为方外客。纵游湖湘金陵,历冀北,至太华、少室、劳山间,后游燕台,与大洲会印证,若有所得,大洲语曰:"子好游几三十载,当有住脚处矣。"令西还,至涿鹿小庵,卒。有手录遗文授其门人何守拙,题曰《南询录》。

道淳

号灵石,邑徐氏子。博学工诗,善临池。入释氏,遍游两都,讲梵典精确,倾动名流,获楮墨者如拱璧云。辛酉,南旋西林,礼峨嵋归,愁然不乐,右协而逝。凡百日奢变,人称为"灵名太师"焉。著有《金刚解》及诗偈行于世。

国朝

丈雪

号通醉,邑李氏子。生时祥光满室,有异征。长淳厚聪颖,通儒释教,默达宗旨。后为万峰破和尚印可,开牛山禹门、汉中静明、保宁草堂,整顿颓纲。机迅则呆日春霞,谈禅则泉流涛涌。凡秦晋说法七镇丛林,从者以千计。及重辟昭觉,大振宗风,列上台,咸敬重之。至若抚蜀大中丞张公、总督李公、胡公,皆以师事焉。时年七十有七,须发尚黑,游优恬静,指示不倦,中川名僧咸奉其衣钵焉。

---

① 初号大湖后更豁渠:嘉庆《志》、咸丰《志》作"初号太湖,后更豁渠"。

可拙

江南溧阳人。幼慕禅教，好读《金刚》《楞严》《大乘》等经[1]，若有所得，遂弃家，遍游名山。康熙间来邑，住持圣水。时兵燹后，寺半毁圮，拙力为重修，遂为东南名刹第一。后接引缁流，指示不倦，得其教者咸达宗旨。年七十八，端坐而寂。

三谦

可拙弟子，长沙李氏子。幼矢志儒林，屡试不售，遂慨然有出世之想。康熙五十八年来邑，祝发圣水，潜心静悟，遂得可拙心印。前后主方丈六年，大阐宗风，南北缁流闻风钦仰。年八十七寂。

云山

碧云庵僧。募建殿宇，种植林木，继于山半悬岩凿洞静处，足不出洞者十余年。坐寂其中，徒众封洞葬焉。后三十余年，相传有异征，开洞建阁祀之。

默野

不知何许人。雍正间来邑，坐于圣水门外，蓬头草履，破衲外无一物，如丐不乞，如颠不狂，可食可不食。老僧可拙异而善视之，旋为之薙发。日则随处行游，夜则倚壁安坐，众呼为"疯和尚"。既屡有异征，名噪远迩。安岳令洪成鼎闻而慕之，乾隆甲午客内江，游圣水，尽得其详，遂为之立传，名之曰"默野"。由是名益振，上宪过邑者必访之。庚戌秋，阁部孙橄邑，送至成都，厚礼之，一时僚属俱各询行藏。默野终无一语，间或手画数字，义亦不可解，仍送归。癸丑正月望，端坐而寂，莫计其年，或曰"百三十余岁"。事迹详洪《传》。

附载《锦里新编》云：默野，其年不可考，或云百二十岁，亦揣拟之词，无实证也。雍正年间初至寺时，犹未披剃，止寺门首，数日不去，亦不饮食。寺僧问之，亦不答。数日后，寺中有老僧，

---

[1] 金刚：嘉庆《志》、咸丰《志》作"经刚"。

出见其形踪诡异，问曰："汝欲披剃乎？"默野点头。老僧邀至寺中，为之削发。问之，终不言。与之食，每餐可尽数盂，或数日不与，亦不食也。寺僧耕种为业，当栽插时，老僧命众僧次日插秧。早起，田尽栽插，寺僧不知其由。又老僧命众僧次日入山伐薪。早起，尽搬运至寺。僧益怪疑，令密伺之，乃知皆默野夜静潜出所为。一人能任数十人之工，但闻人声即遁去。夜多不眠，每自蹲立，或田间露处，数日不动。独处时，每自言自语，见人则闭口不出声。其诡异类如此。乾隆甲午，安岳令洪成鼎访之。自寺外归，饮茶毕，手拈茶叶示洪，不发一语。洪异之，为立《默野僧传》。庚戌春，孙督宪士毅招至成都，西指东指，亦不发一言。至驿道林观察署，见署中自修猪，抚摩终日，若遇旧友，恋恋不忍舍去，人不知其何因也。自修猪盖林出署时，跟轿不去，林命养之署中者。癸丑卒于圣水寺。临卒前一日，用炭写诗于壁云："天地中空日月明，无人不向此间生。从今撒手西归去，免得拖泥带水行。"次日，趺坐而逝。①

　　论曰：人有身心甚难位置，愚者安之，智者惧焉。原二氏之初意皆人杰也，老氏畏其难，故遁之清净：佛氏亦畏其难，故遁之寂灭。惟儒者独出而任之，以三纲五常为体，以家国天下为务，此圣人所以为天地之心也。然而二氏中希夷慧澈，亦政有不可及者，静一生明，其势然也。余童时习见默野，弱冠后又屡偕友访之。好点头微笑，逼之询则盘辟，与以钱，随手散落，故每出，儿童争拥之。越数年而名益噪，旋以殁。谈渭甫曰："死得妙，不死便是妖矣！"余谓默野有其身而不有其身者也，其前无来，其去无留。发可髠则髠之，而己身可僧则僧之而已。耳不贪丝竹，目不艳美色，鼻不逐异香。能言而不言，或食或不食。冬夏一破衲，不知有寒暑也。节

---

① 嘉庆《志》、咸丰《志》无此段文字，而是附载洪成鼎所作《默野传》，传末云："乾隆甲午七月既望，应山洪成鼎悔翁撰于圣水灵湫之石屋。"按，传文颇长，此不具载。

钺折节礼之,不为改容,不知有势分也,倘所谓游龙娇鹤偶在尘寰
者乎! 士大夫务名者多矣,乃亟亟求名,终不得名。默野不有其
身,何有于名,而士大夫竟以无名名之,而名以长存。然则世之务
名者,可以反求其本矣。①

---

① 嘉庆《志》、咸丰《志》无此段文字。

内江县志要政事部卷之三^①

户口^②

元

户一千九百六十二，口一万七千三百八十九。

明

洪武二十四年，户一千三百五十，口一万七千三百九十。

弘治五年，户一千七百一十七，口三万七百一十八。十五年，户二千一百二十七，口三万八百九十八。

正德七年至万历十年，所计户二千二百一十，口三万四千二百五十八。

天启元年，户口初报，旋遭蔺乱，数不可稽。

按：旧《志》小序云，自洪武十四年颁黄册式，于郡县十年大计生齿，老存幼亡而更籍之。有司奉行，迄于崇祯几三百年，休养生息，宜倍国初，而民不加多，何也？岂前此未稽其实，而版籍苟且具文耶？由是观之，户口不实，自昔已然。历年甲保所呈，大约户则注粮而遗佃，口则详男而略女，至佣夫贩竖舟子之流，无户可

---

① 内江县志要政事部卷之三：底本、尊经阁本原无"要"字，增之以使前后卷统一。

② 按：嘉庆《志》对应内容为卷七《户口志》，咸丰《志》为卷二《户口》。

稽，口将焉计！重民数者，推类以尽其余焉可。①

国朝

雍正六年，清丈查核，原载户一千二百三十八，口一万三千九百一十四。

盛世滋生②，嘉庆元年，汇报户一万三千五百七十，共口七万八千七百八十七。③

嘉庆十七年，奉行清查实在承粮花户三万五千一百七十四户，共男妇十七万七千七百七十七丁口。④

田赋⑤

附领支、杂税、水利、仓储、盐茶、徭役、蠲政、学校、兵防、铺递。⑥

《禹贡》：则壤成赋。蜀土青黎，田惟下上，赋则下中，三错。固未得与雍、冀诸州等也。蕞尔中川，山多地瘠，尤不可与省垣诸邑列焉。我朝因田制赋，视昔酌裁复。廑念民依，永不加课。而殊恩蠲免百数十年，叠沐鸿庥，则兹邑惟正之供，实小人乐利之资也。⑦

按：旧《志·田赋》，唐宋统载资州籍，元明官民田地塘俱一千

---

① 嘉庆《志》、咸丰《志》亦有此段记载。
② 嘉庆《志》无"盛世滋生"四字。
③ 汇报户一万三千五百七十：嘉庆《志》、咸丰《志》作"汇报户一万五千三百一十五，男丁四万五千二百一十七，女丁三万三千五百七十"。
④ 嘉庆《志》此段作"嘉庆十七年，分承粮花户三万五千一百七十四户，男九万七千二百七十七丁，妇八万六千零五百口，共男妇十七万七千七百七十七丁口"。
⑤ 按：嘉庆《志》对应内容为卷八《田赋志》，咸丰《志》为卷二《田赋》。
⑥ 嘉庆《志》无此段附目，咸丰《志》无"学校、兵防、铺递"，有"物产"。
⑦ 嘉庆《志》、咸丰《志》段末有"作《田赋志》"四字。

三百顷亩有奇，夏税秋粮，征折亦相上下。唯明季因各藩膳田盐值及边饷杂派，逐岁议增，民不堪命。故其时春夏征条鞭，秋冬征大粮，索票羽飞，鸡犬皆尽，民穷财匮，以致式微。今虽遗稿俱存，成额殊难备载，用概从删减。谨登我国朝一成不易万世永赖之规焉。①

全书原载亩粮，自康熙陆年奉文清查起，至雍正柒年征输止。

中田每亩载粮捌合。

下田每亩载粮陆合叁勺叁抄叁撮叁圭②。

中地每亩载粮肆合。

下地每亩载粮贰合伍勺。

每粮壹石，征粮银壹两肆钱壹厘玖毫壹丝柒忽伍微捌尘壹纤。

每粮壹石，征条银叁钱陆分叁厘陆毫贰丝叁忽伍微柒尘叁纤。

每粮壹石伍斗叁升贰合伍勺壹抄捌圭贰粒，载丁壹丁。

每丁征银叁钱陆分叁厘陆毫贰丝叁忽伍微柒尘叁纤。

原载税粮贰千捌百陆拾石伍斗壹合捌勺肆抄陆撮伍圭陆粒叁粟。

原载人丁壹千捌百陆拾陆丁伍分肆厘伍毫玖丝肆忽。

原载丁条粮银伍千柒百贰拾玖两伍分叁厘捌毫叁丝伍忽陆尘玖纤。

于雍正七年奉文丈量，恩准部覆丁条粮合并积算，按亩征银，清查田地，至乾隆叁拾玖年止。今自乾隆肆拾年起，至嘉庆三年征输止。除耤田肆亩玖分不征丁粮外，垦输中下田地，共柒千叁拾捌顷捌拾玖亩贰分壹厘柒毫玖丝伍忽贰尘伍纤。内中田壹千捌百叁拾贰顷柒拾伍亩柒分伍厘柒毫玖丝伍忽伍纤。

每亩征丁条粮银壹分陆厘贰丝贰忽伍微壹尘肆纤。

应征丁条粮银贰千玖百叁拾陆两伍钱叁分捌厘叁毫玖丝柒忽

---

① 嘉庆《志》、咸丰《志》亦有此段文字。
② 陆：底本、尊经阁本原作“六”。按，此处应为大写，据嘉庆《志》、咸丰《志》改。

陆微壹尘伍纤。

下田壹千肆百肆拾肆顷玖拾肆亩玖分。

每亩征丁条粮银壹分贰厘陆毫捌丝肆忽肆微贰尘叁纤。

应征丁条粮银壹千捌百叁拾贰两捌钱叁分肆厘肆毫叁丝贰忽玖微肆尘贰纤。

中地壹千陆百壹拾壹顷贰拾壹亩柒厘贰尘。

每亩征丁条粮银捌厘壹丝壹忽贰微伍尘柒纤。

应征丁条粮银壹千贰百玖拾两柒钱捌分贰厘贰毫玖丝玖忽捌微捌尘陆纤。

下地贰千壹百肆拾玖顷玖拾柒亩肆分玖厘^①。

每亩征丁条粮银伍厘柒忽叁尘陆纤。

应征丁条粮银壹千柒拾陆两伍钱壹毫柒丝贰忽叁微叁尘玖纤。

现征丁条粮银柒千壹百叁拾陆两陆钱伍分伍厘叁毫贰忽柒微捌尘贰纤。遇闰加征，每两该征银贰分捌毫玖丝肆忽捌微捌尘柒纤柒沙玖渺肆漠陆埃。

领支^②

一、每年春秋庙祀及各坛牲品，共支银肆拾捌两。

一、儒学廪生原额贰拾名，每名岁支饩粮银叁两贰钱，共银陆拾肆两。遇闰，每名加银贰钱陆分陆厘陆毫陆丝陆忽陆微陆尘肆纤。年底造册，奏销其截旷支剩银两，解贮布政司库，听候拨支。

一、本县应递马陆匹，每匹日支草料银陆分，岁支草料银壹百贰拾柒两肆钱肆分。马夫叁名，每名日支工食银肆分捌厘，岁共支

---

① 贰千壹百：底本、尊经阁本原作"壹千贰百"，嘉庆《志》、咸丰《志》作"贰千壹百"，以应征丁条粮计算，当以二《志》所载为是，据之改。

② 领支：嘉庆《志》作"经用"。

工食银伍拾两玖钱柒分陆厘^①。棚厂槽铡，每年每匹支销银壹两肆钱贰分，岁共支银捌两伍钱贰分。每年倒毙马贰匹，每匹买补价银捌两，岁共支银壹拾陆两。以上夫马工料、棚厂槽铡、倒毙买补，岁共支银贰百贰两玖钱叁分陆厘。至倒毙马皮脏变价银两，解贮按察司库，听候拨支。又设饷鞘夫，价银壹百玖拾贰两。

一、本县知县壹员，岁额俸银肆拾伍两。额设衙役贰拾玖名，内门子贰名，皂隶壹拾贰名，马快捌名，轿伞扇夫柒名，每名岁支工食银陆两，共银壹百柒拾肆两。又改设仵作叁名，每名岁支工食银陆两。随学仵作贰名，每名岁支工食银叁两，共银贰拾肆两。又设立民壮贰拾名，每名岁支工食银捌两，共银壹百陆拾两。额设禁卒拾贰名，更夫拾名，每名岁支工食银陆两，共银壹百叁拾贰两。又添设捕役叁名，每名岁支工食银陆两，共银壹拾捌两。又设立斗级壹名，仓夫叁名，每名岁支工食银陆两，共银贰拾肆两。又设立县属底铺、乐贤、椑木、长堰、石梯、丛林、三堆、史家、石溪共玖铺，共设铺司兵叁拾陆名，每名月给工食银伍钱，共银贰百壹拾陆两，遇闰照数加增。

一、本县典史壹员，岁额俸银叁拾壹两伍钱贰分。额设衙役陆名，内门子壹名，皂隶肆名，马夫壹名，每名岁支工食银陆两，共银叁拾陆两。

一、本县教谕壹员，添训导壹员，每员岁支俸银肆拾两，共银捌拾两。额设衙役肆名，内门斗贰名，膳夫贰名，每名岁支工食银陆两，共银贰拾肆两。

一、孤贫口粮岁无定额，现支销银陆拾肆两柒钱柒分。

以上祭祀、官俸、饩粮，岁共支银贰百伍拾贰两伍钱贰分；衙役、民壮、仵作、禁卒、更夫、捕役、斗级、仓夫、驿站、铺司，岁共支银壹千贰百贰两玖钱叁分陆厘；现支孤贫银陆拾肆两柒钱柒分，俱

① 共：底本、尊经阁本原作"贡"，据嘉庆《志》、咸丰《志》改。

于本县地丁银内扣留支给。年底造册奏销所有支剩丁条粮银伍千陆百壹拾陆两肆钱贰分玖厘叁毫贰忽柒微捌尘贰纤,起运布政司库收贮,听候拨支。

杂税[①]

现征牙行银伍两。

田房税契,乾隆肆拾玖年分征收银陆拾两陆钱玖分,俱起运布政司库收贮,听候拨支。[②]

嘉庆中新添税契银柒百两,及原额并解藩库。[③]

现征盐课引税银贰百伍两伍钱伍厘捌毫。内盐井玖眼,每井榷课银不等,共榷课银壹拾叁两陆钱。于雍正捌年,钦奉上谕事,案内计口授盐,行销陆引伍百叁拾肆张。盐井见咸,案内新增陆引捌拾叁张,共引陆百壹拾柒张,每张征税银贰钱柒分贰厘肆毫,共征税银壹百陆拾捌两柒分捌毫[④]。行销水引柒张,每张征税银叁两肆钱伍厘,共征税银贰拾叁两捌钱叁分伍厘。起运盐茶道库收贮,听候拨支。[⑤]

东门外税关,乾隆二年设,代成都府监征简州红花商税课。[⑥]

水利[⑦]

内邑山多田少,溪河卑下,民田种稻无引灌之利。秋冬不能蓄水,春耕为难,夏旱或乘,尤多仰叹。故利在多置塘堰以备时愆。

---

① 按:嘉庆《志》对应内容为卷二十八《盐法志》和卷三十二《榷政志》。

② 候:底本、尊经阁本原讹作"侯",据咸丰《志》改。另,嘉庆《志》"现征"至"听候拨支"两段载于卷三十二《榷政志》。

③ 嘉庆《志》、咸丰《志》无此条。

④ 壹百陆拾捌两柒分捌毫:嘉庆《志》作"壹拾捌两柒分捌毫"。

⑤ 嘉庆《志》此段载于卷二十八《盐法志》。

⑥ 嘉庆《志》此段载于卷三十二《榷政志》。

⑦ 按:嘉庆《志》对应内容为卷九《水利志》。

旧《志》治东西十六里，各里有官堰数井、十数井不等，通计共堰壹百伍拾捌井，所以均水利资灌溉也。今据其小序所云，迩来人私其田，家私其利，通力合作之风微，而水利不讲久矣。或名存而堰泯，或堰存而水涸。每岁清查，不过奉文塞责，是各堰在有明中叶已成具文，实之不存，利于何有？

我朝因民之利以施水利，地滨河溪者用龙骨车、踩筒车，活水用自流筒车。或砌堰，或不砌堰，各因其势。大约上下以地界断，两岸以水心断，至平原冲首亦多凿土堰以潴水，惟凿之深者，水乃益固。历任官司屡经劝谕，淘凿修砌以待不时。但民间贫富不齐，勤惰复异，或力不能运车置堰，或有堰而贪目前种谷之利，不为久远之防。又或妄希天时，坐待其困，以自有之利而自失之，亦不可谓非人事之疏也。其旧《志》所载堰名及各堰长之名[1]，今已不入官守，例得并删。

仓储[2]

一、重农积粟等事，案内捐输常平仓斗谷壹百玖拾叁石玖斗贰合玖勺。

一、钦奉上谕等事，案内捐监仓斗谷壹万伍千贰拾陆石玖升柒合壹勺。

一、札知事，案内奉文加贮采买仓斗谷肆千柒百捌拾石。

以上常监加贮共仓斗谷贰万石。

以上常监加贮仓厫伍拾柒间。

一、韩令时奉文劝捐四乡斗谷，并历年出借加壹收息[3]，共仓斗谷壹万贰千捌百伍拾肆石肆斗贰合，俱系存贮四乡社长经管。

乐济谷。嘉庆二十五年，京控案宪断：夫差局首罗□□缴赔侵项置买龙

---

① 堰名：底本缺此二字，据尊经阁本补。
② 按：嘉庆《志》对应内容为卷三十三《蠲政志》。
③ 并：咸丰《志》作"益"。

谷庄田土三分,招佃耕种,岁纳稻谷官斗八十二石,土租钱壹百六十六千,附贮县仓,设有庄首轮理,以备荒赈。[①]

　　论曰:食为民天,取济临时,不如裕之平日。此社仓济谷,贤令尹所为留心也。然有治法无治人,其始未尝不善,渐则徒为吏胥奸豪干没地耳。大抵社谷官庄,廉者不管,管者不廉,吏胥乘之,弊乃百出,而其实亡矣。上年奉大宪明文,社仓须毁,实绅民轮年接管,照示出借,不准吏役从中滋扰,亦只为有谷者存其本数,不使耗散耳。而谷仓俱无,田土典尽,卖产不足偿谷者比比也。故谚云:"社仓,折仓也。"言领之无不折本也,而以砒灰充饥者[②],后辙尚道焉。济仓之流弊又何可胜言!然则贤人君子之所为利民者,利未见而害已丛也,为之奈何?亦曰"藏富于民尔已"。[③]

盐茶[④]

　　一、西乡黄市井灶户王刘舜于雍正元年开淘,榷课陆引叁拾肆张,共税课银壹拾伍两贰钱叁分贰厘。

　　一、西乡顺山井灶户邹应铨于乾隆拾伍年开淘[⑤],榷课陆引拾陆张,共税课银柒两壹钱陆分捌厘。

　　一、东乡独石、顺江、石坝、孟家等井四眼于雍正十二年开淘,榷课陆引叁拾柒张,共税课银贰拾壹两伍钱肆厘,现俱停煎[⑥]。

　　一、西乡三元井灶户李晋舟、王月友等开淘于康熙元年,榷课请增行黔水引陆张,陆引贰百零玖张,于乾隆贰拾肆年被水淹灌,

---

① 嘉庆《志》、咸丰《志》无"乐济谷"段记载。

② 灰:底本、尊经阁本原字形作"疢",然"疢"意为热病、病,于文意不符。而刻本中"灰""疢"形近,故当以"灰"为是。

③ 嘉庆《志》、咸丰《志》无此段文字。

④ 按:嘉庆《志》对应内容为卷二十八《盐法志》和卷二十九《茶法志》。

⑤ 西乡顺山井:嘉庆《志》作"西乡邹顺山井"。

⑥ 嘉庆《志》、咸丰《志》无"现俱停煎"四字。

难修,禀请县令韩申详,奉文豁除,现又报开①。

一、西乡连滩井灶户甘受元等开淘于康熙元年,榷课请增行黔水引陆张,陆引贰百零玖张,于乾隆贰拾肆年被水淹灌,难修,禀请县令周申详,奉文豁除。

一、东乡王家、钱家二井灶户王友兆、方邦彦等于乾隆贰年开淘,榷课陆引贰拾壹张,于乾隆贰拾肆年井坍,难修,禀请县令吴申详,奉文豁除。

一、东乡双溪、屋角贰井灶户曹、黄、余、邓等开淘于雍正贰年,榷课陆引贰拾捌张,于乾隆伍拾玖年井坍,难修,禀请县令张②,奉文豁除。③

一、部商行销本地④,请增陆引肆百捌拾伍张,税羡、截角、硃、力,共银叁百壹拾玖两陆钱捌分叁厘贰毫;水引柒张,税羡、截角,共银肆拾贰两。⑤

一、茶,本县无种植者,民间食茶系邛州丹棱各处引商运售。⑥

徭役⑦

明初,南北营都,列藩建府,采木之役,官民交困。邑自洪永至于隆万,山童木尽,加派远采,困亦极矣。惟织染机匠名户初属

---

① 嘉庆《志》、咸丰《志》无"现又报开"四字。
② 禀请县令张:嘉庆《志》作"禀请县令张申详"。
③ 嘉庆《志》此段后有按语,作"按:案现载内江县中井一眼,下井八眼,共九眼,榷课银拾五两贰钱叁分贰厘。锅十五口,灶户九名,配陆引壹百叁拾伍张,行销本县地方,所征正课羡余截角银共陆拾两肆钱捌分,经过之处无官员盘查关隘"。
④ 部商行销本地:嘉庆《志》、咸丰《志》作"部商刘升元行销本地"。
⑤ 嘉庆《志》此段后有按语,作"按:案载部商承领水引七张,陆引壹百陆拾伍张,请增陆引叁百贰拾张。赴荣邑贡井买盐至本县行销,每年正课羡余、截角、纸硃、脚力银共叁百陆拾叁两叁钱壹分贰厘"。
⑥ 按:嘉庆《志》此段载于卷二十九《茶法志》,仅此一句。
⑦ 按:嘉庆《志》卷三十一《木政志》仅对应《徭役》第一段,无其他内容;咸丰《志》无对应内容。

民间,乐充以免身役。嗣机役多逃,改征入田粮册内。我朝体恤民瘼,旧弊尽除,惟街镇置坊甲,各里置乡保,轮年充办领供杂役。间有各里公庄,皆自行经管以备办公,不入官守,亦不载。

邑中安仁驿站,马料豆在于各场镇给值采买,甲长等按月缴号喂养,不累平民。

中川地当冲道,差役浩繁,公费不敷,不无借资民力。乾隆中,邑令韩莱曾以衿户向在免丁之例,不出夫钱,而田粮古册则衿户居多,不忍偏累平民,召谕乡绅各捐资置买情田庄一分,招佃收租,支应春首徭费。有近城八里绅户遵谕买庄,姓名碑刊立文昌宫。嗣以差费频年派收,有累里长,又谕乡约等按田粮劝捐,各里置买里庄以备久远支应,则绅户并情田而倍纳矣。金川军兴,县令许椿与学谕范光天筹画,绅户以资格减免,立有限制,粮逾格者补纳,不及格者不得包抵。砵单发学未刊碑,而许公调赴军营。其时通县有军需津贴局,各里又有杂差局,名曰"软抬",据里庄为身价,而另派花户,以有事为荣,民不堪累。金川平定,军派间兴,及藏役,苗疆邪匪滋乱,军需接派。经十余年,嘉庆初年,署令德勋以县中既有大局,而每里数首终岁踞城,即百数十人之耗已属不资。因尽裁里局,统归大局办理,岁举四人轮充,较前省费多矣。其情田里庄遂多为强豪坐侵,凡此皆历历有房案可考。道光初年,奉大宪札示,州县添设义学,延师以训贫民子弟。于是公请于署邑事杨公[①],将情田里庄之租均充义学束修,其夫役仍遵示照,绅捐酌免。

蠲免[②]

康熙二十六年、三十三年、四十三年、五十年,本县应征地丁钱粮共奉文蠲免四次。

---

① 杨公:当指杨上容,道光四年任。
② 按:嘉庆《志》对应内容为卷三十三《蠲政志》,咸丰《志》为卷二《蠲免》。

雍正七年，本县应征地丁钱粮奉文蠲免一次。

乾隆十年、二十五年、四十二年、五十六年^①，本县应征地丁钱粮共奉文蠲免四次。

嘉庆元年，本县应征地丁钱粮奉文蠲免一次。又因普免天下节年积欠，内六省年清年款，复免次年正征十分之二以昭平允，本县应征钱粮十分输八。

嘉庆七年，本县应征地丁钱粮蠲免十分之二。

学校^②

一、学宫在西关外，宋乾德初建，其来龙与邑治山势相接，共蟠于江，形家谓之"雌雄蟠龙格"，详见《学宫图记》列篇中。绍兴、嘉定间，邑令邓棐、李正炎相继修治。明洪武六年开设仍之，中间毁复不一，邑令齐伯良、吴山、张泳、湛礼、谢熙、王舆、刘廷策、潘棠、贺爵、陈经、胡川楣诸人皆先后修治。时有雁塔二，见存泮池，上志甲乙科姓氏。右有敬一亭，置明世宗《敬一箴》碑。后有望江楼，甲申之变就倾。

国朝康熙二十五年，知县徐嘉霖谕众捐修前门两庑，补葺大成殿、崇圣祠；五十年，知县吴遵锁重修丹垩塈茨。乾隆二十年间，知县韩莱曾增置乐器笾豆诸典；五十四年，教谕朱胜敬请于知县柴秦，谕众补修。嘉庆二年续葺，俱立石记其事，前后恭悬御书匾额，各道卧碑一通立学署^③，其学署、书院已载《公署》中。道光十年，邑绅公议以前此陆续修葺体制渐乖，殿庑仍就倾仄，门池方向又与殿位不合，其名宦等祠移置山麓，分献不便，乃请于现任张府君劝捐改作，一复前明规址，并书院重新之，迄十三年大工乃竣。详见

---

① 二十五年：嘉庆《志》、咸丰《志》作"三十五年"。
② 按：嘉庆《志》对应内容为卷十五《学校志》，咸丰《志》为卷二《学校》。
③ 前后恭悬御书匾额各道卧碑一通立学署：嘉庆《志》、咸丰《志》作"前后恭悬御书匾额三道，卧碑一道（通）"。

《重修碑记》，记附《文献》。①

一、学额随时增减不同。明以前无考。洪武二年，诏天下郡县并建学校以作养士类，定在京府，学在外府。州县学生徒之数自六十人以至二十人，日给廪膳，仍复其差徭，蜀平如其制。八年，立社学。十六年，奏准天下府州县学岁贡生员各一人。二十年，令增广生员，不拘额数。正统六年，令府学一年贡一人，州学二年贡一人，县学三年贡一人，著为例。十二年，奏准生员常额之外，军民子弟愿入学者，提调教官考选俊秀待补，增广名缺，一体考送应试。成化三年，设卫学军生，员数有差，有司儒学亦置军生。正德十年，令司卫所学原定一年一贡者，与设优等次等生员各四十名，以次递减至二十名，通行提调官考补，有多余者俱作附贡，以后于优等内照例考选充贡。万历十一年，题准各提学每岁考校入学，务要不失原额。其地方果系科目数多，就试人众，则于原额之外量加数名，但不得倍于原数。如乏才之处，亦无得因而一概取盈。内江在明时科名最盛，每次考入名数倍于他邑。

国朝初，考试童生进学不拘额数。顺治四年，定每考童生大学进四十人，中学二十五人，小学十二人。十五年，定六年内止许随岁考进童生二次。十七年，定大学进十五人，中学十人，小学五人，武学如之。十八年，定科岁两考并为一考，后仍分科岁两考定贡例，府三年二人，州二年一人，县三年一人。嗣又经改定，内江学每考进十二名，前隶成都府尹每次与拨府学②，后改隶资州不与拨。现文童三年岁科二考，共进二十四人，武童惟岁考进十二人，食饩廪生二十名，增广生四十名，余为附学生，定制两年一贡，以食饩先后轮充其廪生饩银，已载《田赋·领支》③。

一、学田，明初未置，万历中县令史旌贤捐俸买陈自表民田一

① 嘉庆《志》、咸丰《志》无"道光十年"至段末文字。
② 前隶成都府尹每次与拨府学：嘉庆《志》、咸丰《志》无"尹"字。
③ 领支：嘉庆《志》作"经用"。

段，又监生游绘、生员刘元定、刘元茂、里民叶滋、高根捐田①，刘
有设官田、何东山遗田设为学田，其岁租悉贮学舍易值②，即寄县
库以备师生不时之需。又，旧《志》载学田，隶在察院项下者田六
分，每年额征佃种租谷三十八石九斗零，贮仓动支，有贫不能婚葬
者，请给助。隶在学道项下者田二十四小分，每年额征租谷八十七
石五斗零，贮仓候文支用。

国朝儒学无公田，学宫左右山土佃租仅十余缗，除公支，余入
学署收用。汉安书院学田五处：一、千秋里圣兴寺田五十八亩；一、
跳墩里监生刘国栋、国梁捐田五十八亩；一、大通里高碛寺田二百
一十三亩九分，系署县潘邦和因寺僧不法断出；一、安乐里三应寺
田六亩；又安乐里潘、张二姓因界构讼，前县令李恩书勘讯断为官
荒，归入书院。以上学田五处，每年仅收佃租钱壹百千零，除完纳
大粮支给看司工食，书院束脩尚不及百缗，而诸生膏火之费毫无赡
及也。学校之培植不能无望于来者。

嘉庆中，邑令顾如圃嘉惠士林③，捐买高峰寺谢姓田土一分，
入书院招佃收租，充助膏火。

道光九年，邑监生李大作捐买一缒滩田土一分，价壹千数百
金，充书院膏火，具题钦赏盐运司知事。④

兵防⑤ 附驿递。

明制，本县设民兵二百二十二名以防守城池，江防哨船五处
以清河道。城内设党一十八，乡村设党二百四十。每党选壮者四
人为党正、副甲长，有事则召以应变，无事则安以治生，不点查团

---

① 刘元茂：嘉庆《志》、咸丰《志》作"刘永茂"。
② 舍：咸丰《志》作"仓"。
③ 顾如圃：当指顾文曜，前文《职官》嘉庆时顾姓知县只有此一人。
④ 嘉庆《志》、咸丰《志》无"嘉庆中"至"盐运司知事"两段文字。
⑤ 按：嘉庆《志》对应内容为卷十九《兵防志》、卷二十二《驿传志》、卷二十三
《铺递志》，咸丰《志》为卷二《兵防附驿递》。

练以防本业①，亦寓兵于农意也。桦木镇设巡检司，崇祯中邑令雷应乾以此镇距城不远，无山林川泽潜伏出没之虞，只以扰民，请文裁革。

国朝，县衙设民壮二十名，每年支给工食银载《田赋·经用》。近增募守城民壮置四城门，本邑捐给工食。

一、城守左营分驻汛防，京制把总一员、领马兵二名、步兵五名、守兵二十九名、稿书一名。

一、城市村落旧系官给门牌，行保甲法。近因川楚邪匪滋扰，叠奉制藩臬大宪明文，严加编汇，十家为牌，置牌长；十牌为甲，置甲长，共推公平强干者充之。有合数甲为大团练者，编户至千数百家，皆有名册给印存副官房。平时各安职业，期会少长咸集，遵约束，清匪匿，均守望，息争讼，警游惰，文武官司复以时亲临，按册点查，敢慢者责罚不贷。迄今乡里帖然，士民利赖焉。

一、新铸守城劈山铁炮十位，四门各置二位、小东门二位，又造营枪五十杆。嘉庆四年二月，知县张撂亲为祭试。

驿递

明制，本邑安仁驿设递马三十匹，连草料、鞍鞯、人夫工食，每年共银八百六十两零，嗣叠奉文裁减。又设夫捌拾名以应步递，岁共支工食银七百二十两，嗣亦递减。

国朝，安仁驿额设驿马六匹，每匹日支草料银六分，设马夫三名，每名日支工食银四分八厘，总载《田赋·经用》。

一、铺塘共九所②，每铺额设铺司一名、铺兵三名，应号递文报，每名每月支工食银五钱，守塘兵系汛防厅分拨。

---

① 防：嘉庆《志》、咸丰《志》作"妨"。
② 嘉庆《志》、咸丰《志》"九所"后有具体记载："治西石溪铺、史家铺、三堆铺、丛林铺、城底塘，治南乐贤铺、桦木铺、长堰铺、石梯铺。"

祀典^①

圣庙大成殿，至圣先师孔子位正中南面。

东配二位：复圣颜子、述圣子思子。

西配二位：宗圣曾子、亚圣孟子。

东哲先贤六位：闵子、冉子、端木子、仲子、卜子、有子。

西哲先贤六位：冉子、宰子、冉子、言子、颛孙子、朱子。

东庑先贤三十八位：蘧瑗、澹台灭明、原宪、南宫适、商瞿、漆雕开、司马耕、巫马施、颜辛、曹恤、公孙龙、秦商、颜高、穰驷赤、石作蜀、公夏首、后处、奚容蒧、颜祖、句井疆、秦祖、县成、句兹、燕级、狄黑、孔忠、公西蒧、颜之仆、施之常、申枨、左丘明、乐欬、秦冉、牧皮、公都子、公孙丑、张载、程颐。

西庑先贤三十九位：林放、宓不齐、公冶长、公析哀、高柴、樊须、商泽、梁鳣、冉孺、伯虔、冉季、漆雕徒父、漆雕哆、公西赤、任不齐、公良孺、公肩定、鄡单、宰父黑、荣旂、左人郢、郑国、原亢、廉洁、叔仲会、公西舆如、邦巽、陈亢、琴张、步叔乘、秦非、颜哙、颜何、孙奭、乐正克、万章、周敦颐、程颢、邵雍。

东庑先儒二十六位：公羊高、孔安国、毛苌、高堂生、郑玄、诸葛亮、王通、司马光、欧阳修、胡安国、尹焞、吕祖谦、蔡沈、陆九渊、陈淳、魏了翁、王柏、吴澄、许衡、许谦、王守仁、薛瑄、罗钦顺、陆陇其。^②

西庑先儒二十五位：穀梁赤、伏胜、后苍、董仲舒、杜子春、范宁、韩愈、范仲淹、胡瑗、杨时、罗从彦、李侗、张栻、黄干、真德秀、何基、赵复、金履祥、陈澔、陈献章、胡居仁、蔡清、汤斌。增祀先

---

① 按：嘉庆《志》对应内容为卷十六《祀典志》和卷十七《祠庙志》，咸丰《志》为卷一《祠庙附祀典》。
② 按：实际为二十四位。

儒：陆贽、吕坤、黄道周、孙奇逢、刘宗周。①

崇圣祠在大成殿后：肇圣王木金父、裕圣王祈父、贻圣王防叔父、昌圣王伯夏父、启圣王叔梁父。

东配先贤：颜氏。名无繇。孔氏。名鲤。

西配先贤：曾氏。名点。孟氏。名激。

东庑先儒：周氏。名辅成。张氏。名迪。蔡氏。名元定。

西庑先儒：程氏。名珦。朱氏。名松。②

每岁仲春仲秋恭值上丁，县尹先期榜示，一切遵照虔祀，遂有事于群祀。③

每岁八月二十七日恭值先师圣诞，邑绅咸集，斋戒虔祝，每次值首四人轮办。

按：学官地界南至前冈岭，北尽大洲，东抵玉带溪，西毗社稷坛④，悉载旧碑，现在重修工竣。所有学前坊店及山土洲坝芦苇等租钱，俱逐会清款，以备宾兴修补，并勒于碑。⑤

每岁仲春仲秋恭祀关圣帝君，先期榜示，牲牢如孔庙之仪。⑥

每岁五月十三日恭值帝君圣诞，绅民虔祝，备音乐。

按：南关帝君庙，旧制乐楼在街东，不相连属，其下砌有函洞，直达南门，盖取通明之义。嘉庆中，邑人重修，乃以砖墙横匝为两廊，迁官道而迁之，识者谓闭塞离明，虞有不戒。工甫成，邑仕宦

---

① 按：实际为二十八位。

② 嘉庆《志》、咸丰《志》无"圣庙大成殿"至"西庑先儒：程氏，名珦。朱氏，名松"的记载。

③ 嘉庆《志》、咸丰《志》此段作"先师孔子每岁仲春仲秋逢丁致祭，额支牲品，银壹拾陆两"。

④ "西庑先儒二十五位"至"东抵玉带溪，西"：底本缺这部分文字，据尊经阁本补。

⑤ 咸丰《志》有"每岁八月二十七日"至"并勒于碑"两段文字，嘉庆《志》无。

⑥ 嘉庆《志》、咸丰《志》此段作"关帝庙每岁仲春仲秋逢戊致祭，额支牲品，银壹拾陆两，内拨贰两祭厉坛"。

顿寒。道光九年,张府君乃于廊楼下辟二门,设栅通气焉。[①]

每岁仲春仲秋恭祀文昌帝君,先期榜示,牲牢一如前仪。

仲春三日,邑绅民祇祝帝君圣诞,备音乐。

各坛墠每岁春秋致享如仪,不具载。[②]

风俗[③]

《记》曰:"教化行而风俗美。"盖必有教化,然后有人心;有人心,然后有风俗。淳薄之习见于下,变化之权操于上,古王者所以重观风之典也。内邑学校既兴,兵农兼务,《论语》云:"足食足兵,民信之矣。"则正人心以成风俗,其在斯时乎![④]

山川挺秀,多产英奇。《图经》。俗近唐魏,风比齐鲁。衣冠之族,甲于他邑。古记,见省《志》。地侠而腴,民勤耕织。《宋史》。土地沃饶,习俗淳朴。《十景记》。冠重三加,婚循六礼,丧祭遵礼,贫富各称其家。元旦盛音乐,饮椒酒,士大夫迭贺,里民效之。元宵灯火结彩,奏乐夜分不绝。端午饮蒲酒,悬符。七夕乞巧,中秋玩月,重九登高,长至迭贺,如元旦礼。里中宦达多介洁,重名检居,恒以著作自娱。士揖让相先,比户有弦诵声,民喜延师教子,惟耕读为业,乐输公税,彬彬有邹鲁之风。旧《志》。

附载旧《志》论曰:风俗之变在人心哉。隆历间[⑤],里中贵游,和雅相尚,即一二豪达酣啸歌舞,古气未亡。自奢变以来,民间习赌,杀货御人之事嚣争,不悟其非,悍极而偷,诡巧为甚。审役为

---

① 咸丰《志》有"每岁五月十三日"至"设栅通气焉"两段文字,嘉庆《志》无。

② 嘉庆《志》、咸丰《志》此段作"山川社稷先农坛,每岁仲春遇庚辛甲致祭,各坛额支牲品,银壹拾陆两"。

③ 按:嘉庆《志》对应内容为卷十八《风俗志》,咸丰《志》为卷一《风俗》。

④ 嘉庆《志》、咸丰《志》段末有"作《风俗志》"四字。

⑤ 隆历:嘉庆《志》、咸丰《志》作"庆历"。

台司执绥之人，曰"代捕"，而坐受县官餐钱。井落不牛田，而无故椎杀，醉饱以诲盗。锻铜铁充镪，诈入市，坏钱政。服役佣贩之流，冠士人巾，峨然通衢，伪妄相沿，渐不可长。雷侯目击刻心，痛革前弊，庶几官汰冗徒，民留余力，府弊不壅于滥货，等威严别于冠裳，而士习民风可返诸三十年之前矣。

论曰：观旧《志》绪论云云，不无今昔同然之慨。大抵国家承平日久，民物渐繁，其俗必由厚而薄，由淳而浇，势固然也。昔年潘世治封翁尝语予云："挽回风气须自仕宦之家始，我辈不尚纷华，不侈舆仆，彼乡人子弟必相形而内沮。"此真良言。沈相国鲤云："世族子弟只令读书，不许随俗应酬，到得知恋书味，自然一切风华俗好不足以夺之。所谓好仁无以尚也。"近邑中俗弊有大不可解者，并胪于左。

《礼·内则》："妇事舅姑，如事父母。鸡鸣盥漱，栉縰笄总，衣绅杂佩，以适父母舅姑之所。问寒燠，疾痛苛痒，而敬抑搔之。出入，敬扶持之。"诚以合男女以承嗣续子道乃全，是妇即子也。妇之于舅姑，较女为尤笃。今俗则云："翁媳不见面，是以不孝教矣。"《礼》云："叔嫂不通问。"意伯氏年相若者亦在此例。今俗只避夫兄，其小叔虽一日之少，亦出入无忌。又，《礼》云："姑姊妹女子①，子已嫁而返，兄弟不与同席而坐，同器而食。"言出室则引嫌也。今俗则曰："内亲弥加亲昵。"与《礼经》全反，不知男女授受不亲。原为亲者而设，习俗移，人以无礼为礼，反指由礼者为无礼而诋笑之。虽颜、朱家训，亦不能启牖也，在世族大家当必有决择者。

父一而已，以继言者，同姓则有入继出继，异姓则有抚继。母一而已，以分言则别有嫡庶，以恩言则别有继抚。总以名分恩谊定隆杀，倘薄者厚，则厚者薄矣。三父八母之说，诸家家训俱无，律

---

① 姊：底本、尊经阁本原作"妹"，据《礼记》及咸丰《志》改。

典亦不载。而邑中士族竟有援载谱中者，未审何据也。

近时邑中风气，子弟能读书，其父兄于束脩书籍等物则计较吝惜。至嫁女装奁便不量家资，总以饰服华、笼箧多者为美。廿年来，踵事增华，日胜一日，不知伊于胡底。或云：女子能日夜哭索于母，儿则可读可不读故也。其说最悉人情。

凡延启尊长则曰"敦请"，求医卜堪舆亦皆曰"请"。请者，敬之之辞，谓其人不可轻屈也。邑俗于佣工者亦曰"请"，且行之簿券，殊为非是。"佣作"古通谓"雇"，中原人曰"觅"，西南多云"倩"。然则以"请"云者，直是"倩"字之讹，相沿不觉耳。士族宜检点之。又，邑俗通呼木石等匠为"师夫"，亦是口音之误。考唐宋以来杂记，于此辈皆称"司务"，犹言各司其务也，最通。

邑中丧事多用僧道，近时尤炽。乾隆中，旧族如阴、张、刘、谈及吾家，均不及，是后亦渐移，大抵妇人为政也。向尝侍松亭先生，云及此事，先生曰："莫须有，从俗亦可，第不可太费流连耳。"余曰："想来直是古之巫也，故官司祈祷亦用之。僧道特假巫役以治生耳，彼其宗旨何尝有是。"先生曰"然"。

邑城上元灯会，各祠庙燃灯，每处夜费清油百十斤，动云数百盏及千盏不竟。火树煌煌，火坊叠叠。檐牙曲巷，缀络明星，彼此角胜争奇。俾士女聚观，儿童奔舞，以为盛会。借以答天识者，以谓天生物以养人，人暴殄而献之天，天岂乐受乎？矧近年来，人稠地狭，麻芥价昂，每油一斤，需钱将百。贫民妇女有思佐绩而不得半斤四两者，奈何假神会而耗燃于无用之地耶！古谚云："富户十盏灯，儿童相聚戏。贫民一盏灯，妇子相对泣。"读之可为惘然。向尝语惠民宫首领，属其作一众热我冷事，节其浪费，施济坊右贫民[1]，渠以众情难厌遂止。此俗直须贤府君莅邑，樽节爱养，乃能劝谕，而返诸五十年之前也。

---

[1] 右：咸丰《志》作"佑"。

按：史载上元燃灯事，唐皇宋宗皆为盛德之累，余主不足言也。贵为天子，富有天下且不可暴殄为乐，况士民乎？姑志于此以俟君子。①

丘墓②

据前《志》注，有阡所列入无考者，不具载。

唐

状元范崇凯墓③。华萼山后。石刻存。

进士范元凯墓。附近。

阎执中十二进士墓④。治南石家沟左右。

宋

都游奕赵洪墓。治西北石峡口。石刻存。

将军焦光赞墓。治东铧影山下⑤。旧载七进士墓，俱本山前后。

赠金紫光禄大夫御史黄延节墓。诸古山。明碑记有宋金紫光禄大夫黄伯琏墓，名字互异。⑥

赠齐国公赵之礼墓⑦。在华萼何都山。夫人勾龙氏祔。

---

① 嘉庆《志》无"论曰"至"以俟君子"等八段文字，咸丰《志》记载同《志要》。
② 按：嘉庆《志》对应内容为卷四十六《陵墓志》，但其小序为"作《宦达志》，丘墓可考者并注名下"；咸丰《志》为卷五《宦达》，亦曰"丘墓可考者并注名下"。
③ 嘉庆《志》、咸丰《志》作"状元范崇凯金卿"。
④ 嘉庆《志》、咸丰《志》作"阎执中、阎元正等十二进士"。
⑤ 铧影山：嘉庆《志》、咸丰《志》作"华山"。
⑥ 嘉庆《志》、咸丰《志》另有"监察御史黄伯琏"条，作"寺有墓志，明嘉靖中崩，见宋淳熙中，墓在治东诸古"。
⑦ 嘉庆《志》、咸丰《志》作"赠齐国公赵之礼安道"。

赠太师秦国公墓^①。

右丞相卫国公赵雄墓^②。治南九子山。石刻存。

状元赵逵墓^③。华尊山阳。石刻存。

侍郎濯赓墓。治南奚家溪。乡人呼"老濯墓"。

明

给谏赠布政使萧文绶墓^④。县南葛仙原。

部郎刚靖吴俨墓^⑤。亭溪坝。

佥事门泰墓^⑥。治西太平山。

给谏赠尚书李蕃墓^⑦。县东梧桐沟狮子山。

布政使萧俨墓^⑧。银杏铺接驾原。

应天府丞冉哲墓^⑨。河东老虎沟。

主事尤瓒墓^⑩。县西永福桥。

赠主事门联峰墓^⑪。山川坛左。

赠主事门永祥墓。寿溪山。

郎中门相墓^⑫。山川坛右。

都御史王永昌墓。一缌滩下江石溪。碑刻存。

---

① 嘉庆《志》、咸丰《志》作"赠太师秦国公赵存"。
② 嘉庆《志》、咸丰《志》作"右丞相卫国文定公赵雄温叔"。
③ 嘉庆《志》、咸丰《志》作"状元中书舍人赵逵庄叔"。
④ 嘉庆《志》、咸丰《志》作"给事中赠布政使萧文绶藻伯"。
⑤ 嘉庆《志》、咸丰《志》作"员外郎刚靖吴俨若思"。
⑥ 嘉庆《志》、咸丰《志》作"按察佥事门泰鲁瞻"。
⑦ 嘉庆《志》、咸丰《志》作"赠尚书前给事中李蕃秀实"。
⑧ 嘉庆《志》、咸丰《志》作"贵州左布政萧俨畏之"。
⑨ 嘉庆《志》、咸丰《志》作"给事中应天府丞冉哲尚彝"。
⑩ 嘉庆《志》、咸丰《志》作"刑部主事尤瓒贵之"。
⑪ 嘉庆《志》记载同,咸丰《志》作"赠主事门之祜联峰"。
⑫ 嘉庆《志》、咸丰《志》作"刑部郎中门相良弼"。

封都御王守约墓。回龙山。[1]

副使吴玉墓[2]。县南凤鸶冈。

副使余金墓[3]。县西白象山。

知县张玉林墓[4]。县西新桥山。

郎中李临安墓。县东琉璃山。

赠侍郎高友恭墓[5]。县西漆园阡。

佥事赠侍郎刘时敩墓[6]。河东太平山。

封副使阴秉衡墓。县西龙潭山。

副使阴子淑墓[7]。小龙溪。

知府张介墓[8]。县西龙市镇。

赠长史马惟和墓[9]。县南丁家沟。

大参马自然墓。县西澜泥沟。[10]

大参邓山墓。石溪铺。

赠侍郎高齐南墓[11]。三堆山。

金沧道马溪东墓[12]。河东梅子湾。

宫保李充嗣墓。在湖南澧州[13]。

① 嘉庆《志》、咸丰《志》作"封都御史湘乡教谕王守约可庵,墓在一缌滩回龙山下,华表尚存"。
② 嘉庆《志》、咸丰《志》作"广西提学副使吴玉廷献"。
③ 嘉庆《志》、咸丰《志》作"陕西副使余金贡之"。
④ 嘉庆《志》、咸丰《志》作"北胜州知州张玉林静庵"。
⑤ 嘉庆《志》、咸丰《志》作"赠户部侍郎前知县高友恭子钦"。
⑥ 嘉庆《志》、咸丰《志》作"赠礼部侍郎前佥事刘时敩用举"。
⑦ 嘉庆《志》、咸丰《志》作"贵州副使阴子淑宗孟"。
⑧ 嘉庆《志》、咸丰《志》作"思州府知府张介廉夫"。
⑨ 嘉庆《志》、咸丰《志》作"赠长史前明经马惟和"。
⑩ 嘉庆《志》、咸丰《志》作"贵州参政马自然思勉,墓在邑西澜泥沟安贤山"。
⑪ 嘉庆《志》、咸丰《志》作"赠户部侍郎前通判高齐南宗望"。
⑫ 嘉庆《志》、咸丰《志》作"云南金沧道马溪东镇川"。
⑬ 嘉庆《志》、咸丰《志》作"宫保兵部尚书谥康和李充嗣梧山,墓在寿溪桥"。

大参李文安墓[①]。南接驾滩太安坝[②]。

郎中张拱墓[③]。南鱼跃山。

知府赠侍郎刘珏墓[④]。三峰山隔江。

赠都御史萧韶墓。邑东龙岩井真武山。

总督萧翀墓[⑤]。邑东白毛坝。

粮储总督谥毅愍马炳然墓[⑥]。楠木园。

都御史王一言墓[⑦]。一缌滩上翔凤山。

赠尚书赵文杰墓[⑧]。县西凌云山。

尚书刘瑞墓[⑨]。黄金坝凤翥洲。

运使张伟墓[⑩]。邑西海棠沟。

巡按马溥然墓[⑪]。邑东梅子湾。

通判忠义吴伯钧墓[⑫]。河西大佛寺印山。

鸿胪卿郑裕墓[⑬]。邑西南孟市冲。

侍郎高公韶墓[⑭]。漆园井。

知府张叔安墓[⑮]。邑西萧家墙。

---

① 嘉庆《志》、咸丰《志》作"广西参政李文安邦甫"。

② 太：嘉庆《志》、咸丰《志》作"大"。

③ 嘉庆《志》、咸丰《志》作"郎中张拱朝仪"。

④ 嘉庆《志》、咸丰《志》作"赠户部侍郎前鹤庆府知府刘珏廷重"。

⑤ 嘉庆《志》、咸丰《志》作"都察院右都御史两广总督晋一品萧翀凌汉"。

⑥ 嘉庆《志》、咸丰《志》作"都察院右都御史南京粮储总督谥毅愍马炳然"。

⑦ 嘉庆《志》、咸丰《志》作"都察院右副都御史陕西巡抚王一言石亭"。

⑧ 嘉庆《志》、咸丰《志》作"赠礼部尚书前云梦县令赵文杰士英"。

⑨ 嘉庆《志》、咸丰《志》作"礼部尚书谥文肃刘瑞五清"。

⑩ 嘉庆《志》、咸丰《志》作"两淮运使张伟柏轩"。

⑪ 嘉庆《志》、咸丰《志》作"巡按御史马溥然东林"。

⑫ 嘉庆《志》、咸丰《志》作"推官晋通判吴伯钧任重"。

⑬ 嘉庆《志》、咸丰《志》作"鸿胪寺卿郑裕有容"。

⑭ 嘉庆《志》、咸丰《志》作"户部左侍郎高公韶三峰"。

⑮ 嘉庆《志》、咸丰《志》作"知府张叔安一山"。

主事晏珠墓①。邑西茨沟铺。

赠尚书张复祖墓②。萧家墙。

赠尚书张大器墓③。三堆飞凤山。

尚书张潮墓④。楠木园。

太常卿余才墓⑤。邑东梅子湾一载龙桥。

赠大理寺卿蜀府教授刘彩墓。邑东龙谷冲⑥。

大理卿刘望之墓⑦。龙谷冲三台。子翾、翻墓附。

长史游淄墓⑧。高峰寺山。

赠知府赵达墓⑨。田家场乌鸦山。

蜀府奉祀喻柯墓⑩。隆教寺山。

参议王之臣墓⑪。一缌滩上翔龙山。

少保赵贞吉墓⑫。三堆山下。

赠都御史马升阶墓⑬。苏家冲楠木厅。

参议李全墓⑭。邑西牛心山。

郡同知赵占墓⑮。河东见龙山。子从先墓附。

---

① 嘉庆《志》、咸丰《志》作"户部主事晏珠廷光"。
② 嘉庆《志》、咸丰《志》作"赠礼部尚书张复祖"。
③ 嘉庆《志》、咸丰《志》作"赠礼部尚书张大器"。
④ 嘉庆《志》、咸丰《志》作"礼部尚书翰林院掌院学士张潮玉溪"。
⑤ 嘉庆《志》、咸丰《志》作"太常卿余才德仲"。
⑥ 嘉庆《志》、咸丰《志》作"墓在龙谷冲太平山"。
⑦ 嘉庆《志》、咸丰《志》作"大理寺正卿资治尹刘望之一崖"。
⑧ 嘉庆《志》、咸丰《志》作"蜀府长史游缃文达"。
⑨ 嘉庆《志》、咸丰《志》作"赠知府应天训导赵达九逵"。
⑩ 嘉庆《志》、咸丰《志》作"蜀府奉祀喻柯子渐"。
⑪ 嘉庆《志》、咸丰《志》作"福建布政司左参议王之臣敬充"。
⑫ 嘉庆《志》、咸丰《志》作"少保文渊阁大学士兼掌都察院事文肃赵贞吉大洲"。
⑬ 嘉庆《志》、咸丰《志》作"赠右都御史前武陵令马升阶汝弼"。
⑭ 嘉庆《志》、咸丰《志》作"陕西参议李全伯才"。
⑮ 嘉庆《志》、咸丰《志》作"襄阳同知赵占吉卿"。

知府刘养仕墓①。邑西龙江镇凤岭山。

郎中赠侍郎何祥墓②。亭溪坝。

通判赠御史龚文魁墓③。邑西周家桥。

知府张求可墓。水心坝。④

封君王汝乔。邑南九子山。

佥事刘三正墓⑤。邑东玉台山。

知县徐应元墓⑥。乐稳山。

布政使高察墓⑦。邑西茨沟铺。

封知县门希哲墓。寿溪山。

赠都御史阴汝夏墓。邑西新桥桂溪。

宫保尚书阴武卿墓⑧。黄市镇。

知府马彦卿墓⑨。高峰山。

知州马逢伯墓⑩。九龙庵下马氏高茔。

参议罗良祯墓⑪。大石鼓玉印山。

宫保尚书何起鸣墓⑫。邑西回龙山。

御史马呈图墓⑬。邑东麻柳坝。

赠侍郎梅二元墓。西新桥黄鹤镇。

---

① 嘉庆《志》、咸丰《志》作"永州府知府刘养仕学夫"。
② 嘉庆《志》、咸丰《志》作"赠工部侍郎前郎中何祥子修"。
③ 嘉庆《志》、咸丰《志》作"赠御史前通判龚文魁"。
④ 嘉庆《志》、咸丰《志》作"知府张求可定夫,墓在茂市镇对江水心坝"。
⑤ 嘉庆《志》、咸丰《志》作"山西佥事刘三正"。
⑥ 嘉庆《志》、咸丰《志》作"知县徐应元子真"。
⑦ 嘉庆《志》、咸丰《志》作"广西左布政使高察汝哲"。
⑧ 嘉庆《志》、咸丰《志》作"宫保南京兵部尚书阴武卿月溪"。
⑨ 嘉庆《志》、咸丰《志》作"大理府知府马彦卿次彰"。
⑩ 嘉庆《志》、咸丰《志》作"南安知州马逢伯应卿"。
⑪ 嘉庆《志》作"湖广参议罗良祯云衢",咸丰《志》无。
⑫ 嘉庆《志》作"宫保工部尚书何起鸣应岐",咸丰《志》无。
⑬ 嘉庆《志》作"御史马呈图道甫",咸丰《志》无。

总督梅友松墓①。南关外寿星山。

主事高梅墓②。来宝井山。

赠尚书前金事马鲁卿墓③。邑西楠木厅。

封知府王一阳墓。邑东三溪口上。④

知府萧莽墓。高峰寺近山。⑤

运使王三锡墓⑥。邑东北对江。

赠都御史邓谟墓。南水犁沟。⑦

总督邓林乔墓⑧。乐稳山。

御史龚懋贤墓⑨。乐贤铺一笑山。

主事陈纪墓⑩。邑西傅家溪。

尚书马鸣銮墓⑪。丛林铺。

大参张季思墓⑫。石溪铺。

知州赵台柱墓。河东凤窝。⑬

赠尚书前金事张文华墓⑭。邑西三河口。

知府杨世传墓⑮。乐稳山。

① 嘉庆《志》作"兵部侍郎兼右副都御史三边总督梅友松茂卿",咸丰《志》无。
② 嘉庆《志》作"主事高梅汝调",咸丰《志》无。
③ 嘉庆《志》作"赠兵部尚书都察院右都御史前云南金事马鲁卿道传",咸丰《志》无。
④ 嘉庆《志》、咸丰《志》无小字记载。
⑤ 嘉庆《志》作"澂江府知府萧莽子光,墓在高峰山上里许",咸丰《志》无。
⑥ 嘉庆《志》、咸丰《志》作"福建转运使王三锡用怀"。
⑦ 嘉庆《志》、咸丰《志》作"赠右副都御史邓谟,墓在县南兴隆山"。
⑧ 嘉庆《志》、咸丰《志》作"都察院左副都御史三边总督邓林乔子祯"。
⑨ 嘉庆《志》、咸丰《志》作"京畿道御史龚懋贤晋甫"。
⑩ 嘉庆《志》、咸丰《志》作"户部主事陈纪惟修"。
⑪ 嘉庆《志》、咸丰《志》作"兵部尚书都察院右都御史总督宣大马鸣銮凤麓"。
⑫ 嘉庆《志》、咸丰《志》作"山西参政张季思以诚"。
⑬ 嘉庆《志》、咸丰《志》作"岳州知州赵台柱,墓在县东凤窝山"。
⑭ 嘉庆《志》、咸丰《志》作"赠工部侍郎前陕西金事张文华两茂"。
⑮ 嘉庆《志》、咸丰《志》作"河南府知府杨世传象山"。

部郎张问达墓①。 _{榉木镇。}

赠御史萧蘅墓②。 _{邑东萧家坝狮子山。}

光禄卿萧如松墓③。 _{邑东丁家坝骊龙山。}

布政使张尧臣墓④。 _{邑西海棠沟。}

赠通政郑彦俊墓。 _{邑西南葛仙山。}

通政使晋侍郎郑璧墓。 _{邑西南江上。}⑤

封承德郎陈安庆墓。 _{寿溪山。}

京兆判陈绪墓⑥。 _{邑东枣阳山。}

赠知府锺奇训墓⑦。 _{邑南葛仙山。}

开封同知锺应麟墓⑧。 _{同上。}

封知县范金鳌墓、知县范文彦墓⑨。 _{石笋山。}

副使张应登墓⑩。 _{榉木镇胡卢坝。}

井陉令张应台⑪、封君张瑶墓。 _{长堰铺玉枕山。}

赠都御史前评事喻绳祖墓⑫。 _{邑东龙洞山。}

赠知府黄历耕墓、按察使黄似华墓⑬。 _{银杏铺后雪山。}

彰德同知马鸣毂墓⑭。 _{高峰山。}

---

① 嘉庆《志》、咸丰《志》作"郎中张问达德孚"。
② 嘉庆《志》、咸丰《志》作"赠河南道御史萧蘅"。
③ 嘉庆《志》、咸丰《志》作"光禄寺卿萧如松鹤侣"。
④ 嘉庆《志》、咸丰《志》作"云南布政使张尧臣希夔"。
⑤ 嘉庆《志》、咸丰《志》作"通政使晋工部侍郎郑璧文字",无小字记载。
⑥ 嘉庆《志》、咸丰《志》作"京兆判陈绪惟光"。
⑦ 嘉庆《志》、咸丰《志》作"赠知府锺奇训起龙"。
⑧ 嘉庆《志》、咸丰《志》作"开封府同知锺应麟孟仁"。
⑨ 嘉庆《志》、咸丰《志》作"文县令范文彦季淹"。
⑩ 嘉庆《志》、咸丰《志》作"山东副使张应登玉车"。
⑪ 嘉庆《志》、咸丰《志》作"井陉令张应台玉甫"。
⑫ 嘉庆《志》、咸丰《志》作"赠金都御史前大理寺评事喻绳祖来武"。
⑬ 嘉庆《志》、咸丰《志》作"云南按察使黄似华邻初"。
⑭ 嘉庆《志》、咸丰《志》作"彰德府同知马鸣毂君顾"。

通判何台墓。邑西大安山①。

赠布政使周满墓。小龙山。

赠知州梁杞、同知梁弘化墓②。楠木山。

良酝署正刘涵墓。椑木镇对河。尚书瑞兆。③

赠布政使李师勉、李崇先、太常卿李应魁墓④。河东三溪山。

布政使周士昌墓。华岩山。⑤

赠都御史张凤祯、巡抚张亮墓⑥。邑西新桥山。

侍郎张学周墓⑦。邑西张官山。

学博张见思墓。长丰镇上。

州牧张于极墓。水心山。⑧

教授王之屏墓⑨。邑东王家冲。

封御史王家栋墓。道陵寺。⑩

侍御王范墓⑪。在丹阳。

封知县高世洵墓。三堆玉几山。

长史赵鼎柱墓⑫。文曲峰右。

---

① 大：嘉庆《志》、咸丰《志》作"太"。

② 嘉庆《志》、咸丰《志》作"宁波同知梁洪化贰甫"。按，弘：底本、尊经阁本原亦作"洪"，据前文《梁弘化传》辨释而改。

③ 嘉庆《志》、咸丰《志》俱无小字记载。

④ 嘉庆《志》、咸丰《志》作"赠左布政李师勉""赠御史累赠左布政李崇先""太常寺正卿前左布政李应魁务滋"。按，崇：底本、尊经阁本原作"荣"，据前文及二《志》改。

⑤ 嘉庆《志》、咸丰《志》作"云南布政使周士昌心濂，墓在华崖滩"。

⑥ 嘉庆《志》、咸丰《志》作"赠郎中累赠右副都御史张凤祯现喈""都察院右副都御史安庐巡抚谥忠烈张亮揆伯"。

⑦ 嘉庆《志》、咸丰《志》作"工部侍郎张学周慕西"。

⑧ 嘉庆《志》、咸丰《志》作"彝陵州牧张于极，由贵州中式"。

⑨ 嘉庆《志》、咸丰《志》作"马湖教授王之屏楼山"。

⑩ 嘉庆《志》、咸丰《志》无小字记载。

⑪ 嘉庆《志》、咸丰《志》作"巡按御史王范慕吉"。

⑫ 嘉庆《志》、咸丰《志》作"赠知府前长史赵鼎柱"。

封征仕郎王珏墓①。一缌滩上石马山。

黄平州牧王嘉制墓②。一缌滩上林溪口。

都事张文简墓。椑木镇山。

陕西贰尹王珖墓③。石圈子石马冲。

彭水令喻大杰墓。连滩井。

封主事高冈墓。邑南九子山。

正治上卿布政使高世彦墓④。邑西喜晴桥。

侍郎刘养直墓⑤。邑西玉屏山。

赠知县间光、都御史间东墓。黄市井。⑥

赠知县门世仰墓。三元山。

知县门缙墓⑦。太平山。

御史萧世延墓⑧。高峰天石山。

御史高镛墓⑨。县西喜晴桥。

赠侍郎何宗义墓。邑西斑竹溪⑩。

赠员外王之彦、知府王有翼墓。椑木镇五里山。⑪

部郎周嘉宾墓。龙兴寺。⑫

---

① 嘉庆《志》、咸丰《志》作"封征仕郎王珏金泉"。
② 嘉庆《志》、咸丰《志》作"普安州判晋黄平州王嘉制两溪"。
③ 嘉庆《志》、咸丰《志》作"陕西县丞王珖少泉"。
④ 嘉庆《志》、咸丰《志》作"正治上卿布政使高世彦白坪"。
⑤ 嘉庆《志》、咸丰《志》作"户部侍郎刘养直敬夫"。
⑥ 嘉庆《志》、咸丰《志》作"赠知县间光、提学御史间东启明，旧《志》一载知县，两载都御史，此本坊表，墓在黄市井"。
⑦ 嘉庆《志》、咸丰《志》作"知县门缙里甫"。
⑧ 嘉庆《志》、咸丰《志》作"巡按御史萧世延子静"。
⑨ 嘉庆《志》、咸丰《志》作"巡按御史高镛景甫"。
⑩ 溪：嘉庆《志》、咸丰《志》作"沟"。
⑪ 嘉庆《志》、咸丰《志》作"赠员外郎王之彦，墓在长堰铺西南""平凉府知府王有翼仲甫"。
⑫ 嘉庆《志》、咸丰《志》作"礼部员外郎周嘉宾仲召"，无小字记载。

赠大参张捷。瓦陶坝。①

知州蒋如兰墓。邑东倒石桥。②

副使周瑶墓。黄市井。③

赠郎中张玙墓。水心坝。④

助教赠知州赵蒙吉墓⑤。河东凤窝。

莒州牧余祯墓。青冈坪。⑥

御史江必先墓。长堰铺。⑦

佥事李志纲墓。邑东东岳庙。⑧

同知赠布政使张士俨墓。瓦陶坝。⑨

南韶道张于衡墓。水心山。⑩

教授马敩修墓⑪。邑东颇里沱。

都司马鸣珂墓。楠木园。

州牧张明辅墓⑫。青冈坪。

通判何思华墓。太子碑。⑬

尚书门克新墓。寿溪山。

知县门克义墓。寿溪山。⑭

本县令谭彦福墓。资圣寺后山。

---

① 嘉庆《志》、咸丰《志》作"赠布政司参政张捷",无小字记载。
② 嘉庆《志》、咸丰《志》作"靳州知州蒋如兰伯善",无小字记载。
③ 嘉庆《志》、咸丰《志》作"云南副使周瑶鸣佩",无小字记载。
④ 嘉庆《志》、咸丰《志》无小字记载。
⑤ 嘉庆《志》、咸丰《志》作"赠知州国子助教赵蒙吉仲通"。
⑥ 嘉庆《志》、咸丰《志》作"莒州知州余祯邦基",无小字记载。
⑦ 嘉庆《志》、咸丰《志》无小字记载。
⑧ 嘉庆《志》、咸丰《志》作"云南佥事李志纲振纪",无小字记载。
⑨ 嘉庆《志》、咸丰《志》作"赠布政司参政前同知张士俨,墓在治西"。
⑩ 嘉庆《志》、咸丰《志》作"岭北南韶道张于衡宾于",无小字记载。
⑪ 嘉庆《志》、咸丰《志》作"保宁教授马敬修",按,"敬""敩"不同。
⑫ 嘉庆《志》、咸丰《志》作"定番牧张明辅金沙"。
⑬ 嘉庆《志》、咸丰《志》作"太平府通判何思华鉴沧",无小字记载。
⑭ 嘉庆《志》、咸丰《志》载门克新、门克义"由陕西占内籍"。

本县令傅元亨墓。南门文兴街。

本县教谕陈宁墓。学宫山前。

理学张延年墓①。萧家墙。

隐士杨廷蓁墓。回龙山②。

钦赐进士李相墓。华崖滩玉釜山。

置制使晏公武墓③。茂市镇晏家街。

府同知王迁、知府王应期墓。金紫山。④

国朝

凤宿道杨所修墓⑤。在江宁牛首山。

部郎黄开运墓。张家场。⑥

洮岷道吴允谦墓。邑西吴家沟。⑦

知县杨桐、部郎杨化元墓⑧。邑东高桥。

松江推官王于蕃墓。邑东王家冲。⑨

知县王傀墓。同上。

束鹿令阴纪世墓。楢木镇对河。⑩

靖安令何显祖墓⑪。太子碑。

---

① 嘉庆《志》、咸丰《志》作"理学张延年玄与"。

② 嘉庆《志》、咸丰《志》作"墓在县西杨家铺回龙山"。

③ 嘉庆《志》、咸丰《志》作"置制使晏公武天成"。

④ 嘉庆《志》、咸丰《志》作"赠府同知王迁""楚雄府知府王应期士兴",无小字记载。

⑤ 嘉庆《志》、咸丰《志》作"凤宿道杨所修爱竹"。

⑥ 嘉庆《志》、咸丰《志》作"刑部郎中黄开运天文,墓在县西"。

⑦ 嘉庆《志》、咸丰《志》作"洮岷道吴允谦凝之,墓在县西"。

⑧ 嘉庆《志》、咸丰《志》作"赠郎中前礼县令杨桐、刑部郎中杨化元"。

⑨ 嘉庆《志》、咸丰《志》作"松江府推官王于蕃担四",无小字记载。

⑩ 束:底本、尊经阁本原讹作"东",据嘉庆《志》、咸丰《志》改。另,二《志》无小字记载。

⑪ 嘉庆《志》、咸丰《志》作"靖安令何显祖尔公"。

六合令喻宏林墓。一缌滩田铺。①

淄川令黄瑛墓。张家场。②

教谕张明烈墓。段家坝。

永安令吴芳龄墓。吴家沟。

知县门迺正、门迺路墓。寿溪桥。③

知县潘文湘。濯家坝。④

贡生封学博王祚洪墓⑤。江石溪。

贡生赠知县王炎墓⑥。一缌滩上玉甲山左。

教谕赠主事姜毓奇墓。青冈坪。⑦

封主事姜察墓⑧。太平坝。

主事姜锡嘏墓。资州状元祠后。⑨

训导赠教授谈惟达墓⑩。玉甲山右。

沂州同知喻宏猷墓。石屏墙。⑪

连州牧黄以弁墓⑫。张家场。⑬

河东大使刘汉健墓。石桥冲。⑭

---

① 嘉庆《志》、咸丰《志》作"六合令喻宏林西园",无小字记载。

② 嘉庆《志》、咸丰《志》"黄瑛"及下"张明烈""吴芳龄"条均无小字记载。

③ 嘉庆《志》二人分列,作"万泉令门迺路""安定令门迺正";咸丰《志》亦分列,作"万泉令门迺路掌公,墓在县南山川坛右,与毅然合冢""安定令门迺正思位,墓在寿溪山"。

④ 嘉庆《志》、咸丰《志》无小字记载。

⑤ 嘉庆《志》作"修职郎贡生王祚洪",咸丰《志》无。

⑥ 嘉庆《志》作"文林郎贡生王炎圭九",咸丰《志》无。

⑦ 嘉庆《志》、咸丰《志》作"赠主事前阆中教谕姜毓奇,墓葬青杠坪"。

⑧ 嘉庆《志》作"奉直大夫庠生姜察",咸丰《志》无。

⑨ 嘉庆《志》、咸丰《志》作"礼部精膳司主事前翰林院庶吉士姜锡嘏尔常",无小字记载。

⑩ 嘉庆《志》、咸丰《志》作"赠教授前南充训导谈惟达"。

⑪ 嘉庆《志》、咸丰《志》无小字记载。

⑫ 黄以弁墓:底本缺此四字,据尊经阁本补。

⑬ 嘉庆《志》、咸丰《志》作"名哀,墓在治西黄家桥"。

⑭ 嘉庆《志》、咸丰《志》作"河东盐场大使刘汉健东崖",无小字记载。

新安令王涛墓。一緦滩上锺湾。^①

翰林侍诏谈中经墓^②。县北双氹口。

赠知府王赐缨墓。一緦滩上玉甲山右。^③

封知府王泰墓。玉甲山左。

都司余中銮墓。白鹤场。^④

教授邓家榕墓^⑤。田家坝。

教谕张仲谟墓^⑥。在渠县。

学博谈壮猷墓^⑦。杨家场。

教授门昂墓。寿溪桥。^⑧

内阁中书王者瑞、钦赐检讨王体亨墓。郑子沟。^⑨

封教授谈宋墓^⑩。双氹。

封知县王赐乐墓。来宝井上。^⑪

赠知州衔艾显彰、封知州衔艾祖麟墓^⑫。梧桐里迎翠山。

封知县喻治墓^⑬。一緦滩上田铺。

封教授邓元宰墓^⑭。田家坝。

---

① 嘉庆《志》、咸丰《志》作"新安令王涛海活,墓在一緦滩锺家山"。

② 嘉庆《志》、咸丰《志》作"翰林院待诏谈中经叙五"。

③ 嘉庆《志》、咸丰《志》无"王赐缨"及下"王泰"条。

④ 咸丰《志》作"正定游击余中銮",无小字记载;嘉庆《志》无。

⑤ 嘉庆《志》、咸丰《志》作"重庆府教授邓家瑢"。

⑥ 嘉庆《志》、咸丰《志》作"渠县教谕张仲谟嘉言"。

⑦ 嘉庆《志》、咸丰《志》作"灌县训导谈壮猷"。

⑧ 嘉庆《志》作"建昌教授门昂",咸丰《志》作"建昌教授门昂令望,墓在寿溪山"。

⑨ 嘉庆《志》、咸丰《志》作"钦赐内阁中书王者瑞凤仪""钦赐翰林院检讨王体亨",无小字记载。

⑩ 嘉庆《志》作"文林郎庠生谈宋宾一",咸丰《志》无。

⑪ 嘉庆《志》作"文林郎王赐乐以枚,墓在石圈溪左",咸丰《志》无。

⑫ 嘉庆《志》分列,作"奉直大夫艾显彰克绳""奉直大夫艾祖麟瑞征",咸丰《志》无。

⑬ 嘉庆《志》作"文林郎喻治化一",咸丰《志》无。

⑭ 嘉庆《志》作"文林郎邓元宰",咸丰《志》无。

封知县门琛墓^①。寿溪山。

奉贤令五品衔艾荣松墓、大使艾荣模墓。艾家坡。^②

赠知县苏茂眉墓。海棠沟。^③

封知县苏纯臣墓。海棠沟。

教授刘德勋墓。石桥冲。^④

学博邓荣举墓。满天星。^⑤

教谕封知府潘泰熙墓。罗金坝。^⑥

知府潘毓琁墓。罗金坝。^⑦

溧阳令易含章墓。白鹤场。^⑧

绵州学正杨悫墓。学宫对山^⑨。

儒林王浚墓。王家湾左。^⑩

《土地部·古迹》载：汉太尉墓像碑隶内江，未详何在。

按：《字原》云：碑在资州内江县。《隶续》云：太尉墓中画像，蜀人谓之燕王墓，人物未知所依据。一石横四尺、高二尺有半，两巨人高坐，右方有"伏尉公"三字，左方有"右将军韩侯子本"七

---

① 嘉庆《志》作"文林郎庠生门琛"，咸丰《志》无。
② 嘉庆《志》分列，作"江南砀山令艾荣松响斋""候选盐大使艾荣模"，咸丰《志》作"江苏砀山奉贤令艾荣松""福建前江盐场大使艾荣模"，均无小字记载。
③ 嘉庆《志》、咸丰《志》无"苏茂眉"及下"苏纯臣"条。
④ 嘉庆《志》作"双流县教谕刘德勋"，咸丰《志》作"保宁教授刘德勋"，均无小字记载。
⑤ 嘉庆《志》、咸丰《志》作"南川县教谕邓荣举"，无小字记载。
⑥ 嘉庆《志》作"苍溪教谕潘泰熙"，无小字记载；咸丰《志》作"赠朝议大夫成都县训导潘泰熙，墓在县东罗镜坝"。
⑦ 嘉庆《志》作"广东阳春知县潘毓琁"，无小字记载；咸丰《志》作"湖南宝庆知府潘毓琁，墓在县东罗镜坝"。
⑧ 嘉庆《志》作"江苏知县易含章"，无小字记载；咸丰《志》作"江苏溧阳令易含章，墓在县东石子里水竹林湾"。
⑨ 嘉庆《志》作"墓在西象山"，咸丰《志》无。
⑩ 嘉庆《志》、咸丰《志》无"王浚"条。

字。又一石，七人分坐三席，其中一席二人，题其左曰"高陵侯"，右曰"曲□侯"，人物字画比前石甚小。伏尉公盖是用伏为太，即太尉公也。建武中，右将军官废[1]，汉末方复有之。益州十二郡国，二百年间五人为三公，至太尉者[2]，南郑李固、成都赵戒、戒之孙谦。二赵在威宗、献帝时，内江去成都不远，岂其冢墓耶？究未详墓所在。

近道光十二年秋，霖雨弥月。邑东地名红庙子，上去新店场数里，道旁王姓界内，土崩一穴，甚深邃。土人以长梯下执炬视之，系墓之外道，如回廊曲抱。后左右三面，前面未通，皆右壁坚致，高可二丈，廊道宽可八尺，中如囷仓，径尚数丈。其壁方，皆镌天官神像，各执简笏。连日观者以数千计，有父老云数十年前亦穿一次，旁两门下各银佛一尊[3]，被取去。又有盗凿内壁，痕深尺许未透云[4]，其外亦无华表等迹。有康姓者，家红庙，亲入视之，为言其详。

按：宋明赵氏世居此境，岂赵氏之茔耶？抑即所谓太尉冢耶？不可考矣。盖巨冢代远，夷为民田者。附志于此。崩穴旋封塞。[5]

---

[1] 军：底本此字缺，据尊经阁本补。

[2] 太尉：底本此二字缺，据尊经阁本补。

[3] 两门：底本此二字缺，据尊经阁本补。

[4] 许未：底本此二字缺，据尊经阁本补。

[5] 嘉庆《志》、咸丰《志》无"《土地部·古迹》"至"崩穴旋封塞"等四段文字。

内江县志要文献部卷之四上

原序①

原志序

明　邑令　胡汉章②

古者诸侯之国各有史，若晋之《乘》、楚之《梼杌》、鲁之《春秋》之类是已。周官所谓外史，合四方之志，其即列国之史乎？自秦罢封建，置郡邑，史亦从此废矣。后世天下始有志，志岂易言哉？③苟非博学洽闻者，未易执笔。且如一郡一邑，志未修则事迹无征，文献不足，粗俗鄙陋，失之野而已。若修而非人，则采取弗确，纪载迷公，而淑慝颠倒，反失之诬焉。揆斯二者，过犹不及，然与其诬不若野之为愈。

内邑之《志》，历岁久未修，亦尝修而未善。弘治己酉，前尹陈豸史、致政吴宪副二先生④，皆博学洽闻，故其修史采取，纪载凿凿皆实，笔削郁郁乎文。至收载诗文制作，又皆协骚雅，中矩度，关

---

① 原序：二字为整理者所加。按，底本、尊经阁本正文中原无"原序"二字，但卷首目录、序所在页版心中有，据之补。另，嘉庆《志》无此部分，咸丰《志》对应内容为卷首"历代序跋"。

② 原志序：咸丰《志》作"明邑令胡汉章序"，小字注"乡进士，淮安人"。按，底本、尊经阁本原作"明邑令胡汉章原志序"，为使篇目清晰，稍作调整，此《原序》及下《艺文》部分俱先标篇目，后列作者，下文不再出校。

③ 后世天下始有志志岂易言哉：咸丰《志》仅一"志"字。

④ 陈豸史、吴宪副：按，己酉为弘治二年，据署县事时间，当指陈铨、吴玉。

涉县治，裨益风教，有非浮泛不切比也。维时虽未梓行，遗稿具在。

余承乏内江，莅任之初，政务丝纷糜沸，日昃不遑，殚心竭力。越一载余，逋赋渐完，积讼渐决，烦剧者渐清理。公堂稍暇，乃取前《志》阅之，条分类析，书法谨严。耐自己酉至今十有四载，中间户口田赋之岁增，科贡人才之辈出，官僚瓜代，节孝荐臻，久当继录。于是再询再续，梓为完书，使吾侪与此邦人士观之，各省厥躬，勉助当务，则官举其职，士精其业，民德归厚，其裨益不亦多乎！继自今同志君子尚期续其所当书，而更图其所可尽者，若是，则内江一邑永为文献之邦矣。《志》凡六卷，遂命匠氏之操铁笔者录以传远。

弘治十五年壬戌十一月。

原志序

明　邑人　吴　玉[1]

志之源流尚矣。内江县《志》，我国朝永乐年已尝纂修。彼时唐宋名人显宦石刻、范公《华萼赋》、赵卫公《神道碑》之类，尚存可录。以故考究精核，纪载详明，惜未版而无遗稿。正统丁卯专琴席者，虽经继修，舛谬差池，阔略殊甚，观者病焉。

成化壬寅，湖南陈公铨以名进士宰吾邑，视篆之后，即欲踵成。岁偶大荒，政急先务，公雅志虽有在而不暇及也。继而旱熄民苏，政兴教举，乃曰："本邑之《志》，四十余载未修，实为缺典，岂容更缓乎？"爰聘掌教白先生璧谓玉，邑人，颇知始末，相与稽考前编，捃摭近事。稿完未镌梓，公赴廷诏为侍御，白有马湖郡博之升，书遂寝。因循十载，若将有待。

弘治庚申，淮安胡公奎早领乡荐，雅重斯文，令历三霜，廉如一日，乃取前稿再加校雠，两越月而书成。以余尝职教事，宜铸辞

---

① 原志序：咸丰《志》作"明邑人吴玉序"，小字注"进士，历副使"。

以冠篇端。粤昔唐杜子作《北征》诗,无虑数百言,韩子作《南山》诗,无虑千余言,后人读之,酸醎异好,宋黄山谷评之曰:"论工巧,则《北征》不及《南山》。若书一代之事,以与《国风》《雅》《颂》相表里,则《北征》不可无,而《南山》不作未害也。"公论遂定。

由是观之,凡著作不关风教,虽工无益。今天下志书之作,其凡例、其目录、其采取纪述,大较相同。原作者之意,非无谓也,盖欲人睹山川则思无负于降神,睹学校则思以造就人才,观风俗则思移易之,俾还淳朴。户口贡赋,何以致其增而无减?宫室坛壝,何以保其成而无废?先贤名宦,古今人物,思与之匹休;忠臣烈士,孝子顺孙,思与之媲美。凡产于斯,宦于斯,一一加之意,则裨益风教不既多乎!

虽然,纪载固繁,人才为重,一郡一邑,幸而宏材硕德产焉。盐梅鼎鼐,舟楫巨川,霖雨天下,则山川出色,草木生辉,而郡邑之名因之不朽矣。不幸而所产者异于是,鼎覆公𫗧,舟臭厥载,民罹恔焚,则林惭无尽,涧愧不歇,而郡邑之名能无玷乎?昔人云:"干木隐而西河美,李陵降而陇西惭。"又云:"姑苏有丁谓,三吴之耻也;临川有安石,荆楚之累也。"人材系地望之轻重如此[1]。吾党之士,其务相与砥砺名节,培植风教,柱石邦家,期为一邑山川人物增重而无贻其羞。若然,庶乎陈公托始、胡侯成终之意不孤,而《志》不徒作也。是为序。

弘治十五年壬戌十月朔。

原志序

昔郑渔仲曰:"志之大原,起于《尔雅》。司马迁曰书,班固曰

---

① 地望:咸丰《志》作"地里"。
② 原志序:咸丰《志》作"明邑人高察序",小字注"进士,历布政"。

志,蔡邕曰意,华峤曰典,张勃曰录,何法盛曰说,余史并承班固谓之志,皆详于浮言,略于事实,不足以尽《尔雅》之义。"则志之难,修史者病之矣。今一统有志,各省郡有志,志云备而邑乘似可略也。顾故事所载,一统仅得什三,省得什五,郡得什六止矣。而纪事详核,卒于邑乘稽之,则邑乘者,省、郡、一统之积也。

余邑《志》,正统中尝修之,弘治中,邑令胡侯、里中学宪吴公再修之①,今八十余祀矣。先辈刘文肃、高司徒、赵文肃、马武陵、李文学诸公②,或旧本有所批评,或家塾私有纪录,皆不果成书。以故故实靡究,往迹日湮,即欲纲纪庶务,尚友先哲,而披览无据,其于嗣往镜来之义阙如也。矧邑甲川西,地当孔道,人文所窟宅,冠盖所辐辏,任其漫漶遗佚而不治③,士大夫与守土者交有责焉。

南中史侯廷征莅治之明年④,政教旁通,锐情文献,谓余山居多暇,属以编校之役。已乃延文学数辈,开局分曹,骈罗载籍,咨访父老,质勘同异,复移书荐绅先生诸长者,咸罄所睹记,书诸册以诏。余乃不揣芜陋,挈领振目,稍铨次为卷者八⑤,为纲者四,为目二十八。始于癸未仲春辛亥⑥,迄三月壬辰,凡四十日告成,谨撰小序于篇,曰:

提封百里,恺泽易流。山谷隔阂,幽隐难周。爰著图说。

寓县分裂,道有得失。迄于圣代,永作民极。乃志建置。

图穷神运,方舆气升。一隅流峙,地纬天经。乃志山川。

三峰巇嵊,一水潆纡。如螺如带,献秀逞奇。乃志形胜。

千室之聚,延袤百里。跨蜀东南,相为唇齿。乃志疆域。

---

① 胡侯、吴公:指胡奎、吴玉。
② 马武陵:指马升阶,前传载其曾"谒选授武陵令"。
③ 漶:底本、尊经阁本原作"涣",据咸丰《志》改。
④ 史侯廷征:按,《〔乾隆〕云南县志》卷二载:"史旌贤,字廷征,庚辰进士,任四川内江县。"
⑤ 稍:咸丰《志》作"稍为"。
⑥ 癸未:指万历十一年。

先进匪野,纯俭吾从。破瓠斫璊,返于洪蒙。乃志风俗。

王公设险,保障居先。相彼岩邑,隐然重关。乃志城池。

时恬化浹,编齿滋蕃。国脉攸系,生道孔艰。乃志户口。

则壤有制,径窦纷纭。辨方履亩,版籍载清。乃志田赋。

劳心治人,义重往役。节以制度,期与休息。乃志徭役。

山田燥壤,引灌莫施。陂堰潴滀,旱魃攸资。乃志水利。

岨山峬峧,不产珍奇。菽粟丝枲,遍土是宜。乃志方物。

明以理阳,幽以理阴。有其举之,格此精禋。乃志祀典。

民安道泰,无事张皇。慎固封守,亦备非常。乃志兵防。

政令所出,爰资栋宇。问俗省方,星轺戾止。乃志公署。

分职列事,各有司存。敢告师牧,作士勤民。乃谱官职。

出宰百里,恃我良吏。事视已成,誉其有试。乃传名宦。

山明水秀,械朴菁莪。经明行修,圣代网罗。乃志选举。

出则羽仪,处重乡评。式表先觉,淑我后生。乃传人物。

忠肠天植,大义夙敦。以死勤事,愧彼二心。乃表忠节。

百行之原,万事之纪。怀此因心,高树懿矩。乃传孝友。

白驹空谷,硕人考槃。古称高士,立懦廉顽。乃传隐逸。

柏舟绝咏,黄鹄兴歌。冰霜凛凛,力挽颓波。乃传烈女。

分猷展采,爰赖臣工。报隆所自,锡类恩宏。乃列封典。

舍灵孕采,摘藻敷琼。陈诗观风,考古镜今。乃述艺文。

徘徊适鲁,挥涕浮湘。流风兴感,怀古不忘。乃述古迹。

灾祥类应,变出不虞。哲人明炳,先事消弭。乃述时事。

寒山秋草,夜室常扃。佳气日夕,想像芳型。乃作丘墓。

缁黄蔽跂,金碧盈衢。惟元惟寂,觉梦醒迷。乃志仙释。

嗟嗟!此其大较也,而仆之私旨则不在是。夫政莫大于经时,教莫重于宏化[1],谊莫严于稽古,事莫要于宜民。今之中川犹昔也,

---

[1] 宏化:底本、尊经阁本原作"治化",据下文"然则经时以宏化"及咸丰《志》改。

语治道①，略教化而尚刑威；语民俗，空杼柚而鲜藜藿；语士习，先浮华而后本实；语风俗，崇侈靡而陋朴醇；论道术，遗伦物而事游侠；论人才，索庇瑕而弃瑜瑾。然则经时以宏化，稽古以宜民者，将安取衷哉？孟子曰："君子反经而已。"明道术，正人心，官师以此率之士民，父兄以此先之子弟。敛华就实，去伪归真，人心正而学术明，教化行而风俗美，是司牧者与贤士大夫之责也，即志之修否无论也。

余鄙人也，述故事以论次之耳，非敢窃附于载笔之林也。然搜八十载里卷之遗，酌二百年疑信之典，不敢详浮言而略事实，意在斯乎？意在斯乎？拓其未备，订其未公，尚俟后之君子。

万历十一年三月之吉。

原志序

明　邑令　史旌贤②

岁癸未余闰于春，宜载笔之典，越暮春，邑新《志》成。盖弘治壬戌而上千百年阙略之文，由壬戌以来八十年之所未竟，属不佞贤出牧之二年。先是，缙绅先生数数言《志》废状，寻就故丞相书楼拓而新之为专局，迎太湖高公方伯据宾席，处其中，主盟焉。而相与校纂，则遴所博洽士四人。凡再阅月事竣，稍稍卒业，哀然信史也。倘不谓文献相待而有成乎？序曰：

夫吏人者有先事焉，奚以明经制、树风猷也，而可无志与？邑于蜀为望县，其剧埒于郡，其秀钟于人，固握绥者所逡巡，观风者所赏鉴，而巨公名翰、吊古怀贤者所必咏而颂焉者也，而可无志与？曩蜀有《总志》，颇为大方所称述，乃其树轨坤维，流辉井络，驰誉吟坛立帜之间者，邑之胜几划其半，矧尤所专而切者，可无志

---

① 治道：底本、尊经阁本原作"宏道"，咸丰《志》作"治道"，"治道"指治理国家的方针、政策、措施，依文意，以咸丰《志》为是。

② 原志序：咸丰《志》作"明邑令史旌贤序"，小字注"进士，滇南人"。

与？

不佞未暇远引往事，挽舟东来，济锦江圣水之泽，极朝晖晚翠之观，可谓胜征于地矣。已而求所以事且友者，则邹鲁章缝，洛社儒硕，宇内屈指，不一二数，可不谓有人乎？已而履亩问俗，考镜芳轨，则林壑闺壶之流，旂常竹帛之彦，并驾而驰，可不谓表树乎？又已而探奇茹藻，览精蕴作述之余，洋洋乎大雅焉，彼草玄题柱者波而淫矣，可不谓艺乎？

於戏！《志》之宜矣，且也经制明则挠法者沮，风猷树则励行者群而趋，岂直吏人者所先事，亦重有荣藉哉？是举也，得之旧刻者什一，创于编裁者什九。盖方伯公沉毅渊邃，好修博古，良史才也，其功当与《志》相终始。云四人者，佐卿、鸣涛二逸俊，宪甫、子育二茂才，均称博治。而勤事者，如一时缙绅文行之士，或里居而力赞体裁，或宦游而夙与规画，详见"采辑姓氏"中，不赘。

时万历十一年癸未仲夏吉。

原序

明　成都府尹　耿定力[1]

内江在西蜀，疆里、赋税仅当中邑，乃其著名宇内，则以邑多闻人。余童子受书父兄，命读赵文肃公制艺。稍长，闻其风节议论，忻忻窃向往焉。已而师事克斋何先生，友其邑之二三贤者，益习闻所未闻。

今年承乏守成都，内江其属邑也，入境延见吏民，问所疾苦，遍谒贤士大夫，拜文肃公墓下，低徊久之。东西行百里，百里内家弦诵而户诗书，荐绅先生多以节行、文章、政事显，而隐者亦甘恬澹，守寂寞，有古处士风焉。喟然叹曰："何其多贤也！其孔子'鲁无君子，斯焉取斯'之谓与？"夫孔子居鲁郡，章甫缝掖，士雅歌弦

---

[1] 原序：咸丰《志》作"明成都府尹耿定力序"，小字注"进士，楚黄人"。

诵，足以范世觉俗，乃假鲁史作《春秋》，何谓也？教之淑人也迩，风之及人也远，定褒贬，明善恶，使百世下闻其人赧然热，憬然奋，正所以潜启其是非羞恶之良，而默然引以迁善改过之路，风之谓也。

邑自国初垂二百余年，《志》未备。滇南史廷征来令，以文学饰吏治，逾二年，请于邑之长老先生蒐罗往迹，再阅月而《志》成。会余至观厥成，见其职官、人物考，贤者大书特书[1]，不啻《甘棠》之思、《缁衣》之好，而泯泯者徒存姓氏，盖庶几哉！《春秋实录》云："志志者，其有风世之思与？"嗟嗟！慈孙孝子，莫不褒先世而或身为沟壑；莪夫牧儿见匪人，莫不含讥而或自甘唾骂，则以风之未善而志之未定也。记载往事曰志，力追古人者亦曰志。兹志也，百世而下犹将定人志乎？史令请曰："疆理赋税，沿革废兴，《志》咸备矣，司牧者可以观焉，是皆可略与？"余笑曰："女得人焉尔乎！人以成政，政以成俗，裕如矣。武城为鲁下邑，至今名垂不朽，岂非以人哉？是余与子大夫所共图者也。"令曰："唯唯。"爰次其语以为序。

时万历十一年癸未夏六月辛酉。

原志序

明　邑令　雷应乾[2]

余视事中川之三年，不敢以文饰，然大略举矣。乃窃谓中川故有《志》也，考旧闻而亡其半，此何以故？则蔺乱所为也。谋之荐绅宜缀之，缀之不足则增之，增之而二百七十年文献如列眉也。高、黄、李、徐诸公始之，两萧、马、杨四孝廉修饰之。始于端月，竣于仲春，以属序于余，曰："非令不及此也。古之闻人入其地，山川赋

---

[1] 按：尊经阁本自"者"字至国朝邑人杨注《志跋》"有成都尹"前文字缺失。
[2] 原志序：咸丰《志》作"明邑令雷应乾序"，小字注"进士，江陵人"。

而草木谐名，人物攸举而地喜可知也。"

余谢：否否。驺衍谈天，九州之外犹录海隅；郦元注水，九州之内不遗寻尺。彼岂必至其地哉？安有视事之三年①，日习其山川草木人物而不知也？盖志事实志时也。中川渐非古矣，父老大人虽静笃雅游，其风穆如，而不尽然也。三年于兹，去其旧而谋其新，戛戛乎难之，安得曰"卧而治之有余哉"？虽然，中夫岂能为时也？往者天下无事，兵革不作，农耕女织，出所有以贡岁额，穷乡之民且有三年不见令者，讼狱简稀，令得啸歌自适。当是时，文学邹鲁，退让修谨，奉守法度，而盗贼屏息，锥刀垂道者莫拾，令于此何其愉快胜任！自辽左用兵，蔺事即继，岁岁调发无虚日。钱谷二事②，司农借筹，方州转饷，虽深仁厚泽，覆育有加，而岁例稍增，征输差苦。薿尔中乾，载咏劳心，《鸿雁》《硕鼠》，贤者咏之而泣然矣。讼狱浸兴，风俗渐薄，虽庠序之地，跅弛泛驾者间亦有之。令于此其何以堪？虽然，能不抚字而鞭笞乎？能不教化而煅炼乎？能不赋《葛屦》咏白茅而听其淫佚乎？能泄泄焉而不星出星入以随其后乎？时之难可知矣。

乃余固为中川言时，非为令言时也。中川令三年一时，客乎时者也。令视中川数十年一时，主乎时者也。客乎时者，膏雨加时，物益而不及乎霜降水涸。主乎时者，风日过河，日损而可按乎星宿阳纡。然谓土田风俗、山川人物之不古可耳；忠孝节烈、文章道德之志不同于古奚可哉？兹役也，大书特书，宁过而存之，无过而废之，凡以坚志焉耳。今天下多事，朝廷咨警方殷，以百雉城谋野鸠事，岂有当乎时务？乃使一邑之末，二百七十年文献如列眉也，其以对越古昔，靖扬盛世有余焉矣。后之官斯者，俯仰此《志》，通其变，存其故，上下二百年间，宽猛张弛，匠心而运，此《志》其告之

---

① 三：底本原作"二"，据前文及咸丰《志》改。
② 二：咸丰《志》作"一"。

矣。若夫力挽晚季,复于正始,则两文肃作之于前,文献彬彬,起而征之,秩如也。吾乡楚崌先生曰:"教之淑人也迩,风之及人也远。人以成政,政以成俗。"[①]三复斯言,爽然自失,后之人其吾师乎!是于《志》思过半矣。

时崇祯五年二月清明日。

藏原志序

国朝 邑人 杨 梽[②]

中川旧《志》,家藏久矣。其书创自邑侯首山雷公,而纂订修饰则先大夫中宪公梦东、高与马、萧诸先辈之力也。于古《志》所载,缺者补之,略者详之,繁者删之,简者润色之。凡邑中山川土田,官职人物,科名甲第,孝子忠臣,义夫节妇,下逮昆虫草木,巨无不彰,细无不备,华而不缛,质而有文,诚彬彬乎一方之信史也。当告竣时,雷公于在事者人各授其一[③],此余家旧《志》所由藏也。

厥后先大夫宦游四方,值明末甲申、乙酉之间[④],突遭祸乱,桑海陆沉,景物秀丽,一变而为荒芜家园,故迹杳乎其不可复睹矣,先大夫心切忧之。既而曰:"幸有旧《志》之存,吾见家园而不得,见此《志》如见家园焉。典籍彰彰,后有作者,可得而续也。"命予藏之,且训曰:"吾邑文献所系,汝其守之勿失。"予唯唯。辛丑[⑤],余滥捷南宫后,尝欲付诸剞劂,以传不朽,奈有志而未逮。数十年来,每展卷郁郁。

丁酉夏[⑥],同邑西园喻君以己卯孝廉宰六合,与三儿化光,先

---

① 按:此言见于前耿定力《原序》中。则"楚崌先生"所指当为耿定力。
② 藏原志序:咸丰《志》作"邑人杨梽藏志序",小字注"顺治辛丑进士"。
③ 者:咸丰《志》作"诸"。
④ 甲申、乙酉:指弘光元年、二年。
⑤ 辛丑:指顺治十八年。
⑥ 丁酉:指康熙五十六年。

后同受知于武强益侯刘公门下①。因予萍寄金陵，一江咫尺，尝枉顾，遂得晤其封翁化一先生，坐间谈及中川旧《志》一书，亟欲借观，其志殷然，盖不第一览已也，将欲梓以行世焉。予私心自喜，藏之久而不能公诸世者，今得所托矣。遂命儿辈缮写以寄先生，则旧本既不失，而登诸梓者且垂无穷也。

虽然，藏之者私，传之者公，《志》可公而不可私。将来吾邑人士，得按籍而稽某某土田、某某人物，甲第云蒸，科名霞举，前之竖芳型而表仪范者如此其众，则皆化一先生之功也，予何有焉？独可慨者，予中川人也。蜀水吴山，相距万里，年过大耋，匏系他乡，故国风期，徒形梦寐。况当圣天子仁渐义摩，沦肌浃髓，吾邑骎骎复古，而予以衰老，曾不得故土而栖焉。睹斯《志》也，有不禁怆然者矣，语云"年老思故乡"，其此之谓夫。

时康熙五十有八年岁次己亥六月立秋后一日②。

志跋

国朝　邑人　杨　注③

康熙二十五年，邑令徐嘉霖重修内《志》，时旧乘未出，只就《通志》搜掇成编，有成都尹佟世雍暨徐侯序文，今已残缺，莫可录。唯此跋尚完，谨登之，以彰文献焉。④

夫志以纪实也，不实不如其不纪也。自下录之，由繁而就简，自上裁之，因略以考详，无不实则无不传矣。甲申之变，烈于秦焰，吾邑旧《志》无存，遍览四方，竟无所获，岂尽天运欤？抑亦鼎革之势使然也。今于《总志》中搜辑一二遗事，亦可以知其忠厚之遗风矣。

---

① 武强益侯刘公：指刘谦，字益侯，号思庵，武强县刘南召什村人。
② 一：底本此字缺失，据咸丰《志》补。
③ 志跋：咸丰《志》作"邑志跋"，小字注"邑人"。
④ 按：咸丰《志》此段为题下小字注。

或告予曰："定乱以来四十余年,荒残不起,何《志》之为？"予曰："不然。凡山川易迁徙也,城池易崩陷也,宫室亭榭、雕甍画栋易蓁莽也,生齿庶类易消耗也,古宝法器、异授之图篆、名人之书画易荡散也。惟吾邑历代名卿硕辅,贤人达士,忠孝之性,廉节之概,酝酿涵濡,以垂子孙,所以植天经而扶人纪者,自唐以来,盖千有余岁矣。此固献贼幺麽小丑,矢刃之所不能伤,水火之所不能害,暴风劲气之所不能易也。况今皇仁如天,悯念蜀苦,休养倍于他省。复蒙上台殊恩至德,加意爱养,与我徐父母之极力招集抚绥,则饮和食福,远无穷极,吾邑之盛,岂易量哉？后之继起者,徒华其躬,美其食,壮丽其居,睹斯《志》而不勉励以思缵述前美也,非我类矣。"是为跋。

文林郎陕西巩昌府成县知县,邑人杨注谨跋。

志序①

国朝　邑令　张　揩

今天子御极之四年六月朔日②,汉安邑《志》告成,于是荐绅之士十有二人执简而丐言于予,曰："邑乘之成,非侯惠不及此,侯不可无言③。"予曰："是予之愿也,然予始念不及此也。《志》之流传原委,备载前序中,予不文,不赘述,谨注兹役肇修岁月,以志幸焉。"

先是,邑有康熙初刊《志》二册,简略不足观。邑为省冲,故称名盛,凡宪旌上下及僚友宾客过境,接见之余,每询及邑乘,予愧无以对。既问之门下士王子果,得明《志》抄本六卷,文献较详而备古遗今,兼多亥豕,又不能无憾。尝欲亲加雠校,编续成书,而事会辄违。

---

① 志序：咸丰《志》作"纂修内江县志序"。
② 今：咸丰《志》作"惟今"。按,"御极之四年"指嘉庆四年(己未)。
③ 可：咸丰《志》作"容"。

自甲寅莅任以来①，于兹六年矣，中间奔驰藏役，代庖崇宁，四载劳劳，形神交瘁。昨春奉檄东旋，又值军书旁午，岁歉民贫，司牧者方简书鞅掌之不遑，何暇及文史哉！偶与邑人士道及纂修一事，而重虞其难，诸荐绅欣然属予曰："是吾辈事，不役及平民也。侯董其成，敢不从事。"予用是徇其请，设局分曹发科，牒访贞良父老，遗文兼收并采，予为披阅，陆续付刊，肇役于去冬十一月，迄今五月而镌板成。计为卷十六，为目者三十二，不泥于古，不遗于今，亶然信史也。

予惟兹邑千数百年文献，明季之变，一线寒编，珠藏万里。我朝奠鼎神京历八十年，而遗稿始复又八十年，而后续有成书，毋乃兹邑山川之灵，忠义名贤之精爽，有以默为佑启于其间乎！自兹以往，都人士睹遗编，怀芳躅，士奋诗书，农安畎亩，惩华息讼，共饬廉隅，则斯《志》之修诚非小补，是固予之厚幸，亦斯邑所共幸者欤！

嘉庆己未季夏上浣。

原志序②

国朝　邑人　姜锡嘏

郎官握百里之符，扼舆图，控山川，按籍课户，兴养立教，旌善惩恶，以为圣天子保障一方。无事相与休养生息于纯熙，有事率子弟捍蔽疆圉，守望相助，敌忾奏功，众志成城，隐然一敌国莫敢侮之者，虽古诸侯奚让焉！顾有守有为者，从容坐理，措之裕如。否则丛脞多乖，瞻前徇后，怔惚乎，憧扰乎，上下罔所依赖矣。不有贤者，其何以善厥职？吾中川，面山负河，人文蔚起，而当东道之冲，冠盖往来，商民辐辏，井里瘠浇，五方杂处，尤为易动难静。

---

① 甲寅：指乾隆五十九年。
② 原志序：咸丰《志》作"修内江县志序"。

〔道光〕内江县志要

　　甲寅岁，宛平张侯蒲村先生来莅兹土之六年，施惠勤政，废者
毕举。适川东北隅，邪慝煽惑小民，蹂躏地方，一时军事旁午，羽
檄交驰，挽输络绎不绝矣。侯能相机应变，上不废公，下不病民，
邻封刁斗相望，守御不遑，侯与民相安于无事。而尤能披寻旧籍，
考核文献，与邑贤士大夫肇为修《志》之举，取邑顺治辛丑进士杨
公栻家藏中川旧《志》，创自明末邑令首山雷公而未及锓梓者，距
今盖百有七十载，辗转播越，其稿几至废残，更为删修纂辑而润色
之。《志》成，属序于余。吁！其所守所为可量哉！

　　余官京师十载，以忧回籍，经三十余年。平昔既未得追随贤士
大夫后，相与搜讨废坠，共明不朽兹役也①；又复应省垣诸大宪聘，
主锦江讲席，羁游异地，盖未尝重腊焉，心滋愧矣。窃念志为古史
之余，实与史异，自班固而下，所传不一，大约准诸郑樵《通志》、
马端临《文献通考》，变而出之，得其体要，不背史义。况拯时救弊，
各有当先，振策发机，间不容发。固我疆圉，保我民人，以生以长，
以振以翼，以发其忠孝节烈之心，革其浮华顽惰之习。所谓挈领提
纲，清源培本，以佐一朝鸿休，毋贻我桑梓井里忧者，惟兹事是赖。
后之览者，低徊俯仰，穆然想见古豪杰之士独行特立，其流风余韵
长留宇宙间者，至于愈久而愈新，如斯《志》者，岂仅曰"史余"云
乎哉？为之弁言若是。至于山川道途之广狭，郡国人民之增减，纪
纲风俗之上下，则前贤士大夫述之详、考之确矣。兹不赘。

　　时嘉庆四年己未仲夏之吉也。②

① 明：咸丰《志》作"期"。
② 按：咸丰《志》段末有"赐进士出身奉直大夫礼部主事前翰林院庶吉士邑人姜
　锡嘏撰"等字。

原序①

国朝 邑人 王者瑞

邑《志》者，志一邑之事，所以维风化而彰名盛者也。而求其汇有完书，不泛不遗，非得贤司牧操移风易俗之权，兼三长而指授其间，则虽一邑之大，经数十百年之久，而厥功弗成。邑侯蒲村先生之来莅吾内也，甫下车即询民疾苦，虞风化之渐非而名盛之不著，爰访求遗志，嘉意增修。既以公役不遑，迁延四载。迄乎再莅兹土，而事綦难矣，岁歉民贫，军书旁午，都人士且哗然靡有旦夕之图，而贼氛是惕。侯则持以静镇，抚以仁慈，均徭役，严保甲，增城堞，铸枪炮。民知侯之覆翼己，足恃以无恐也，不数月而众志敉宁。

去冬十一月，侯于公会道及邑乘意，唯纂续成书，不欲以重役劳人也。乃侯之德，感人之深，而吾邑好古有识之士，亦决然知此役之必克有成，而不为浮言沮②，群劝其事，以待政于侯而付刊于梓氏。于是邑数千年之文献，百七十载之遗书，一旦观厥成，而予得争先而睹其盛。

嗟嗟！予年老矣。向者得旧《志》于河东族人，尝取而手录。既间中丞之裔孙自川西来省祖墓，所携一卷，亦若合符，私心郁郁，每冀遭逢贤令尹，雅意作兴，使予得追陪分校之林，附名清简以藏厥志③。而殊恩晚荷，岁月蹉跎，回忆三十年来，沐教如长洲韩侯、宁夏李侯④，皆兴言纂辑，光兹旧乘，事与愿违，终以未就。今予年八十有二，自分旦暮捐庐舍，不复得见是书之成矣。何幸贤侯德教沾丐无穷，俾予垂暮之年得遂生平之愿。其维持风化，表彰名盛，进庸愚旦夕苟且之谋，而为礼乐百年之计，高风盛德，直超

---

① 原序：咸丰《志》作"重修内江县志序"。
② 沮：咸丰《志》作"阻"。
③ 清：咸丰《志》作"青"。
④ 韩侯、李侯：前者指韩莱曾，长洲举人，乾隆二十二年任。后者指李恩书，宁夏监生，乾隆四十六年任。

越前代陈、胡、史、雷诸君子，而长著乎华蒌之巅，圣水之湄。予之来城也，馆志局中，希仲、渭甫二孝廉旧从予游，殷然谓予曰："先生曷可无言！"予为述曩志，幸及见厥成，感侯之德于不衰。至兹《志》之原委增删，备见《志》中，不赘。

时嘉庆己未七月。①

续修原志序②

国朝　邑令　徐　丰

中川居全蜀之枢，山水人文，甲于他郡，观风者赞叹，访古者低徊，自昔然矣。余弱龄寓蜀，继以幕游，每道出兹邦，睹文峰、圣水之奇，羡华蒌、桂湖之迹，未尝不留连车马间，拟淹游而弗暇也。嗣余以末职从戎，策勋晋秩，恭膺简命，绾绶专城，自乙丑莅任以来③，三年于此矣。自惟才疏学薄，制锦怀虞，而父老军民咸安余之拙。

时与二三好古之士讨寻文献，取邑《志》而披详之，因喟然曰："中川之宜复盛也，斯《志》其启之矣。"言钟毓则山水依然也，语仪型则前贤具在也。孝友不遗乎黎庶，幽贞必著乎闺媛，允足以厚人心而培风俗也。余不文，观前之守此土、治此民、敷教养而遗棠爱者，皆前事之师也，不益得所遵循乎？惟《志》板虽存，书无留贮，大宪之取，宾客之求，罔有应焉。爰属同志增印多书，其自己未至今④，中间科第人文，工没时事，悉依门编附，以成全史。而前本间有舛讹，并校正而改刊之。继自今传盛章美，视诸往役，相得益光矣。

念余少随父兄宦居蜀土，稽山越水，反似客游，不获与梓里文

---

① 按：咸丰《志》段末有"钦赐内阁中书前庚子科乡进士邑人王者瑞撰"等字。
② 续修原志序：咸丰《志》作"续修内江邑志序"。
③ 乙丑：指嘉庆十年。
④ 己未：指嘉庆四年。

人词场征逐，而从事于薄书钱谷之中，窃禄于戎马倥偬之际，一官鹿历，幸值名区，追忆旧游，恍符夙梦。乃士庶昵余，相安无事，而得与好古之士讲求风化，誉髦菁莪，俾后之人抚兹编，而知中川士习民风之淳。以余之拙，犹借手寡尤焉，则十倍余者，益臻上理矣，岂第表扬山川人物之盛，事业文章之美，谓足为大邑之休哉！

嘉庆十二年岁次丁卯孟夏中浣。

以上原序十二篇。

艺文①

重修儒学记②

宋　邑令　邓　辈

州县事未易缕数，而教化为首务。学校者，教化之所自出，事无大于此者，知所先后，于从政乎何有！内江学宫占邑境最胜处，江山之富，栋宇之雄，非他邑比。创建之久，日就颓圮，异时长令非不知先后之宜，第能补苴罅漏，以苟岁月。至鸠工聚材，革易蠹敝，重焕而一新之，则惮而弗为。

辈视事之始，恭谒先圣，奠毕，循东庑，登讲堂，触目数多倾仄，特特撑柱以为固，四顾而出，惧将压焉。退自惟念，非一劳岂能永逸？欲革故鼎新，作吾儒之壮观，属初到官邑，事倥偬未遑。既逾年，稍稍有绪，则前日所欲兴葺者，寤寐不忘，因会同僚泊诸

---

① 艺文：二字为整理者所加。按，底本、尊经阁本正文中原无"艺文"二字，但卷首目录、正文所在页版心中有，据之补。另，嘉庆《志》对应内容为卷四十八《艺文志》，咸丰《志》为卷十至十四《艺文》。
② 重修儒学记：嘉庆《志》、咸丰《志》作"内江县重修儒学记"。

识事议其事，皆曰"可"。相与计工度费，约三百缗，非独力所可办，遂分委职事者，于一邑之士出力相助，咸乐从之。即市材籴粮①，委一僚佐董役，用力于十一月之戊申，落成于十二月之壬辰。创建讲堂，重修门楼及两庑五十余间，经营终始，一椽一粒，不以烦民。而役不逾时，工不告劳，规模克就，以至图像、栏楯、窗牖之饰，纤悉备举。率自一二僚友协赞，服儒衣冠者翼成，仆何力之有焉！

　　窃观古之良吏，有下车而修庠序之教者，非不知兵农之急务，而特汲汲于此，盖知所先后故也。棐备员几终更始，暇及此，有愧于古人多矣，辄书岁月以望后君子葺而广之，无使鞠为园厩，以取讥于当世，甚大惠也。

　　绍兴辛未十二月二十六日，右从政郎定差内江令主学事劝农邓棐撰。

万里坡记

宋　邑人　刘达之

　　坡有旧名，陋不可言，以万里名坡，自费行父始。行父来婿吾乡，岁乙卯，再被乡荐，捷者始登此坡，后五岁，余接其武。吾党之士莫不孜孜以诗书自奋，皆耻坡名之陋而讳之。行父因乡人之不悦其名也，一旦访余，顾谓余曰："自有此山，即有此坡。然以捷书而登是坡者，实自余始，则更其名以徇乡党之志，君其谓我何？"予曰："山川文物以人为重，名称之陋，君子讳之，曾子之于胜母，汉祖之于柏人②，皆此类也。行父有志于此③，必能洗其陋而发其祥，徽称懿号，吾党之所愿闻焉。"

　　行父曰："万里之远自此始，进士之升自乡选始。往来之捷取

---

① 材：嘉庆《志》作"财"。
② 汉祖之于柏人：嘉庆《志》脱"柏"字。
③ 按：尊经阁本自"父"字至明尚书周洪谟《新城记》"周围九里有奇"前文字缺失。

道此坡者，皆前程万里之权舆也，所以万里而名诸。"予曰："然。昔蜀主使费祎聘吴，诸葛亮送之南桥，叹曰：'万里之路自此而始。'因名之曰'万里桥'。行父以万里名坡，君家故事也，取义如此，岂不韪欤？"因举是名以告吾党之好事者，将梯级而修治之，众皆悦，语行父属予作大字刻之坡之悬岩。既事，又属予为记，期望吾党之意盖不浅也。夫地名极固[①]，世出衣冠。今坡名万里，异时文物之盛，山川改观，必有如乐城乡、三杜里之荣[②]，可不纪欤？宜书之以传不朽云。

嘉定戊寅年，里人乡贡进士刘达之纪。

饯赵文定公还内江记[③]

宋 资中守 杨 樋

丞相大观文沂国赵公，以东川镇钺，昼绣来归，弥节乡郡，为父老大夫七日留，乃归内江之府第。郡守杨樋执门生礼，敬饯于东岩。公命以一时宾客直秘阁新利路运副韩炳、新巴州赵伯总、新恭州赵善诏、新大宁监黄中、前昌州黄图南、新富顺监黄裳、制幕勾龙复成与俱语，出林杪，慷慨与坐，客尽醉。公亢大节于天下，而略位貌于乡党，于是气凌八极矣。樋请磨翠壁纪盛事，共托公为不朽，咸曰"然"。

淳熙壬寅二月十七日题。

相机岩记

宋 学长 郭明道

内邑古号中江，隋避上讳，易今名，则此县之建盖千几百年

---

① 极：嘉庆《志》、咸丰《志》作"杜"。
② 杜：嘉庆《志》、咸丰《志》作"柱"。
③ 饯赵文定公还内江记：嘉庆《志》、咸丰《志》作"大丞相赵文定公自资中还内江记"。

矣。由县署逾江而东,有山曰"降福山",山之下有泉,其深不可测,世言神龙之所宅,故名曰"应龙岩",旧为祷雨之所在,信不诬矣。岩之侧有二径,出于涧谷之中,左可以通普遂,右可以达昌合,皆通都大邑往来之要冲。水雨方降,其径没为泥潦,而滥涛涨流,直抵岩之下,远近过往者睥睨而不能进。然有县以来,历年如此之久,而日夜行者,不知几千万人也,皆坐视而无如之何。

大丞相赵文定公三世孙曰相机,一日游于山之上,四顾眺望曰:"是江山之胜会而东西千里所经之要路,乃屈曲污下,使民之病涉如此。"于是开其岩而平下之,命工砌石,自山而下瞰于桥,平直如砥。自是往来者安行徐步,可直达之江,其二径合为一,皆从岩而下,平坦夷直,分而为东西去。靡不咨嗟叹息,所未曾睹此《易》之习坎与?夫设险者必归之王公,岂非有所待而后兴欤?相机之英爽卓越,挺挺有祖之成烈。筮仕之始,谈笑指挥,山岳震动,而计台之橛可以宽四顾之忧,天下事何施而不可者!今之所谓徒杠舆梁以济民于道途之厄者,特其一端尔。而济川之功,用实张本,于此地灵人杰,秀气之所钟,第著此山川形势,当复出一伯符,萧氏之八叶岂多耶[1]!

伊考古之建功立事,有便利于民,其名必与之俱传于不朽,如江陵之有杜预堰,杭州之有苏公堤,皆以能顺导江海之势而为民之利,遂以此命名。矧今不远数千里,必经岩之上而过,过者日不息,思咏者日不止。其岩之开导者,虽不过数百步,而往来者通两川,其功用岂浅哉?于是命之曰"相机岩",盖取杜、苏二公故事。明道,丞相年家子也,采众论而为之辞,以慰远近往来者之思,而诏无穷。其岩可磨可镌,刊此记焉,传千万年。相机讳崇,字子钦。

端平改元,州学说书兼县学长郭明道撰。

---

[1] 咸丰《志》自"岂"字至篇末文字缺失。按,"萧氏之八叶"指昭明太子萧统这一派中八位后嗣。

雁塔题名记[①]

宋　邑令　李正炎

皇宋开基，资中属邑内江，登进士第举不乏人，有冠外省至秉钧轴，而题名尚缺。嘉定乙亥，令李正炎佐李宪熺，追录前人次第科甲，像雁塔耆石而备刊之。继自今接武青云，大书不绝，当益光前躅云。

嘉定八年春二月吉，李正炎书。

庙学重修记

明　大学士　刘定之

天赋人以健，顺五德之性，足以推于伦理，施于治平，由古及今，降衷同也。然有因其地而风俗异者，非圣贤得位，何能奉天命以淑世与？我皇明建极海内，诗书之化远，而才俊之出隆。蜀之内江，于京都为遐邈。昔英宗皇帝复位，纪元天顺，初载其县令稷山张泳，见庙学自宋元兵燹，屡经堕废，洪武以来，建构惜民，未抵壮伟，思所以新之，始兴役于大成殿。未几，丁艰去。临海谢熙继来为令，克终前绩，凡圣贤龛像，庑延东西，栋宇宏丽，以成化二载冬落成。

自国初至今，其成乃无遗憾，此所谓圣人久于其道而天下化成与！县教谕萧翰吉之，安成人，其学所育士多发科目。今官于京者，户部主事李临安、吴玉请予记其言，曰："庙学在县治西里许，来山蜿蜒，自岷山千有余里。庙学据山势之所止，长江缭其背，平岫横其面，清泉流为泮池，左有小溪，右有崇峰，层峦叠嶂，献秀倚天。观其意，以为地之胜钟于人，凡在学者，当有成也。"予曰："然。亦在乎勉学而已。"遭圣朝乐育之宏大久长，而学不勉，是徒际斯时者也。内江之士，天赋于上，地载于下，学勉于中，斯得之矣！

---

① 雁塔题名记：嘉庆《志》作"雁塔题名引"，咸丰《志》无此篇。

斯得之矣！

新城记

明　尚书　周洪谟[1]

比岁朝家以平承日久，为制治保邦之计，乃诏郡邑悉城其未城者，于是内江宰临海谢君熙既城内江，邑人户部主事李君临安深嘉厥功，乃求予笔其事于石。

城高二仞一寻，博一丈五尺，周围九里有奇，以瓴甋非经久计，故伐石为之，上覆屋数千楹。肇功于成化元年秋，毕功于明年春。四门曰朝东，曰镇西，曰向南，曰拱北。副门于四维，曰观澜，曰通川，曰景阳，曰临清。城之外以内水为堑，水出岷江，历千余里至城西，乃绕而北，又绕而东，又绕而南，又绕而西南，距西上流仅一里许，乃始折而东。奇哉！是水之环缭，诚天堑也。

夫以石城之固而加天堑之险，万年保障，计在斯矣。虽然，此特保障民居者耳。若衣食以足其体，礼义以明其心，尤政之要焉。君于三者，既并力底绩以有令闻。他日之继官者，固袭君保障居民之效，尚惟保障其体与心之是图也。若不能保障其体与心，则民且为寇而难御矣，石城天堑，其何用哉？故并以告后之君子。

修学记

明　提学　郭棐

孔子以道师天下万世，而天下万世宗之，历代崇祀唯谨，我明尤笃至，公卿大夫何尝一日不诵！法孔氏者，亦何尝不由孔氏义

路礼门出者。猗与①！盛矣！陈大夫为内江四年②，百姓乐其乐，利其利，乃加意庠序。学宫弟子群言于郭子曰："邑自洪武六年创学，迄今二百余祀未修，陈大夫鸠工新葺，庙貌孔严。是秋，杨生继朝、刘生应台、吴生褒、冷生节坚、王生应期，同歌《鹿鸣》，足觇修学之功，愿先生一言以彰之。"

郭子曰："诸生知陈大夫之修学矣，亦知孔氏之所以为学、诸生之所以务学乎？夫诸生诵法孔子，心何穷也，然不知孔氏之学何重③？曰重伦。何务？曰务实。然则学问之本归于一，以行五达道。一者，诚也，诚体之己为实心，措之道为实行，事理施之治平为实事。孟子之善学孔子，推其言曰三代之学，皆所以明伦，入孝出悌，守先待后。诸生日夕瞻仰，岂违其训哉？亦务实而已矣。诚体之事亲则实孝，事兄则实弟，事君则实忠，随事一以实心，岂复有他哉？苟不务此而止营利禄，则岂大夫之所望，亦岂予之诲诸生者乎？"因次其言，授诸生书，愿相勖焉。

中川十景记

明　提学　康　振

盈天地间一气也，清浊肇判，浑沦磅礴，峙而山岳，流而川泽，蕃芜而为草木，英杰而为人物，是英气之凝结，而造物者斡旋于其间也④。故突出者成峰峦，深陷者成岩谷，洼者为池，缺者为洞，瑰伟绝特，名士每乐游而临观焉。

蜀之内江，邑也⑤，一水环抱九十余里，而邑居其中，故曰中

---

① 猗与：尊经阁本、嘉庆《志》、咸丰《志》作"倚与"，"猗与"为叹词，表示赞美之意，故当以底本为是。

② 陈大夫：按，从下文"洪武六年创学，迄今二百余祀未修"，所指为明万历时期。查前文《职官》，万历时期陈姓知县仅有陈涑，故"陈大夫"当为陈涑。

③ 孔氏：嘉庆《志》作"孔子"。

④ 斡：诸本皆作"幹"，据文意改。

⑤ 蜀之内江邑也：嘉庆《志》、咸丰《志》作"蜀之内江，古中江邑也"。

江，隋避讳，改名内江，今仍之。邑襟带泸合，控引巴渝，山川之胜，甲于他邑。邑之伟人美其绝特，列为十景，若醮坛晓月，龙洞朝云，华萼春晖，书楼昼锦，桂湖澄碧，圣水灵漱，与夫葛仙、雁塔、三堆、东林之类是已。先是十景不甚暴白，宣德间，黄门李公秀实求黄少保、胡宗伯以下诸名笔，发挥其瑰伟绝特，殆无余蕴矣。

邑令罗凤，正统癸亥冬奉命来宰是邑，暇时与耆老环视耕桑，因览诸胜景，耆老指曰某山某景也、某水某景也，旁观洽玩，咸集于令。赏心娱目之下，一旦介邑之隐士杨伯诚谒予曰："中江之土地饶沃，民俗淳厚，其山川形胜之美足可临观，而瑰伟绝特者则十景焉。邑令省耕视敛，获悉其概，兹欲图卷以备观览，敢拜一言以记之。"

夫寰宇之内，名山大川，莫如西蜀，蜀景之胜，莫如内江，故吏兹土者，频游而熟玩之矣。虽然，一邑之大，有民人焉，有社稷焉，劝士省耕之有道，征科息讼之有方。当政通人和之余，一出游焉，则山川出色，景物腾辉，百姓之聚观，欣欣喜色，如此而绘图以传后，不亦宜乎。脱庶政未举，民心未洽，则车马管籥之音实为疾首蹙额之阶，图将不传，游亦无益矣。吾闻罗尹莅政四载，累著贤称，必出游而民悦者也。予且有乡曲之雅，故记景之辞不以颂而以规。

科贡题名引

明　状　元　杨　慎

吾蜀科第莫盛于宋，自建隆至德祐，首礼部而魁廷试者三十人。终宋世三元六人，而蜀之陈尧叟、何涣居其二。考之晦翁《同年录》，蜀得百余人。眉州宣和中一郡同榜三十三人，成都杨景盛一家同科登进士第十二人。经元兵之惨，民靡孑遗，积以百八十年，犹未能复宋世之半也。独内江一邑，文风冠于一方，自洪武至今，进士将百人，举于乡者三倍焉。少司徒三峰高公辑一编以刻之，用继范金卿、赵庄叔，此其荃蹄云。

科贡题名记

明　侍郎　邑人　高公韶

国朝取士,养之学校,拔于科目。藩服有乡试,天下有会试,咸三年一大比,凡以举学博德纯者,将赖其为民而立政也。虑学校不能尽养,复求之业儒于外者。又虑科目不足尽取,复设岁举之制,间行贤良方正,与既廪四十以上,并赈济诸例,以毕招场屋久淹之士。其荣爵报功更有恩荫,皆教胄而造就之,视成周乡举里选之意益密矣。

然乡会有录,播之天下,类刻置各学明伦堂之壁,或镌之贞琅,岂徒夸哉,激劝之意无穷也!若吾邑地狭民贫,家多世业诗书,自洪武庚午迄嘉靖癸丑,诸匦隘不能载,试录亦复散佚。余爰考抄辑,以征吾内江文献之盛,其科贡联于一家者,则注之以昭芳声,永与诸子姓氏相儆惕焉。士大夫借观者日至,儿辈请梓以广其传,因识岁月。

双节坊记

明　杨　慎

内江,蜀之望县也。萧氏,内江著姓也。双节者何?庠生萧世建之慈母陈氏、御史萧世延之生母李氏也。陈、李者,姒娣也,皆丧所天而葆贞植孤,以亢萧宗,故曰"双节"。

陈,富顺县人,年十九归巡检萧腾。七年而腾卒,陈仅二十六岁,且未有子。正室阴氏之子世建甫十一岁,未几,阴氏继卒。陈誓志孀居,有欲夺其志者,陈泣曰:"吾一背所天,孤子将谁抚!"乃躯躯然廑,翼翼然匡,以世建为命。卖镮钗,市书册,劝以学。长为授室余氏,余复夭卒,遗六龄幼孙曰蕙。陈又以幼孙为命,益拮据,治丝绸,营粟布,形影相依,自黄口至白首,今六帙有五矣。

李氏,邑之梧桐里人,年十八归赠监察御史萧公露,生子世延。九岁而露卒,嫡吴氏日相扶而饮泣曰:"町町孤孺,生将奚托?"盖虞李之少,不安其室也。李矢之:"孤在我之怀,日在天之上,宁死萧牖下,忍悖三从训乎?"与吴相依,食然后食,寝然后寝,以其子若吴出,吴亦母之如己出。教子务底于成蜚腾,竟如其愿。嘉靖庚子寿终,以子贵,赠太孺人,陈亦为部使者行县,扁其堂曰"贞节"。

一时双节并推,同门岭南少卿东洲李公邦直状其行,作《双节传》,且曰:"堂前之陈,断背之李,青史所纪,彤管有炜焉。然皆为人妻者也,而副室未之前闻也;皆异地者也①,而一门未之前见也;皆异时者也,而一代未之前纪也。嘻其难乎!"亶其传乎内江,既稔闻之,又读东洲《传》,抚卷而叹曰:"是幽足以动天地,感鬼神,明足以厚人伦,移风俗。刘向之籍,僧繇之图,柏舟之风,陶婴之歌,何以加焉?"乃为斯记以附《萧氏世谱》。内江邑乘,他日国史下采,大书特书,尚有考于余言。慎也,尝从事于史局矣。

自陈疏②

明 文肃 赵贞吉

南京通政使司右通政臣贞吉谨奏:为自陈不职,乞赐罢黜,以严考察事。臣由嘉靖十四年选庶吉士,授翰林院编修,历升右春坊右中允管司业事,左春坊左谕德兼监察御史,谪广西庆远府荔波县典史,历升直隶徽州府推官,南京吏部文选清吏司主事署郎中事,南京光禄寺少卿,南京通政使司右参议。叨转今职,近该南京吏部,奉有钦依考察南京五品以下官员,臣忝官四品,例应自陈。

窃念器识凡下,文采不章,蒙圣明,拔储馆职一十六年,然后付以成均之任,未有毫发之功以报至恩。而间因奉使无状,自取罪

---

① 皆异地者也:嘉庆《志》衍一"异"字。
② 嘉庆《志》、咸丰《志》题下小字注"嘉靖丁巳年"。

责，复蒙皇上宽其斧钺之诛，惟令置之远方，俾其思过，而八年之间已复荐历清省，陟在卿下之列。故臣之感奋图报，最切最深，无以为喻。

居尝念臣樗朽之材，虽获沾圣明不忍终弃之仁，而臣犬马之年已侵寻疾患，届于始衰之日，图报之心徒切，鞭策之力莫前，夙夜惶惶，惧招鹓梁之诮，以伤素丝之风，而未敢以为请也。即今考察京官，正大彰黜陟，甄别贤不肖之日，伏望圣慈俯鉴 ①，容臣此时罢归田里，以警偷惰，以清仕路。则天下晓然知我皇上于一微臣，所以育养惩艾湔涤之以成其材者已无不至，又必待其位至见其终不足以克荷然后去之，则莫不劝于义而奋于志矣。此正我皇上所以御群臣而隆圣主之道之最切者也。

自陈疏 ②

明 赵贞吉

礼部尚书兼翰林院学士协管詹事府事臣贞吉谨奏：为自陈不职，乞赐罢斥，以公考察事。近该吏部题请六年考察京官四品以上，许令自陈，恭候宸断，臣叨官二品，谨遵例自陈者。

伏念臣某以嘉靖十四年进士擢居史职，庚戌之秋，强边犯顺，臣力沮群奸和贡之议，遂为所构，仰赖先帝圣明，察臣孤忠，罪止降用。至辛酉之秋，复蒙先帝收录，升臣户部右侍郎，到任一月，恶臣者暗令言官逐臣回籍。家食已久，年力就衰，已绝仕进之望矣。恭遇圣明御极，拔擢海内怀忠伏节、困厄废弃之臣，洗涤而录用之，于时起臣吏部左侍郎，掌詹事府事，皇上临视太学，锡臣以坐讲之荣。臣转升南京礼部尚书，复特赐召还之命，乃臣旋自南曹，再供讲幄，则兼官分教，恩赉有加，遭遇之盛，独在废起诸臣之右矣。

---

① 鉴：嘉庆《志》作"监"。
② 嘉庆《志》、咸丰《志》题下小字注"隆庆己巳年"。

故居尝揣扪，实自怀耻，窃念考教士修史，日讲敷言，俱为重任，已非臣之浅陋所能称塞，况臣又当此垂老之年，精力衰耗，虽强矜持而智虑不逮，故侍从将及二载，而报答未有涓浃。当此大明黜陟以励臣工之日，所当急退以避贤路，岂宜久冒荣禄，浮沉取容，以自坏名检于晚节末路也哉！伏望皇上俯念微臣青衫去国，白首回朝，故态尚存，形影孤只，既不能为人作桃李之私，又不敢背公养笼罩之誉，徒恃悻直，终蹈危机。故于此时恳乞骸骨，愿赍拙志，生还旧山，以消群猜之疑，终守知足之戒，是我皇上既择用臣于废弃之余，又保全臣于宠荣之后矣。臣虽晚达，而得善终，又岂非至幸也耶！

论营制疏[①]

明　赵贞吉

题为遵祖制、收兵权以饬戎务事。照得我朝内外卫兵分隶五府，乃高皇帝定万世太平之计，俾免前代强臣握兵之害，其为圣子神孙虑至深远，其法制甚周悉也。永乐末年，因聚府兵北伐，旋师之后，遂结营团操，乃以三千神机二营附之，因号为"三大营"，其实皆五府之兵也。

夫五府之兵，因调伐而聚之为营，既归，即当散还各府矣。所以久聚团操而不散者，以当时尝有戒严征伐之事，故不暇耳，然犹以五军名营，实未变五府之旧制也。沿至正统末年，尝变为一团营矣，弘治年间又加为十二团营矣，正德年间又添置东西官厅矣，然旧营之中尚存老家军之籍，则五营之号未泯而五府之意犹存也。

夫我太祖分府以设将，则权任不偏而得将将之法，我成祖分营以统兵，则分数易明而得将兵之法。得将将之法，则无前代强臣握众兵之衅矣，得将兵之法，则合兵法御众如御寡之方矣，此祖制

---

① 嘉庆《志》、咸丰《志》题下小字注"隆庆己巳年"。

之尽善所当世守者也。

至嘉靖庚戌，严嵩欲为贼将仇鸾之地，遂请于先帝，特设戎政厅括内外兵籍^①，铸总督戎政之印而授之于鸾。夫于五府之外而别立一厅，则尽变太祖分府之意矣，以十余万之众而统于一人，则尽变成祖分营之意矣。时无骨鲠伐奸之臣，故贼得以肆觊觎之计^②。向使鸾迟于伏诛，则时事之危未可测也。鸾诛而以镇远侯顾寰代之，寰惟知退让自守以保勋名，以避嫌忌耳，然而营兵则日弱矣，往岁戒严，官军俱列营于城内，其怯弱可知。皆由轻变祖宗之法，遂致将强而如鸾，则有不轨之虞，将弱而如寰，则有不振之弊。国家与强寇密迩，而兵将之不足恃，如此诚可为之寒心矣。

臣愚昼夜虑此，窃谓分府设将之制未易卒复，而分营统兵之法犹可遵行。况近日兵部曾推总督戎政之将，武臣之中无堪任者。盖才足以统御十万之众而能变弱为强者，非韩白之流不能当之，求之今时果难其人矣。若夫才堪将一二万之众者，犹或可选择而使也。合无将见操官军九万，分为左、右、中、前、后五营，各择一将以分统之，责令开营教习，依法训练，仍以文臣巡核之。每岁春秋遣官校阅，凡将官之能否，军士之勇怯，技艺之生熟，纪录之严纵，皆得奏闻，而赏赉罚治行焉。务令五营齐成精锐，先将戎政印收入内府，有事则领敕挂印，而命将于阃外，事完则缴敕纳印而归。将于营中如是，则太阿之柄独持于上，而辇毂之下常有数万精兵，可战可守，听调听戍，随所用而无不宜矣。转弱为强之道实不外此。

今若徒狃于戎政厅之设，而不遵祖宗分府分营之意，则将权重而避忌愈多，兵不敢练也；卒伍混而分数不明，兵不可练也；责任归于一人，而观望推诿者多，兵不能练也。夫与其握兵权于一人，坐视其废弛以趋于弱，孰若分其权于五人，令其各自操练，互相奋

---

① 政：底本、尊经阁本原作"正"，据下文及嘉庆《志》、咸丰《志》改。
② 贼：嘉庆《志》、咸丰《志》作"贼将"。

勉而渐趋于强，以壮国威也哉！

臣一得之愚所见如此，但军国重务，关系匪轻。伏望皇上俯赐采纳，御批发下，廷臣会议，足以强兵杜衅，裨益庙谟者。俱令条悉奏闻，恭候圣明裁断行之。

乞致仕疏[①]

明　赵贞吉

奏为恳乞天恩，俯怜衰老，容今休致事。本月十六日，该臣奏为贪臣被论摭拾诬讦，有伤国体。恳乞圣明，严加究治，以肃风纪，以正人心事。奉圣旨："霍冀已有旨了，卿宜安心供职，不必介意。钦此。"臣捧读零涕，感愧交至。

恭惟皇上御极，征用海内人士，独拔臣于众人之中，而置诸辅弼之列，此乃臣千载之一遇也。惜乎！臣非适用之才，而无以仰副皇上录用之意。臣虽有报国之愿，而不能随顺诸臣谋国之猷。入阁数日之后，即有大同功罪之议，数日之后，又有营制分合之议。从此渐生訾謷之腾沸，以致今被诟詈之分挐。此臣自取之罪也。

然谓臣愚则可，遂谓臣专权乱政则太甚矣。臣名在五人之后，身居独立之边，入朝惟影随形，居家无宾入幕，岂有如此孤子寡助之夫而能专权乱政者哉！臣昔论大同功罪，正欲明人主赏罚之权，今论营制分合，乃欲复国朝军政之旧。然臣二议皆已沮而不行矣，臣又何专权乱政之有？凡此已蒙皇上神明洞鉴，故不即加诛戮于臣之身，又令臣不必介意。臣上感皇上天地父母生全之恩至深至重，而蝼蚁涓涘，报答无地，虽欲勉竭而不能矣。

臣以此自悼生悲而伤其魂，臣又以此他防生惧而损其魄。被论已来，数日之内，怔忡战栗，匕匙未尽。盖年已老衰，些少心神，易得惊散，即今已如痴如醉，忘前失后，况能辅政立事以无负重任

---

① 嘉庆《志》、咸丰《志》题下小字注"隆庆庚午年"。

也哉！伏望皇上大慈至仁，念臣孤危之迹，察臣衰惧之衷，容臣比照近日尚书毛恺、都御史王廷年老致仕之例，俾得生还，以见丘墓，则臣之遭际可媲美古人。感戴皇上曲成恩过高厚矣。

乞致仕疏[1]

明　赵贞吉

奏为沥胆披诚，恳乞圣断，亟赐罢黜以谢人言事。本月二十日，臣据内阁接到吏科都给事中韩楫揭帖，内劾臣为庸横辅臣，大负简任，恳乞速赐罢斥，以清政本，以重巨典事。臣读之，不胜惊愧。

夫臣极庸劣，误蒙皇上拔授辅弼之职一年有余，感恩图报，惟知奉公孤立而已。昼夜忧惧，战战栗栗，兼以才识庸常，年齿衰迈，屡招物议，故臣亦尝屡求致仕，皆未蒙俞旨。彼侧目于臣者，疑臣佯虽求去，而实则恋位。多居此一日，则有此一日之异议，故訾訾嗸嗸，日惟思摭拾臣短而排挤之也。臣已于五月内引先年大学士刘忠拜扫例，乞假求去，又伏蒙圣恩，不即俞允。臣欲拟疏再请，适大学士陈以勤屡乞致仕，故不敢同时率然渎奏。未久，即有防秋声息，臣于时义不当苟求去免。

今声息稍停，又值大祀礼成，百工休沐之暇，臣方图披沥恳诚，上干天听，辞未及撰而韩楫之劾论又至矣。假令臣即日得乞骸骨，已为迟滞。虽圣恩浩荡，然苟焉縻禄已逾一年，况大臣屡被论列，腼颜久居而不去，其辱朝列而败士节之罪不容赎矣。臣安忍以此不肖之身犯天下不韪之论乎？故臣敢因此际哀鸣恳乞[2]，伏望皇上少宽斧钺之诛，将臣罢斥放归田里。但臣尚有欲言之情，不容避强辩之嫌而遂缄默以去耳，敢为皇上陈之。

夫楫，言官也，公朝之臣也，今之劾臣果为公朝而扶持立论

---

① 嘉庆《志》、咸丰《志》题下小字注"隆庆庚午年"。
② 故臣敢因此际哀鸣恳乞：嘉庆《志》无"乞"字。

乎？抑为私门而排击异己乎？疏内毛举臣数事，皆先已奉旨处分，臣不敢渎辨。但其恶臣之深者，只为臣近日乞止考察科道官一事，与大学士高拱之意不合耳。盖高拱借手圣谕以报复私愤，以彰大威权，故臣乞收回成谕以沮其谋[1]，未蒙俞允，于是臣即日奉旨至吏部，同拱等考察，兢兢焉，惟拱言是听耳。楫谓臣稍涉亲故，即巨蠹元凶，极力救解，曾经触忤，纵端人谠论，恣意抵排者果指何人乎？考察之事甚密，楫亦系考察之数，果何人以此告之乎？臣因拱欲报复私仇而冒死陈奏，欲以沮之，今乃反为臣欲为报复之地可乎[2]？

楫又劾臣为庸横，夫人臣庸则不能横，横非庸臣之所能也。臣往蒙特旨，兼掌院事，臣所以不敢致辞者，窃思皇上恐高拱以内阁近臣，而兼掌吏部，入参密勿，外主铨选，权任太重，虽无丞相之名，而其兼总之权，即古丞相亦不是过。此圣祖之所深戒而垂之训典者。皇上委臣以都察院，弹压之司与之并立，岂非欲以分其势而节其权耶？诚明君御臣之术也。今经十月矣，仅以此考察一事与之相左耳，其他坏乱选法，纵肆大恶，昭然在人耳目者，尚禁口不能一言。有负任使如此，臣真庸臣也。若拱者，然后可谓之横也已。夫楫乃背公死党之人，横臣之门生羽翼也，他日助成横臣之势，以至于摩天横海而不可制，然后快其心，于此已见其端矣。

臣一向思念明春，难与拱同事考察，而怯于明言，惟思乞一去，以图苟免朋比之罪耳。今楫专因此事以攻臣，故臣不得不从实供说，亦不敢复曲为拱讳矣。夫古之史鱼，一小国之臣耳，虽死不忘其主，尚欲以尸谏，臣受皇上特达之恩，今虽欲去，敢不以国家大禁，圣祖之所深戒者，一陈于君父之前乎？伏望皇上将臣放归田里之后，仍令拱复还内阁供职，毋得久专大权以树众党，别选用

---

[1] 沮：嘉庆《志》、咸丰《志》作"阻"，下同。
[2] 今乃反为臣欲为报复之地可乎：嘉庆《志》、咸丰《志》第一个"为"作"谓"。

老成之士以掌吏部督察院，使后来奸臣欲盗威权以行己私者，不得援此为例。庶上不悖夫祖训之垂成，下不失夫诸臣之职掌，可为圣子神孙万事之法矣。

内外二篇都序

明　赵贞吉

或问曰："子曷编古今书为内外篇也？"曰："予意在备经世之法，俾愿治之主有所采择耳。《经》曰：'域中有四大，而王居一焉。'王即经世之主也，其位为统，其臣为传，其令为制，其事为志，其道为典，其德为行，其才为艺，其技为术。譬之于车轮辕辐、毂轴盖厢，一不备，非完车也。能知七部之书，皆以赞治而固其统也，则于经世之法，如探果于囊，走丸于坂，亦易知而易行矣。"

或曰："若此善矣，曷为赘以《出世通》，无悖乎？"答曰："《出世通》，西方化人之书也。先秦之代，闻化人之名，未睹其书也。至汉明帝世，书入中国，渐多渐奇，英辟哲臣译而保之，于今六十余卷矣，闳深辨奥，与儒墨之伦分光而并垒。既云普拾遗闻，可独弃此而不录乎？乌得为赘！且子亦闻出世义乎？化人知法，以浮生鼎鼎，百年劳蕴为世也。往者为过去世，续者为未来世，三世流转未有涯际，而至人常住之心不与之流转也，此谓之横出三世也。又此世者，五浊混混，名为欲界，升之为色界，再升为无色界。然升者复坠，坠者复升，无已时也，而至人常住之心不与之升沉也，此谓之竖出三世也。界即世也，夫俾经世者，得此常住真心，而用之于化理，其益岂小哉？乌得为悖！"

或曰："然则曷为外之也？"曰："内外者，主客之谓也，经世为主，出世为客，化人之道，旅泊三界，身世如寄，其于世也非客义乎？譬之家居为主人，出游为客子，内则为主，而外则为客也，此就一人而喻也。又譬之家有二子焉，一耕而一钓，则耕者名农，而钓者名渔。农在乡，而渔则在疆矣，其地与业固在外也，非有意于外之也。"

史业二门都序

明 赵贞吉

客问曰:"《经世通》分史、业二门何也?"答曰:"《经世通》者,史氏掌故之书也,统传制志,史之纲而纪事之方也,典行艺术,业之常而记言之章也。史有纲而业有常,则体有宗而宗有眼。故化理可稽,而道术不裂,是谓史之良也。经世之主其能舍诸?"

客曰:"子学道者,何以史自居?""噫!是乌知《六经》之皆史乎?又乌知仲尼为史之圣乎?六经,群言之宗也,仲尼,万世之眼也,班固、陈寿以下不足与于斯言也。司马子长自谓:'百代史官,亦有意于尊孔氏明道术矣。'惜也,统典未建①,传行不彰,制志郁而不明,艺术漏而不张,务多而不要其宗,好奇而未具夫眼者必乱也。乌能原化理而究道术哉?予为此篇胪以八部,摄以二门,求免此散乱之咎已耳。是故胪以八者,常归诸二也,摄以二者,常求诸一也。"

客未达,请详示之。答曰:"今夫经世之位为统,辅统之功为传。上所出令曰制,下所建事曰志。摄于史者,其体恒异,而同归于记事之宗。命世之训为典,翼典之德为行,久习而工曰艺,得诀而妙曰术。摄于业者,其体恒异,而归之记言之宗。是谓胪以八者,常归诸二也。故知苟得其宗,虽愈多而不散。若夫史所摄,体虽异而眼在于统,统建而天下之治出于一,治一则外主之法行而传,制志皆随之一矣。业所摄,体异而眼在于典,典建而天下之道出于一,道一则内圣之学明而行,艺术者皆随之一矣,是谓摄以二者常求诸一也。故知苟得其眼,虽愈奇而不乱。"客曰:"何以明之?"曰:"子亦知用师乎?善将者,虎钤数明则兵益多而益善,此不散之喻也。

---

① 未:咸丰《志》讹作"夫"。

子又知博弈乎？善弈者，马目冗成则棋愈劫而愈活，此不乱之喻也。"客曰"唯唯"。

赠侍御王安峰序

明　赵贞吉

君子之平其政，非直以感人之悦己也，以为其道适当然耳，然政易平而心易感者也。故君子常行人之所易为，处人之所甚便，而世犹以君子之道为难，为不利，惮而不为也。此何故哉？安其所苦，乐其所咎，吝而不悔，岂非有所夺于其中而不能自主耶？抑知固有不足以及之者耶？夫知之不及者，以君子之道为难也，有所夺于其中者，以君子之道为不利己也，是二者皆过也，而以为不利己者，犹为害政。而世之不治也[1]，患尝在于若人之畴昔，无以君子易行而甚安之道告之矣。

侍御汶上王君，昔之宰吾内江也，平其政而行之甚易，人之感之愈久而不忘，在王君则甚安而不见其不利于己也。王君今为御史，按畿甸矣，以其所尝试甚安而易行者风之于上，其道之行易于为令，奚啻什伯？而王君顾犹然难之，何哉？岂非以一邑小而畿甸大者乎？令之求诸己者，易以自尽，而御史则驱人之若己，难于一切者乎？夫苟御得其势，则虽大者易与也，苟操得其机，则虽众者易与也。

大泽之陂有童子焉，群众马而鞭其后，去其害马者而彼自治也。一尺之锤与乌获之任相低昂焉，持其衡以锤权之，而重者自举也。王君者，御持衡之势而操牧马之机，又以其所常试者而行之，奚其难耶？岂王君之意将患于所以夺其中者加于今之时乎？夫苟其中有所夺，则居可操持，亦昧焉，而不及察之，宜以为忧也[2]。而

---

① 而世之不治也：底本、尊经阁本脱"不"字，据嘉庆《志》、咸丰《志》补。
② 宜以为忧也：嘉庆《志》、咸丰《志》作"宜其以忧也"。

予又以为不然焉。何则君子之政出乎其心，见诸其事，至于感乎人久而不能忘，则必有深得于其道而中有不易夺者存也。此予之所以知王君之夙昔，而王君有不自知之者哉！是故秋自知己之不中夺而忘其弈也，羿自知己之不中夺而忘其射也。君子自知己之不中夺而忘其甚安易行之道也必矣。然则王君之忧以为难者，乃其为易也欤！

马公生祠序

明　邑　郑　璧①

天启壬戌冬，马公以府台下署内邑，三月而大治，庆召父杜母而歌来暮者，巷舞途欢，俄顷功化有若斯夫。阖邑缙绅暨学博洪君阙、卢君瀛皋、王君宸极，率通庠弟子赵生引恬、郑生㦤、李生应期、张生鸿猷、邓生应熊等七百子②，佥谋以祠学宫文昌之右，不远千里以乞言于不佞。

余叨尹南都，客自蜀来者，首询公之治状，知其丰标玉立，器宇冰澄，邃学雄才，练识敏断，何幸蕞邑得庇福星！邑自蔺酋肆掠，百姓流离，行野蔽楛，里无烟火。公极力招抚，劳来还定，不越月而归复者万户，肃羽嗷鸣之鸿雁咸集中泽矣。乃胪列章程，播谕属境，精中膏肓，要握肤理，应事流通若水，当几不动如山。居敬行简而民游于恬，端矩饬获而士泽于雅，明决质成而狡黠者竦息，褒奖节义而越志者突奔。

惟兹干戈扰攘之秋，财尽力殚之日，而讨蔺之整兵，三军之需饷，吐番之索赏，力役粟米布缕，不得已而取给一时。公慨然叹曰："用其三而民不几离乎？"乃委曲计画，多方调停，即兵饷二万有

---

① 马公生祠序：嘉庆《志》、咸丰《志》作"署篆本玄马公生祠碑序"，且"郑璧"下小字注"侍郎，邑人"。
② 㦤：诸本原作"㦤"，但卷二《成均》中有"郑㦤"，且其前后为赵引恬、李应期、邓应熊、张鸿猷等，应为同一人，据改。

余,而邑中石粟价倍千钱,而民力不支矣。公屡上文移,折籴价腾踊之苦,条滨江运之劳,情词剀切,竟获蠲省,百姓乐输以佐国急。烽燧日惊,羽急星驰,马圉仆痡,驿无宁刻,公严核传符,非关急务者弗给,而驿递顿苏,德泽流行,且速于置邮矣。此非政之最著者乎?

夫内邑,岩邑也,加以师旅,因之饥馑,即拮据吐握,尚觉旁午。公惟以清净宁一,从容综理,事不烦而民不扰。试登其堂,而乔鸟翩翩,琴韵衎衎,帘静而风清也。试游于野,而雉之驯,鸾之翔,麦之歧,风恬而俗皞也。吾邑其大治矣。

稽古循吏,若公仪之廉靖,黄霸之直谅,邓攸之沉浑,牟融之干局,非不彪柄史册,然皆各擅一长,无如公之兼集[1]。其美者大都根极至诚,惟所操纵有仪之廉,而不为绝物;有霸之直,而不为己甚;有邓、牟挹谦恂雅之量,而无矜能炫巧之心。公其品流超卓,而治平第一者乎!伫奏彤廷,擢为台谏,为卿寺,为柱国,将薄海蒙休,而内邑借光,与学宫文昌并垂不朽矣。谨以勒诸石云。公讳德,乾州人。

迎恩阁碑记

明　邑人　黄似华[2]

内邑一江环抱,四面阻山,西偏离城一里许,为迎恩楼,则江之上游也。此去逾三州县而为省会,即益州天府也,又六千里而达两都,吏兹土者视之为望京楼。内邑人文之盛甲于海内,往代勿论。国朝来,两闱之所拔擢,朝宇邦国之所布列,贤书除目,捷骑飞传,咸由此入,故以"迎恩"名。

不知创自何年,日久颓圮殆甚。周侯来摄,慨然欲为之鼎新,鸠工庀材,诹日从事,高广视昔倍焉。糜金钱百什,丹楼如霞,望

---

① 兼:嘉庆《志》作"并"。

② 迎恩阁碑记:嘉庆《志》、咸丰《志》作"迎恩阁碑记代作",且"黄似华"下小字注"知府,邑人"。

者生气矣。余忆往在郎署时，所与邑之诸士绅游，盖有大司马、大司空暨制台、开府、台省贵秩，藩臬巨望，郡邑循良，济济彬彬，充斥朝国。即举两闱者率数十人，皇恩所被如私内邑，已而稍诎。阅今三十年，而此楼复新，天岂有意昌内邑也哉？侯其代之矣，有启而兴，有兆而合，良非偶然。溯三十年而上，有匡主之元老、戡乱之重臣、泽枯之大宗伯、净礼之名谏议，才贤辈出，肩比踵接，今岂逊曩时哉？无亦山川之气，不尽宣泄，将有储以钟其灵淑，变而通之，必世后仁，此其时也。此余所以为内邑幸，而又为内邑感侯也。

然余于侯不但感之，且私异之。侯摄内邑耳，所谓旦夕寄焉者也，又深资迁客也，即优游日月，需代而去，奚不可者？而余闻其清积案，剔猾胥，平市易，革横税，均邮役，药民病，禁强暴，恤孤独，兴学校，旌节义种种，皆美政也，而其要在有所不欲矣。故清俸可除，罚锾可薄，如谯楼、廨舍、文昌祠、通川桥，废坠且举，一旦焕然，何知代庖好行其德者为真令，内邑且将肖像而尸祝之。

夫两月之间，遂成制锦之政，寻树堕泪之碑，亦古今之大异也。余异之，奚怪也！昔李卫公德裕徙蜀，建筹边楼，图蛮人吐蕃接壤，以习山川险易。侯兹举盖亦有深心哉！楼成，更名阁，属诸士绅之请，而敬为之记。侯讳廷侍[①]，字君食，别号广裕，甲辰名进士，南直隶金坛人。

内江县令题名记

明　邑人　龚懋贤

明府史公纬占，抱命世才，宰吾邑，至首问民疾苦，次整齐士教民风之颓靡者，葺劫公廨祠馆之圮阙者，政务备饬，民不疲劳，盖不两期百废俱兴云。

先是公睹邑乘阙，既广集思益，普拾遗文，梓而新之。复寻邑

---

① 侯讳廷侍：嘉庆《志》脱"讳"字。

大夫五十一公,次其姓氏、里第,题诸石。一日过不佞曰:"子亦知是邦大夫所从来耶?上下将千载,斯亦远矣。然皆与我共此民社者,而今姓氏不传,匪阙典耶?吾将勒之石,请子记。"不佞谢不敏,则又过不佞而谓之。至再,至三,始拜手扬言曰:"懋贤虽不敏,敢不竭颛愚以从明府命。盖尝闻邑,古侯封也,内江虽小,故称文献,邑大夫往往树业隽伟,素丝成风,不至如他方吏之鱼肉,其齐民何则?骡骖在前,苟非甚自弃,鲜不望鞭影,逐后尘而驰矣①。然则从前诸大夫题名之典可阙哉?如明府言,即勒之石,懋贤当濡颖以从。"

吾邑自唐以来,诸大夫多表表,卓异尚矣。今我纬占公和不同尘,贞靡绝俗,织锦成文,烹鲜政洽,可谓并美前徽,作师来哲矣。自是令吾邑者,睹斯石,嗣公而兴焉,其见而思齐,克济世美,花村夜月,长无犬吠之惊,绿野春风,永享弦歌之乐,则不佞与邑人何能一日忘明府之赐。明府公讳旌贤,"纬占"其别号也,万历庚辰进士,滇南人。

南社仓赎买基房小记

明　邑令　胡承诏

社仓之设,以备民也,而守仓者有赔累耗谷之苦,一人不可独累,则听派之户族滋多弊矣②。侵假不已,笕钥随其收掌,启闭任其干没,交盘不足,则尽诿于所应折之耗也。而通派于户族,奸者射利,愚者剜肉,是何以备民者递年为民崇无已时哉!

余从任后,询知其故,亦既收诸笕钥而亲掌之,启闭必亲临,升合必亲入,交代必亲盘,诸弊绝,而频年所派累者遂以大省。然其所应折之耗,固不能为民鬼运而神输也。仓故有门房五间,中为

---

① 逐:底本、尊经阁本原作"遂",据嘉庆《志》、咸丰《志》改。
② 听:嘉庆《志》、咸丰《志》作"听令"。

官道,而两二间皆民舍也。余甚怪焉,询之,则先邑侯以官地鬻之于民,以佐仓费者也。

呜呼!鬻以佐仓费,赎以佐仓累,总之以为吾民,则先后何间焉?余乃捐俸八两六钱,给各买主龚贵芳等[①],悉还所鬻直及所造房费,而归房地于官,岁所入者计银三二钱。新旧交代,则给守者以为籴补耗谷之资,禁其派族,庶备民或无累民乎!要之积谷渐多,则折耗渐甚,吾不无虑涓涓者之有穷于后世也。

内江修建膳堂学仓记

明 邑人 刘 翾[②]

国朝御极二百余年,其辅理之贤率荐于学校,而升叙简拔,第其优隽者,廪饩之制,奋士功也。吾邑为蜀川名序,贤因时懋,名以额拘,蒸蒸登黼显者,方类轩轾,固非可以一端求。然旌别之兴,此以为矩鹄久矣。往岁宫墙之东,文惠贮焉,墙以外,溪名玉带,绕青龙而会于江。其时不家食于学者,不家食于国,彬彬纷纷,甚盛概也。己巳以来,当事悯民之征输,而廪士以直,贮仓为虚器矣,遂至飘淋倾圮,鞠为蔬畦家,堪舆者病之。

闻于牧甫敬庵陈侯,乃进少尹张君国瑞、刘君嘉猷,而命之更新。乃益以厅事,名曰"膳堂",捐俸鸠工,阅月而毕,奂轮储贮,视昔有加焉。迩来士气峥嵘,科甲联络,堪舆之言信而有征矣。于时学博程君三省、傅君成人偕诸友索予言以记其事,余愧不文,但以子弟从诸君后,又不敢以不文辞。

惟我国家,待士隆且重矣,乘时而宾兴,计偕而委积,皆以属望远且大也。我祖宗右文初心,非不欲尽通学而廪饩之,而贤才无穷,廪禄有限,故未尽之心于优复之例,发之牧甫陈侯,借福于兹

---

① 给各买主龚贵芳等:嘉庆《志》无"等"字。
② 嘉庆《志》、咸丰《志》"刘翾"下有小字注"参政"。

五载，其振兴学政始终如一。兹膳堂鼎建，惠贮重修，乃其一端云耳。至若丕新庙貌，整饬堂除，见文宗公之大记者，烺烺可稽焉。我君侯行且奉钦召，将舍士民去矣，诸士登同膳之堂，则有羹墙之见，膺甲第之荣，则有原本之思。砥砺以慰其心，奋庸以报其德，是于牧甫之雅化庶无负矣。陈侯名谏，甲戌进士，关西华阴人也。

厘正土主名号记

明　邑人　高镛[1]

自古幽则有神，明则有礼，礼莫大于名分，名分之际，幽明系焉。古帝王圣贤知鬼神之情状而达幽明之故，必正名以定分，祀典孔虔而神人由洽者，胥此礼明而不乱焉尔。我朝洪武初，扫袭乱诬惑之习，革庙祀名号之封，名分定而祀礼明，幽明达而人心正，此直超越万世之卓见也。

内江土主之神，今以庞姓而诬之，匪啻亵于神，实徒诬于庞矣。呜呼！前乎庞也，此方谁氏主之？由庞而来，始得人焉，以主其神乎？盖一方之土自有其神，而初无姓名，邑中何义讹悖至是！粤稽汉蜀军师靖侯庞公统字士元者，生襄阳，襄阳宜以乡贤祀；殁涪陵，涪陵宜以名宦祀；殡德阳，德阳或以死事祀，必不诬主三方之土。志脱有文，亦宜另祠祀，志无殊考，内江何与史称？士元非百里才，精爽赫灵，宁甘附窃香火以重识者鄙？必不然也。

先君户部侍郎三峰公，久达斯义，愚复表而出之，所以雪遘俗之讹，定名分而昭礼法矣。时因道人郭守愚募修庙堂，邑人莒州知州顺庵杨君一瑞为之倡[2]。兹候工竣，不揆记此，附《迎赛祭章》于小碑云。

---

① 嘉庆《志》、咸丰《志》"高镛"下有小字注"御史"。另，嘉庆《志》题无"记"字。
② 瑞：底本、尊经阁本原作"端"，据前文多处记载及《杨一瑞传》改。

407

赵文肃公谱序①

明　邑人　邓林材

　　年谱之作，所以纪终身行事大都也。吾师大洲先生，以劫外灵根，度生尘世，实天授以圣贤之资，自弱冠即有志于道，以孔孟为轨范，以立志为指南。其初以道不离文献，取《六经》、百家暨仙佛函藏，并人间未见之书而沉诵之，若将以继断韦下帷之业，斯亦勤矣。既而曰："志学如孔，好学如颜，岂顾兀兀陈编耶？道不在是矣。"于是专意性命之学，探索孔孟微言，参究三教宗旨，离尘习静，至忘寝食，一寒暑，进仕名利之念淡如也。

　　既又云："孔孟，大圣贤人也，孔子志梦周公，孟子志行王道，俱欲见诸行事，岂仅取为我忘情斯世哉！"于是复肆举子业，以目击道存，不离日用，不欲以离尘绝俗、抱空守寂为也，乃静居山寺，攻习举子业。自是售艺南宫，驰声翰林院，出绪余为文章，浑朴古拙。自典谟以下，与《左氏》、《庄》、《骚》、先秦古文相为后先，遂以道德文章雄视海内，称名家云，嗣是渐跻膴仕矣。

　　既又概然曰："志以行道为任，而遭时实难，回忆孔子志在行道，周流历聘，削迹伐木，不悦于鲁卫，求得一小国之君而事之，恒抱不逢之嗟。孟子明王道，淑人心，往来齐、梁、鲁、宋之墟，竟未一遇。以今明圣当阳，材能效用，其际遇非有孔、孟遭时之厄，士当其时，奚翅猎取荣名为哉！"以故事关朝廷，边棘重务，违众抗议，竟取迁谪。徐累起至户侍，又以事忤执政，不逾月而归。治讲堂于桂湖渠上，聚徒讲学，远迩咸至。先是越中王先生倡明良知之学②，淮北王先生阐发格物之旨③，先生承二王之绪，究竟要归之絜矩，使人益有持循着力处矣④。

① 赵文肃公谱序：嘉庆《志》、咸丰《志》作"赵文肃公先生谱序"。
② 越中王先生：指王阳明，浙江余姚人。越中，晋唐宋越州，今绍兴。
③ 淮北王先生：指王艮，泰州安丰场人。
④ 使人益有持循着力处矣：嘉庆《志》无"处"字。

迨穆宗初服，起用遗逸，先生自北而南，由南以北，经筵多所启沃。累官登台辅，亲聆玉音，寄以匡赞，思效付托，以天下事为己任，然亦竟以直道孤踪，不能久立朝宁。无何谢阁事归，年逾耳顺矣，心与口言，曰："孔子不梦周公，东周之志衰矣，乃删《六经》以垂万世。吾老矣，惧此生虚度也。"奋起编摩之思，作《经世》《出世》二通，都序初成，局役方落，倏尔长逝矣。

噫嘻！先生自冲年以至垂老，学术凡几更历，始焉求道于载籍，既而潜心于本体，既而显设于事为，晚而加意于著作。事与年易，道与时迁，然而精神意向，终始惟一，而随处自得，一以性命了悟为宗也。故其论学，一洗陈言，直指本体，廓披圣途，诞登道岸，所谓愈真切愈易简，愈易简愈真切，在能者从之尔。有论先生之学者，曰："以性命为根，文章其枝叶，以经济为用，出处其蘧庐。"君子曰"可谓知言"。谨序。

季考谕

国朝　邑令　韩莱曾

汉安胜地，自昔多才。江流锦水之芬，潆洄结翠；山峙岷峦之秀，环拱成奇。亭挹芙蓉，予告者共钦一时名相；赋展华萼，开先者独标天下大魁。森森兮接武鸾坡，尽是清威伟绩；蔼蔼乎聊登雁塔，孰非巨业鸿文。盖地因人杰益灵，而运以道隆弥盛。迄乎兵燹以后，怀哉凋谢云亡。玉带溪边，徒怅风雨于剥蚀；金紫山上，空悲荒冷于人琴。然而时数迁流，转旋当旺，扶舆磅礴，久蓄必宣。况我朝乐育人材，沐浴早沦肌髓，诞敷文治，涵濡几遍遐陬。缅书台之霞郁云蒸，讵乏后来翔步；望瀛寺之山辉川媚，应有间世挺生。

余甫莅兹区，即殷慨慕。溯典型于既远，过而皆虚，幸芳躅之犹存，入还可式。栽培有志，学校为先，鼓舞无穷，陶成是愿。遵季考之往例，定文会于仲春。为此示仰合邑贡监生童，择二月二十日集魁星阁面试，先期赴县报名，以便备办棹橙文卷。前此之芸窗雪案,揣摩各有专家;今日之手缓心和,书写自成妙技。胎息乎古人之魄力波澜,悉本老成;折衷于先进之风裁排纂,须追作者。相题则移步换影,含毫于匣剑帷灯。谈理如画沙印泥,取诀乎哀梨并剪。选词命意,惟期官止神行;布局谋篇,要在文成法立。名言络绎,浸淫风雅之林;灏气卷舒,原本经史之笔。腕下之奔走,佳句一新;纸背之经营,匠心三洗。从此角长竞短,堪夸文阵雄师,抑且领异标奇,自缀春华秋实。于以羽仪盛世,润色名区,宁不足鼓吹休明,后先辉映者哉?

余心仪曩哲,雅爱文才。叨列贤书,愧未窥夫阃奥;禀承庭训,惭仅步乎藩篱。先大父种学积文,久沭褒崇于睿鉴。余小子一知半解,讵敢隐没于同侪。生等尚其各出机杼,争吐锦绣,以慰凤好,以觇众长,是则余之所素期也。是日远迩惠然,风雨无阻,拭几以俟。望切!望切!

增筑城垣碑序①

国朝 邑令 张 揞

余自乾隆五十九年莅任内江,见其环城皆山,而雉堞过卑,即有意修筑,旋因奉差西藏,其计遂止。迨嘉庆三年五月回任,适值川北寇氛未靖,秋间川东又复戒严,于是与诸绅耆谋继长增高之计。但数年来叠派军需,民力已困,不忍以此重累闾阎,乃议城乡醵坊分别派捐,以成此举。

于嘉庆三年十二月十三日设局开工,计城延袤九里三分,凡墙一垛各加石二块,比旧墙俱高二尺,共一千八百七十五丈。其工料共用钱壹千壹百肆拾捌千叁百捌拾文,石灰用钱玖拾柒千玖百肆拾陆文。所派醵坊之项,因秋成不丰,亦未能全数完缴。又以治内茅蓬、华萼二寺,罚缴钱贰百余千文添入其间,而工多食贵,仍

---

① 增筑城垣碑序:嘉庆《志》、咸丰《志》作"内江县增筑城垣碑序"。

有不敷。余复捐俸银陆拾两、钱壹百千文，于次年五月二十日厥功方竣。此外另有晒经、盘龙二寺，罚钱数百千文，以之修建大南门、小东门城楼，并补葺大西门城楼，先于去岁冬初完工。

若是者，当治平之日，固足以壮观瞻，或有不虞，亦可以资保障，岂非内邑人民之厚幸欤！惟念斯役也，不劳民，不伤财，独余以一身昼夜经营，心力兼瘁，始能铢积寸累，蒇此巨功。所愿后之莅斯土者，与吾民因时补葺，永固金汤，则余亦有深幸矣。凡各处捐项钱文数目悉载碑阴，用垂久远，故援笔序之，复纪以诗，辞曰[1]：

汉安称大邑，保障借斯城。愿守基无坏，谁言绩易成。

殷勤图继长，辛苦为重营。谋愧吾才竭，工凭众力擎。

输将呼市侩，捍卫逮编氓。鼛鼓三巡急，规模两版平。

吏贫惭解橐，役久未妨耕。仡仡观瞻壮，岩岩制度更。

半年功乃竣，百雉势初阂。山霭连堞起，江流绕郭横。

金汤欣巩固，磐石庆坚贞。数语镌碑末，无忘创始情。

嘉庆四年岁次己未五月二十九日。

新铸守城枪炮记[2]

国朝　邑令　张　㩁

嘉庆三年冬，川东北贼氛未靖，远迩戒严，内邑增葺城垣，各门戍楼亦次第修整。余偕诸绅耆步阅四周，因曰："有城如此，固可以卫吾民矣，亦安可无守城之器乎？"绅耆复余曰："乡里征徭苦矣，城内居人不下千家，劝之出资可得数百缗，以是铸炮制枪，不亦可乎。"予为给薄劝捐，自去岁十二月初四日设厂兴工，至今年二月初四日而工竣。计铸劈山炮五位，各重壹百二十斤；怀胎炮

---

① 辞曰：嘉庆《志》、咸丰《志》无"辞"字。

② 新铸守城枪炮记：嘉庆《志》作"内江县新铸守城枪炮记"，咸丰《志》无此篇。

五位,各重七十五斤;营枪五十杆,每杆重六斤,分置各门①,发看城义勇守之。

予维邑之有城,所以捍卫民居,而枪炮又足以守护城垣,坐镇于百里之中,取胜于百里之外,既可先声以夺人,亦且有备而无患。彼幺魔小丑,有不闻风胆落者哉!是役也,郭内士民共捐钱五百四缗,支铁工买硝磺绳弹外,尚余三十缗,仍存兵科以备公用。捐资姓氏例注于碑,为之述岁月以纪实。

时嘉庆四年五月二十九日。

劝举节孝启②

国朝　邑令　顾文曜

盖闻城隅塞北,传十日之悲声;竹变湘南,染二妃之清泪。缫来蚕茧,琴许知音。目断藁砧,身还化石之死,靡他之节;足树纲常,一齐不改之心,可感天地。故巴妇有怀清之筑,梁媛有高行之旌。自古而然,于今为烈。

夫使镜掩孤鸾,门盈万石,声清雏凤,人颂三迁。绛帐宣文,竞说太常之母;泷冈志美,争夸永叔之碑。则茹蘗丸熊,早岁虽婴其荼苦,而怀贞履洁,后世犹慕其芳徽。未亡人之心,固稍伸其隐恨,藐诸孤之志,庶仰报于春晖矣。然而厄穷可悯,苦节尤难,或悬罄之兴嗟,更占熊之无梦。加以庭余垂老,席草宁逢,即使膳供野蔬,江波未跃。枯鱼饮泣,莫添涸辙之流;孤燕衔泥,难觅谁家之垒。人似轻尘之依草,心同古井以无澜。陶婴传寡鹄之歌,漆室成倚楹之操。衷怀已尽,人世奚堪。

嗟乎!地不理忧,月偏长恨。药名独活,虫是可怜。草草莺花,青春似梦,沉沉风雨,长夜如年。猿无可断之肠,鹃有难干之

---

① 分置各门:嘉庆《志》无"分"字。
② 劝举节孝启:咸丰《志》作"劝公举节孝启",嘉庆《志》无此篇。

血。冰霜成性，经天荒地，老以弥坚。月旦无评，与衰草枯杨而并谢。钦褒扬于盛世[1]，首重伦常；察好恶于群情，尤端风化。此仁人君子言念尽伤，而舆颂里碑，均宜采访者也。

眷此中川，凤推胜邑。地擅山川之秀，丈夫都自饬廉隅；家传诗礼之遗，女子亦听从姆教。宋熙宁之贞烈，残碣犹存；解大绅之诗篇，清标可挹。况仁恩之丕昌百八十年，抚比户之可封一十六里。大府重修《通志》，文献当征；吾侪承乏偏隅，幽潜待阐。所望胶庠之硕彦，不惮咨询；惟兹巾帼之完人，无忧渐灭。每思错节盘根之遇，尤在荜门圭窦之中。宜亟表其幽光，俾邀荣于绰楔。庶几青天碧海，永无衔恨之贞魂；俎豆馨香，长沐无涯之圣泽矣。

重修文昌庙记

国朝　邑令　弓翊清[2]

斗魁戴匡之六星，五为司中，六为司禄，《礼经》以楢燎祀。《颂》诗序曰：《丝衣》祀灵星也。巨典煌煌，繇来远矣。我国朝稽古右文，嘉庆六年，太常寺臣议春秋祀事，颁行中外，复古典也。

昔在己巳之冬[3]，翊奉命吏于蜀，既登剑门，将止宿绵之梓潼县。未至十余里，其山曰“七曲山”，陟其巅，有庙岿然，绕以阛阓。舆夫憩于庙门右，因询诸土人，答以“灵应庙”，未识何神也。肃衣冠入瞻仰，问知为文昌帝君栖神地[4]。

因忆《唐志》称：“广明二年，僖宗幸蜀，神见于利州桔柏津，封济顺王，解剑赠神。”《明统志》则云：“神姓张，其先越巂人，因母报仇[5]，徙是山。秦以后，世著灵异。宋建炎以来，累封神文圣

---

① 扬：底本、尊经阁本讹作“杨”，据咸丰《志》改。
② 重修文昌庙记：咸丰《志》作“重修文昌庙碑记”，嘉庆《志》无此篇。清：底本、尊经阁本原讹作“青”，据前文及咸丰《志》改。
③ 己巳：指嘉庆十四年。
④ 问：咸丰《志》讹作“间”。
⑤ 因母报仇：按，《明一统志》卷六十八作“因报母仇”。

武孝德忠仁王。"唐孙樵文亦谓"神诚能神,反雨为晴,觞酒豆脯,捧拜庭下"①,李商隐下马捧椒浆,亦其地也。

古今以来,传闻异词,祀典异宜,要之在天为星辰,在地为河岳,在人为圣神,为忠孝。世道民生,观型作则,历万古而无终极。世传帝君《阴骘文》,其缘起无可考,而设教之旨,实于是乎大备。由其旨者昌,倍其旨者殃,天之至理,神之明命也。

岁丙子②,翊知中川,恭谒祀典诸神庙,见邑之新作帝君宫,巍乎!焕乎!朴凿既饬,施以丹垩,额手抃手,既欣且惊。时有罗子秉衡、潘子瑞田、陈子清溪、邹子鉴堂、刘子苤臣、张子必照为余言,邑人士乐善好施,轻财重士,前令顾如圃从所欲而诱掖之,事因之集,继以署令蔡文轩勖勤其间,遂观厥成焉。

夫谋始难,踵事亦不易。至于鸠工庀材,经营终始,如潘、罗、刘、陈、邹、张诸君子,成一邑之胜举,不遑暇于日中,非存心慕义,不辞劳瘁者,能如是之思艰而图永哉!余也不睹其初,不知始事之难,不督其事,不知成功之瘁,而惟是击牲晋爵,从容进退于成功之际,亦何幸如之!

中川自古为人文薮,远而唐宋之范、赵、郭、黄诸公,宏勋伟绩,汗青烂焉。近代以来,世族益盛,皆能以学问世其家,岂神独厚此邦之福欤?抑以旧德先畴,习尚淳雅,诚有合于阴骘协居之义,而不同于他之仅以虚文崇祀也。余朴僿不文,谨以质言纪其事,泐之石。

请谥苏辙疏③

宋 赵 雄

臣窃详国朝故实,名臣既殁而不乞谥者,往往因臣寮建请,特

---

① 孙樵文:指孙樵《祭梓潼神君文》。
② 丙子:指嘉庆二十一年。
③ 尊经阁本、嘉庆《志》无此篇。按,底本此页版心文字作"艺文增补"。

赐徽称。故杨徽之之谥"文庄",宋绶寔请之;宋祁之谥"景文",张方平寔请之;张方平之谥"文定",苏辙寔请之。凡以尚贤报功,昭示无极,圣主之所以宠绥臣子者,于是至矣。

臣伏见故门下侍郎苏辙,初以制举对策受知仁宗,乍起草莱,而鲠亮切直之声固已震耀天下,晚乃历践台省,遂跻政途。其绝学长才,嘉言谠论,与夫进退终始大节,天下公论,可考不诬。而寥寥数十年,易名之恩未加,在于盛明之朝、总核之政,诚为阙典。况自顷岁,陛下加惠苏轼,赐谥"文忠",德音流行,天下传诵。辙之平生梗概与轼略同,而宦达过之。臣愚,欲望圣明依轼近例,特与苏辙赐谥,以示褒劝。臣谬司邦礼,职所当言,况有宋绶、张方平建请故事,则区区僭越之罪或可望于裁赦也,取进止。

淳熙三年二月奏允[①],谥"文定"。

齐国公赵氏谱牒

宋 赵 昱[②]

公讳之礼,字安道。其先唐中书令淮安王德谭起蔡[③],世以忠勋为襄阳节度。淮安之玄孙洪守安夷,至公父赠太师忠三世。太师葬县东荆溪。

公资有远识,意气豁如,少贫不挠,老富能仁,好义而乐予,尊贤而厚族,平生施之,不自以为善。年五十卒,实建炎二年十一月十三日也,葬以绍兴四年十一月二十一日。夫人同郡勾龙氏,年六十六,以绍兴十六年七月十三日卒。以乾道三年十二月九日祔葬于盘石县华莩何都山之阳,夫人封在公墓南。

二男:存,赠太师秦国公;舆,故登仕郎。女子嫁故迪功郎、

① 二:咸丰《志》作"三"。
② 尊经阁本无此篇,嘉庆《志》、咸丰《志》"赵昱"下小字注"邑人"。
③ 谭:底本及嘉庆《志》、咸丰《志》皆讹作"谭"。按,赵之礼祖先为赵德谭,蔡州人,唐朝末年藩镇将领,平定秦宗权有功,拜中书令,封淮安郡王。

万州司理参军何敏中。孙八人：曰宏；曰翊，故登仕郎；曰雄，故右丞相、卫国公；曰邻，赠承事郎；曰雅；曰维；曰嶵；曰荣，故迪功郎、夔州巫山尉。曾孙十三人[①]：曰杲，故承务郎；曰晟；曰昺，故通直郎、昌州大足令；曰旦；曰昇；曰昱，奉议郎、签书东州节度判官；曰望；曰晨，承事郎、监成都府犀浦镇税；曰旻，宣教郎、知石泉神水县；曰易，将仕郎；曰暹，承奉郎；曰万孙；曰秦孙。

承相既贵，诏赠公太子少傅，累赠太子太傅、少傅、太傅、太师，追封历薛、郑、齐三国公；赠勾龙夫人永阳郡夫人，累转历阳郡，盛薛、郑、齐三国夫人。

庆元五年曾孙昱谨识。

花萼楼赋

唐　范崇凯[②]

以《花萼楼赋》一首并序为韵。

开元中岁，天子筑宫于长安东郛，有以眷夫代邸之义。旧者中宫起楼，临瞰于外，乃以花萼相辉为名，盖所以敦友悌之意也。银榜天题，金扉御阙，俯尽一国，旁入万里，崇崇乎实帝城之壮观也。是时，海内宾荐之士咸游仙署，驰神累日，以待问于有司。有司盛称兹楼，并命赋之。小子庸蔽，敢同颂美，词曰：

惟唐六代，盛德被于幽遐。弥玄都暨丹穴，掩扶海与流沙[③]。莫不推福祚之攸永，极威灵之所加。敦本既同夫羲轩之日，睦亲又比乎棠棣之花。裂土苴茅以表庆[④]，赐珪分瑞以联华。信可以受无穷之祉，而保乂我皇家者哉！

---

① 十三：底本原讹作"十二"，据实际人数改。
② 嘉庆《志》、咸丰《志》"范崇凯"下小字注"状元，邑人"。
③ 与：诸本皆作"于"，《〔嘉靖〕四川总志》《全蜀艺文志》亦作"于"，但宋李昉《文苑英华》、清《关中胜迹图志》《历代赋汇》《全唐文》《雅伦》《登科记考》《〔雍正〕陕西通志》等皆作"与"，据改。
④ 土：嘉庆《志》作"士"。

乃命有司，浚池隍，缮城郭。将崇大壮之义，载考方中之作。缭垣墙周乎旧宫，设井干而为新阁。既准既绳[1]，已揆已度。望驰道而通禁林，走建章而抵长乐。攒画拱以交映，列绮窗以相薄。金铺摇吹以玲珑，朱缀含烟而错落。饰以粉绘[2]，涂之丹腹。飞梁回绕于虹光，藻井倒垂乎莲蕚。信神明之保护，亦列仙之凭托。

于是乘舆乃登夫翠辇而建华旒，钩陈警道兮环卫周。命期门使按跰[3]，将有事乎娱游。六龙骧首以启路，八骏腾光而夹辀。且肃肃以穆穆，幸夫花蕚之楼。然后层轩四敞，圣情周顾。遥窥函谷之云，近识昆池之树。绿野物霁[4]，分渭北之川原[5]；青门洞开，览山东之贡赋。亦以崇友悌之德，劝农桑之务。岂止唯临鄠杜之郊，空指邯郸之路而已哉！且壮丽难匹，光华匪一。冯禁掖以孤明，隐垂杨而半出。赫旷旷以宏敞，肃隐隐而静谧。非匠氏之奇工，梓人之妙术，孰能至于是哉？

岁如何其岁之首，花蕚楼兮对仙酒，愿比华封兮，祝我圣君千万寿。岁如何其岁始正，花蕚楼兮开御营，愿同吉甫兮，颂我圣君亿载声。盖圣人去有欲，反无名。深宫皓素，高居穆清。观群材之乐业[6]，朝诸侯而向明。即知遐迩欣庆，冠带混并。均五气之善，叶三光之精。

嗟乎！时难再得，岁不我与。迹已混于沉滞，心未齐于出处。此小子之所以瞻栋梁以自悲，仰云霄而失序。

按：此赋当时范氏以华蕚荣所居之山，宋代镌赋于石，立学

---

① 准：嘉庆《志》、咸丰《志》作"集"。
② 粉：嘉庆《志》、咸丰《志》作"纷"。
③ 按：嘉庆《志》、咸丰《志》作"接"。
④ 物：嘉庆《志》、咸丰《志》作"外"。按，《文苑英华》作"物"，小字注"疑作初"，《古俪府》《关中胜迹图志》《全唐文》《雅伦》《登科记考》《〔雍正〕陕西通志》《佩文韵府》皆作"初"，《全蜀艺文志》《〔嘉庆〕四川通志》作"外"。
⑤ 分：嘉庆《志》、咸丰《志》作"人"。
⑥ 材：嘉庆《志》、咸丰《志》作"方"。

宫。明杨升庵《艺文志》、南城章履仁《姓氏人物考》、新建熊峻运《氏族笺释》，皆载范崇凯作。阅《全唐赋》，是题凡四首，此篇第一，注高盖作，余亦无范名，《茗溪丛话》略辨及，而未指其互异之由，不审何由冒袭也，俟拣。[①]

掌石赋[②]

明　赵贞吉

粤昔鸿蒙之未判兮，汇元气之氤氲。迨刚柔之阖辟兮，泄太乙以弥漫。霭轻清之上浮兮，日月星与辰。貌重浊之下凝兮，山川土石之惟均。缅惟彼石之磅礴，适得土之冲气融结而成形。跨坤舆之地轴，通井络于天文。匪鳌戴之胜任，陋娲炼之匪经。有盘有错，有屈有伸。或悬或坠，或联或分。

固皆假大块以奠位，未有若掌石之岐岐巇巇，而峥且嵘。匪磷匪砾，匪碉匪砭。嵌西蜀之崔嵬，肇邃古之浑沦。丽中川之形胜，渺华岳之峰灵。碥碨礧之青葱，摩霄汉之绝尘。等大峨之屹屹，小九折之磷磳。夜浴银河之屑屑，摘星斗于玄冥。朝探碧落之霭霭，弄云烟于太清。雨余兮现空中之玉笋，月出兮悬掌上之珠英。盘盘然，碃碃然。嶷嶷突兀，崒崒崟岑。濒洞洪钧，寰宇玉轮。

纵入哲人之达观，来八面之风清。映二曜于中天，沾造化之长春。带万壑之黰鬖，听玄鹤之飞鸣。独握兮天机，一运兮治平。观天兮指节，察地兮掌文。契心印于百载，续道脉之中兴。卓哉掌石，离离出群。恍巨灵之朝北极，历万古而不骞不崩。

---

① 嘉庆《志》、咸丰《志》无此段文字。
② 嘉庆《志》、咸丰《志》题下有小字注"石在治北蓬瀛山下"。

省耕憩隆教寺次祝双塘壁间韵次原作[1]

邑令　周竿[1]

野航张巨彩,短棹几僧迎。水月摇溪影,山房断佛声。羡他知守寂,愧我亦专城。君义应成醉,肩舆趁晚晴。

其二

戴月速星轺,天空夜廓廖。烟云时出没,城市自笙箫。诗酒便谁乐,山林不我招。醉还文信邑,明月更溪桥。

和前韵

观察　陈力[2]

地迥绝尘轺,长空自沉寥。数声贫衲佛,何处牧儿箫?清赏频劳梦,相过不用招。莫愁秋水涨,随路有溪桥。

和前韵

侍郎　高公韶[3]

古刹驻公轺,西风破寂寥[4]。扫云僧拥篸,待月客吹箫。香火禅初定,烟霞隐惯招。夕阳迷去骑,何处问溪桥。

和前韵

参议　王之臣[5]

来访招提静,云知出岫迎。鸟飞池有影,花落水无声。竹锁祇园界,山开舍卫城。风林留返照,红衬暮山晴。

---

① 嘉庆《志》、咸丰《志》无"次原作"三字,且"周竿"下小字注"东陵"。
② 嘉庆《志》、咸丰《志》"陈力"下小字注"桂湖,观察"。
③ 嘉庆《志》、咸丰《志》"高公韶"下小字注"诚斋,侍郎"。
④ 破:嘉庆《志》作"被"。
⑤ 嘉庆《志》、咸丰《志》"王之臣"下小字注"碧崖,参议"。

和前韵

喻 柯①

循省劳劳出，侯疆远近迎。云端凫有影，月下犬无声。一樽开梵语，五字破诗城。醉把山林问，春风几日晴？②

祝双塘原咏③

雨霼山川暗，泥途僧解迎。禅林应有待，佛鼓润无声。水月千花镜，松篁百雉城。鹧鸪啼更急，明日报阴晴。

其二

隆教憩尘轺，山深锁寂寥。云松埋鹤塔，风竹引鸾箫。野渡迎官舣，村沽为客招。寒添五月雨，巨浸没山桥。

冬日玄溪洞观樵闻笛见猎

州牧 邓林材

溪上坐盘石，闲看采樵者。短笛出山阳，长驱走平野。山有黄发樵，就予问真假。相视兀不语，霜风吹叶下。

题清溪旧治勒碑城山寺,并下四首④。

赵贞吉

山城遗堞起寒鸦，乍渡沧浪似泛槎。烽火惊人春烧绿，峰头吹

---

① 嘉庆《志》、咸丰《志》"喻柯"下小字注"鸿所"。
② 嘉庆《志》、咸丰《志》诗后有："附载喻跋：镇曰椑木，柯之族党所萃也。寺曰隆教，柯曾王父雷州太守所重建也。我州(周)侯神父牧内江数载，春时省方观民，税(说)驾椑木。柯因崇酒于觞，饮侯于隆教之金坊，用酬光于万一。侯乐而赋诗，因次壁间祝双塘韵，诸缙绅从而和之。柯不容无言，遂和以纪爱棠遗响。恐日久湮没，敢假从兄瞻镌石以垂不朽。他日有观内邑之风者，须采录以闻可也。嘉靖壬戌(辰)春季，喻柯跋。"
③ 祝双塘原咏：嘉庆《志》、咸丰《志》作"祝双塘壁间原韵"。
④ 并：嘉庆《志》、咸丰《志》作"此"。

笛望三巴。

题古字山

万古奔流共一机,破尘经卷付阿谁?虚空兀兀盘陀石,漫与人间作钓矶。

登渔台

醉骨烟云老慢开,半竿风雨上渔台。无人知识寒山子,明月玉箫呼未回。

然灯寺

慧炬慈光焰焰然,尘尘刹刹镜中天。只须一点如萤大,散满人间作法传。

圣水亭谶集二首

邑令　史旌贤

避俗远从山馆,怀人偶眺江楼。博来千岩万壑,何处三岛十洲。

其二

水圣偏怜诗圣[1],湫灵还共山灵。湖边漱流更酌,槛外枕石独醒。

咏玄溪洞口桃花

邓林材

洞口玄溪野水,水边一树桃花。春水浮花浪暖,洪涛万顷丹

---

[1] 水圣:嘉庆《志》作"圣水"。按,从后一句"湫灵"与"山灵"的对应看,"诗圣"应对"水圣"。

霞。

秋兴

布政　高世彦

秋水天连一色，碧梧月落万川。扬子草玄亭上[①]，范公花萼楼前[②]。

游翔龙山并下二首[③]。

尚书　李充嗣

与客山行日未斜，土墙茅屋野人家[④]。湍流影倒横溪石，遮住寒梅几树花。

孟市舟中

万斛舟中橹一声，水光山色伴离情。君亲两地关心切，彻夜江风梦不成。

华岩江上

田　玉

渡口遥听渔父歌，洞中闻说烂樵柯。江风山月忘年友，牧笛诗筒挂薜萝。

书圣水岩石

赵贞吉

烂醉岩前抱玉琴，摧残牛耳忆寒盟。山空谷响知人意，若负当

---

① 扬：底本、尊经阁本讹作"杨"，此处当指扬雄，据嘉庆《志》、咸丰《志》改。
② 花：嘉庆《志》、咸丰《志》作"华"。
③ 并：嘉庆《志》、咸丰《志》作"此"。
④ 土：底本、尊经阁本原作"上"，据嘉庆《志》、咸丰《志》改。

时一片心[1]。

题醮坛

尚书 黄 福

中川城外旧山坛[2]，人去名存事可叹。犹记咨询经过日，一鞭残月五更寒。

题华萼寺

华萼清高地少邻，年年花木自为春。当时奏赋人何在？惟有莺啼燕语频。

葛仙古迹

羽衣久不到玄门，石上惟余巨迹存。丹井有泉尘汩后，落花无主自黄昏。

题三堆寺

都宪 熊 概

三山屹立天之表，翠色横分割昏晓。高僧结宇向其中，坐对青山吟不了。

过椑木镇拜五清先生茔

提学 陆时雍

秋云淡淡暗鸥汀，椑木津前一土茔。野老犹能传姓字，西风洒泪老门生。

---

① 时：嘉庆《志》作"年"。
② 山：嘉庆《志》、咸丰《志》作"仙"。

题高司徒五老图

杨　慎

曾是高堂桂五枝，悬车衣锦更同时。留侯何必寻黄石，好去商山共采芝。

题文曲峰碑①

赵贞吉

抚蜀大中丞确庵曾公，平蛮还凯，过予，憩山，爱之，题为"文曲峰"。顷乃檄所司勒石山下，云"用符所梦"。先是公梦觐予山中②，论议奇新，自喜超脱。及至敝止，恍若宿梦，故云尔耳。乃系以二韵诗五首附碑阴③，以识其概云。

露布戎平骑满山，乌云风角丈人还。文园卧病人垂老，拟写穹碑第一丹。

兰皋桂畹霭团云，水伯山君听异闻。题作五夷溪五曲，前川歌棹落纷纷。

文曲眈眈五岳青，春风丽藻满江亭。峨嵋剑阁遥相望，天上应增处士星。

山开霏蒨围如画，水带涟漪折作之。山水但教能避俗，敢云翁季有雄辞。

懒随王谷守司空，豪纵长庚字九峰。幸作盛时闲措大，瓣香凝处想南丰。

黄市舟中答人

张　资

舟子问予何往还，往还都是出人间。坦途信步行将去，只隔红

---

① 嘉庆《志》、咸丰《志》题下小字注"有序"二字。
② 予：嘉庆《志》作"于"。
③ 附：嘉庆《志》、咸丰《志》作"附刻"。

尘几个山。

书琉璃寺

赵蒙吉

冷光百丈飞莲海[①]，雪窦三山渡法船。若识维摩真法诀，水天一夜映初弦[②]。

游三堆山

邓霍山人[③]

荆棘林中古佛堂，野猿担果上东廊。几人卷起珠帘去，对看青山笑一场[④]。

游西林和阴宪副韵

马自然

旧酝新开一瓮云，数声啼鸟隔林闻。醉吟莫待山花落，春色阑珊四五分。

北沂渔矶谒赵文肃公祠

金宪　周世科

鼎铉功业一鸿毛，归钓沧江老布袍。当日豪华满京洛，何知仲蔚卧蓬蒿。

---

① 丈：嘉庆《志》作"尺"。

② 水：嘉庆《志》作"光"。

③ 邓霍：按，前文《仙释》有《邓霍传》，且《〔光绪〕资州直隶州志》卷二十一有《南询录》，无卷数，明邓霍撰，可知"邓霍"与"邓霍山人"为同一人。

④ 看：嘉庆《志》、咸丰《志》作"着"。

贬岭南别亲友

给事　萧文缓

晓出黄门下九霄，南荒万里敢辞遥。猿啼瘴雨登梅岭，马踏蛮烟度竹桥。自倚孤忠逢盛世，谁知狂论拂清朝。全生尚赖恩波阔，肯使昌黎久在朝。

长乐山下杨丽岩楼

杨　慎

楼头图画自天开，沱水巴山满眼来。宝树光中回灿烂，金波影里浴崔嵬。卷帘花露零棋局，却扇松风入酒杯。天禄音传元阁裔，西川宁数邺中才。

过圣水寺赠赵大洲

起凤才华锦水头，鸣鸾飞步上瀛洲。文传庄叔《栖云集》，赋奏金卿《花萼楼》。何国白环曾入梦，至今青海未全收。庙堂终用平戎策，肯许栖迟老一丘。

九日登西林寺

罗　晃

九月重逢九日难，今年重九不胜欢。穷登绝顶因吹帽，小憩荒林暂解鞍。浪说王洪曾送酒，独惭陶令未辞官。衰迟懒对黄花景，强把茱萸仔细看。

前题

陈　经

采采东篱菊又黄，探花不似少年狂。且凭诗酒酬佳节，不把深沉问彼苍。一寸壮心常向日，百年衰病渐成霜。遥知凤阙茱萸赐，多少夔龙在帝旁。

同故人饮东林江阁

刘 瑞

短棹南来又几程，十年相见慰生平。多情未觉炎凉变，屈指翻怜岁月更。望入湖山空老眼，登余楼阁动秋声。主人剩有凭阑兴，更约他时访洞庭。

凌风台观桃

红霞千树武陵垮，分得春光到此间。和露迥为天上品，临风长带醉中颜。禹门浪暖鱼初化，仙洞云深鹤未闲。莫惜玉缸三万斛，绕吟花底不知还。

春日泛江吟 时年九十三。

运使 阴子淑①

九旬逸老日休休，恐负光阴自倡酬。一息念存犹猛省，双眸神在更旁搜。江翻时雨忭鱼化，花落春风见子稠。造物于人有定分，由来身外不须求。

九日登西林

田 登

山寺临高一纵观，秋清风景竟漫漫。两行白鹭依云篆，几簇黄花带雨看。兴至不嫌吟管秃，狂余肯放酒杯干。凌虚颇为轻寒怯，预遣奚奴问鹖冠。

---

① 淑：底本、尊经阁本讹作"叔"，据嘉庆《志》、咸丰《志》改。

游西林寺①

宪副 吴 玉

空门梵刹旧西林，断岸长江抱远岑。红落雨花桃碎锦，翠含风线柳垂金。工诗赋客何欢剧，足水田家几度深。骢马我游春景丽，葱青满路趁幽寻。

游高峰寺

侍郎 刘养直

古寺嶙峋倚碧空，强随诸俊蹑春风。路穿翠薜烟霞外②，人在清虚霄汉中。鹤去尚余丹客洞，龙归犹识梵王宫。石台共醉清阴下，明月孤悬马首东。

望高寺

平沙十里渡江坟，烟外钟声隔岸闻。峻岭未知真是寺，疏林遥见半为云。仙坛寂静寒朝霭，法界空明带夕曛。此地从来风气古，天香漠漠远尘氛。

九日登九子峰

梅友松

囊萸载酒出城南，双屐嶙峋踏晓岚。云净无风吹落帽，露零似雪欲侵簪。追怜戏马三边紫，想见寒衣万缕蓝。山意花神应笑我，谩从尘外作尘谈。

---

① 嘉庆《志》、咸丰《志》题下小字注"回文"二字。
② 外：嘉庆《志》作"在"。

题西林上寺

胡承诏

清虚直上野云收，独立浮图之上头。转练横披天竺国，垂帘俯视海蜃楼。乾坤浩荡皆长物，身世遭逢即胜游。却笑如来空说法，折芦飞锡为谁留？

崇祯壬申资圣山房纪事 时与同人修《志》于此。

观察 杨所修

家住玉溪头，孤青恣窈窕。邻钟可寻幽，十年共昏晓。扪萝望烟郭，山性寄鸥鸟。颇有畴昔心，小范同了了。长安割人衣，黄埃沮呼挑。不谓万古事，遥天可商掉。卓哉贤使君，搜剔及遗稿。灵岩发春霁，绀色护霞缥①。古今一墟墓，大书谁表表。顿使丘壑人，豁尔心目皎。斋中拜同志，百朋锡不少②。

书金像寺

赵贞吉

昔有高世士，千载为益友。任真陶渊明，菊花常在手。亦宝千金躯，聊问无何有。千春百世名，寥落一杯酒。惟有处士心，耿耿照窗牖。

再游报恩寺

自我辞紫禁，三月弄白云。忽尔开双瞳，见此了了明。不可辞者世，不必出者尘。皆云悟一乘，无乃辞六经。

---

① 缥：咸丰《志》作"丝"。
② 朋：嘉庆《志》作"年"。

赠高白坪草堂

杨 慎

税驾辞薇省，披林构草堂。虚舟分雪浪，泰宇发天光。芹藻金籁外，芝兰玉砌旁。丹丘何必问，此是白云乡。

西林下寺

胡承诏

诸法无边一藏收，登临遥忆旧心头。要知吾道渊如海，且看僧家经满楼。玉垒高浮天地老，锦江长注古今游。郫侯万卷神呵护，不与山云共去留。

玉皇观纪兴

副使 周 瑶

长夏移樽白玉泉，琳宫蠹蠹散晴烟。丹梯倒影池开镜，铁壁悬流水接天。远树千村杯酒外，高松六桷羽衣前。偶来悟觉尘襟涤，欲扫云根傍鹤眠。

登长生观凌风台

教谕 游 宦

孤亭高插碧山东，亭下枫飘影落红。潭底鱼龙吞晓月，沙边鸥鹭漾秋风。浣溪杜甫悠怀并，石洞王乔逸况同。村酒半酣欲归去，一声清磬夕阳中。

三堆纪事①

刘养仕

锦江雄镇石崔嵬②，坤轴高盘翠几堆。卓笔昂霄齐五岳，群峰

---

① 事：嘉庆《志》、咸丰《志》作"胜"。
② 石：嘉庆《志》、咸丰《志》作"势"。

环帐垒三台。日离海底林阴晓,云抱山腰风雨来。纵有丹青书不尽,生成图画自天开。

游圣水湖亭

邓　翰

尘缰掣断走疏狂,漫道当年事事忙。杨柳雨中樵屐滑,芰荷风里钓歌香。涸瓢汲月浇诗癖,春杖挑云入醉乡。不知功名是何物,辟将拳石漱沧浪。

西林宴别

富顺令　邱齐云

月色江声别路长,不堪情思促飞觞。迟回海外愁千里,潦倒尊前醉一场。寒雁有时归故国,卿云何处隔重冈。殷勤未尽长亭语,回首东方已曙光。

龙山抱翠和朱真人[①]

赵贞吉

长生仙老炼黄芽,解断无涯续有涯[②]。剑去采来都是药,壶方跳入即为家。玄云岛迥飞玄鹤[③],白石泉深养白鸦。海岳忙忙求法气[④],桥边孺子最为嘉。

和卢师邵题圣水灵湫[⑤]

高公韶

步入招提眼界宽,灵岩圣水更堪观。泡分禅钵天花散,光映晴

---

① 抱:嘉庆《志》、咸丰《志》作"挹"。
② 续:嘉庆《志》作"绪"。
③ 玄鹤:嘉庆《志》、咸丰《志》作"云鹤"。
④ 忙忙:嘉庆《志》作"茫茫"。
⑤ 湫:诸本原皆作"秋",但据前文多处记载作"圣水灵湫",故此处当为"湫"。

川月窟寒。鸿鹄有时乘陆渐,蛟龙曾此借泥蟠。留题永作山门镇,好共当年玉带看。

和前韵

尚书 张潮

达人怀抱此能宽,石宇泉流自可观。万点声随清磬远,一池光照夜灯寒。空门水镜玄虚寂,古篆虬龙尚结蟠。千载风光留胜地,不知尘世几回看。

三堆寺陪饮高太和

巡按 卢雍

滇南冀北两言归,玉署清风拂绣衣。远道忽惊芳卉晚,殊方谁讶故人稀。寒峰欲雨苍烟合,墅水无冰白鹭飞。肯念西台今夜醉,一尊清话莫相违[①]。

春日送庠师花芝房致仕还川北回文。

高如松

花飞有意乐林园,结社高贤多往还。斜照日遥杯蚁绿,急流舟放水文玄。华芝采处蟠龙地,晚菊芳时舞鹤天。家去望云生北斗,蛙鸣为念几声弦。

报恩寺

赵贞吉

娑竭光中碧眼仙,铁键锤冷密谈悬。众生易度惟弹指,尘世难逢不下单。虎入松门寻拾得,饭收竹筒觅寒山。莺花历历观心最,

---

① 尊:嘉庆《志》作"樽"。

到处逢人说别潭。

立春日登西林寺

姚宗尧

春阳初煦景新收,点澹春光上岭头。碧暗遥天云外树,波涵曙色雾中楼。东风上苑梅花放,晕日天街客并游。穑事一占丰乐足,祇园此日为僧留。

同龚侍御怀川游西林寺

偶寻山寺听钟声,回首烟波远市城。镇日真同群蚁斗,谁人解共老僧清。黄金无分年年散,白发多情日日生。何事向平婚嫁毕,幽栖蚤晚此逃名。

题石笋山

梁弘化①

奇石何年夺化工,擎天插破玉芙蓉。凌空夜月来鸣凤,倒影春溪起蛰龙。万古生成文笔立,四时借得彩云笼。登临遥望三山并,疑是蓬莱第一峰。

葛仙胜迹

邓廷正

无人识得葛仙翁,丹井多年住碧峰。莫羡驱羊能叱石,试看漱饭尽成蜂。云游只挂壶中药,羽化空留石上踪。欲觅神符兼宝录,山深长有白云封。

---

① 弘:诸本原皆作"洪",据前文《梁弘化传》辨释而改。

咏三堆

邑令　胡川楫

禅宫拂拭倒金壶，指点奇峰海上无。笑倚东风春列戟，凭临西极晓连珠。岚光乍散三巴雨，翠影新开五岳图。我欲凌空舒远眺，双凫遥接紫云衢。

醮坛山夜月

侍郎　段　民

依微斜月下江干，雾气空蒙沸袂寒。风动青林归化境，星澄碧水见丹还。琳宫向曙金波静，桂阙扬秋玉漏残。此日黄门还旧隐，乡山迢递思漫漫。

寄夫会试

汪　氏刘五清夫人，汪藻之女。

旅食京华岁月多，圣贤事业竟如何？明年伫听泥金报，闲把《关雎》独自歌。

上元观灯

汪　氏前人。[①]

万簇玲珑漾水晶，满城春色胜蓬瀛。君王愿坐光明景，四海笙歌贺太平。

① 前人：嘉庆《志》无此二字。

归舟

李　氏大洲公夫人。①

河水急于箭②,仙槎势若飞③。家人应羡我,遥自斗边归。

附载旧诗④

旧诗所未备录,以醮坛、圣水诸章多至数十首,嫌数见不鲜也。既思目虽拘于近习,诗多出于名人,复为汇登,以供观赏。⑤

桂湖澄碧

宋　邑尉　蔡　逸

秋满花县城,碧涵桂湖水。日照沙底明,风翻浪花起。蘋藻翠交加,凫鸥乐栖止。碑书先达名,屹立烟霞里。

题醮坛晓月

明　吴都宪讷

瑶台醮空碧,人去迹已非。惟存旧时月,千古扬光辉。

桂湖澄碧

桂湖溢清波,芳润浃锦里。天云影徘徊,源头来活水。

秋夜宿达观台

龚侍御懋贤

渡江潦水平,爱此江亭窈。入夜更宜人,松风伴归鸟。

---

① 归舟:嘉庆《志》、咸丰《志》作"归自京华舟中作",小字注"赵大洲夫人,安岳名族"。
② 于:嘉庆《志》、咸丰《志》作"如"。
③ 势:嘉庆《志》、咸丰《志》作"去"。
④ 附载旧诗:此标题为整理者所加。另,自《桂湖澄碧》至《学宫形胜》,底本诗题、正文俱为双行小字,故本次整理,诗题以不同格式区别,谨此说明。
⑤ 按:嘉庆《志》、咸丰《志》此部分均归入《外纪》中,分别见于卷五十四、卷十五。且二《志》作:"旧诗正编未备录,以醮坛、圣水诸章多至数十首,嫌数见不鲜也。既思目虽拘于近习,诗多出于名人,复为汇登以供观赏。其余挥毫写兴,时露真机,碎玉零金,亦堪披拣,并附于兹,庶无遗珠之憾云。"

醮坛夜月

吴宪副玉

方士烧丹液,仙台应有期。醮坛围古木,霜月下天涯。影着啼猿树,光疑睡鹤枝[①]。至今步虚处,千载空相思。

书般若灵芝台[②]

峰头行道影,五粒照人间。窟里雄鸣震,岩前落蕊班。懒辞收涕卧,贼叱却衣还。安得随支老[③],相怜梦隐山。

秋日游般若

王运使三锡

招提开绝顶,石磴若跻攀。水浸一池月,烟分四刹山。林阴行处好,鸟语听中闲。更有云深处,岩窝僧掩关。

忆别士大夫

邑令　胡君川楫

万里辞名邑,群公泛彩舟[④]。同倾江上酒,还作叶边秋。滩转黄牛峡,天回白鹭洲。相思一片月,散满海东头。

游西林寺

邑尹　王同道

老衲通三昧,空门问六阴。逃禅巢鸟集,说法听龙吟。石古传僧偈,江空响梵音。白莲吾已拂,短发不胜簪。

登望江楼

晏主政珠

一叶下沧洲,中天月满楼。竹枝闻野调,桑落足清酬。琼树三湘暮,黄花两鬓秋。古今成底事,谈笑破深愁。

---

① 疑:嘉庆《志》、咸丰《志》作"凝"。
② 按:诗题前原有"又"字,即此诗亦为吴玉所作,今删。
③ 支:嘉庆《志》作"枝"。
④ 彩:嘉庆《志》作"绿"。

登龙洞观

刘学博彩

枫林晚黄叶，石磴挂青萝。潭隐龙蛇宅，冈连鸾凤阿。有山名降福，无地不嘉禾。书幌青藜照，高轩何日过？

题醮坛夜月

生涯回北里，阴气倡东郊。巧点山颜色，轻团水面泡。命从君相造，泽自地天交。贺两新称表，重开巴蜀饶。

游挹翠亭

信步登云阁，凝眸漫倚栏。万松盘野谷，一水带层峦。隔叶闻黄鸟，登台挹翠鸾。物华难属赋，惆怅坐更阑。

五云寺送李寿溪

李茂材点

一骑苍山晚，孤亭野寺幽。雨余松径滑，风细桂花浮。剧饮村中酒，俄登江上舟。帆摇人渐远，怅望五云头。

游圣水寺

萧茂才世高

人日耽佳兴，青阳惬胜游。律调群鸟舌，春点百花头。泉响杂吟席，松阴度佛楼。晚归天欲雨，为觅济川舟。

圣水亭次韵[①]

云锦翻凉雨，金波此胜游。莲铺千叶秀，草蔓九枝幽。传磬浑禅语，谈经似楚讴。听来知解悟，松月正高秋。

前题次韵

何部郎祥

可畏炎天候，相邀梵宇游。岩涵虚谷静，湖接大江幽。荷芰香浮席，山禽语和讴。遥思河朔饮，未必胜兹秋。

---

① 按：诗题前原有"又"字，即此诗亦萧世高所作，今删。

登佛窟寺

高方伯世彦

佛教自西来,真栖留此窟。林端辨雾香,谷口观泉泪。举世皆醉狂,道人独禅兀。仙迹不可寻,偃仰望慈月。

叹里俗

张宪副应登

拭目日方中,丰亨气磅礴。四方望泰阶,万水归东壑。民俗岂不古,华风似非昨。栖迟南山坳,感怀发长噱。

长生观怀古

杨少参祜

挹翠寻真印,凌风诏上仙。昔人飞鹤驾,此地莹龙泉①。洞口云犹湿,江心水自潺。独留双镜在,日月系年年。

佛窟寺和胡邑尹侍黄

梁郡丞弘化②

佛去空留窟,山环尚伏龙。洞回玄字水,谷响酉时钟。面壁岩前石,肩摩顶上松。竹园今有约,未许白云封。

游小龙寺

潘邑尹棠

万里清江一只船,明开双眼看青天。却于诗酒寻常乐,醉舞春风短笛前。

游般若寺

高司徒公韶

昔年数过天池寺,今日重登般若台。试问松庭摩顶者,西方六祖几时回?

---

① 莹:嘉庆《志》作"莹"。
② 弘:诸本原皆作"洪",据前文《梁弘化传》辨释而改。

望江楼对月

马侍御溥然

云净天空月满城，八方如水荡空明。不知几处逃亡屋，怅望余光下太清。

春游凌风台

邓学博才正

春拥瑶台紫气重，五云堆里度晨钟。怪来转觉三天近，身在蓬莱第一峰。

游华萼山

陈珍谟

献赋归来岁月深，锦江风暖钓竿沉。至今惟有清流在，洗濯英雄一片心。

游般若寺

张　平

枯藤百折几攀萝，笑指金莲长翠荷。坐向镜中寻道法，月明松岭浩烟多。

望江楼纪兴

周副宪瑶

野云山色带萦回，白浪红尘涨欲来。何日渡头呼钓艇，晚摇新月过高台。

玄溪洞访邓氏伯仲不遇

张茂才佑

玄溪洞口访仙郎，夹岸桃花春浪香。刘阮不知何处去，一湾流水月苍苍。

游圣水漫兴

萧孝廉世曾

黄鸟双双穿翠巘，南薰曲曲落飞泉。山中风物浑如旧，醉漱清流枕石眠。

锦江别意

马郡守升阶

锦江春水泊天高，万里扁舟一羽毛。无限别怀谁识得，满江风雨自波涛。

游般若灵芝岩

张副宪应登

一方明月千尊佛，两朵灵芝万斛泉。月下泉头诸品静，不知身世在尘寰。

题华萼春晖

武进　段司徒民

雨过园林翠作堆，流尘不到读书台。三春花木罗前坞，半夜文光烛上台。奏赋已闻称独步，摛词谁复继雄才。荒凉废宅空陈迹，无数残红点绿苔。

题龙洞朝云

万山深处有重渊，神物潜居岂浪传。嘘气悠扬迎晓日，浮生变化泽秋田。随风倒影来虚幌，带雨凉声过别川。莫道于今灵应少，乡人祈祷尚依然。

题书楼昼锦①

高楼直上倚晴空，四柱中分一径通②。昼倚岚光侵卷帙，夜深月色映帘栊。功成补衮才华盛，恩赐还家礼数隆。惟有从臣多献纳，勋名宜与古人同。

题桂湖澄碧

江上平原一桂湖，当时名在景全无。千家烟雨玻璃净，数顷云霞锦绣铺。织女渡时河汉浅，仙郎攀后月轮孤。何人拾取思庄字，并入中川十景图。

---

① 昼：嘉庆《志》作"画"。按，"书楼昼锦"为中川十景之一。
② 柱：嘉庆《志》作"径"。

雁塔秋香

湛邑尹礼

俊髦弦诵育菁莪，灯火书斋称琢磨。雁塔题名传后代，菊花香冷擢巍科。棱棱孤桂青云上，采采秋英白鹭多。昔令中川重高荐，曾将姓字记嵯峨。

圣水灵湫

卢按宪雍

古寺云深石星宽，山中圣水足奇观。澄潭百丈金波净，碎滴千秋玉窦寒。禅榻茶烟醒鹤梦，佛堂花雨起龙蟠。灵湫亭子今何在？一片残碑剔藓看。外有邑高三峰、张玉溪和章，并镌石，已载正编。

东林晚眺

吴宪副[①]

东林飞阁傍江干，暮景遥遥指点间。青扬暝烟生万灶，红凝夕照映千山。归巢鸟伴穿云去，罢钓鱼舟载月还。回首不禁诗思涌，放吟清句破天悭。

重九游西郊雨中

邓保康九容

重阳风雨暗郊扉，曾共黄花约又违。惟有烟岚供野望，更无蜂蝶绕篱飞。清吟往事摇乌帽，冷落何时见白衣。独幸幽香吹不散，再期来岁偿晴晖。

梧桐溪

李明经义嗣

梧桐清溪景色幽，西风一夜报清秋。凤巢如在云常结，雁渚惊看月未收。半醒莫嗟元亮酒[②]，狂歌独挂子陵裘。升平泉壑无他慕，万里江湖负隐忧。

---

① 宪副：嘉庆《志》作"副宪"。
② 醒：嘉庆《志》、咸丰《志》作"醉"。

夏日圣水漫兴

邓郡丞翰

薰风阜物正咸和，闲看乔林挂女萝。彩凤碧梧修羽翰，黄鹂翠柳弄笙歌。宅临僻地尘氛少，酒贮浓阴野兴多。玉楮烟云生笔砚，书成肯许换群鹅。

登高峰寺

高刺史公武

白云万片拥遥岑，岩洞花迷一径深。静院老僧谈上乘，空阶玄鹤伴孤琴。雨余天半寒泉溜，风度林皋坠叶吟。独傍石栏窥玉宇，须臾月色转松阴。

登高峰寺有感

杨刺史一瑞

高峰突兀一登游，老衲清谈远俗侔。几阵松风供瑟韵，一尊村酒拨尘愁。江流百丈牵山色，牧笛三横出陇头。佳景逼人寻好句，吟声惊卧起沙鸥。

登高峰寺

刘大参翾

古寺凌霄野雾蒙，半山栗叶舞秋风。眠僧尚定猿啼处，晚磬遥闻鹤唳中[①]。万籁萧萧声入座，一江曲曲影流虹。闲来踏遍云深径[②]，回首晴晖晚照中。

小春登玉屏山[③]

玉屏山上锦屏开，四望云峰捧日来。举目天颜才尺五，到头灵孕自多才。松鸣涧谷撩情话，月满江城照郁怀。我欲乘风游八极，直排间阖领春回。

---

① 唳：嘉庆《志》、咸丰《志》作"泪"。
② 遍：嘉庆《志》作"破"。
③ 按：诗题前原有"又"字，即此诗亦刘翾所作，今删。

西林眺望
萧茂才茂

临江岛屿翠玲珑，幽径萦纡鸟道通。隔岸楼台疑蜃市，满天花雨识龙宫。千丛宝树晴波上，几点疏钟落照中。独立峰头舒远眺，一声长啸海天空。

咏大洲
刘明经养民

水光山色淡明空，别有瀛洲此景中。夷旷直涵千里月，清虚常度九秋鸿。精融间毓梧冈瑞，澜倒雄收砥柱功。一叶乍飞江外树，钓台时有渭溪翁。

壬申春与同人修志资圣山房纪事
高府丞如松①

为修邑谱入禅关，春意生花映笔巅。仙令番标畏垒迹，名公齐是史迁贤。旧闻释马因知路，新出悬门可值钱。国计今时增感慨，泥封函石在中川②。

西林纪兴
游学博宦

雨拂禅关午漏长，江声山色两微茫。莺啼谷里花初烂，云度山腰麦未黄。华发裁诗吟洛社，白衣送酒过回廊。高僧妙悟参同诀，乞与金貂镇法堂。

学宫形胜
高方伯世彦

茂林丛桂拥贤关，数仞宫墙不可扳。祥气蜿蜒钟象谷，精灵盘结走龙山。珠林西映文昌宿，玉带东流武曲湾。此是江乡麟凤薮，万年文献小尘寰。③

---

① 松：诸本皆作"崧"，据前文多处记载，当为"高如松"。
② 函：嘉庆《志》作"涵"。
③ 嘉庆《志》、咸丰《志》诗末有"以上本旧《志》"五字。

忆中园 成都城外二里许，有中园，藩庄也。

国朝　杨所修

蜀国桐封三百秋，土贡五色开梁州。华阳松柏卧龙井，中园宝玉金沙头。年年春光摇上巳，三十州县夸锦里。骏马雕鞍约三千，一夜行空骤云至。云至雾晓梨花开，雪屏梅帐簇莓苔。江亭妓酒弦歌杂，阛阓绮错少城隈。中有一匹两匹龙，蹄生云雾扫春风。千手万手齐拍采，天马不与凡马同。几见三月有十五，江水长流山月空。记得辛酉尚留盛，洄澜锦水百花映。锁江桥畔近千家，家家丛竹醉贤圣。醉述赛马抵掌谈，同口龙媒无二三。哭遭匪茹奢为贼，锦关花竹痛江南。江南花竹推有蜀，沧浪歌听浣溪渌。别今离乱三十年，肠断荒烟遥踯躅。君不闻甲申以后张逆成都更惨伤，人无孑遗土无粟。沃野千里草迷天，海田梦归魂不足。客萍莫聚三月三，新月入杯谁忍酤。春去又来五月五，冬夜乡愁夏日补。

田家词

张祖咏 [①]

四月积涝麦无秋，九月淫雨豆歉收。朝饔夕餐岂暇忧，官粮私债何以酬？去年逋赋卖牛抵，今年灾疫牛尽死。私债年年尚可以，官粮火急轮追比 [②]。三日一鞭五日笞，血流破足无完肌 [③]。公差到门酒饭迟，叫咴怒詈声如雷。农夫椎胸农妇泣，东邻西邻走商策。扣门称贷言辞拙，依旧归来悬磬室。娇儿爱女惜不得，送去官媒论价直。

---

① 嘉庆《志》无诗作者。
② 轮：嘉庆《志》作"输"。
③ 破：嘉庆《志》、咸丰《志》作"被"。

过贵阳 岁丁丑季秋，余以顺天教授别兴郡守、

同乡姚南瞻。丙子，余应滇聘过贵阳，公为司李，同考于黔。[①]

杨所修

客梦生黔地，乡怀别楚天。把杯迟一刻，分袂失三年。笔墨酬知己，风尘愧渴贤。蒹葭秋水日，伫立自潜然。

忆慎修敬修两弟

烽火家书隔，孤舟姜被寒。几时五亩乐，差敌万钟安。诗兴杯中月，琴鸣涧底湍。看云眠白昼，能那杜眉攒。

人日邀山中亲友快聚

通判　何思华

容膝可为家，春明乐岁华。亲朋情义笃，主客笑谈嘉。村酒颇堪醉，园蔬不用赊。桃源何足羡，此地偏烟霞[②]。

游资圣寺

邑令　周　然

披棘层阶上，古寺白云齐。得气龙归海，安禅虎伏溪。千岩参妙相，普渡现菩提。凭眺恣游屐，寒林日已西。

山中寄同县亲友 时张通西、喻涂男、

萧酂阳、郭衷铭、王慕吉、杨绳丽、吴用吉皆官长安。[③]

杨所修

秋山杨子之行径，有似荒湖泊野船。开眼便多星斗气，浑身却

---

① 嘉庆《志》、咸丰《志》此段为诗题，且小字注"此下三首"。
② 偏：嘉庆《志》、咸丰《志》作"遍"。
③ 嘉庆《志》、咸丰《志》有"此下七首"四字。

尽草萤烟。晴天写竹两三幅,清夜弹琴五七弦。判日长安亲友聚,醒时歌笑醉时眠。

寄怀王慕吉窗兄时居丹阳系旧令处

杨所修

丹阳王子乔,励志抗青霄。我忆玉溪竹,君怀桦木桥。行藏千古定,寤寐一身遥。空洒新亭泪,江山感寂寥。

其二

吾友虽流寓,湖山旧主人。依然京口月[①],照带秣陵春。吊古添诗料,怀乡远市尘。只愁泉石义,垂钓未终纶。[②]

归棹[③]

杨 桐

两岸芦花尽白头,霜风飒飒阻行舟。家人未识萍踪苦,犹说洪都是壮游。

游西林寺[④]

杨化贞

翠微深处寺门开,石磴行稀绣紫苔。不是钟声天半落,何人知上上方来。

---

① 口:底本、尊经阁本作"日","京口"与"秣陵"对,故据嘉庆《志》、咸丰《志》改。

② 嘉庆《志》、咸丰《志》诗末小字注"时荐流寓人才"。

③ 嘉庆《志》、咸丰《志》诗题下有"此下三首"四字。

④ 嘉庆《志》、咸丰《志》题下有"二首"二字,此为第一首,第二首作:"一个蒲团七尺床,高僧久与世相忘。白云犹管人间事,飞去前峰送雨忙。"

寿同里黄天文先辈 黄时任中山牧,名开运。

杨 桐

汉安托迹比桑麻,阀阅惟君姓字嘉。献赋当年推锦里,鸣琴此日动金华。及门桃李梁公室,绕膝星龙荀子家。昔隔江东相慕切,而今聊奉枣如瓜。

留别汉安父老

署县令 叶树东①

三堆峰外水环流,父老殷勤慰饯稠。官纵爱民当畏法,事能返己始无尤。起家都在勤中得,退步还从宽处求。莫负当前贤令尹,好将三异报中牟。

赠松江司李王于蕃②

祭酒 吴伟业

十月江天晓放衙,茸城寒发锦城花。金堤更植先人柳,玉垒重看使者车。庾岭霜柑书忆弟,曲阿春酿梦思家。诗成更写鹅黄绢,厅壁风筼醉墨斜。

汇载杂咏③

贡士张世璈《夜月舟行金银滩与张葛山剧饮赠二绝》云④:"酤酒横江子夜过,数峰倒影入清波⑤。山空月冷行人醉,两岸松风起

---

① 嘉庆《志》无此首,咸丰《志》"叶树东"下小字注"云塍"。

② 嘉庆《志》、咸丰《志》无此首。

③ 嘉庆《志》、咸丰《志》除"艾鹗琮"诗无载外,其余均见于《外纪》中。

④ 贡士张世璈夜月舟行金银滩:嘉庆《志》、咸丰《志》作"贡士(按:嘉庆《志》作'生')张世璈,知府求可裔。顺治庚子春正十四夜,舟行金银滩"。

⑤ 按:底本缺"影入清波"至宋邑尉蔡逸《游圣水寺二首》前这部分文字,据尊经阁本补。

梵歌。"其二曰:"葛山先生今绮黄,明明与我论真狂。渔翁睡足高歌起,我欲肩舆赴草堂。"①

孝廉祝天锡游般若寺,即旧迹八景题留②,其《咏天池》云:"半亩清凉迥不群,几漉红日几漉云。晚来山寺僧犹汲,一担横挑月两轮。"《咏不可不饮一景》云:"呼朋载酒酌松萝,醉里乾坤大许多。今日杯前含笑问,向来不饮意如何?"《咏石门》云:"两扇参差长绿苔,等闲未许俗人开。老僧出入云重锁,不见红尘半点来。"余咏仙人仰卧、芝泉文峰、鹭翼山、五十三参可类见,时康熙戊子七月。

晏明经玠有《野鸣集》,《题刘东崖孝廉别馆》云:"筑室千崖迥,临轩百亩平。晚禾晴里色,幽竹夜来声。任意搜前史,随材课后生。柴门时系马,客语自纵横。"又,《秋日偕周德山夜归》③:"主客偕嵇阮,猖狂兴自融。酒杯轻夜露,诗句老秋风。醉踏危峦石,吟牵碍路桐。入门惊失影,问伴月方东。"

布衣蓝景川《咏村居》云④:"避尘卜宅我犹仙,况是阳春淑气天。树吐莺声穿矮屋,溪流竹影走轻烟。由他翠藓沿门滑,亦有新萝向壁牵。客至不妨同把钓,得鱼谋酒自怡然。"

王明经《老女不得嫁》云⑤:"依本名门女,幽闲姆教夸。十三工玉尺,廿一选金车。薄命何多舛,良缘屡自差。哀予旋失母,依嫂以为家。柳色春楼接,冰期别苑遮。终朝勤组织,那日被云霞。岁月诚如水,容颜讵似花。人皆争粉黛,我独薄铅华。以此年逾艾,

① 嘉庆《志》、咸丰《志》段末云"游戏挥毫,亦饶清致"。
② 嘉庆《志》、咸丰《志》"留"后有"俱有佳致"四字。
③ 秋日偕周德山夜归:嘉庆《志》、咸丰《志》作"秋日偕周德山酣饮夜归之四"。
④ 布衣蓝景川咏村居云:嘉庆《志》、咸丰《志》作"蓝景川,闽布衣也,迁居邑中,好吟咏,其《村居》一律云"。
⑤ 王明经老女不得嫁:嘉庆《志》、咸丰《志》作"王明经浚,品学俱优,试艺不喜趋时,屡荐辄黜,尝赋《老女不得嫁》十六韵以见志,云"。可知,王明经指王浚。

而今首未珈。丝萝矜彼美，布帛悉予瑕。对对池中鲤，双双树上鸦。顾瞻飞跃者，其亦运时耶。叶寄终嫌巧，琴挑直是邪。庄姜应不嫁，毛女倩谁哗？媒妁多妨节，儿夫或未嘉。假之聊慰藉，吾自绩吾麻。"①

艾骘琮《巫峡绝句三首》："一声摇破碧云寒，两岸青螺白石攒。造物不奇人不怕，瞿唐天在井中看。一。厂处人如虎负嵎，龙蛇盘踞老藤枯。奔流瀑布三千丈，梦里庐山得似无。二。千古银盘石壁横，无论旁魄与哉生。芦花照水开如雪，知是花明是月明。三。"

丈雪《登渔台》："七龄犹泛锦江杯，一旦春明拥杖回。或抑或扬天地里，全收全放雨花斋。岭南佛法无多子，济北家风偏九垓。八万四千功德聚，一齐随我上渔台。"

游圣水寺二首^{补载}

宋　邑尉　蔡　逸②

尽日苦征赋，公余散霁怀。塞云生古石，宿雨溜悬岩。鸟倦晨犹伏，僧眠午未斋。高人莫相笑，仙尉亦吾侪。③

二月春事半，县花无数开。江头连骑行，江雾绍红埃。下马坐清荫，观鱼大江隈。行行历山寺，金碧森楼台。拂石有唐碑，字老生莓苔。缅想古今事，悠然一伤怀。解榼醉泉石，徬徨不忍回。辞径下扁舟，重开樽剩罍。江烟暝川谷，冰轮出崔嵬。水面映金波，流光浮玉杯。荡漾舟渚间，往来恣徘徊。一棹转圆沙，灯火来相催。高歌赋厌厌，会须期再来。④

---

① 嘉庆《志》、咸丰《志》诗后有"诗载《强恕堂稿》中"七字。
② 嘉庆《志》、咸丰《志》均载蔡逸诗两首，且分列诗题。
③ 嘉庆《志》此篇诗题作"游圣水寺偶成"；咸丰《志》缺诗题及前八句诗，应有脱页。
④ 嘉庆《志》、咸丰《志》此篇诗题作"游圣水兴慈寺"。

内江县志要文献部卷之四下

外纪①

本原通志体，升庵《艺文杂志》也。②

明《志》载太白"青山横北郭"一首、"君子枉清盼"二首，均谓赠范崇凯金卿，实本升庵《艺文志》。按：宋曾子固《太白生长历游》本末甚悉，弱冠即由蜀出峡，娶于江汉之间，晚卒青山，讫未还蜀。其别金卿当在少年，与游彭山题"冰壶濯魄"相先后也。查《唐书·文苑》，无崇凯名，《全唐诗》又有《送范金卿归新罗》一首，而《志》载太白诗有"范宰不买名"句，岂奏赋后为新罗令，或侨寓彼耶？不可考矣，附记以俟博采。

《通志·外纪》载《安边军诗碑》：绍兴十六年，内江令董昌龄移徙新市平县，基土中得小碑，有诗云："战马向风嘶，荒鸡隔水啼。终日随征旆，何时罢鼓鼙？"按：《全唐诗》抄此诗唐相令狐楚所作，碑刻首二句倒置，有两字互异，原诗云："荒鸡隔水啼，倦马逐风嘶。终日随征旆，何时罢鼓鼙？"粘连较合。考《令狐楚传》，楚仕并未历蜀，当时却刊此诗，而易置其句，千余年竟无辨正者，可异也。

宋《乾淳起居注》载：淳熙中，明堂大祀礼成，例于翌日朝上皇于北宫，驾仗已备，因秋雨连日，上皇传旨免贺。孝宗请以逍遥

---

① 按：嘉庆《志》对应内容为卷五十四《外纪》，咸丰《志》为卷十五《外纪》。
② 嘉庆《志》、咸丰《志》无"本原通志体，升庵《艺文杂志》也"至"托与宾吾大将军"等内容。

辇朝，有旨放仗。赵雄时以右相充明堂大礼使，坚持不放。孝宗不悦，曰："雨再不止，赵雄何面目见天下？"雄闻之曰："不过罢相耳！"仍持不放。是夜二更，云收雨霁，星月交辉，两宫大悦，侍臣奏："秋月调以贺。"观此足见卫公之风骨。史传未载，故附之。

《通志·外纪》载：赵逵生南渡之后，性聪明，尚质朴，好读书。八岁随父自内江徙盘石北街，夏月夜凉，尝绕街吹笛，瘟使回避，理或然也。至云一人貌类炳灵公，嘱茶店老妪云："赵逵有济贫之心，必获善果。"言讫，不见。至逵闻妪语，诣庙谢，空中云"来年转对大廷，必魁天下，三年当入相，后为岳府尚书"等语，殊荒渺，不可入传。①

明先辈列《明史》者，刘、赵两文肃公、李康和公，其史传与邑《志》传对勘，无甚异同，故不重载。惟《刘文肃传》，阉瑾用事，谢病，贫不能归，依母兄子李充嗣于澧州，盖皆田氏甥也。史论赵文肃曰："贞吉负气自高，然处倾轧之势即委蛇，庸得免乎！"亦至论也。康和，宸濠之乱厥功甚伟，《智囊》诸书胪载其绩。《王阳明集》备及康和请苏民困事，盖有同志云。**续考：**陈眉公《闻见录》载：康和御宸濠于安庆，出奇设间，厥功甚伟，具悉。

《明史殉节诸臣录》：户都浙江司主事郑延爵②，内江人，起兵拒孙可望之众于雅州，屡战不胜，殁于阵。乾隆四十一年，赐谥"烈愍"。旧《通志》：延爵，川北举人，拒贼于雅州，逃至总冈山，收兵再战，殁于阵。《陇蜀余闻》：延爵，阆中诸生。今按：延爵，明通政使晋侍郎郑璧子，以荫仕。因后两说未符正传，姑阙，附志于此，俟拣之。

明诸古寺王佐碑载：此山旧名古字山，崖上旧有元至正丙申镌题进士及第黄震成、进士龙一元、黄秉仁等名。按：邑宋雁塔有

---

① 按：嘉庆《志》、咸丰《志》在前文《人物志·赵逵传》中有此记载。

② 延：底本、尊经阁本原讹作"廷"，据前后文改。

王震成、黄舜仁两名,岂黄、王实通姓,而秉与舜字相讹耶？龙一元,雁塔不载,俟考。

《张忠烈公亮传》列《忠义》,其自著《年谱》已刊行。费经虞《剑阁芳华录》载其死事甚悉,并采载焉:亮字揆伯,内江人,天启辛酉举人。由教官累迁户部主事,推边才,擢榆林道。以事讹误,事白,再补安卢道。崇祯十五年,流贼残江北,赖亮抚绥,民得复业。明年癸未春,左良玉为贼李自成败,南下牢掠州县,至安庆,地方鼎沸。皖抚不知为计,召亮议,亮曰:"左兵虽溃乱,然非反也,谕以大义,必当戢,可往说之。"皖抚曰:"谁敢往者？"亮曰:"城孤兵弱,危亡旦夕。往亦死,不往亦死,往未必非长策也。"皖抚曰:"君素有略,往即君往。"亮于是缒城而下,诣池阳,见良玉舟中,执其手曰:"国步艰难,贼势猖獗,凡我臣子皆当捐躯以报朝廷,将军至此,请问计将安出？"良玉长吁泣下曰:"良玉非敢惜死,但兵多饷缺,枵腹难战。公责我以大义,敢不听命。然饥兵沿江觅粮,未免为庙堂肉食者操长短,良玉虽死,终无解于数十万之哗也。"亮曰:"无食之兵固难尽责,请抚军具疏,为将军白之,将军即宜整众还镇,救彼一方。"良玉大喜,一军皆欢,亮宿良玉营中,歃血而盟[①]。亮晨还安庆,呼门,抚院令缒城而上,亮令开门入。皖抚即具疏良玉还师一方,以宁廷议,以此功晋金都御史,巡抚安庆。甲申十七年,弘光立,上五可商疏,不报。秋召对,亮奏和协四镇,联络川陕,号召河北,赦宥协从,以图恢复,复以亮为皖抚。乙酉,南京忽传烈皇帝太子至,付法司审办。御史黄澍与马士英有隙,激良玉传檄清君侧之奸,全军而南,左梦庚焚九江,良玉死,不发丧。至安庆,安庆兵数月无饷,而将管马进宝乘左兵至,举火内应,照耀城中,门皆洞开。亮官服坐堂上,然烛奉敕印,左兵素闻亮名,无入署者。明晨,左营诸将请亮出,亮不从,而火势已至。难民千余拥公出,至操江亭,诸将来

----

① 歃血:底本、尊经阁本原讹作"插血"。

谒，皆以救太子为名，而未知良玉已没也。南京宵散，左兵欲亮同走楚，亮曰："吾死安庆，宁之楚！"遂入潜山。大清英王遣马进宝召亮，亮不降，入万山寨，进宝言："巡抚不出，近村皆剿。"欲自经，民不从，亮曰："何忍以一人之死累百姓！"遂下执北去。杨注曰："皖抚军张公，注舅氏也。当左梦庚焚安庆时，注在抚军署，与公共辛苦。公入潜山，乃别去公仆，在路皆逃，惟野从先、李自春从公。先，榆林材官，公奏为参将。自春，陕西人，抚标右营副将。公去数月，闻至清河县，与二人具投水死，有《绝命词》三章，首章云：'生平报国矢忠贞，岂为颠危易此心。世上许多难了事，只须生死看分明。'次章云：'吾家理学世传名，肯把妻儿累此身。江水滔滔成血泪，主持名节几多人。'卒章云：'念儿乳臭未成人，万里孤踪悟一生。堪痛尔贫无倚处，托与宾吾大将军。'"

　　明巡抚马乾奉阁部王应熊节制，丙戌与王祥、王启、陈世贤、马朝宣等进剿合州一带贼寇①，败姚黄贼于青草坝，遂据合阳，旋移镇内江。是年冬，肃王歼献忠，驻节合州，令抚臣王遵坦招安马乾。乾善款来使，覆以书，其略云："某亦知天下事不可为，相惜真爱，宁不深感！但某为大臣，义无降理，古人有言：'封疆之臣，应死封疆。'此正某毕命之日也。"丁亥二月，大清兵至②，内江投诚，乾死之，事载杨氏老人《西蜀后鉴录》③。按：《明史·忠义·耿廷箓传》：乾，昆明人，崇祯六年举人，初任广安州。夔州告警，巡抚邵

① 带：咸丰《志》作"路"。
② 兵：咸丰《志》作"师"。
③ 事载杨氏老人西蜀后鉴录：咸丰《志》作"事载杨氏老人说"，且后面所载与《志要》不同，作："杨氏老人，本邑人，未传名字。自言生于万历二十四年，初随平寇伯曾英营，继出入戎幕，屡濒于危。述乱离时事颇详，有为彭瓒泉大史《蜀碧》未及者。其原乱始，谓启祯之间，民情忽变，耻朴素，尚浮华，重赀财，轻义气。兼以官司不善抚恤，激使结党，抗衡甚至。士子鼓噪，遥应蜂起，虽阁部重臣不能弹压，而巨贼秉势入矣。其言饥人相食之惨，虎害之充斥，历历亲睹，令人惊魂骇目。"嘉庆《志》无记载。

〔道光〕内江县志要

捷春檄乾摄府事，献忠攻围二十余日不下，擢川东兵备。成都陷，巡抚龙文光死，共推乾摄巡抚事。贼陷重庆，留其将刘廷举戍守，乾击走之，复其城。未几，刘文秀等以数万众来救①，乾固守，曾英等援兵至，贼败还。及献忠死，孙可望南奔，大清兵追至重庆，战败而死。与杨氏说不合。又《殉节诸臣录》：巡抚马乾，吴县人，为川东兵备佥事，击走贼将刘廷举，复重庆，大兵下重庆，乾战败死。乾隆四十一年，赐谥"忠节"。按：《云南通志》：乾，昆明人，号洛水。任茂州知州，升龙安知府，举边才，署夔府。献贼围夔，乾申明大义，激厉人心，誓以死守，经二十余日，援至得解。庚辰擢川东道，旋升巡抚，帅师御寇于内江，孤军援绝，死之。事闻，赠尚书②。此《志》与杨氏合。新《通志》谓为传言之讹③，殊未博考也。君子曰均死节也，第于内江，则公之忠魂实凭依焉，故参正之。

明邑先达，有原《志》无传而事见别《志》者，有有传而佚事更见他《志》者，其人悉为补纪焉。④

瑞州府知府田玉。字德润。《一统志》：内江人。正统中为桐乡知县。时闽浙盗起，军需繁急，玉经画有方，民以不扰。以忧去⑤，服阕，民乞还任，诏从之。旧《通志》：景泰间知桐乡，以军功升瑞州。尚质朴，政先惠爱，士民怀之。

马自然。《一统志》：内江人。成化间任姚安知府。时大石溯

② 按：《〔雍正〕云南通志》卷二十一之一有"马乾"条。
③ 新《通志》：按，当指"《〔嘉庆〕四川通志》"，其有《明史》至《云南通志》诸条记载。
④ 嘉庆《志》、咸丰《志》无"明邑先达"至"以成余志可也"等内容。
⑤ 以忧去：《〔嘉庆〕大清一统志》卷二百八十八作"丁父忧"。

水,散溢民田,自然筑堤,开东西二堰,民利赖焉。[①]《云南通志》:自然字性之。[②] 上事本传不载。

余金。《江南通志》:内江人。知长洲。听讼不设钩距,一以公义裁决,有终讼者转诉上司,上司曰:"汝自有贤令,无庸至我。"[③] 此条本传未及。

张介。《贵州通志》:内江人。任思州知府。[④] 老成谙练,修建郡学,亲为讲究,士习一新。

阴子淑。《一统志》:内江人。成化中知金州,以礼义化民。[⑤]《贵州通志》:弘治十年,迁贵州副使。[⑥] 娴武略,善谋多智,人不可测。黄土城苗向阿雠叛,谈笑间擒而磔之,诸部凛凛,迁浙江按察。

王可庵公守约。《湖南通志》载司铎湘乡事。

王都宪一言公。湖南、贵州、云南三省《通志》具载治绩。

闾都宪东。《一统志》载其知新蔡时惠政,俱采附原传。

鲁厚。《云南通志》纪其任路南州善政,采入《政行》。

门贵。张自守。俱列《湖南通志》,采入《政行》。

王嘉庆。《一统志》采入《政行》。

余玉。《一统志》:内江人。弘治中知平乐府。草寇为患,玉增凿后山为二堑,以严外衢,于城辟为路,令军士更番巡警,贼不

---

① 按:《〔嘉庆〕大清一统志》卷四百八十"马自然"条作"内江人。成化间任姚安知府。时大石溯,散溢民田,患水不均,自然筑堤,开东西二闸,以时启闭,遂永为利"。

② 按:《〔雍正〕云南通志》卷十九有"马自然"条。

③ 按:《〔乾隆〕江南通志》卷一百十三"余金"条"字贡之,内江人。成化初知长洲。民多争讦,金不设钩距,一以公义裁决,人不敢犯。有终讼者转诣上司,上司曰:'汝自有贤令,无庸至我。'"

④ 内江人任思州知府:《〔乾隆〕贵州通志》卷二十作"内江人。进士。成化间知府"。

⑤ 按:《〔嘉庆〕大清一统志》卷二百四十二"阴子淑"条作"内江人。成化中知金州,以礼义教民,风俗为之变"。

⑥ 按:《〔乾隆〕贵州通志》卷十九"迁贵州副使"后有"兵备都清"四字。

敢近。①

喻敬。《云南通志》：弘治间任晋宁知州，廉能多善政，采入《政行》。

喻时。《湖南通志》：知祁阳，祀名宦，采《政行》。按：明有两喻时，俱为台宪，其一宦蜀，即寻苏老泉葬处于眉彭之间，以"可龙里"为"石龙里"之讹，封墓而去者，《清献公祠堂记》乃其所作。

汪藻。《一统志》：成化中知程番府。民夷畏服，常拓郡城，迁府治，皆不烦民，定都匀兵变，亦与有功。② 本传不及。

高公韶。附《明史·萧鸣凤传》，公韶劾王琼误边计，琼怒，讦公韶，鸣凤疏称公韶所论者天下之事，琼不当逞忿，中旨责谪。又《一统志》：正德中，谪富民典史。置馆延师，教民子弟，风俗一变。寻知大理府，多惠政，以迁去。两地庙祀之。③ 本传未载。

李吉安。《湖南通志》载谏王与将军构讼事，采入传。④

田定。《湖南通志》载其捐金建学。

刘钰。《一统志》载其知鹤庆，捐金设赈，俱入本传。

赵文杰。《陕西通志》：内江人。正德末任武功司铎。甘贫好学，初至时，察诸生可教者，尽心开道，士皆向学。⑤ 康对山《武功志》特为立传，亟称先生不置，盖深感其教也。今祀武功绿野书院，配享横渠先生。文杰字士英，文肃祖。

张叔宣。《江南通志》载其知和州德政。

李嵩。《云南通志》载其任师宗知州善迹，上俱采列。

---

① 按：《〔嘉庆〕大清一统志》卷四百六十八"余玉"条有相同记载。
② 按：《〔嘉庆〕大清一统志》卷五百"汪藻"条有相同记载。
③ 两地庙祀之：《〔嘉庆〕大清一统志》卷四百七十七作"士民咸立庙祀之"。
④ 按：前文《附载文学·李吉安传》有相关记载。
⑤ 按：《〔雍正〕陕西通志》卷五十四"赵文杰"条作"内江人。正德末任武功训导。甘贫好学，寒暑不易。初至时，察诸生可教者，尽心开迪，敢后者痛责之，故诸生皆知向学"。

何祥。《陕西通志》载其知华阴，裁抑冲途里胥诸弊。又地震，华山诸峪水壅潴沃野，祥疏渠筑堰，民大赖之。捐俸增构学宫。华州南为商洛子午道，中途二十里属华阴，使节供亿烦费，民不堪命，檄请上台饬华州洛南分任，以苏民力。升襄阳丞。① 此节本传不载。

高铺。《云南通志》：内江人。公韶子。嘉靖中以御史迁大理丞。倜傥有风节，重修文庙，浚泮池，制祭器，有功学校。②

何起鸣。《陕西通志》载其任盩厔令，作集贤书院，丰其廪饩，发奸摘伏若神，计亩均粮，民安盗息。③ 此节本传未及。按：《王渔洋集》载大司马王象乾《自序》，省中交好有何应岐诸人云云，盖一时人望，故推许也。

马呈图。《陕西通志》载其知鄠县，谓其谙于治体，悉中机宜，与本《志》合。

梅友松。《陕西通志》载其历升延绥巡抚，及总督三边诸政，与本传合。

马彦卿。《甘肃通志》：万历中知宁州。在任十五年，增修内外城④，凡凤凰堡、焦村、太昌、新庄、襄乐城皆所创筑，初设北关以通商利民，立遗爱祠。

马鸣銮。本传外，《湖南通志》载其分守上湖南道，为政敦大明敏，时宗藩纵恣害民，一绳以法。⑤《云南通志》：万历间，任金

---

① 按：《〔雍正〕陕西通志》卷五十三"何祥"条作"字子修，四川内江人。举人，华阴知县。地狭而壤冲，公车络绎，岁无虚日，小民疲于供亿，里胥滋弊，祥洞察民瘼，裁抑浮冗，剔蠹裕民。乙卯关中地震，华山诸峪水北潴沃野，祥冒暑疏渠筑堰，逾年工竣，民大赖之。学宫倾圮，捐俸增构，民不知费，士获肄业。华州南为商洛子午道，华阳川抵秦岭，中途二十里属华阴地，使节经过，供帐烦费，檄请两台俾华州洛南分任，竟获免役。升襄阳府同知"。
② 按：《〔雍正〕云南通志》卷十九有"高铺"条。
③ 按：《〔雍正〕陕西通志》卷五十三有"何起鸣"条。
④ 增修内外城：《〔乾隆〕甘肃通志》卷三十二作"增修内城及郭城雉堞"。
⑤ 按：《〔乾隆〕湖南通志》卷九十七有"马鸣銮"条。

沧道。建书院,置学田,士民怀之。

郑璧。《陕西通志》载其莅同时,约己爱民,尽罢一切私征。时议行条鞭,璧奏极言不便,尤不便于同,遂不果行,三年内擢。①

张尧臣。《云南通志》载其晋按察使,值提学缺,代司试事,品骘悉当一节。②

陈纪。《一统志》:内江人。万历中知三泊县。奸弁夺民田,按法罢之。邑有矿山,民苦逋赋,白台使封禁,县以不扰。③本传不及。

刘体仁。《一统志》载其令武昌善政,采列。

陈璠。《云南通志》:字瑕无,内江人。崇祯间仕至部郎。弃官游顺宁,太守延为育贤馆师,郡士多出其门。

余骈。《湖南通志》:知攸县,多善政,采列。

此外尚有直隶、河南、山西、山东、浙江、福建、江西、广西、广东、辽阳各省《通志》未经查阅,儿辈他日赴都,再为续采,以成余志可也。

刘怡溪金宪为书生时,家极贫,授徒于村叟。一日,以禊裖孙戏云:“候大为公门徒。”公忿然曰:“我岂终于此乎!”题云:“饮马清河日已长,神机忽动月楼舫。卷怀道义山河重,出手经纶社稷康。陈蔡得天须孔法,会稽生伯敢吴忘。英雄转眼风光别,莫负乡人笑老狂。”遂拂袖而去。怡溪,时敩号,文肃公瑞父也。

张金沙《古山集》自述,十龄时作数首,其《避兵道上》一绝云:“世事恍如梦蘧蘧,十年未得道之余。狂吟潦倒知无益,欲觅

---

① 按:《〔雍正〕陕西通志》卷五十二有“郑璧”条。
② 按:《〔雍正〕云南通志》卷十九有“张尧臣”条。
③ 按:《〔嘉庆〕大清一统志》卷四百七十七“陈纪”条作“内江人。万历中知三泊县,拊循其民而教诲之。奸弁夺民田,按法论罢之。邑有矿山,民苦逋赋,纪白台使封禁,县以不扰。有父子讼者,愀然曰:‘是吾失教。’乃惩其子而劝导其父,民感泣欢爱如初”。

黄公问《素书》。"又《往梅家寺》句云："野望荒烟断，深山古木洞。欲行迷处所，招手问村樵。"《往老君山洞》云："傍岩结屋便为家，客到山僧漫煮茶。时见白云来袭衲，戏儿剪破作袈裟。"后序自注：老君山石窟，奇险，有乱趋之，先奢酋之变，称比桃源云。

　　雪浪道人《黄山传》，为张古山子纪奇也。传云：张金沙，别号古山。曷取于古山？金沙亦不自知也。偶然尔一日至龙岩与予饮，谈神仙事，云少年时曾学箕仙不假符咒，止书"沼上之乐"数字。此字盖仙教也。予令试之，须臾果至，至即呼饮。其诗云："黄山公子昨宵来，雪月风花一样开。久别故人长话旧，归来不觉影移台。画阁幽栏药正肥，墙头一纸度芳菲。燃灯释子忙飧饭，卧榻老僧宽着衣。竹杖芒鞋踏雪来，故人同醉且徘徊。青莲李白今谁辨，特到人间共酒杯。"予见其诗有异，询其本末，乃云："予乃鹿门和尚，先世为黄山公子，父嫣以平贼功封穆侯，故称公子。"公子名耀，唐宪宗时官谏议大夫，以九奏拟戮，沉迹沙洲。第一奏为皇甫镈党祸事，其文章谏草尽为朱克融所焚，以此世莫知。在宋为苏舜钦，易简之子[①]，杜衍之婿也。在明为张崒嵂，再为古山，余皆鹿门和尚矣。复题诗云："斜斜整整数行书，握手都忘倾盖初[②]。几世肝胆樽前尽，有日金台共写图。今朝醉后露天机，罪孽重深锁性迷。从此相逢忙罢笔，饮酒题诗学滑稽。"又诗有"十年孽未已，上书天子台"之句，从此别去，当不复至。由此观之，金沙之往来人间千年矣。五戒为子瞻，永明为退之，事无足异。金沙能诗文，复有一能诗文之黄山与之影分灵合，岂非天地间一种神奇事耶！后就诗中孽字言忏孽法，语颇长，不具载。道人姓胡，名甲魁，号江石，"雪浪"其道号也。同时，督帅樊一蘅、遂宁方于宣、宜宾樊星炜、邑人赵珣俱纪其事。樊星炜诗云："如君鹤立自蹁跹，不是宗风亦谪仙。

---

① 易简之子：按，易简指苏易简，字太简，四川梓州铜山人，为苏舜钦的祖父。故"之子"之说当误。

② 倾：嘉庆《志》、咸丰《志》作"顷"。

况有雄文占乙夜,定如慧性住千年。凭生栩栩原如梦,身世茫茫别有天。往事鹿门倘可问,颊君为我话因缘。"赵珣尹夫辩云①:"既黄山矣,无往不黄山,奚为鹿门;既鹿门矣,无往不鹿门,奚为苏舜钦;崛崒、古山,亦复如是。见黄山相,岂但不能鹿门,并失黄山;见鹿门相,岂但不能舜钦,并失鹿门;崛崒、古山,亦复如是。倏而黄山,倏而鹿门,倏而舜钦,倏而崛崒、古山,此是何物?黄山后为鹿门等,黄山前当是何物?古山前为黄山等,古山后又是何物?今之古山是古山前之黄山等,即非古山;今之古山非古山前之黄山等,并非黄山,岂是古山?是古山,非古山,非非古山,无非非古山。无黄山相,无鹿门等相,黄山可鹿门,可舜钦,崛崒、古山亦无不可。"

献贼破成都,援兵四溃,大旗督镇,余朝宗自号"红十万",集兵劫内江、富顺、威远、犍为,走长寿,东南大扰,城市一空。始乱时,贼兵方过,官兵即来,来则指民为贼,吊拷索金,官兵之虐甚于流贼。继而绅士干民札山寨自固,日则下山耕作,夜则击柝防守,有警鸣锣相御,保全颇多。丙戌、丁亥大饥,瘟疫继作,人无固志,贼势益张。杨氏之说大约谓"人事致干天怒"云。②

邑旧《志》有《灾祥》一册,今以天文五眚等异,国有司存;岁之丰荒,省郡备载,无庸赘及。惟兵警,则彼此异形。有明迄今五百年,正德中,邑人骆松祥与成都卫舍人范藻相继叛乱,未几就戮。天启元年辛酉五月,蔺贼奢崇明由重庆趋成都,邑遭其害。崇祯十二年庚辰秋,张献忠由绵州趋邑,土司家将毛文设守与战,大败之于东瓜岩,杀其渠魁曹四,贼因偃旗息,走成都,复为董卜蛮所败。十七年甲申秋,又由重庆攻成都,邑境糜烂,嗣献忠死,余孽纵横,人民死逃殆尽。国朝定鼎,逃亡稍稍复业,康熙十三年,

① 尹夫:按,前文《赵珣传》及《〔嘉庆〕四川通志》卷百八十六俱作"尹孚"。另,辩:嘉庆《志》作"辨"。
② 嘉庆《志》无此段文字。

又有吴逆之变，从此宁谧者百余年。嘉庆五年庚申三月，贼匪冉天元一股由川北偷渡潼河，扰及安岳瓶子场一带，邑民惊窜，填道塞城。参赞德楞泰率精骑尾追，贼食息不遑，始由金堂绵州折走，是役也，非德侯之功，邑无完境矣。《礼》云："能捍大患，有功德于民，则祀之。"侯其有焉。①

《蜀碧》载遂宁明经姚思孝，原任内邑教谕②，贼执之，守义不屈死，其风烈不愧中川羽仪。

内邑旧户祖籍多属楚麻城，邻邑亦然，人多不识其故，沿称明洪武二年奉诏迁麻城之孝感乡实蜀事，与汉徙茂陵相类。第明太祖平蜀在洪武四年，先尚为伪夏明氏窃据。考《明史》《咏化》等书，于明政纤微备注，亦不闻平蜀后有徙楚实蜀之事。间阅《杨升庵谱》及本邑张忠烈家《侍御谱志》③，皆云："先世籍楚麻城，元末避红巾之乱入蜀。"余书类此甚多。缘元季，大江南北干戈猬起，明玉珍以至正乙未入蜀，据有诸郡，东人避乱者归之玉珍。又楚北随州人招集乡人以自固，其势然也。迄明平蜀，革去伪号，人讳称之，故咸谓洪武初迁蜀耳。诸《谱》云：红巾者，刘福通、徐寿辉诸人倡乱，时着红巾为号也。

赵文肃撰其弟小洲《圹记》，叙先代世居邑土主山下，为宋丞相卫国公裔。初生时，母余夫人梦二小童比丘，一衣缁，一衣白，牵余袂求栖托。缁者先执其袂，不得脱，生文肃，后白衣郎复来，生小洲。小洲，蒙吉号也，其季为颐吉。文肃公《中阴颂》七章为弟小洲赋也，注曰："追七者，中阴之事也，《经》云：'在中阴者，七日一小变，至七七日则阴尽解脱。'故逐七致祭，冀其间思回照

① 嘉庆《志》、咸丰《志》无此段文字，唯"正德中，邑人骆松祥与成都卫舍人范藻相继叛乱，未几就戮"有载，但作"骆松祥，邑人，明正德中与成都卫舍人范藻相继叛乱，未几就戮，见《总志》"。
② 邑：嘉庆《志》作"江"。
③ 本邑张忠烈家侍御谱志：嘉庆《志》、咸丰《志》作"本邑王侍御范墓志"。

463

耳。"其辞备载《圹记》中。

邑有贪吉壤者，剖一明宦冢，以其母附葬焉。未几，一女病狂，厉声作母语曰："汝等不孝，置我某老爷宅下，日夜仆从，舆马喧阗，令我为扫粪，奉盥水，少迟误，捶楚不堪。急移我他处，毋作孽也。"适宦裔亦控县，子即请罪起阡。

张古山子明辅[1]，生明季，家多藏书，犹极力搜览，喜豪吟。尝与弟明烈读书西林高阁，一夜坐尽三更，僮仆皆睡。明辅推窗见月，阒寂无声，击节呼号。已而独步出阁，踏月徐行，径至江干，适有空舟，遂撑竿放游，任其所之，兴罢偃息艇中。东方既白，已抵小葛山下，数日乐而忘食，家人遍觅得之，强促乃返。仲弟明弼，六岁能文，邑令缪湘沚拔县试首，称奇童，未冠卒，事见《明烈合编纪实》。

邑中俗子于业内所有名墓、碑坊、石壁留题，必尽力毁灭，意恐不便己也，其子孙往往目不识丁，家亦寻败，父老相传如此者数十家。

姜松亭礼部以父忧归，不仕，主讲天池锦江书院三十余年。冬季家居，谢绝乡邻，非至亲门人不接叙，每静凭一椅，夜分不寐。一日，李枫圃语余曰："昨谒松亭师，师云：'前夕守炉独坐，将半夜矣，忽一童子近侧，俊且异众。问之，云姓杨。问何处？杨曰："家父扬子云先生。"曰："是童乌乎？"曰："然。"叩以《易》解，议论新奇。'"间数日，余谒先生，请曰："日前闻李生云老师曾夜见童乌，果有是否？"先生默然良久，曰："古人原未死的，甚有道理！甚有道理！"余亦未敢琐叩，是事甚奇。倘只余一人闻之，言之人必不信，即有共闻此事者，而其人不在，言之人亦不信。今枫圃固无恙也，其他余礼北诸人亦识其事，先生不作虚言，元默通神，或有故耳。[2]

---

① 子：底本、尊经阁本原讹作"字"，据嘉庆《志》、咸丰《志》改。按，"明辅"为其名，非字。

② 嘉庆《志》、咸丰《志》无此段文字。

化龙山岩崩,得古镜二、宝剑一、印篆一,刻石云:"有宋之始,化龙为记。日月相均,永远不坠。"此朱真人记也。① 安边军土中碑镌《战马向风嘶》一绝,余拣《全唐诗》,为令狐楚作,其首句乃"荒鸡隔水啼"也,为正之。② 又,三堆山土人掘地得铜牌,上镌诗云:"尘世不我留,生寄白云浮。若问真游处,三山与十洲。"③ 未审何人所作,大有仙骨。

《职官》中留姓削名者三人:吴遵锁、王承羲、白友穆也。吴,性贪,极恶穷凶,以酷济欲。生员马玠、民江纳锡等控其私,吴以忿褫玠衿,飞刑毙纳锡,合邑愤怨。吴谎以民变,密报,上委营员带兵至银山镇,验无变状,将反罪。吴百计贿,缘得罢去,舟过蓝家沱,纳锡之妻抢入吴舟,与之拼命,密以百金倩人绊江妻,乃免。及回南,其胞侄以盗猪事系官,适邑人喻西园为其邑令,柬召吴,赐旁坐听讯,讯实飞十签,谕之监杖,掩门退座。吴惶惧不知所为,乞尉叩请,乃出,寻以愤郁死,家寻破。王,粤人,署邑事,年少得志,顾盼自矜,轻儓无望。金川进剿,调粮台,以侵帑冒丁问决。先是署邑时,有张姓者肆武,缘讼事被责,非其罪也,因入城守营为兵。及王之败,临决,监官标剡乃张也,欲辞避,不敢渎,竟决其元。此二事相遇最巧,邑故家多有谈,引为炯戒者。白,直隶人,由双流来署,遇民讼,辄索贿④,恐人中饱,俟静夜入衙亲交,虽家丁不肯假借。邑有丁鹏乐、段陶二生,见上札,饬尉录札镌石,白借此毙丁于狱,段亦拟遗。监生江镇买田被讼,白以微忿枉褫,后

---

① "化龙山岩崩"至"此朱真人记也":按,文字亦见于前文《古迹·化龙山宝器》。

② "安边军"至"为正之":按,亦见于前文《外纪》第三段,文字略有不同。

③ "安边军"至"与十洲":按,见于嘉庆《志》卷四十八、咸丰《志》卷十二之《艺文志》,作"附古诗二首",一首名《铜牌诗》,且"生寄白云浮"作"身寄白云浮",另一首名《安边军诗》。

④ 索贿:底本、尊经阁本原作"萦赌",《〔民国〕内江县志》卷之八《外纪》作"索贿",据改。

卸任，知士民交忿，中夜潜奔。及复膺双流篆，暑月以飞刑酷文武二生，继又屈裉贡生，刘学曾大宪恶其贪酷，令坐脏以苦之，寻夺职去。古云："屠伯尚未似此。"

《选举》中削去一人，万历壬子科郑延祚也，任霍邱令，其劣迹载阉党《崔呈秀传》，不具录。[①]

明邑人汪大参藻、刘宗伯瑞，先后疏弹汪直、王越，朝论伟之。又越本传：越冀封侯，都御史王某、御史王一言持之，亟不得封。[②]旧《志》论曰：汪文洁论直、越，动人主[③]，卒从其言。直以内竖窃柄，发之宜矣。王威宁靖边之功，二祖后为儒将称首。当时汪公之论，其在二钺品业未定之时乎？按：越字世昌，浚县人[④]，景泰进士，以边功封威宁伯，尝自咏云："鬓为边筹吹作雪，心因烽火炼成丹。"其忠勇亦可概见。

《武功志》，康对山海著也。海以廷试第一人官翰苑，才望清峻。因救李梦阳出狱，忌者污以阉党落职，天下惜之。其著《武功志》，口诛笔伐，凛若冰霜，扬善显忠，悉符典要。后之以邑人著邑《志》者，辄不敢效，非第无其胆，实亦无其笔也。因辑邑《志》，偶论及之。[⑤]

何大复景明，有明一代诗伯也，出邑先辈刘五清先生门下，其集中有《闻五清先生犹在澧州》一首、《送五清先生赴浙江提学歌》一首。余旧有《大复集》，寄存未归，今仍将歌一首录于编："天台文宿冲紫霄，先生捧敕驰星轺。越山桃李花万树，春色早渡钱塘潮。忆昨先生遭斥逐，漂泊荆湘望巴蜀。九江鸿雁春冥冥，七泽龙蛇昼盘曲。洞庭天高急霜霰，冰河雪岸开燕甸。北来骢马一日闻，

---

① 嘉庆《志》、咸丰《志》无"职官"至"不具录"两段文字。
② 嘉庆《志》、咸丰《志》无"又越本传"至"不得封"等字。
③ 动：嘉庆《志》、咸丰《志》作"感动"。
④ 嘉庆《志》、咸丰《志》无"浚县人"三字。
⑤ 嘉庆《志》、咸丰《志》无此段文字。

倾都走识先生面。十年卜筑楚村墟，万里今瞻汉宫殿。当朝门生贵不少，先皇学士人犹见。金门谁留供奉班，银鱼旧锡恩荣宴。长安春迥独回首，翠烟渐入龙池柳。蓟门禹穴自此分，送饯先生百壶酒。丈夫辕轲心不疑，贤圣流离古来有。已看身作指南车，况复名高悬北斗。隋珠和璧世珍重，眼前点毁终难动。圣人不久奏云门，海内近亦求梁栋。琴瑟须聆清庙音，豫章且待明堂用。我闻衡岳与天参，七十二峰江汉南。不然信此可栖息，无使天柱石鼓空巉岩。"①

旧《志》刊有刘望之《八阵图赋》，考升庵《艺文志》，此赋列宋文，非明大理刘一崖也，名偶同耳。杨氏诗三册，其一册抄本面书杨化元，故前《志》多登，兼采嫁刻。嗣拣系张祖咏之集，非比部作也，故其时地亦多不合，幸同是邑人耳。明中叶有两喻时，一仕蜀，按巡眉嘉；一系邑人，历浙参政。启祯时有两杨所修，一由给谏擢都宪，附魏珰，商丘人；一为邑杨观察。《八阵图赋》系宋合江进士刘望之作，见《卢州志》。②

《中川志》源流。明隆万以前，原序可考。崇祯初，邑令雷应乾主修，其时秉笔者有杨、马、高、萧四君。康熙末，杨孟宣栻在金陵，命子成万化光抄授喻化一治子西园宏林载归。王公望赐履，化一婿也，抄四部藏于家。长洲韩公来令，询旧《志》，王文安澂乃于楼笥拣出，时借抄成书者有王克仁宽、门象南朱。其康熙二十七年，原《志》未出，掇辑二册，则别驾何思华、大令杨注暨诸先辈也。嘉庆己未之续，主修邑尹张公揩，同役者刘环溪一衡③、谈渭甫熊、邹淑轩峄贤、余礼北璜、吴晋康锡蕃，诸人姓氏俱列前《志》。

---

① 按：嘉庆《志》卷四十八、咸丰《志》卷十二之《艺文志》有何景明《送五清先生赴浙江提学歌》诗。
② 嘉庆《志》、咸丰《志》无"旧《志》刊"至"见《卢州志》"等字。
③ 刘环溪一衡：底本、尊经阁本原作"刘环溪一珩"，据前文《刘一衡传》改。

续增外纪①

北直保定府《安州志》载：州牧马鸣毂，内江解元。万历中任，有惠政，修州《志》，本传未及。同时州同知易冬，亦内江人，前《志》无考。国朝顺治二年，州牧周攀第，亦内江人。时当草创，攘寇安民，州人德之。祀名宦。○按：攀第，明崇祯丙子举人。《安州志》载副榜进士，缘崇祯庚辰会试减进士额一百五十名，既悔之，准以明通副榜赐进士，见《张于衡传》，于衡亦内江丙子举人。○又，旧《志》：宋雁塔赵雄注，类省试第一②，时汴京失守，迁都临安，经制未定，各省类试第一准一甲第三人及第，见《文献通考》。古人史阙文，后之续修者宜博考也。

京都川南会馆助金前有募缴，被当事干没。去年癸卯冬，集送分银二百四十两，俱优免之家，按粮派汇，嗣后新贵入免者，仍照规补交，学宫斋长储为宾荐之费。

---

① 嘉庆《志》、咸丰《志》俱无"续增外纪"所载文字。
② 类省试：底本、尊经阁本原作"汇省试"，前文卷之二中《赵雄传》已更正。下文"各省类试"同，不出校。

序记①

内江县重修庙学记②

王　果

　　天下郡县之建学也，始于唐贞观四年，天下学宫之祀至圣孔子藏像而设主也，始于明嘉靖初年。盖不独文翁礼殿专美，西川风同齐鲁已也。考之《志》，唐代益州夫子庙有王勃《记》，新都孔庙亦有杨炯《记》，皆骈词丽句，揭圣德之光华，比其敕祀之初，体制宜然耳。延至于今，则如天之大，荡荡乎，亦复何能名耶！

　　中川学宫萃江山之秀，前抚横冈，后枕大洲，玉溪流其左，圣水萦其右，芹泮漪澜，于斯为美。往在宋明，邑令邓棐有《重修儒学记》，大学士刘定之有《庙学重修记》，提学郭棐有《修学记》，各叙经营端委，其大旨归于勉励学者而已。

　　国朝定鼎，承明季之变，学宫鞠为茂草。康熙初，邑令徐公掇拾遗材③，建庙致享，规模粗具。康熙之末，门墙缀葺，亦只因陋就简，盖其时地旷民稀，士力单微，故相仍以有待也。亦越乾隆、嘉庆之间，叠次补修，未臻完善，缘董事者往往狃于堪舆水法之说，致令殿门异向，泮池东倚，案阁斜飞，于古人辨方正位弗协焉。且也移群祀于当衢而分献不便，建栖流于附右而秽亵堪虞，来游者啧有弹言，都人士因而胥惧。则有陈、刘、阴、喻诸子启召同人，商诸学博李、杨两君，用请于今明府君雪蕉先生。先生桐城大姓，海内世家也，欣然倡捐，亟命诹吉旦，云："有能破格多捐，予将详请以

---

① 序记：此二字为整理者所加。底本、尊经阁本此处原无标题，仅在版心处注"记""原跋"，为与"外纪"区分和呼应后文"续增序记"，故增。

② 嘉庆《志》无此篇，咸丰《志》载于卷十三《艺文·续增序记》。

③ 徐公：指徐嘉霖，康熙二十三年任。

达诸朝。”于是拣良士奉簿募捐[①]，不苛平民，而工费差足，爰肇工于庚寅年九月[②]，越三年，癸巳十月而工竣。

其自大成殿两庑、前三门石坊，凡露台三成，暨殿后启圣祠并庑皆如制，升高拓广，悉改作而复诸有明之故趾，盖壬丙位也。前浚泮池与山阿，准宫墙缭池而属诸门之两隅，文武班厅附墙列焉。其西隙地建三楹，祀名宦、乡贤、忠义，回廊绕之，屏以厢，左右为斋房，为祭库，为神厨，西偏构别院，祀节孝。迤北建尊经阁，其书院之在庙东者，卑隘且就圮矣，并易而新之，为讲堂，为退廨，为厅，为门，为书舍，东西各二十，为厨，为绰房，为净室，大小咸备。视前宏敞有加，皆界以坚壁，通以汲道，缭以崇垣，丹垩既施，亦整亦肃。工成，适督学郭廷尉过境，为大书“万仞宫墙”及“圣域贤关”字以献。

窃惟圣人之道只在斯人之心，位育之功不出中和之外。兹者地协灵枢，人修闷侐，圣人之位正，而学者之心安矣，仰止之神专，而士民之气顺矣，灵台之钟鼓蔚为髦士攸宜，泮宫之藻芹征于德心克广。此物此志也，于斯奠其位，行其礼，奏其乐，列其舞，荐其豆笾，陈其牲醴，恫恫焉[③]，属属焉，安见尼山泗水不即在圣水、华萼间哉？若夫计科名之利钝，卜仕宦之升沉，虽亦实至名归，学成禄至之常，究非儒者正谊明道之准。其于圣人立教之心，古先哲王设学之意，相去远矣，曷足以云。

是役也，共费二万八千缗，经役四十月，主建者邑侯，分监者学师，它材督工经营壁画者[④]，陈同庵汝霖、喻汉南锡奎、刘旭堂葵、阴雁亭湘、潘介卿名臣诸子也，而陈、喻二子尤始终不懈，多劳贯焉，例得并书。

---

① 簿：咸丰《志》作“薄”。

② 庚寅年：指道光十年。

③ 恫恫：咸丰《志》作“洞洞”。

④ 画：咸丰《志》作“书”。

新建惠民宫记^①

王　果

惟天永笃我皇清之祜,川岳效灵,百神翊运,薄海内外,风之所行,罔不披靡。蜀疆远界天末,奥区神皋,国家定鼎燕都,怀柔亿兆,挞伐枭夷,往事可陈,难更仆矣。自乾隆辛卯迄今,将四十年,进剿金酋,索诺授首^②,麾师藏卫,廓尔投诚。

乃今上御极之初,秦楚边关,奸民扇乱,阑入东北,焚我村市,殃我士农,夔宕果赉^③,频惊风鹤。庚申春仲,潼河窜渡,冉寇猖狂,乃有元戎,衔枚追蹑,鹿铤鸟散,普梓粖宁,釜贼游魂,旋经殄灭。此皆庙谟允定,大吏宣威,师武臣力也,而天子则曰:"是亦蜀之神祇与默相焉。"爰命经制大臣,敬赍香币,谒文昌于七曲之山,旅川主于青城之窟,蜀人士女乐太平之有象,祝万寿以无疆,用建灵祠以光祷庆,此我邑惠民宫之所以建也。

惠民者,怀安民也。中川形势,江水自简、资东下,至圣水北流南折而西旋,山自三堆西来,至天马东曲南盘而北拱,蜿蜒及书台山^④。原由静生动,如珠在荷,翠屏为屏,长江为罗,而斯庙踞焉。其地在宋为卫国文定公昼锦楼故址,在元为羽流宫,明初建玉虚观,祀真武。中叶,邑令薛公改建书院^⑤,祀文昌,延方伯高太湖主盟其中,其详备载前《志》暨司空何克斋钟序。三百年来,风雨剥

---

① 嘉庆《志》卷四十八、咸丰《志》卷十三《艺文志》载此篇。
② 索诺:嘉庆《志》、咸丰《志》作"克桑"。按,索诺,指索诺木朋楚克,清朝四川大金川土司。克桑,应指僧克桑,一作僧格桑,清朝四川小金川土司。乾隆三十六年(辛卯,1771),僧格桑发动叛乱,索诺木派兵协助对抗清军。后索诺木为与清廷讲和,毒死僧格桑,但和谈未成,于乾隆四十年被生擒,后押送京师,索诺木亲族全部被斩首。
③ 宕:嘉庆《志》作"岩"。按,《华阳国志·巴志》:"宕渠盖为故賨国,今有賨城。"又,《华阳国志·李志》载李特,字元休,祖世本巴西宕渠賨民。故"果"或为"渠"之误。
④ 书台山:嘉庆《志》、咸丰《志》作"降福山"。
⑤ 薛公:当指薛祖学,正德十一年任。

蚀,庙貌倾颓,而川主庙之附近者亦荒芜不治,昔年衣锦之荣,弦歌之盛,都人士迎赛燕乐之仪,杳乎其不可复睹矣。

辛酉夏,邑人刘忠元诸君恻然谓神之灵必不妥于斯,毅然谓此役之必克以有成,请于邑侯沈公[①],纠约土著绅耆,舍旧图新,选桢干,市砖瓴,拓而广之,削而平之。为殿者二,为廊者六,前建乐楼,后营文阁,外殿祀广惠王,内殿祀文昌帝君,阁下祀真武,阁楼祀显英王,咸秩如例,而邑中名人甲第并榜于阁之两壁,以征钟毓之奇厂,以观瞻翼以循环,飞梁回绕于虹光,藻井倒垂乎莲萼,厥制都焉。

落成,适余捷南宫旋里,金谓余曰:"吾邑山川之萃,惟此最奇。今栖以崇宇,镇以灵神,修祈报于四时,启文明于百里,国家大庆,于焉祝釐,诚都人士亿万年迓福之区也。吾子其扬确言之,而勒诸坚珉。"余嘉诸君之能举秩也,善谋始也,乡人之睦也,怀功德也,能图终也,扬挞伐于熙朝,颂皇猷之翊赞。《书》曰:"安民则惠,黎民怀之。"不骎骎乎唐虞之盛哉!爰不辞而记其端末。

是役也,经始于嘉庆辛酉之秋,越五年,乙丑冬而告成。厥费万有一千余缗,捐入田亩廛区,岁可收粟五百斛,钱百数十缗,以为春秋祭享之备。行将更建书院,分膏火以课都人子弟,书藏昼锦,经讲太湖,鸿飞羽仪,竞国华焉。

嘉庆十年乙丑仲冬月上浣,邑人龙桥里王果记[②]。

附载《题东西界坊联语》。邑西界银山镇下五里坊,外柱联:"入境观风,百里弦歌声不断;来游考礼,千年文献足能征。"内柱联:"佳气西来,带洪流而东折;翠屏北耸,控天马以南飞。"东界来凤驿上坊,外柱联:"荡荡平平,驷马轺车君子道;葱葱郁郁,状元宰相贵人乡。"内柱联:"十六里名疆,棠分召伯;三千年文献,赋奏金卿。"[③]

---

① 沈公:当指沈远标,嘉庆六年(辛酉)任。
② 邑人龙桥里王果记:嘉庆《志》、咸丰《志》无"里"字。
③ 嘉庆《志》、咸丰《志》无此段文字。

内江邑志原跋[1]

中川旧《志》家藏者八十余年矣，其书修自明崇祯辛未，迄国朝康熙己亥，同里喻君西园乃得之于孟宣杨公。余先伯祖公望，茂才喻氏婿也，携归藏之，抄部凡四。自时厥后，好古之士每借抄焉，然往往节录不全，前邑侯韩、李诸公闻而取观，议纂未成，而其遗本辄失。

余自成童时，校阅遗编，怦怦心动，未尝不憾。康熙初，徐侯邑乘之修未及见此，而此《志》之靡所借手而成也。岁甲寅[2]，余滥膺乡荐，适出邑侯蒲村夫子门下，趋侍之余，因属以董修之役，用偕刘环溪、谈渭甫诸孝廉编续而成之，此邑《志》之所由初刻也。

既余再诣公车，流寓燕齐，岁壬戌[3]，幸成进士。荏苒于兹，倏将十载，中间时事之变迁，科名之蔚起，文塔河堤之兴筑，庙坛公署之鼎新，又已焕然改观。而余亦复涉猎书史，浪游名胜，尝得二三于曩者见闻之外，方拟人事少闲，窃仿古《志》，以土地、人民、政事、文献，辑《中川志要》一书，成一家言。缮稿未竣，而邑侯芑东先生锐情文献，雅意表彰，以存贮无书，亟须增印，谓余曾董是役，属以增修，乃为按类续编，并改刊从前讹误。此又斯《志》所由续修而印刷之因以倍广也，视诸前役不益懿乎！

惟余也年臻强仕，未展一筹，静缅前贤，徒虚钟毓，每一抚阅，汗颜久之。然百八十年仅存之书，数千载文献之寄，以余之迂疏寡陋，遇贤令尹而数从事其间，俾先辈笥藏之心，借以大慰，宁匪幸欤！用不揣固陋而为之跋。

嘉庆十二年岁丁卯孟夏中浣，邑人龙桥里王果跋。

---

① 嘉庆《志》、咸丰《志》无此篇。

② 甲寅：指乾隆五十九年。

③ 壬戌：指嘉庆七年。

续增序记^①

合邑绅耆恭颂邑贤侯彩堂明府君大人惠政序^②

岁在昭阳单阏，月当流火鹊躁，上章慈云西覆，邑中绅耆十有二人，俨然偕造景坡楼，布席茗毕，相与丐言于余曰："吾乡里士气之不扬也，民业之难安也，民情之难畅也，于今将十年矣。幸蒙贤侯明府君莅任，次第整饬抚绥，于是士安于学，农安于野，商贾百工安于市，数月之间，百废备举，政通人和，夜犬不惊。吾侪士民思欲颂侯之惠，少抒献曝之忱，愧草野俚词无由达也，用敢烦翁，仿老泉益州画像之文，勒之锦屏，以光芹藻。"余谢曰："侯之来也，余得谒之，盖读书通儒，穷经而能致用者也，拟所颂之。奈言之无文何，盍商诸刘、李诸甲乙也？"诸子曰："业商之矣，而皆以翁辞，且翁尝修邑《志要》矣，例仿康、王褒贤削劣，传之四远，佥谓知言。矧据实赞扬，独为我侯靳乎？"余曰："是则然矣。窃闻贤者之抚字小民也，如雨露之濡物而不尸其功，如祖父之爱子孙而不望其报。文字虫鄙，强以奉之，毋乃渎乎？"诸子曰："是何嫌哉！时物行生，天不言而民勤蜡赛，洗腆用酒，亲不言而子念劬劳，《豳诗·七月》末章'跻堂称觥'，岂饰言哉？"

余以其辞之直也，勉应而还扣曰："子欲颂侯夙拟，可更仆数乎？"对曰："欲颂其扬我士气也，欲颂其安我民居也，欲颂其畅我民情也。向者青衿儒士，尹恶见之，且纵胥役凌铄之，以张其爪牙。书院义学，终年不试，其膏火学地，任土棍把持，不为追理，即文武童试、大典前茅，非情贿不与。侯之至也，驭下右文，务符体统，观

① 按：底本、尊经阁本此部分版心作"续增记文"。
② 嘉庆《志》无此篇，咸丰《志》载于卷十三《艺文·续增序记》。

风课士，甲乙如衡。宾兴之典，捐廉送卷，倘邀汇送，首选必公，则士气昌矣。向者昼匪夜贼，四出交横，团练以点索解体，若辈尤无忌惮。即或协拿到案，传讯稽时，或讯而辄释，失主反被勾留，其报窃抢者尤百无一获焉。至于讼棍之雄雌黄其口，鬼蜮其形，无故嚼吞，莫之能御，而乡间命盗流尸，往往舍近株远，非邻罹害。自侯到任，法令严明，弋获贼匪，必诛其元，土棍衿豪，查案重究。于是民无飞来之祸，而厥业安矣。向者民间讼事，呈词不准面投，纵邀批允，沉年弗讯。其有借贷赊取，被奸豪估骗估延，虽数百金，往往以钱债细事为辞，不予追缴，以致借换不通，民风大坏。侯到任，每日黄堂坐讯，许众同观，镜影随形，毫无迁怒，其于词禀，有投必收，倘遇骗延，能偿勒限，民情不又畅乎？其他美政，口不尽宣，惟翁类及之。"

果曰："余山居少出，所闻政复如此，何必更谋所以颂侯哉！余与诸君问对之言，即无文而至文存也。盖余固不善作而善因者也，请以是为贤侯颂。"金曰"然"。

八十老拙邑人六泉王果撰。[1]

重建龙神东岳庙并培修花萼书院记 [2]

道光二十四年，岁在甲辰季夏月，邑贤侯毛府君营建龙神东岳祠庙，并培修花萼书院，落成，都人士咸集，相与谓贤侯权任中川，成民而致力于神，嘉惠学校。其抚绥我士女，无思不服，百余年来未尝有也，不可无以记之，以志勿谖，且励来兹。因属草于余，不获以老病辞，爰为稗谌，谨创以质。

自秦汉之以郡县治天下也，郎官握百里之符，实古者诸侯之地。民生于此托命焉，政化于此观成焉，非有盛德，民不被其泽。

---

① 八十老拙邑人六泉王果撰：咸丰《志》无此句。
② 按：底本、尊经阁本原无题目，据咸丰《志》补；嘉庆《志》无此篇。

有德矣，而才不逮，犹徒善也，非有异才，民不安其居。有才矣，而德不孚，犹术驭也，有德有才，体用兼矣。然或始勤而终怠，或畏事而委蛇，所谓厚民生，正民德，祛民害者，不几旷世难睹乎？甚矣，君子之艰言乐只也！

惟我贤侯之治内邑也，兼才德而贞之以恒，于箴言"清慎勤"无弗称焉。其清也，非犹夫人之皎皎也，不避嫌而嫌自不涉，不绝物而物自不干，无私则公，不蔽而明，既公且明，民隐惬矣。其慎也，非犹夫人之拘拘也，不以小大而异理，不以众寡而异情，言期寡尤，行期寡悔，尤悔胥寡，民望属矣。至其勤也，尤非夫人之遽遽遑遑也，视邑事如家事，视邑人如家人，趋公而外，劳形案牍，小大之狱，听必以情，日坐公堂，是非刑赏与众共之，虽酷暑隆冬，往往自朝至于日中昃，不言困乏，务期质成悦服而后息。具兹才德，奄有三长，亦足以报称朝廷、和辑众庶矣。

而邑人士之感戴我侯者，则犹不仅此也。邑当水陆之冲，舟舆辐辏，奸宄易乘，城市乡村，素被其害，而内之豪蠹欺愚诈弱，更属难言。贤侯莅止，缉贼必诛其元，除恶务锄其首，惩一警百，杀一活千。近因邻邑弛刑纵匪，犯我边境，我侯一怒，叱咤募勇，立擒首从十余，不独单丁弱妇之流垂泣感颂，即绅粮大户亦无不击壤焚祝焉。此尤侯之养苗去莠，畜马除害，为邑中百年来未有之盛泽也。盖由侯以经学饰吏治，权度在心，绳墨在手，故遇事而轻重长短在在咸宜，平争而曲直方圆丝丝合则也。

当侯之初莅也，秋冬少雨，农田水缺，侯诣龙神东岳祠，吁许重建以迓神庥，爰即鸠工经营造作。今年春亢旱逾时，山粮半枯，田水尽涸，侯虔诚步祷，昧爽临坛，乡里闻之，靡不感泣。降泽未濡，移坛再祷，靡神不周。卒之，立夏以来，甘霖叠沛，四野禾青，阖邑之民指口有资，皆侯之赐也。神祠既藏，侯捐廉培建花萼书院，弥月之间亦以告成。所谓成民而致力于神，教成而聿增其宇，其嘉惠我中川士庶者讵有极哉！

谨记其略以勒诸珉，竖之通衢，用勿忘侯之明德，且俾后之人有所观感。《系言》曰："汉沔之英，玉垒仁声。乐只君子，山高水清。"侯，陕西沔县举人，榜名俊章，号彩堂，庚子恩科充乡试同考官，今奉题补苍溪县知县。

八十老拙邑人六泉王果撰。[①]

内邑士民公建南关乐只亭记[②]

皇上御极之二十四年，岁在甲辰，我贤邑侯抚绥兹土已阅年余，谷熟年丰，士民交忭。值国家二百年灵长之景运，皇太后七十寿之慈晖，覃恩锡厥庶民，士女歌于衢巷，兼以父母孔迩，舆情爱戴，用志郁苗。乃于城南十里三元山麓，鸠匠建亭，亭临官道，名曰"乐只"，所以扬盛世之休而颂贤邑侯之能承流宣化，安辑我民也。

工成，城关内外，绅耆商贾，丐言于余曰："吾辈沐浴清化，于兹有年矣。窃惟大化之流莫若亲民之官，亲民之官莫如州县父母，《诗》所为咏'南山有台'也。我贤侯毛府君之莅内也，以教以养，矢慎矢勤，都人士耳而目之矣。而其除莠植良，积诚感泽，能化顽为朴，转歉为丰，则百余年来语神君者未之或及也。丈盍为我扬摧而志之？"余耄荒不赡于辞，而侯之惠政，则山居而耳饫矣，请为诸父老约略陈焉。

原夫秦之以郡县治天下也，十里建亭，亭有长，主稽诘导送之事，汉唐犹间遵之。斯亭倚山濒河，值成、重之冲，冠盖往来，络绎不绝，其犹古之遗制乎[③]？诸父老欲以斯亭传乐只之君子，不即其大者以衡之，则犹未足以章君子也。《记》不云乎："有功德于民则祀之，能御大灾则祀之，能捍大患则祀之。"愚以谓以祀言犹其后

---

① 八十老拙邑人六泉王果撰：咸丰《志》无此句。
② 嘉庆《志》无此篇，咸丰《志》载于卷十三《艺文·续增序记》。
③ 制：咸丰《志》作"训"。

焉者也。侯自下车以来，进诸生而课之，省学校而增之，清积案则日昃不遑，杜株连则农民不扰，案无留牍，民无间言，可不谓功德乎？自去秋以来，冬田水涸，经春缺雨，人心惶惶，侯鼎建灵祠，兼旬虔祷，率兹士庶，十里徒行，卒之甘霖叠沛，其在于今，高卑俱熟，丰年穰穰矣，可不谓能御大灾乎？至于闾阎之患，莫如贼匪，比岁以来，不逞之辈数百成群，啸聚分扰，或名打掠，或号拉猪，侯之未来，蠢蠢将动，及侯至止，有获必锄，顷者，邻邑弛刑，犯我边境，我侯一怒，立擒首从十余，可不谓能捍大患乎？具此三者，洵可志也。

善斯志，志斯传，亭之名殆籍侯而永著矣。我邑人熙熙攘攘，际景运之舒长，庆圣母之慈寿，于以歌《南山有台》为君子祝焉，不亦懿乎！后之游是亭者，亦将有取于斯文。

邑八十老拙六泉王果撰。[1]

清官亭记[2]

清官亭，为邑侯毛府君建也。亭建于邑东关之外，东关居民，士庶商贾，感贤侯之德惠，肃清坊市，用志勿谖也。内邑当成、重之冲，北通普梓，南走嘉戎，水陆辐辏，五方错处，故语州县之繁丛者，莫如内邑。而负郭濒江，东津竞渡，税关查验，舸舰停艘，旅店商民，夏秋搬水，栅栏莫设，上下交通，奸宄之徒或混匿其中，或潜舟夜泊，故语邑境人民之繁杂，又莫如东关。数十年来，烟户渐增，恣扰弥甚，探丸剖箧、撞骗绺窃之流未尝息也。前此贤能令尹，非不嘉意剔除，而暂息复张，莫之或制。

我贤侯莅任于兹一载矣，始则编连牌甲，继以微服私巡，周知积弊之所由，痛惩窝藏之主恶，虽年终封篆，市肆不惊，商民得所。

---

① 邑八十老拙六泉王果撰：咸丰《志》无此句。
② 嘉庆《志》无此篇，咸丰《志》载于卷十三《艺文·续增序记》。

顷者，有男子昼入关坊，剪壁卷衾，被擒送究，自供因寒便攘也，侯
一见知为惯贼累犯未除，乃槛枷于东关渡口，于是人人称快，远迩
传闻。向之探丸剖箧、撞骗绐窃者，于斯绝迹矣。

于是河街首领，行厂客商，属言于余曰："非贤侯之严明整饬，
吾辈曷以安兹？是不可无以志之，以无忘明德也，且可为后来之
籍鉴。"用如其请，著记于亭。至侯之崇学校，诚祷祀，肃体统，严
于捕缉，勤于听讼，则都人士已勒之贞珉，昭示来兹矣，不备载。

八十老拙邑人六泉王果撰。[①]

邑人士颂毛贤侯序记，前后四道，附刊《志要》，以俟后之主
笔立传者纂辑焉。[②]

邑贤侯李东璧先生捐建太白楼志惠序[③]

贤侯东璧先生之奉檄莅中川也，几一年矣，以文学饰吏治，民
太和会。兹以瓜代旋垣，其捐建西林太白楼，适落成，果凫蒙矜爱，
且柱笧寒山，于其行也，俚言以志。

郎官握百里之符，兴养立教以宣盛化，实古诸侯之分壤也，封
内之民于斯托命焉。侯之莅任值去岁嘉平，距前权尹毛府君仅三
月耳。毛公以严治，贤侯以惠临，岁事方新，与民咸息。迄乎开篆，
则屏无情之状而讼狱稀，杜旁涉之词而株连绝，谓不靖之徒，毛公
已芟夷殆尽矣，斯时唯滋培元气耳。岁课开征，听民自纳，至夏中
催赋，或请照向规垫抬，侯谓众曰："此中有弊，极困贫民。"不之允
也，其盛德可想见已。侯心寓仁慈，政崇易简，不张赫赫之威，不
施煦煦之仁，试士先恤单寒，剔奸力除戎首，是以自春徂冬，两旸

---

① 八十老拙邑人六泉王果撰：咸丰《志》无此句。
② 嘉庆《志》、咸丰《志》俱无此段文字。
③ 嘉庆《志》、咸丰《志》俱无此篇。

时若，谷熟年丰，四境无虞，奸宄不作[1]，而中川之气象于以一新。其在《诗》曰："不竞不絿，不刚不柔，敷政优优。"其侯之谓欤！

然以果观之，贤侯之盛德，其超今而入古者，则犹不止此。上任雪蕉张公向宰中川[2]，十年病去，越九年复来，年且八十余矣，履任不三月，以计例解组。侯适承其乏，张公私累不资，官亏亦二千两有奇，且需急解。侯赤手到来，诸凡竭蹶，而张公年老褊急，弱妾幼子，别无亲丁，朝夕偎促接报，侯曰："雪蕉收毛任之交两月耳，今加累而责望于我，我直陈以俟来者，上官不过谓我无能，同寅不过谓我少谊，我不恤也。所不忍者，少妾弱息，八十衰龄，瓠系万里，为可怜耳。"力为设措，宛转通移，竟于夏中为之报交，俾脱然买舟南去。此事较唐柳子厚为刘禹锡易播州为尤难，而侯且杜口不受德。吁，贤矣！

侯恬淡无营，政暇即丹铅古籍，曾拣示汉永建五年《汉安修栈道碑记》，此记旧《志》云"已磨灭"。今得所示顾南原《隶辩》有汉陈君《阁道碑》[3]，年月正合，行将补入《志要》，其原委可并录，古迹不湮，又侯稽古之力也。侯公巡江北西林，览山水之奇，诵太白送范金卿"青山白水"之句，罣然怀古，捐廉四百五拾金，属诸神监建太白楼，崇祀太白郎，以金卿诸人配，流风余韵，沾丐后人，其嘉惠我中川者，庸有暨欤？果年老矣，侯之雷雨经纶，恐不逮录，书兹梗概，勒石楼间。庶几哉，侯之惠政仁声，长留乎华萼之巅，圣水之湄。

道光乙巳年孟冬下浣，邑八十老拙王果撰。

---

① 宄：底本、尊经阁本原作"究"，"奸宄"表违法作乱，此形近而误。
② 雪：底本、尊经阁本原讹作"云"，盖"雪"与"云"之繁体"雲"形近而误。
③ 隶辩：今此书名作《隶辨》。

附编^①

龙桥王氏士女志

晋常璩著《华阳国志》，末有《江原士女志》，又附《常氏士女志》，^②其区而别之者，非第避嫌疑，亦所以俟公道于后世也。余自嘉庆己未从事邑乘，于兹三操志笔矣。曾祖圭九公，大父廷冠公，先君清河公，皆儒德世传，代膺宠诰，果以凉德，未敢遽列传中。既思先人无实德而志之，是诬其所生也，有潜德而不传，是忘其先也。三公内外，其仪型具刊《家谱》，兹谨仿常氏例，附于《志》末，用俟后来仁人君子之董志笔者。

王氏前志列传十三人

明

可庵公守约。举人。任教谕，赠都宪。明《志》列《师儒》，又入省《志》、《湖南通志》。

石亭公一言。进士。历都宪。明《志》列《经济》，又入通、省《志》，湖南、贵州、山东、云南、陕西《通志》。

碧崖公之臣。进士。历左参议。明《志》列《政行》，又入省、郡《志》。

楼山公之屏。副贡。任教授。明《志》列《师儒》，又入郡《志》。

善余公嘉庆。贡士。历姚安知府。《一统志》入《循良》。

两溪公嘉制。贡士。任黄平州事。前《志》列《政行》。

慕吉公范。进士。历巡按。前《志》列《政行》，又入通、省《志》，《梅

① 附编：底本、尊经阁本原作"内江县志要附编"，因此部分与《外纪》同属于卷四下，故删去"内江县志要"五字；嘉庆《志》、咸丰《志》无此部分内容。

② 按：查目前所见《华阳国志》，如清乾隆五十六年金谿王氏刻增订汉魏丛书本，及《四库提要》，可知该书卷末附《江原常氏士女志》，未见分列《江原士女志》与《常氏士女志》者，未知王果所见为何本，或乃王氏误记。

村集·姓氏考》。

高隐宁寰公。副贡。列旧《志·隐逸》，又入省、郡《志》传。

本朝

行可公祚洪。贡生。赠教谕。前《志》列《人文》《遗彦》，又入郡《志》。

文哲公浚。贡生。前《志》列《人文》，今列《儒林》，又入郡《志》。

文安公澂。文粹公澡。前《志》列《术艺》，又入郡《志》。

担四公于蕃。举人。松江府推官。本《志》列《文翰》。

海恬公涛。举人。任知县。旧《志》附《文哲传》，入郡《志》，本《志》列《文翰》。

圭九公传

公讳愎，少玉卿公五岁。生四岁，范太孺人卒，继母李孺人抚以立。弱龄入学，与玉卿公推"一门双璧"。平居恂恂寡言笑，饮食衣服皆崇俭朴，乡里推长者焉，贡成均，届选卒。前配张孺人，邑任博士明烈公女，继配何孺人，金堂文学子警公女。乾隆庚戌，以孙涛任直隶新安知县，敕赠文林郎。

廷冠公传

公讳赐缨，一字崇繁，圭九公第六子，何太孺人出。公生十二岁失怙，依仲兄康侯公读书，视诸兄如父，诸兄亦皆酷爱之。性温和，好施与，力学饬行，为文深思曲入。长从新宁尹湘南王先生圣谟游，先生器之曰："六郎孝友人也，文亦占后福。"屡试不捷，则往来铜厂盐场间，归而仍奋旧业，年五十犹治笈，读书蓬瀛山，爱诸侄如己出。有窘急，辄典己业以济，年五十八岁卒。卒之日，族邻远迩无不走哭。德配张恭人，一子讳泰，俱另传。以孙果官山东武定府守，膺赠朝议大夫。

清河公传

公讳泰，字汝亨，太学生，廷冠公子。廷冠公体格魁梧，公则顾皙美髯，眼下卧蚕莹然。自少孤立，仁慈慷慨，力学二十年，因家无次丁中辍。与族邻交爽直，不假文饰，里党皆昵敬焉。凶年贷贫人谷，屡焚券不责。好读书，子果就塾时，尚习专经，公独购《五经》《左》《国》《周礼》以饷，果之强识，公贻谋也。先是廷冠公多盛德，远迩皆知有王六翁，廷冠公卒后廿年，途中经过者见公犹称六翁，不异两世，济美于兹，可想见矣。淑配张恭人，另有传。子三：长即果；杲，授登仕郎；棻，太学生。以果官，膺覃恩，封朝议大夫。

王氏前载列女五人

张氏。赐铎公配。

阴氏。湘妻。姑媳清贫守志，旧《志·列女》，又入郡《志》。

苏母王孺人。知县苏鸣冈母，本《志·列女》。

苏母王氏。太学鸣和妻，旌表节孝。

饶母王氏。资州饶克瑀妻，旌表节孝。

张太恭人传

恭人，廷冠公德配，邑文学玙公女，前夷陵州牧于极公孙女。年十九归廷冠公，事姑何孺人备孝。乾隆戊辰，何孺人寝疾，以枚公□病革[1]，恭人割股蒸汤，自玉甲墙走送，锺銮未及而何孺人逝，一痛几绝。平日井臼亲操，纺绩无间。振玉公蚤世，家贫，恭人为治装，嫁其两女，于亲故贫苦，靡不矜恤。先是孙果幼，颇嗜学，廷冠公爱之，谓恭人曰："此儿必成吾志，第科名可掇，官不必做。"临卒又以为属，恭人请故，公曰："恐做官改面目，害百姓也。"及果乡荐归拜堂下，恭人曰："今好矣。尔祖云'官不可做也'。"时清河公在侧，曰："不害百姓，官何不可做！"恭人亦无言。后果历任县府，宁忤上官，不肯苛刻百姓，百姓亦随在亲昵者，时凛凛祖训也。卒年八十有三，以果官诰赠太恭人。

---

[1] □：底本、尊经阁本此字俱不清晰，姑阙。

张恭人传

恭人，清河公德配，邑太学以信公女，学博明烈公曾孙女。温淑寡言，事廷冠公内外曲孝。子果弟兄少时，食或索兼味，恭人必责曰："古言'有福不可重享'。"讫勿与。亲故来家，无贫富，一视，尝曰："门有贫亲，家之福也。"偕清河公四十年，相敬如一日。卒年六十二，以子果官膺诰封恭人。

从敖王孺人志

清河公长女，适荣昌敖时豫，兄时忭历任州县，以官累失产。孺人凡五子，析业无多，语夫子曰："儿辈力不能耕，又无资可作，生业唯有读书，庶可冀起家耳！"长少悉延师训课，往往市钗服以资应试之费[1]。唯长子婴足病，余次第蜚声黉序。中子翊臣，壬午举人。

---

[1] 底本脱"市钗服"至段末文字，据尊经阁本补。

附录

重修东关禹庙记[①]

王　果

中川自有明迄今,籍兹土者,荆湘人士实繁。康熙中,公建禹王宫于东关之外,岁时祭享,无忘明德,且敦梓情也。既以地滨大河,洪涛屡触,庙日以颓。

岁庚申[②],为今上御极之五年,湘潭许侯来莅斯邑[③]。群请于侯,乃更建诸南关之内,式闳且丽,质有其文,其详备载许侯《新庙碑》中。诸同人则以为神之灵,久托于兹,不忍委诸草莽,即其地拓而新之,庄严金像,增祀镇江王财神于殿之左右。又沿江岸砌石为堤,培修东林古刹,用彰邑景,并建廛舍百数十区。岁取其租以供焚献会饮之费。继自今,神人共乐,永庆升平矣。

是役也,上下二庙共费二万余缗,募捐田房亦值数千,出资者士民之原籍于楚,与舟贾木商之来游兹者、奔走者分募诸领袖之功。而承许侯之属,身董其成,不辞劳怨,经数年而告竣,则监生罗良存、里约严中和之力也,例得并书。

嘉庆十年乙丑长夏,龙桥王果记。

---

① 此篇之标题据嘉庆《志》卷四十八《艺文志》补。
② 庚申:指嘉庆五年。
③ 许侯:当指许源,湘潭举人,嘉庆四年任。

圣水寺新建集福慈塔记①

王　果

天地为炉，万物为炭。红光赤焰，东掣西驰。名曰甄陶，那云快乐。是以皮囊一个，只缘血肉生烦，孽海千重，悉本欲情作忒。劳劳弗已，头折不周，滚滚无垠，身填阊尾，此解囊所以伤南郭，而焚诗因以吊北邙也。

西方化人则起而夷之，东土芸生亦从而述。只等彭殇于昏旦，一生宛如烟云。谓生本无生，形骸乌有，灭仍不灭，肤发子虚。会活的多活几年，何曾算寿。系铃人解铃即尔，不费言诠。看四大之皆空，岂第不封不树，捐五行而弗御。亦惟曰脱曰圆，斯文色相之浑忘，而诠谛所不系者也。

然而如来一脉，固号圆通。临济宗风，犹传衣钵。窥潭得月，月去潭空。凿井逢泉，泉流井往。锡飞何地，睹遗物以生悲。偈说几行，绘昙容而致祝。矧袈裟坐化，舍利珍藏，大沙门应造浮屠，众龙象亦宜罗拜也哉！

圣水寺者，蜀国名蓝，而中川福地也。戒坛花雨，超度群生；梵院鲸钟，惊闻十众。清光悟处，执蝉壳以西归；慧定圆时，泛鸥皮而东别。落花满地，扫地正以惜花；斜月垂山，登山能无恋月。爰修福塔，用闷禅关。郁郁佳城，何人面壁；漫漫长夜，大众拈花。作如是观，啖多罗密，看此金刚法力，云移舍卫之城，倩来摩诘后身，梦绕峨眉之月。为题短引，勒彼贞珉。

义行传②

王　果

《义行传》著邱翁也，义行若何？爱兄恤侄，克抚其孤也。其

---

① 此篇据咸丰《志》卷十三《艺文》补。
② 此篇据咸丰《志》卷十三《艺文》补。

抚孤若何？弱妇婴儿，微资相附，翁卵而翼之，积而丰之，俟其成立而交付之，不负所托也。

翁先世江右瑞金人，父立招入蜀，娶于渝，再迁内城，贸易治生。生翁昆季二人，翁行次，先后聘娶，遂为内江人。翁名身章，字献廷，厥兄名身文，身文娶于李，翁娶于刘。甫成室，其兄促析爨，翁听之。不数年，父母先后病故，兄亦随亡，此乾隆五十年间事也。

身文既亡，李氏以子幼家贫，欲他适，所生三子，几不能自度。翁时既困于丧，又厄于岁，维父兄之故，痛心疾首，集亲邻而挈之同炊，以养以课，复为长侄锦儒授室。盖既析而合，合而抚育之者，又十有一年，乃稍稍令自分度。

嘉庆十五年，锦儒卧病，自分不起，知两弟难恃，延亲族，以弱妻范、幼女玉莲甫四岁、子朝爵甫二龄，泣告翁曰："侄蚤晚就木矣，寡妻弱息，非老叔无以生。叔允，则侄死瞑目矣。"翁曰："吾年逾艾矣，自育三子，而资本无多，恐难以副尔托。"时则锦儒扶病下床，夫妻衔血纸而泣恳曰："望老叔念先人，来川只有此几块肉，但求朝爵姊弟能依育长成，便衔环地下耳。"翁感泣任托，旁观皆泣。锦儒遂奄奄绝。翁乃治其棺殡，延坊戚拣计锦儒财货，悉载诸簿。当是时，翁铺本可三百金，而朝爵母子仅六十余缗。自翁之收育朝爵也，等诸孙行，少长送塾，其货财出入莫与为稽也。

数年前，范氏母女偕亡，敛殡咸适。计锦儒一脉只朝爵一人，今年年十七矣，已为完室。于是翁治酒延客，令孤子朝爵遍揖，酒半则举卮而告众曰："余年七十矣，先年亡侄锦儒以此子恳托。荷天之福，父祖之灵，戚邻之教爱，幸不陨误，为此子置业，积资共得若干。恐年老一旦填沟壑，不及交割，俾觊觎者啧有烦言，请诸君子为我证之。"爰出其契券并逐年出入收支簿册，凡所代为经营生息者，日计月会岁要，积十余年，靡不厘然可核。当席交诸朝爵，朝爵谨遵翁命，再拜受之。斯时也，计朝爵田业资物实有千七百金，而翁父子家资亦仅三百余缗，一时坐客咸相与叹服而散。

六泉氏曰：余读《晋书》至邓伯道遭乱流离，弃儿存侄之事，未尝不掩卷歔欷，悲其遇而嘉其志也。兹来城中，罗君秉衡、张子潜夫为余言邱翁育孤事，又赫赫如是，古人义行乃近在吾邑哉！方锦儒之病革也，朝爵母姊茕茕三人耳，倘付托非人，生全难冀，矧言成业哉！使翁而少存私见也，饮食教诲，送往婚配，亦足慰锦儒于泉下矣。六十余缗之资，积而逾千，即留其半以自裕，亦谁不谓贤者，而介然不苟，倍蓰丰之，难哉！假令此行出于素封，哀多益寡，中人亦可勉为，而翁固清约依然也。即此事出读书富学者流，或慕古矫徇，勉强为之，今翁则又朴质少文也。太史公记《赵世家》，谓保孤难，彼其人尚矜气节，如翁之行，又何自若平平无奇耶？翁子锦川读书知义，迩年力佐其父，清厘交付，兢兢然恐觊觎者借口以伤父名，尝语人曰："此吾父盛德，事胜遗我弟兄十椟金也。"非此老不能生此子。呜呼，贤矣！余故志而彰之，以质罗、张诸君子，并以俟后之续邑《志》者。

续修内江县志序[①]

知县　张元瀚

余于丙戌八月奉命来莅中川[②]。中川古内水地，田肥美，土膏腴，水带绕，山螺旋，宜乎生其地者多钟毓之奇，享乐利之福也。比年差赋少烦，渐滋劳费，余下车与民谋更始，除其陋，省其繁，计一岁可减徭役之耗数千，非以市德也。次年仲春，令征正供，不弥月，如额全输，官不事催科，民亦不事催科也。慕义如是，其性然耶，亦先民之成宪是守耶！

暇日考其志乘，乃见文章道德之华，忠孝节义之美，代不绝

---

① 此篇据咸丰《志》卷首补。
② 丙戌：指道光六年。

书,信乎训行有自,而浸淫于礼教信义之遗者深矣。夏五,前进士武定府太守王退斋先生谒余,谓邑《志》不修垂二十年,请因吾力成之。余曰:"其事则前《志》中如山川土田、科第职官、忠臣孝子、节妇义夫,极之昆虫草木,言之特详;其文则守土如雷、史、耿、胡之纂修,乡贤如高、吴、王、杨之序述,皆炳炳烺烺,辉煌焜耀。余不敏,何敢自效续貂,贻羞大雅。"退斋曰:"中川百里地耳,圣天子厚泽深仁,重熙累洽。今虽科名不必如旧,而一二忠义节烈犹足继美前徽,不得良有司表而彰之,登诸志乘,惧将来湮没也。"余韪之,即延退斋主坛盟,而以张子乔峰、刘子溢江、周子尚如、王子云阿等襄其事,采访确实,据事直书,公余辄取而校核之,阅今六月稿成,付之剞劂氏矣。

退斋诸君责余一言,夫余非敢以文示也,窃有说焉。邑之志犹国之史也,史善恶必书,志则言美不言恶,岂以夸示后人哉!天地间有教化而后有人心,有人心而后有风俗,忠孝节义正人心之厚、风俗之淳。我国家教化所征也,即其所志思所不志,好善恶恶之心不油然生乎!居是邦者,因吾言而益励焉,庶几数典不忘,有以固人心,敦风俗,服畴食德,无负此名胜之区哉!

时道光丁亥新秋上浣,文林郎知内江县事桐城张元澧雪蕉氏题于署西之长春草堂。

王果传[1]

王果,字希仲,一字退斋,明都宪一言之后。祖赐缨、父泰皆以嗜学敦行见称。果生而颖异,火色钟声,博涉经史百家,俶傥有大志,业师姜松亭太史深器重之。

举嘉庆七年进士,十七年知临漳县。为政先肃纪纲,除粮莠。时洊饥之后,邪教蔓延河北。明年逆匪陷滑台,远近响应,独临以

---

[1] 此篇据咸丰《志》卷七《人文·续增人文》补。按,题目为整理者所加。

查缉甚严，卒不敢动。事平，减赋轻徭，次第新学宫祠宇，常祷雨，有奇验，人以为诚感。公暇辄进诸生讲解，文教日兴，丙子乡试，荐六人，前此所未有也。是科分校棘闱，所拔皆名宿。

居平，于地方利弊尤得其要领。先是漳水下游倒淤，卫河水溢为患，议开漳河故道，岁岁会勘不能决，属观察赵公复偕直东委员来，果极陈不便，并进上游设斗分渠、下开支河引卫以避漳之策，议遂寝。

二十二年，擢为武定守，作士爱民，犹在豫时，而才名益著。郡故烦剧，且多盗，至则堂皇视事，摘发若神，从前著名贼魁俱先后获案。以廉勤率属，训诫备极殷拳，由是吏畏民怀，治行卓为二东冠。居久之，调署东昌，有蠹衿某，亟惩之，忌者借以挤排。武定绅耆闻之，皆礼佛祈佑，群赴省会，吁留不得，去之日，涕泣走送百里外，其得民心如此。

既归，颜所居曰"盘峪"，昕夕披吟，老而弥笃。为文操管立就，尤长于古体，尝三修邑乘，事增而辞愈简，识者皆服其谨严。生平胸无城府，慕苏子瞻为人，因建楼奉之，自署东坡弟子。其教以根柢为主，成就甚众，一时科第多出其门，学者称"六泉先生"。

道光二十六年卒，年八十二。著有《内江志要》《临漳县志》《管窥录》《春鸣集》《盘峪山房存稿》《课孙草》《王氏世谱》刊行。子丹，副榜，选岑溪知县。

临漳县志卷之七

王果，字六泉，四川内江人，进士。严而不苛，俗多游手，好斗鹌，饲促织，命械其指，泣言知悔，乃免。时议沿河筑堤，力请于上，事终寝。又令互相逻察盗以戢，丰乐镇草桥屡被毁，密缉之，得火者投河中，乃绝。爱奖掖士类，月课常数百人，高才生远莫至，时以骑招之，文风一振。

惠民县志卷十八

王果,四川内江县人。由进士官山左,嘉庆二十三年知武定府事。明于察吏,严胥役之禁,尤勤捕缉。莅任年余,所属盐枭敛踪,盗贼销匿,行无戒心,夜不闭户,至今百姓咸思慕之。惟性少刚躁,轻文士,后守东昌,亦坐此去官。

续修叙永永宁厅县合志卷五十二

红崖碑。道光十三年嘉平六日,内江王果六泉遍历兹山,时年六十有九,以少子官永邑广文,故来游也。诸孙随侍笔砚,是日云开雪霁,日射红霞,道人进淮南乳,为徘徊者久之。

听雨楼随笔卷四

清　王培荀

内江王绿泉果[①],知山东武定府。才具明敏,疾恶甚严,怒劣生某,剃其一眉,去须半边,以绿纸糊衣帽使着之,押游城市。既毕,劣生诡请衣帽藏之,愿为终身戒。遂挟以叩阍,因是罢官,上宪奏留不得。所为时文,原本正嘉,一扫时调,刻有《盘峪山房存稿》。子丹,去年秋闱落余房,荐而未售,现以学博保举知县。绿泉太守,年逾八十,闻犹健在。

---

① 绿泉:按,当为"六泉"之误。

人名索引

说明：

一、本索引按音序排列。

二、本索引仅收录与内江有密切关系者，其余诸如孔子、孟子、董仲舒、杜甫等历史人物概不收入；卷三《祀典》所列先贤、先儒不收入。

三、仅有姓而名字无考，又非重要人物者，概不收入。

四、书中列女，主词头标"某氏"，其夫君姓名列于括号内。

五、索引主词头径标姓名，词头后括注书中出现的字、号、别名、官称（如"高司徒"之类）等。

六、括号中大字者亦为索引词头，小字一般为注释。

A

艾能奇　237

艾千子　220

艾荣柏　160

艾荣模（字定夫）　144,260,262,365

艾荣松（字春岩，荣松，艾春岩）　84,122,144,248,250,262,307,365

艾氏（谢廷宸妻）　319

艾显彰　159,307,364

艾鹭琮（鹭琮）　250,262,451

艾宗骥　151

艾宗骏　144

艾祖麟（字瑞征）　160,262,364

安鳌　173

安酉（安邦彦）　185

安贤（字朝重）　129

敖时忭（时忭）　484

敖时豫　484

敖翊臣（翊臣）　307,484

敖婴（婴）　484

W

地名索引

说明：

一、本索引按音序排列。

二、本索引所收者为内江所辖自然山川、行政单位以及有标志地理方位作用的人工建筑或工程。

三、与内江相近的别地山川、建筑，视关系密切程度酌情收入。

四、书名中出现的地名一概不引。

五、索引词头一般用全称和标准名称，括注简称与别称。若书中只出现简称，而未出现全称，则直接引用简称，并括注全称。

六、括号中大字者亦为索引词头，小字者一般为区别同名异地者或需其他说明的注释。

J

书名索引

说明:

一、本索引按音序排列。

二、本索引只收书名,石刻、碑文、单篇文献、诗词不收。

三、本索引不收《诗》《书》《春秋》《左》《国》等前代习见文献。

四、索引词头径标书名,词头后括注书中出现的书名简称。

五、括号中内容亦为索引词头。

〔道光〕内江县志要

参考文献

［1］顾文曜修、罗文黻纂《内江县志》五十四卷,清嘉庆间稿本。

［2］许延祜修、黄德仁纂《内江县志》十五卷首一卷,清咸丰八年续修刻本。

［3］易元明修、伍应奎纂《内江县志》八卷,民国三十四年石印本。

［4］李贤撰《明一统志》九十卷,清文渊阁四库全书本。

［5］王安国、梁诗正等纂修《大清一统志》五百卷,清文渊阁四库全书本。

［6］穆彰阿、潘锡恩等修纂《大清一统志》五百六十卷,四部丛刊续编影旧抄本。

［7］黄廷桂纂修、张晋生编纂《四川通志》四十七卷,清文渊阁四库全书本。

［8］常明修、杨芳灿纂《四川通志》二〇四卷,清嘉庆二十一年刻本。

［9］刘大谟、杨慎等纂修《四川总志》八十卷,明嘉靖刻本。

［10］罗廷权续修、何衮续纂《资州直隶州志》三十卷,清光绪二年续增刻本。

［11］王梦庚修、寇宗纂《重庆府志》九卷,清道光二十三年刻本。

［12］许容修《甘肃通志》五十卷,清乾隆元年刻本。

［13］鄂尔泰修、杜诠纂《贵州通志》四十六卷,清乾隆六年刻

嘉庆修补本。

　　〔14〕陈宏谋修、欧阳正焕纂《湖南通志》一百七十四卷,清乾隆二十二年刻本。

　　〔15〕赵宏恩等修《江南通志》二百卷,清文渊阁四库全书本。

　　〔16〕刘于义等修《陕西通志》一百卷,清文渊阁四库全书本。

　　〔17〕鄂尔泰等修《云南通志》三十卷,清文渊阁四库全书本。

　　〔18〕沈世铨修、李勔纂《惠民县志》三十卷,清光绪二十五年柳堂校补刻本。

　　〔19〕周秉彝修、周寿梓纂《临漳县志》十八卷,清光绪三十年刻本。

　　〔20〕邓元镠修、万慎纂《续修叙永永宁厅县合志》五十四卷,清光绪三十四年刻本。

　　〔21〕常璩撰《华阳国志》十二卷,四部丛刊影明抄本。

　　〔22〕李吉甫撰《元和郡县志》四十卷,清武英殿聚珍版丛书本。

　　〔23〕张廷玉撰《明史》三三二卷,清乾隆年间武英殿刻本。

　　〔24〕王培荀撰《听雨楼随笔》八卷,清道光二十五年刻本。

　　〔25〕杜应方、胡承诏辑《补续全蜀艺文志》五十六卷,明万历间刻本。

　　〔26〕赵贞吉撰《文肃集》二十三卷,明万历十三年刻本。

　　〔27〕曹学佺撰《石仓十二代诗选》八百八十八卷,明崇祯间刻本。